当代中国人文大系

哲学

论可能生活

（第2版）

赵汀阳 著

中国人民大学出版社

·北京·

“当代中国人文大系”
出版说明

改革开放以来，中国社会的变革波澜壮阔，学术研究的发展自成一景。对当代学术成就加以梳理，对已出版的学术著作做一番披沙拣金、择优再版的工作，出版界责无旁贷。很多著作或因出版时日已久，学界无从寻觅；或在今天看来也许在主题、范式或研究方法上略显陈旧，但在学术发展史上不可或缺；或历时既久，在学界赢得口碑，渐显经典之相。它们至今都闪烁着智慧的光芒，有再版的价值。因此，把有价值的学术著作作为一个大的学术系列集中再版，让几代学者凝聚心血的研究成果得以再现，无论对于学术、学者还是学生，都是很有意义的事。

披沙拣金，说起来容易做起来难。俗话说，“文无第一，武无第二”。人文学科的学术著作没有绝对的评价标准，我们只能根据专家推荐意见、引用率等因素综合考量。我们不敢说，入选的著作都堪称经典，未入选的著作就价值不大。因为，不仅书目的推荐者见仁见智，更主要的是，为数不少公认一流的学术著作因无法获得版权而无缘纳入本系列。

“当代中国人文大系”分文学、史学、哲学等子系列。每个系列所选著作不求数量上相等，在体例上则尽可能一致。由于所选著作都是“旧作”，为全面呈现作者的研究成果和思想变化，我们一般要求作者提供若干篇后来发表过的相关论文作为附录，或提供一篇概述学术历程的“学术自述”，以便读者比较全面地了解作者的相关研究成果。至于有的作者希望出版修订后的作品，自然为我们所期盼。

“当代中国人文大系”是一套开放性的丛书，殷切期望新出现的或可获得版权的佳作加入。弘扬学术是一项崇高而艰辛的事业。中国人民大学出版社在学术出版园地上辛勤耕耘，收获颇丰，不仅得到读者的认可和褒扬，也得到作者的肯定和信任。我们将坚守自己的文化理念和出版使命，为中国的学术进展和文明传承继续做出贡献。

“当代中国人文大系”的策划和出版，得到了来自中国社会科学院、北京大学、清华大学、中国人民大学、北京师范大学、复旦大学、南京大学、南开大学等学术机构的学人的热情支持和帮助，谨此致谢！我们同样热切期待得到广大读者的支持与厚爱！

中国人民大学出版社

修订版前言

如果一本哲学著作使人毫无收获，那是罪过。我希望这本书能够使人有所收获，无论读后是同意我的理论还是痛恨我的理论。

《论可能生活》是我在伦理学方面的第一本著作（1994 年第一版），在这之前甚至也没有写过任何伦理学方面的论文。在上世纪 80 年代，我原来主要对知识论和方法论感兴趣，尤其是关于先验论、怀疑论、分析技术和元逻辑方面的问题，都是非常“脱离实际的”。当时有朋友开玩笑说，你写的那些方法论和元逻辑什么的，自己写完自己看就可以了，反正很少有人知道说的是什么。也有朋友引用希腊故事鼓励我，说的是有个希腊哲学家的言论引起大家喝彩，于是哲学家不喜反忧，他说：“天哪，我一定说了什么蠢话”①。这个故事当然是想说哲学家的思想通常如此“高深”以至于大家不能正确理解。不过我倒一直没有这种西方哲学家的鸿鹄之志，在本质上我属于中国哲学，因此所追求的与其说是大家都不明白的“高深”还不如说是大家都明白的“高明”，虽然讨论的是一些深刻的大问题，但力求清楚明白而且对于实际生活是有意义的。

《论可能生活》出版后（1994，1995），有许多相关的争论和批评，读者的意见和厚爱，从不敢忘。中国人民大学出版社建议出版《论可能生活》的修正版，这样我有机会重读了这一青年时代的作品（这本书写作于 1992—1993 年间）。结果我发现，有部分基本思路至今仍然是我所坚持的，但现在我另有了一些新思路，在许多问题的理解上已经有所不同。如果要真正进行修改恐怕等于重写。重写是坏办法，不做。与过去不同的新想法将会在新的书里去表达。这里不改动原来的分析框架，基本保持原来的思路并给予强化，但也进

① 吕祥：《赵汀阳与所有其他人》，载《社会科学战线》，1996（1）。

行了某些重要的修改，加上了一些论证，读者可以注意到，新版比老版增加了很大篇幅，也比原来的文本好一些。

尽管我自己认为我现在的伦理学理论是推进了和比较“成熟”了，但这只是我的主观看法和个人偏好，一些读者未必这样想，有些人可能比较同意原来的理论。有些学界朋友曾经向我指出，他们更喜欢诸如《论可能生活》这样更具“激情”也更具纯粹的理想主义色彩的理论，而不是很同意我后来把许多“丑恶的”知识背景比如政治学、经济学和人类学之类考虑在内的哲学。这种批评于我很重要。的确，我过去的哲学是“纯的”，只关心普遍必然的原则，现在的却有些“不纯”，在分析问题时总要把政治学、经济学和社会学等俗世知识所揭示的丑恶事实考虑在内。但这并不是真的要从“纯的”转向“不纯的”哲学，而是怀有更大野心，我希望在给定了恶劣的俗世事实的条件下，忍着去发现能够真正是普遍必然的原则。世界丑恶，我们不得不忍着。至于什么类型的理论更好，这没有客观标准，即使作者本人也没有理由进行判断，因为已经交给社会了。我所以改变了某些思路，当然是为了更有效地分析我现在关心的问题，而没有理由认为原来的理论不如现在的理论。如果某些读者喜欢原来的理论，一定也有他们的理由。旁观者的理由对我一直是非常重要的启示。因此，在进行修正时，我采取的是这样的方法：仅仅按照当年的思路去把过去没有说清楚的说得比较清楚一些。

就像一本书需要读许多遍才意识到其中真义，自己的想法也需要想和说上许多遍才知道自己到底在说什么。维特根斯坦曾经讥讽有些人声称自己有些非常深刻的思想，可就是“说不出来”，他认为，说不出来就是因为还没有想清楚。这很有道理，但太极端。思想毕竟很容易受到情感背景和特殊的社会背景的影响，就容易说不清楚，并非真的没有想清楚。这次修正，由于脱离开当时特定的情绪和特定的社会背景，因此有机会把当时的思路说得比较清楚一些，尽量把模棱两可、含糊其辞以及故作深沉的文字以及废话改掉，以免浪费读者时间。孔子、老子、柏拉图和维特根斯坦，用极其平易的语言说清楚高深的道理，我一直无比佩服。说得比较清楚无非是把一种思路的优点和缺点更加显眼地表达出来，从来没有一种人文思想能够是完全无可置疑的真理，优点和缺点一定是搭配着的，说对的地方总是以说错的事情为代价的，因此不必担心让缺点变得更显眼。哲学尤其如此，如果一种哲学观点不够极端，就必定是些废话。为了保留优点，只能同时保留缺点，因此，我保留把真理恶狠狠地说出来的风格。其中有些狠话难免令人反感，还请读者见谅。另外，尽管我强调逻辑性，但还是发现我在书中的论述也有某些自相矛盾的地方，至少是似乎自相矛盾的地方，出于对逻辑的非理性崇拜，我本来试图给予改正，但忽然意识到，世界和生活本身就是自相矛盾的，因此决定还是保留那些矛盾。我相信，有些特别复杂的问题，决不是那么轻易就可以解决的。

也许，简单地重述当年写作此书的背景有助于读者进行批判。20 世纪 80 年代对于中国是个向西方学习一切的年代，包括像我这样对中国怀有深厚情感的人也对西方学问常怀崇敬之情。而 1989 年世界各地发生了划时代的事情，这为人们创造了一次全面反思的机会。见仁见智，各见各的，各有所见。对于福山等人，“后 89”意味着历史的终结和西方意识形态的胜利，对于亨廷顿，文明的冲突重开了历史。而对于我，“后 89”意味着现代性失去了光辉，尤其是西方意识形态失去了光彩。看来，没有某种意识形态能够比另一种意识形态更好。我意识到，哲学已经很久很久没有能够超越意识形态去自由思考了，即使是康德这样的大师，也要保留对宗教的敬意，即使是马克思这样的无神论者，也在反对宗教的同时又以宗教的观念格式去想像与宗教同构的共产主义。宗教是后希腊的西方人的思维限度，它使得西方人不能进行肆无忌惮的彻底思考。如果哲学不能超越所有不被反思的价值观去彻底思考，我们就没有彻底思考的机会了。行为不能放肆，但是思想必须放肆。哲学的思想状态必须是元意识形态的（meta-ideological）——在比《论可能生活》更早的《哲学的危机》里，我讨论了 meta-ideology，当时称之为“元观念学”，但还不太成熟，不过可以看出与怀疑论的联系（这里是比较广义的怀疑论，如果从西学的思路看，我更多继承的是苏格拉底和维特根斯坦的怀疑论，当然与皮浪、笛卡儿和休谟的怀疑论也有关系）。于是我怀念思想还没有被宗教和其他意识形态划定界限的时代，那就是古希腊和先秦。

宗教是人们对超越了人的概念的某种最高存在的绝对服从。在这里，宗教是个隐喻，不一定非是个严格的宗教，任何一套不许怀疑的价值观都相当于宗教，当代最著名的例子是人权。人权是现代性的宗教，是基督教“所有人都同样是神的子民”的与时俱进世俗版本。中国早期文化是没有宗教气质的，和古希腊一样都表达的是无限制的思想。但宋明以来的中国思想则发展了一种不伦不类的格式，如果套用李泽厚先生的话，那就是“半哲学半宗教的”。现代新儒家作为对新儒家的一种叙述，也似乎更愿意强化其“半宗教”性质以便与世界“接轨”，所谓儒教。所以是“半”宗教的，是因为它强调的是“内在超越”而不是“外在超越”。但内在超越在学理上说不大通，因为“内在”并没有什么“更高的”（the higher）地方可去——对于人，没有能够高于真实生活和真实幸福的东西；对于人类，没有什么可以高过人类自己的命运的事情。康德的“绝对命令”已经发挥了内在超越的最大潜力，结果遇到的是非常空洞的一些原则，一旦要注入实际意义，就无可救药地回到永远分歧的意见和冲突的理想——在希腊就已经发现了纯粹理念很难超越混乱的意见。也许超越性是人的一种欲望，但它肯定不是一种思想。宗教所主张的具体价值未必不好，但是宗教的本质是反对思想。思想要求在问题意识和观点上的绝对自由，虽然思想的目标是某些不可怀疑的结果，但其工作方式首先是怀疑论的，而宗教却必须无条件地保护某些假设，它必须拒绝怀疑论。所以宗教的本质是“反思想”——关于宗教的本质有许多理解，宗教被认为是超越的欲望的表达，是对终极问题的关怀和解释，是意识形态或价值体系和世界观，是人民的精神鸦片，诸如此类，都对，但都不够深入，宗教真正要害的本质是**反思想的和排他性的**信念体系。如果不具备明显的反思想和排他特征，即使有宗教的其他特征和社会形式，也不是严格意义上的宗教（例如佛教和道教，佛教更接近哲学）。

当把宗教（典型的是基督教模式）看作是个隐喻符号，就很容易发现各种意识形态与宗教的某种同构性，各种“主义”，各种伦理规范体系，各种政治信念，都有着不许质疑的立场。任何不许质疑的立场都是对思想空间的自由性、纯粹性和创造性的破坏。思想空间是以逻辑为框架结构的，这是思想的唯一合法限制，事实上，它是思想没有办法违背和突破的限制，如果违背了逻辑，思想就必定失去传递性，还必定产生各种自相矛盾，就变成“语无伦次”。除了逻辑的限制，思想拥有合法的自由，思想的合法对象是任何可能世界，而不是某种意识形态所划定的地盘。这样思想才能够有创造有发展。意识形态（包括宗教、规范体系、政治信念和学术“主义”）对于思想所以是非法的，就在于（1）它仅仅承认某个由它定义了的可能世界而拒绝其他可能世界。这样思想空间就变得非常狭隘，不仅如此，这还注定了它不可能产生真理，很显然，我们生活在其中的现实世界是由多种观念所构造的多种可能世界共同构成的，并不能由某种观念说了算，而只能由多种观念说了算；（2）它的基本假设拒绝被检查和反思，而各种问题的答案又都由各种基本假设事先规定好了，这样就等于不许“思”而只许“学”。按照哲学的术语来说，它只允许仅仅由它的假设来“分析地”生产同义反复的“知识”（实际上是废话），而不许生产任何原创或者“综合的”新知识。正因为各种意识形态，特别是宗教和政治信念，总是试图封死思想，以重复性生产的知识代替思想，所以人类知识体系才特别需要哲学这一纯粹的思想方式。哲学无论思考的是像逻辑这样的纯粹问题还是像政治那样的不纯问题，它的思想行为和思想方式都是纯思的，也就是永远向所有可能世界开放着的创造性思想。因此，哲学就是思想本身，是自由思想之源。因此，所有意识形态都要反对真正的哲学——因为哲学破坏了意识形态一统观念界的机会。

20 世纪 80 年代西方的各种“主义”像西方各大公司一样入住中国，至今情况仍然大致如此。这些新来的“主义”成为反对中国当时已有的各种“主义”的理由，欢迎新的“主义”的热情如此澎湃，以至于使人忘记这只不过是用意识形态反对意识形态。1989 年世界情况巨变之后，大家都感受到全球化运动的冲击。以全球为规模的物流、人流、信息流以及观念流和制度流的宏观流变，明显冲击了过去那些以国家、地区和传统为思考单位和传承线索的知识体系与问题体系，似乎出现了知识报废和问题变型的现象，就是说，我们原来的那些知识和问题似乎与新的事实脱节了。当然这种感觉多少是夸大了的，但是，今天的知识体系和问题体系确实发生了变化，不仅出现许多新问题，老问题也似乎需要新的答案。

中国的社会变化尤其迅速，花样迭出，追随各种“主义”的人们被折磨得忽喜忽悲，悲喜轮转，蔚为奇观。开放了，收紧了，自由了，专制了，左了，右了，现代了，后现代了，如此等等，各种“主义”盲目混战，各自寻找“知识”以便互相打击而从不互相鼓励，这些“主义”作为观念商标或许与时代有关，但对真实问题和时代变迁却基本无用，一方面是因为中国这个巨大时空有着自己的规律，很难简单套用西方的各种“主义”；另一方面则是因为整个世界在发生历史性的变化，各种现成的“主义”本来就多半跟不上形势。这个巨变的时代特别需要冷静思想，而不是追随各种流派的热情。热情会热坏思想的（苏格拉底在雪地里才能思想）。必须冷酷又残酷地去思考这个冷酷又残酷的世界，才是思想。

乔姆斯基曾经问过两个非常有趣的问题[①]：（1）为什么我们获得的材料如此之少，而产生的知识却如此多（他把这个问题归给了柏拉图）?（2）为什么可利用的材料如此多，而我们的知识却如此少（他把这个问题归给了奥威尔）？他认为后一个问题更为重要。我很同意这个看法，显然，前一个疑问即使没有答案也不是什么坏事，以少生多，不能说是坏事；但后一个问题确实是要命的。后一个问题对于今天的世界特别有意义，现代社会充分发展了理性、科学和技术，生产了无比多的信息，但我们还是很缺乏真正的知识（希腊意义上的 episteme），仍然不知道什么是好生活（这个问题从希腊时代开始提问，到现在仍然难以回答）。可以换个角度提问：现代社会生产了大量的财富、物质和所谓的知识，还产生了结构严密的各种制度，宣布了更多的权利和自由，提供了各种社会福利和先进技术，等等无数种利益和好处，可是为什么就是不能增进幸福？财富、技术和享乐的疯狂发展很可能是幸福的错误替代物，它们把人们的思想引向生活的细枝末节，而掩盖了最要命的根本问题，即人的幸福和人类的命运。至今我仍然坚持认为，**幸福**和**命运**是哲学的两个最根本的问题。如果没有这两个问题垫底，其他问题都是盲目漂流着的，无论是先验还是经验，分析还是解释，建构还是解构，独断还是对话，自由还是民主，制度还是规则，如果不以幸福和命运为前提问题，就都是无意义的。今天世界最大的危机就是人类**命运的危机**和人的**幸福危机**。《论可能生活》讨论的是幸福（命运问题另在别的书或文章中讨论）。现代社会这样强调个人利益和个人快乐，以至于损害了幸福，而所以失去幸福，是因为没有人打算给予别人幸福，也就没有得到幸福，每个人都欠着别人的幸福。

为了更有效地分析高度复杂的问题，我提出“无立场”方法论，又通过把“无立场”应用于伦理学问题而提出“可能生活”等概念。这些观念固然是“创新”，但并非没有渊源。相信大家不难看出，“无立场”首先与老子的思维方式不无关系，老子的思维如此广角，令人赞叹，他既然可以“以身观身，以家观家……以天下观天下”，那么，我进一步想到这一可以概括为“以 x 观 x”知识论模式的各种

① 参见 Chomsky：*Knowledge of Language*，*Its Nature*，*Origin*，*and Use*. Perface，1986。

深化了的方法论问题就是自然而然的了。显然，通过走遍一切 x，从任何 x 的角度去理解 x，这还没有完成无立场的方法论。任何 x 都是关于世界所有事情的一个观念体系，一种“看”法。而看法一旦被应用就成为世界事实的一个变量，因此我们还必须关心从任何一个 x 对所有事情的意见极限，以便知道 x 对世界的意义限度。要分析一个观念体系的意义限度或者说它的“能量”限度，就必须分析它的元定理，即它作为如此这般的一套看法的观念“底牌”，这些底牌往往是不说出来的，或者是没有被反思的“潜台词”——在这里又可以看出我从“元逻辑”、“元语言”和“元数学”那里得到的启发或隐喻。假如分析清楚这些底牌，我们就可以知道各种观念是如何给世界制造了问题，或者如何错过了问题，或者如何搞错了问题。而如果要真正有效地检查观念的有效性，就必须使用怀疑论（我主要参考了希腊怀疑论和维特根斯坦怀疑论，在我看来它们是真正有力的怀疑论。而休谟和笛卡儿怀疑论则较少参考）。于是，我们又可以发现，对于世界，任何一种观念都是不充分的，没有哪一个立场的观念是“正确的”或者是必须接受的，缺了某种观念，世界也不会因此有什么致命的损失。无立场地看问题就是从 x 看 x 的要求（老子原则），并且从 x 的系统底牌看 x 的限度（元观念分析），最后超越对任何观点的固执，直面问题本身，当然这不是说，最后只看见问题而看不见观点，而是所有观点都从“决定者”退居成为材料，该什么地方用就什么地方用，适合用在哪里就用在哪里，无立场说的是所有立场都各有各的用处，所以必须在不同的地方用不同的立场，而不是拒绝任何一种立场。也就是说，无立场仅仅是剥夺任何观点的绝对价值或者价值优先性，在什么地方该用什么立场要由问题说了算，而不是由某种固定的立场说了算。这是“观点贬值原则”或者“观念的去政治化原则”，没有什么观点或者“主义”可以成为思想的执政。

我试图这样去实践无立场，至少从《论可能生活》开始就是这样实践的，至于是不是真的做到了完全无立场，倒也不敢绝对肯定，人有时候会有局限。我这种无立场实践引起许多人的疑问，于是被不同立场的人分别解读和批评为左的、右的、自由主义的、实用主义的、毛派的、复古的、后现代的、反民主的、反宗教的、贵族的、形而上学的、唯心主义的、唯物主义的，诸如此类。其中除了某些是不顾学理的情绪性批评，大多数批评是“有道理”的，说得都不算完全错，只是那些道理分别属于不同的立场。有时候，有些最真实的事情反而最难说清楚，比如这样一个事实：我们的世界、社会和生活是包含着各种乱七八糟自相矛盾的因素的，事实就是这样混成的，事实就是这样的，我们并不能选择既定事实，那些五花八门的问题和事实分别要求着各种各样的立场和道理，假如一定要把复杂的事实硬性还原为某个立场所能理解的简单情况，恐怕是削足适履了。这就是为什么我会使用到许多种立场而形成无立场的理由。准确地说，我没有立场上的敌人，只有方法论上所反对的做法。当然不是说我自己在生活中没有立场，但是一己之私对于思想是不重要的，不值一提。思想就必须去思考世界，去思考大家的事情，去思考别人的事情，而不是去想自己的事情。如果不明白这一点就恐怕不会思想。既然要思天思地思人，这样是不可以固执于什么立场和主义的。一切要以事实和问题为准，大概如此。重要的是认真对待事实。我所梦想的是能够达到与人们的朴素直观一致，特别是那些容易被混乱的观念所掩盖的直观。我相信人们本来直接就懂得什么是幸福、公正、德行，懂得什么是亲情、爱情、友谊，懂得什么是高贵，什么是小人，就像人们本来能够感受什么是树，什么是草，什么是大地一样，可是利益和知识导致了另一种蒙昧，人性和感觉的蒙昧。

由于我批评了规范伦理学，而且经常提到德性概念，因此被认为属于德性伦理学（virtue ethics），这多少有些似是而非。不过这是一个有意义的问题。关于德性伦理学，这里可以简单讨论。一般来说，古代伦理学，无论是希腊的还是先秦的，在广义上都属于德性伦理学，柏拉图关于正义作为德性的讨论，亚里士多德关于幸福（*eudaimonia*）在于德性的实现的分析，孔子对仁的研究，老子关于道/德的论述，都是德性伦理学的经典之作。可以说，古代伦理学中的伟大理论都是德性伦理学。不过，希腊和中国所讨论的德性虽多有相通之处，也有所不同，virtue 是人性中令人羡慕的令人敬佩的卓越性，是让人服气的才华和品格；中国的“德”的原意与 virtue 甚是接近，后来经过精致化成为一种具有形而上意义的品德，即由道而得、与道相通、得道而行的伟大品德。现代社会是个“喻于利”而且见利忘义的小人社会，为了给小人社会建立秩序，制度问题变成了首要问题，于是德性问题衰落了，现代伦理学主流都是广义上的规范伦理学。现在，现代社会的弊端已经积累到了几乎完全毁掉了生活的幸福的地步，人们在空虚的快乐中饮鸩止渴，幸福和德性的问题才卷土重来。

德性伦理学的现代理论在20世纪80年代才重新被许多人所重视，这与MacIntyre的名著 *After Virtue* 有关，不过可以回溯到更早的Anscombe在1958年的论文Modern moral philosophy（*Philosophy*，33/1958/1-19），她深刻地批判了现代伦理学，指出现代伦理规范都是一些无根的戒律，脱离了传统和价值根据，就像“流浪儿”一样没有目的，因为现代伦理规范找错了它的合法性根据，它错误地建立在一些对法律进行拙劣模仿的概念上，例如“义务”什么的。她主张伦理学必须回归到德性伦理学。Anscombe是维特根斯坦的优秀弟子，显然受到维特根斯坦的深刻影响。我们知道，维特根斯坦关于幸福问题有着惊人的洞察，可惜论述太少。而讨论幸福问题就几乎必然地走向德性伦理学。德性伦理学的着眼点与功利主义和义务论都不一样，功利主义关心的是行动的利益结果，所谓welfare或者utility，即福利或效用，义务论则关心行为是否按照规范而“应该的”，德性伦理学则关心的是行动本身的理由，而不管行动的利益结果是什么，这个行动本身的理由当然就是幸福和好（happiness和goodness）。

MacIntyre进一步嘲笑了现代伦理学，他认为现代伦理体系如此混乱，完全缺乏一致性，比如说在比赛时我们推崇希腊式的追求卓越的精神；在涉及财产问题时又完全是洛克式的斤斤计较嘴脸；想要平等时就主张基督教理念；想要个人自由时又鼓吹康德和穆勒，如此等等，完全不在乎原则之间的冲突和混乱，可见现代伦理体系是不负责任的。他也相信必须回归德性伦理学以便重新建立道德的一致性。

公平地说，现代德性伦理学虽然主张回归古典精神，而且对现代伦理体系的批判也一针见血，但对德性理论本身并无明显推进，尤其是没有能够解释德性伦理学中的关键问题如“幸福”和“公正”问题，而且也没有能够回应那些属于现代社会的问题，例如“制度”、“分配”和“文化”等问题。因此，德性伦理学还没有得到真正的复兴。

德性伦理学肯定是我的主要理论背景，因为我相信它更接近人们的道德直观。但我只是把它看作是重要的可利用资源，而没有回归古典的复古主张。既然我们在现代社会中，就必须面对现代的事实和问题，而现代社会的问题比古代社会复杂得多，这一点不能不考虑。社会批评是必要的，但却也是不够的。因此，我在讨论幸福和公正这些问题时是把它们看作是制度问题的元问题去思考的。假如说我的伦理学理论属于德性伦理学的话，大概也只能说是德性伦理学的一个新品种，是混合了现代问题和现代要求的德性伦理学，而且其中特别得到发挥的是中国先秦的德性伦理学，尤其是使用了新的方法论。其实，这些定位终究并不重要，重要的是问题本身。大概如此。

也许还有一点需要说明。既然我主张无立场，学术资源当然就不分古今中外，于是出现一个“概念体系”交错的问题（这也是中国现代学术经常遇到的难题）。中国现在有两套概念体系在同时使用，中国传统的和西方的，更严格地说，甚至是三套概念体系，即加上一套中国当代概念体系（由中国传统和西方概念混合演变出来的），于是，有时候难以确定人们是在哪个意义上使用一个概念。我担心别以己昏昏使人昭昭，虽然有时难免，但希望尽量清楚。例如书中有“合法性”这一概念，如果从西学概念去看，至少有 legitimacy，justification 和 legality 看起来与之似乎有关，当然它不可能是 legality，那是“法定的”或“法律上有效的”；通常可能会被理解为 legitimacy，一般也是这样翻译的，按照目前通行的用法，大致不错，但按照我心里的意思就并不完全同一，因为 legitimacy 还兼有“因为历史上的正统性而合法”的意思，虽然我不反对正统性，但我在书中主要是讨论规则在思想理由上的合法性，因此也就非常接近 justification。“合法性”的说法来自西学，这个“法”就比较容易引起误解，当然，中国概念的“法”也有形而上层次上的意义，不一定指法律，而是普遍的“法”。无论如何，“合法性”不是最好的中文表达方式。假如说成“正当性”，似乎比较容易理解，但我们一般说到“正当”时，往往有个给定的规则背景。如果要讨论规则本身的合法性，“正当”就显得有些弱了。按照中国思想，最好的表达可能应该是“正道”，这个说法足够宏大，具有形而上深度。一条规则（相当于低层次的、小规模的“道”）是不是正当，就要看它是否“合乎正道”（相当于“大道”）。所以没有采用这个说法，仅仅是考虑到大家现在更习惯于“合法性”这一“学术性的”说法，“正道”这种表达看起来反而像是民间文学语言。特此说明。

赵汀阳

2004 年 5 月 18 日

前　言

由于语言分析的影响，现代伦理学特别重视“元伦理学”的研究。但事实表明，对伦理语句和概念的逻辑分析并不能解决传统的规范伦理学问题。伦理学问题最终要求“实质的”而不是形式分析的解决。不过，规范伦理学纠缠于“应该不应该”等一系列问题，这就在方向上注定了它仅限于实质的努力但达不到实质的解决。由于从“应该做某事”推不出“应该做某事是好的”，义务论的观点注定是错误的，因为没有一条应该的规范是既普遍又公正的。“应该”的规范总是基于利益的行为策略，它表现为劝导或威胁；另一方面，所欲望的事情也推不出“所欲望的事情是好的”，因为这是无穷多元的事情。于是，经典目的论注定是无意义的。我相信伦理学命题必须既是有实质意义的又是真理，但不是事实真理而是价值真理。或者说，伦理学既是实质的又是中立的。所以，我将从行动而不是从规范的角度去分析道德，并且力求符合一般人的直观而不求与伦理学传统一致。

我在此感谢三联书店出版此书，并且感谢季羡林、李泽厚、陈筠泉诸位先生对此书的支持和吕祥、郭良在各方面提供的帮助。

赵汀阳

1994 年 2 月

目　录

导论：可能生活与幸福之路 …… 1
1. 问题不在于"ought to be" …… 1
2. 并非还原为"to be" …… 6
3. 为了生活意义而不是为了社会规范 …… 8
4. autotelicity（自成目的性） …… 12
5. 为了道德而不是为了伦理 …… 15
6"to be"的扩展形式 …… 17
7. 可能生活（possible lives） …… 19
8. 新目的论的维度 …… 23
Ⅰ. 问题 …… 26
1. 我是否应该…… …… 26
2. 伦理困惑 …… 34
3. 做事与做人 …… 39
4. 行为的理由 …… 47
Ⅱ. 思路的改变 …… 51
1. 伦理语句与伦理问题 …… 51
2. 新怀疑论：无立场 …… 61
3. 价值与真理 …… 72
4. 人道目的论 …… 77
5. 目的之明证 …… 86
6. 价值论证 …… 96
Ⅲ. 道德的维度或生活的维度 …… 101
1. 行动与行为 …… 101
2. 自由的实质化 …… 107
3. 伦理主体与主体间关系 …… 117

4. 道德生活与伦理社会 …… 122
Ⅳ. 幸福 …… 135
1. 可能生活 …… 135
2. 自成目的性（autotelicity） …… 143
3. 创造感和给予性 …… 148
Ⅴ. 公正 …… 153
1. 公正的不可还原的条件 …… 153
2. 人际关系与事际关系 …… 162
3. 对等与估价 …… 171
4. 公正与人权 …… 174
Ⅵ. 选择与道德情感 …… 180
1. 无法回避的遗留问题 …… 180
2. 合理犯罪的技术 …… 182
3. 宗教作为邪思 …… 186
Ⅶ. 从人类的角度 …… 190
1. 主题的变型 …… 190
2. 历史的参照与分析的诊断 …… 193
3. 社会理想与文化理想 …… 198
Ⅷ. 几点简单结论 …… 204

附录一　两种罪行和闭着一只眼的伦理学 …… 208
附录二　人之常情 …… 216
附录三　法律的道德余地 …… 231
附录四　价值在哪里？意义在哪里？幸福在哪里？ …… 236
附录五　伦理规范的真相 …… 265
附录六　大模样伦理学 …… 284
附录七　关于金规则的一个新版本 …… 295
附录八　论道德金规则的最佳可能方案 …… 302
附录九　预付人权：一种非西方的普遍人权理论 …… 318
附录十　民主的最小伤害原则和最大兼容原则 …… 343

导论：可能生活与幸福之路

1. 问题不在于“ought to be”

“借钱就应该还钱”；

“不应该偷窃”；

“我们应该遵守协议”；

伦理规范总是这样企图劝导人们做某种事或不做某种事。

凡是含有或暗含“应该”（ought to be）这一意义的语句就是规范语句。主流伦理学主要是规范伦理学，即以规范为研究主题的伦理学。规范之所以值得研究，主要是因为存在着这样的问题：

（1）任一规范的合理性和合情性需要被判定；

（2）规范之间可能出现的冲突需要解决。

在这里，“合理性”和“合情性”都是在中文语境中来使用的，因此，合理性并不等于 rationality，尽管与 rationality 不矛盾，但比较接近 reasonability。至于合情性，这是非常中国特色的概念，稍有些接近 sensibleness，但含义要深刻宽广得多，它意味着在理性的理由之外的，但是与理性理由同样有力的感性理由，它虽然是感性的，却又超越了作为一己之私的那些小感性，所以是具有普遍性力量的“大感性”，于是它和理性理由是同水平上的无可置疑的人性理由。所谓“不合理”但“合情”，有时候就属于这种情况。就是说，关于行为的判断，我们需要至少两种理由而不是一种，所以伦理问题比知识问题要复杂得多。

重要的不是规范，而是规范的理由。考虑上述问题，很明显，一种解决绝不能同样具有未被解决的问题所具有的那种弱点，就是说，如果给出一个解决，就不可以把同样的困难遗传下去。这是一个最基本的要求。作为劝导，规范给出某种实践性的建议，同时就宣称了它的正当性（rightness）。相当于说：你应该这样这样，因为“应该这样这样”是个正当的规范。[①] 对于这种建议，人们可能接受也可能不接受，因为人们总能够以另一种规范为理由，并且同样宣称其正当性。这里的“正当性”是要被证明的，而不能看作是规范本身的既定性质。总之，规范只是**可选择的项目**而不是**无可选择的事实**。我总能找到某种理由去怀疑甚至拒绝某一条规范，规范就其本身而言必定是可疑的。某条规范 n，如果是必须如此的，当且仅当（iff），在给定的某个特定环境中不存在比 n 更可行、更能够为人们所接受的规范，并且，也不存在违反 n 的积极理由。因此，规范的不可置疑性永远是情景性的。即使是像“不要说谎”这样众望所归的规范，也并非在任何情景中都是好的（比如说，说了实话就会害死人），但如果有这样一个情景，在其中“不要说谎”不会危及他人利益，那么它就**特定地**成为好的规范。如果一条规范不能证明自身的普遍有效性，那么也不能被其他的规范所证明。于是，求助于“更进一步”的规范也无济于事，任一规范都无法构成另一条规范的有效判定。为了判定一条规范的合法性，我们就不能以规范判定规范，而只能在别的地方寻找真正的证明。或者说，关于规范的判定如果是足够有效的，它便不得弱于怀疑态度。这意味着关于规范的理论绝不能仍然是一种规范性的劝导，否则伦理问题将会原封未动，始终得不到解决。可是问题就在这里，假如放弃以某些基本的规范来充当最后的根据，规范伦理学就终结了，它不得不变成别的伦理学，比如说，像 Anscombe 和 MacIntyre 建议的，伦理学问题终究要由德性伦理学去说明。

但是，规范伦理学往往只是给出一些貌似普遍有效的劝导，往往诉诸某些心理感觉，比如同情心什么的，它只不过是以理论的形式来冒充普遍原理的一些主观观点。规范伦理学喜欢把一些属于群众心理的东西作为依据，比如说，为了给那些直接诉诸行为的规范——如“不应该偷窃”——寻找辩护，规范伦理学可能提出“所有人都不应该侵犯他人的私有财产权”，依此渐进，最后就会给出相当抽象的劝导，诸如“正当的行为应该是为了最大多数人的最大幸福”，甚至“你应该同意你的所作所为成为他人也都遵守的普遍规

① Anscombe 在批评伦理规范实际上是不讲理的时候，她把规范的一般形式说成是“别管是不是你的意愿，你都必须这么做，因为这是正当的”。参见 Modern moral philosophy, in *Philosophy*, 33/1958。

范”这样的原则性规范。这类具有普遍性的规范通常在意义上都不甚明确（这一点显然促进了所谓元伦理学的分析），而且在理论上也总是漏洞百出（有些伦理学家希望在元伦理学的帮助下给出更为谨慎的解释）。但这些技术性缺点还只是表面性的，其方法论上的错误才是根本性的。我们本来就不能指望用规范去说明规范。上述那种普遍规范之所以在说明具体规范时存在着困难，这并非因为它不具有足够的解释力，而是因为不论它具有何种程度的解释力都是无效的。任何一个规范，无论是具体的还是普遍的，都同样弱于怀疑态度，这就意味着我们总能够不信任它。实际上规范伦理学的研究所以能够进行，其中一个重要原因是规范伦理学暗中利用了人们通常具有的似乎比较一致的伦理信念以及流行的意识形态，于是一些最可疑的观念就被隐藏在不被反思的背景中了。然而，似乎一致的信念或意识形态的可信性同样弱于怀疑态度。人们有时宁愿坚持某一信念，只不过是由于习惯、思想上的障碍以及各种趣味和利益。群众心理从来都是自私自利的，而且还具有两面性，比如说，的确“人人”都对保护私有财产感兴趣，这没有错，但是的确大多数人同时还对非法占有别人的财产感兴趣（偷、抢、贪污和剥削，只要具备条件）。伦理规范总是在限制别人的时候特别有效，对自己就不大靠得住。我并不是想说，人们的心理其实是坏的，而是说，大众心理本来就有好的一面和坏的一面。假如“同情心”可以是个证据，那么“贪心”也同样是个证据。单方面取证是不可以的（例如孟子论述说人心有好的“四端”，显然也很容易指出坏的四端，没准要寻找坏的各种“端”还更容易）。那些似乎一致的信念和意识形态其实并不那么坚强，所谓“大众论证”（argumentum ad populum）甚至“众心一致论证”（argumentum ex consensu gentium）[①] 所支持的那些共同信念，都非常可能在具体的实践和具体的利益情景中分崩离析，因为没有什么信念能够经得起利益的考验或者超越利益的具体冲突（尽管确实有少数人能够永远坚持信念，但那是因为人品高贵而不是因为信念的强大）。尼采式的对规范的反抗和蔑视尽管武断夸张而且缺乏充分根据，但它比规范伦理学的思路深刻得多。

既然已经有了政治家来制定政治制度，有牧师来指引从善之道，

① “大众论证”以多为胜，往往掩盖真理，最为可疑。不过“众心一致论证”则复杂一些，假如所有人都有某个共同看法，确实无一例外，虽然未必为真，倒也无从反对。只是能够严格满足众心一致的观点事实上几乎没有。

有律师来把握法律尺度，有教师来传播处世良方，伦理学家还能给出什么忠告？人们对伦理学的期望是思想性的，是对行为的哲学反思，而不是关于行为规范的反复解释。

思想的最终判断如果是有效的，就只能是哲学性的，而哲学的判定如果是有效的，当且仅当，它是在意识形态之外的反思活动，即无立场的批判——无立场所要求的是：**方法高于立场**。也就是要求就事论事，就问题论问题，按照事实和问题的需要去使用与之配套的立场，所以它不是反对所有立场，而是剥夺任一立场的价值独裁。如果一种批判从属于某种意识形态或信念，那么它就是出于利益或趣味的，也就无所谓“批判”，而只是行为上的选择而不是思想上的辨明。行为可以选择，但思想不可以随便选择，我们无法“选择”思想上的必然性，正如不能选择世界的事实性。于是，关于规范的理论问题绝不是“为什么应该如此行为”，而只能是“是否应该如此行为”。这样就把问题推向比“应该”更深的地方。“应该”不是思想形式，而是价值判断。关于“应该”的根据才是思想问题。

“为什么应该如此行为”的叙述意味着事先承诺了“应该如此行为”，这使得问题好像仅仅在于为此寻找一些肯定性的理由。这种在价值上的事先承诺从一开始就是非法的。对于“如此行为”本来有着两方面的判定可能性，但这种提问等于只允许选择其肯定性的方面。这显然是价值和思想的独裁。然而，只要愿意，我们就能够从其否定性方面寻找某些理由来拒绝它的劝导，显然，思想空间的可能性永远大于规范的可能性。既然对“如此行为”可能作出“应该”或“不应该”的判断，那么，“应该”或“不应该”本身就无法构成一种有效的判定，它总可以被质疑。而当提问到“是否应该如此行为”或者对某种劝导提出怀疑的时候，重要的并不是给出一个更具普遍性的劝导，而在于引向某种能够摆脱可疑性的结果。这就需要思想性的证明。

显然，如果局限于“应该”（ought to be）这一层次去理解伦理学问题，就必定从根本上削弱伦理问题的理论意义，而最终使伦理学失去思想根据。其原因是，如果把伦理学的基本观念看作是最高的绝对劝导，那么这种观念便是一种要求被绝对倾听的声音，就好像它是神的声音一样——在这里可以看出规范伦理学和神学的同构性，它们都是要求人们必须“听”，而不许不听。“必须听”是包括宗教、政治权力话语、规范体系等所有意识形态的共同结构（最典型的规范体系也往往直接利用宗教作为其根据）。可是这种声音无法保证人们一定会去倾听，即使通过暴力和强权去强迫人，人们至多也是假装听。对它的倾听取决于它是否合意，而不是因为它不许怀疑。既然任一劝导都弱于怀疑态度，那么如果声称一种劝导本身已经是足够基本的，它就一定是无根的。这种无根性表现为：**任何一种“应该”都有可能是不应该的**。这才是真正的无根性。① 于是，信仰或意识形态的危机发生实际上是自然而然的事情，而不是什么惊人的变化。无论是上帝死了还是尼采死了，都与生活的根本问题无关，人们归根到底不会在乎某种意识形态的崩溃，因为反正总能够发展出别的意识形态，总能够声称其他一些“应该的”事情。这就是为什么现代能够背叛古代，而现在还可以背叛现代的原因。人们并不真怕信仰或意识形态的危机。“应该”这一空间是如此狭窄肤浅以至于不足以提供生活意义的立足之地。其实，任一规范都只是人类生活中的权宜之计，尽管在事实上规范是必需的，但在价值上却不值得尊重。偷窃之所以不可取，表面上是因为这种行为违反了规范，但实质上却在于它是人性丑恶的表现。重要的是人性，而不是规范。

规范伦理学的工作并不是无意义的，而是无根的，也就是说，无论我们给出什么更高层次的劝导形式，它仍然弱于怀疑态度的力量。只要保留着劝导形式就无法克服这一遗传性的弱点。因此，规范伦理学的推进终归有限，这个局限性来自两个失误：（1）方法上的失误。因此我们必须找到一种强于怀疑态度的思想方式，即哲学性的无立场批判来超越任何意识形态。而如果要使一种批判是无立场的，就只能通过发现明证（evidence）或者构造出先验论证（transcendental argument）以作出最后的判定。（2）主题的失误。我们必须打破 ought to be 的限制，因为 ought to be 不能说明自身，它只是意向性的，而意向活动必须以存在论事实为前提，意向性问题的意义最后受制于存在论问题的意义。于是，规范问题的解决依赖着存在论的根据，伦理学的主题最终不可避免的是一个与存在论密切

① 从 Anscombe 到 MacIntyre 都非常正确地批评了规范的无根性，他们认为规范的根据必须是文化传统所定义的德性，就是说，传统才是根。这虽然差不多是对的，但在理论上不够彻底。我们不可以不利用传统资源，因为那是我们生长的背景，但在理论上我们还必须允许观念的创新，必须以整个思想的可能空间去批判任何一个规范体系，就是说，在承认“历史性”的同时还必须承认“未来性”。

相关的主题。

2. 并非还原为“to be”

伦理学主题的存在论化并不意味着由此产生的存在论问题可以借助知识论来解决。有不少伦理学家的确企图求助于知识论，这很可能是由于对科学方法期望过高。实际上，如果以知识论的态度对待生活事实，那么所谓伦理学至多是对这种事实的描述。通过描述人们的伦理行为并不能因此解决伦理学问题。正如维特根斯坦所发现的：知识论的描述根本上尚未触及生活的问题。当然，我们不能因为描述无法解答伦理学问题就放弃伦理学问题，更不能因为伦理学问题不是知识论问题就回避伦理学问题，像维特根斯坦那样对“不可说的”道德问题仅仅保持“敬意”是不够的。知识描述的局限性不是放弃伦理学问题的理由。伦理学问题或许不能在知识体系里被分析，即“不能说”，但问题是我们还是不得不去“做”。我们总要这样或那样做事情，我们在“做”中被卷入到比 to be 更复杂的 to do 问题中去。to do 虽然不比 to be 更基本，却比 to be 更丰富，to do 的秘密就在于它包含着“自由”的问题，而 to be 没有自由问题。维特根斯坦对伦理学的消极怀疑是无效的。维特根斯坦似乎想说，伦理学是不可能的，但对人们的伦理冲动仍然应该给以尊重。可是为什么要尊重伦理冲动？尊重哪些伦理冲动？显然，这些问题恰好都是伦理问题。维特根斯坦曾经断言：有意义的问题必须是能够有答案的问题。可是关键在于，在何种意义上什么可以被看作是一个答案。事实上我们不可能无条件地知道一个问题是否有答案，除非把某种东西定义为答案。这显然不能阻止我们有另一种方式来定义答案。所以我宁愿说，任何一个问题都有答案，但是问题与答案之间必须存在有意义的关系。如果说一个问题是无意义的，那就是这个问题的提问方式暗示着一个寻求答案的不恰当方向，就像说，“我到底应该相信基督还是相信佛陀”？或“我是应该去贪污还是去诈骗”？这类问题的荒谬之处在于它非法暗示着**仅此两种选择**，就好像不可能有别的选择一样。上述例子的荒谬是显而易见的。可是一旦遇到理论问题，即使其荒谬性质与上述例子完全相同，就似乎不易看出其荒谬性。

伦理学问题通常被认为是一个“ought to be”的问题，或者是一个能够还原为“to be”形式去解释的问题。为什么要局限于这两种选择？无论是固执于“ought to be”还是“to be”的解释格式，或者干脆像维特根斯坦那样否认伦理学的可能性，这些方式都是盲目的。

虽然伦理学不是一种劝导，但也不是以事实作为问题，不是为了作出存在或不存在的判定，而是以存在的**未来性**为提问对象，并就接受不接受某种存在的未来性作出决定。生活事实的特殊性就在于它的未来性不是自然运行的结果而是人类设计的结果，所以伦理问题关涉的不是存在现成性而是未来性，而对于人类生活而言，现实只是未来的一个必要条件而非充分条件。因此，我们本来就不能指望通过事实描述或还原来说明伦理问题。休谟关于 ought to be 不能由 to be 来解释的理论确实有效。

当然这并不是说伦理学只是一种对现实的批判，否则无非由 to be 又回到了 ought to be。尽管凡是现实的都是令人不满的，但对现实的批判或者说 ought to be 的主题永远只是伦理学中的次要问题，甚至是边缘的伴随性的问题。伦理学与愤怒、逆反、孤立、嫉妒等激进情绪无关，也与同情、怜悯、宽恕等温和情绪无关，总之与各种引起“应该这样应该那样”的心理情绪无关。感情用事或许是好的生活态度，但却是坏的理论态度（这两者经常被颠倒使用，其危害就像当某人需要实际帮助时我们给他以同情，而当他要独立行事时我们却又插手）。心理感觉确实是引起伦理行为的一种原因（cause），却不是决定伦理行为是否正当的理由（reason）。用原因来代替理由去进行论证，显然是不可以的。

一种真正有意义的伦理学在分析问题时是现实主义的，但在表达希望时则是理想主义的。存在于现实中并关怀存在的未来性，这就是伦理学的意义所在。正因为生活事实是一种特殊的事实，生活事实所蕴涵的问题便是单纯的“to be”格式所无法完全容纳的，或者说，生活事实与世界存在不同，它是由人的意志所影响的行为，这一点使得生活事实不像世界存在那样只是一个被给予的存在（the given thing）而是一个给予性的事实（the fact of giving），它具有比现实性更多的性质。这种多出来的性质就是生活的建设性或设计性。显然，建设性或设计性是生活事实的特色，因此建设性是生活事实最根本的性质。建设性当然是面向未来的，但生活的未来性并不意味着某种尚未实现但却被预见了的未来生活。现实是未来的土地，但这一土地并没有规定必须种植什么，它只是允许种植。所以，对存在的未来性的关切无法还原为现实存在的问题，更加无法还原为历史事实。因此，我们毕竟不能脱离 to be 去思考生活问题，但又不能局限于 to be，才能发现伦理学所涉及的那种具有特殊意义的存在论问题，即那种由 to be 走向 to do 的问题。在此，知识论态度将被置换为目的论态度。

人们通常所困惑的 to be 和 ought to be 这种断裂性的区分实际上离间了生活事实本身。这一区分造成了两种同样难以接受的结果：在 to be 框架中的伦理学就不得不把人看作是机器或动物，这是一种背叛了生活意义的伦理学，它甚至根本没有涉及伦理学问题；而在 ought to be 框架中的伦理学则把人看成是需要整治成某种标准产品的材料，这是一种替人谋划生活从而破坏生活意义和自由的伦理学。

3. 为了生活意义而不是为了社会规范

伦理学的根本目标是为了询问生活意义，它所关心的是什么样的行为方式、生活形式和社会制度最能够创造幸福生活。生活意义/好生活/幸福是三位一体的伦理学基本问题。这一点本来当然是显而易见的，因为人的行为是为了构成某种有意义的生活而不是别的。但是随着社会机制日益发达，尤其是现代的生产、分配和传播制造了大量的表面目标和利益而掩盖了生活的真实意义，各种体制和标准把生活规划为盲目的机械行为，人们在利益的昏迷中失去了幸福，在社会规范中遗忘了生活，就好像行为仅仅是为实现体制的规范目标的行为，而不是为了达到某种生活意义。社会成功了而人失败了。这在伦理学中表现为在面对生活事实时使用社会观点而不是使用生活观点去进行最后解释。当然，伦理学无论如何不是为了反对规范和社会，问题仅仅在于，任何规范和社会安排都必须以生活的理由去解释，而不能以规范和制度自身的程序合理性去辩护。以程序合理性（形式）去回避或掩盖实质合理性（内容）问题是现代社会的一个特征，这种现象在法律、管理制度、教育体制、考试标准/审查制度中比比皆是。但是，实质的价值问题是终究混不过去的。

虽然生活事实总是社会性的，但伦理学并非是一种服务于社会规范的研究，而是一种服务于生活意义的研究。社会只是生活的必要条件，而生活本身的意义和质量才是生活的目的。在社会机制中的生活绝不意味着为了社会机制而生活。如果为了社会机制而生活，用各种可计算的指标、所谓“数字上可管理的”标准和社会体制所假定的偏好以及各种“政治上正确”去欺骗自己、引导自己和代表自己，生活就会破碎成无数琐碎细节，生活就会变成别人的生活或者替别人生活，在麻木或虚伪中自我欺骗而失去所有幸福。这样的生活违背了生活的本意，使生活失去了它本来的目的（telos）。在此以目的论态度说出 telos 这一概念是为了指明这种目的是属于生活整体的目的，即**本意**。一个具体行为目的只是它的目标，一个目标总是可以有结局的，除非缺乏机会和条件，但在理论上我们不难设想所有的目标都是能够达到的。而**本意目的**在生活中永远不会有结局，它只能在生活过程中体现出来而不能最终达到。无论是个人生活还是人类整体的生活都无法达到这一目的，只能在永远的追求中去体现。能够称为“telos”的追求只能是生活的永恒事业，或者是人类共同的事业，或者是每一个人都追求的事业，即那些构成幸福生活的事情。例如爱情、友谊、思想、艺术和自然的美等等，它是人类永远追求着、始终给予保持的东西。既不能最终完成又永远被追求的东西就是 telos，而那种一旦达到也就被消费掉的目标则属于具体行为，例如一顿饱餐、一笔巨款或一个高职位，这种具体行为的目的一旦被达到，它作为目标就被消费掉，这一具体目标就不再是目标了。

社会制度是保证秩序和利益的手段。我们在具体行为中有可能把社会当作目的，但却不是生活本意性的目的。尽管生活总是需要社会这一形式，但却不是为了服务于社会。恰恰相反，社会必须服务于生活。为社会而进行社会活动是背叛生活的不幸行为。令人遗憾的是，伦理学理论尽管不是故意遗忘生活但却往往深陷于社会观点之中。以社会观点看问题的伦理学与其说它关心人类的生活还不如说它是希望以社会的观点限制生活，希望把生活规定为仅仅是某种社会所同意的生活。如果这样，生活就萎缩成某种特定社会的特定生活。虽然一个好的社会与好的生活往往是一致的，但好的社会只是好生活的必要条件，却不是好生活的目的，相反，好生活必定是好社会的目的。由此不难看出，由生活的角度去看问题与由社会规范的角度去看问题将导致不同的结果。既然伦理学是一种哲学反思，它就必定要从最根本处着眼。哲学保有人类在任何一种意识形态之外进行反思的权利，它使得人类保持着超越盲目和偏见的能力，从而免于彻底的思想病态和由此带来的无可救药的灾难。伦理学关心的是有社会的生活而不是有生活的社会，后者是政治、法律、经济学和社会学的主题。政治或法律之类的科学所考虑的是社会机制的运作效力和效率，然而一个高效的社会并不必然有良好的生活。伦理学作为一种为生活着想的研究，理所当然是所有社会理论的元理论。政治、法律以及一切关于社会的观点的最终根据或者合法性必须由伦理学来给出，因此伦理学不是一种社会科学而是哲学。凡是代表某种规范体系的伦理学都是反对生活的理论，它错把伦理学搞成了社会科学，它总是劝导每一个人去过"标准"的生活，即按照他人的标准过生活，这正是使生活变得没有意义的最主要原因之一。

当然，这里对伦理学的批判仅仅是警告性的。大多数伦理学理论实际上相当温和，但这种温柔似水往往掩盖着令人窒息的错误倾向。作为伦理学上最主要的一个思路，功利主义正是以一种比生活观点狭窄得多的社会观点去看问题，它看不见生活的各种各样的魅力而只看见了物质利益，看不见生活的美丽之处而只看见了很难看的"效用"，结果使得其理论太像是一种讨好大众的社会策略，而且毫无情感、精神和文化内容，与人类生活画面出入太大。康德式的绝对主义是伦理学的另一种主要思路，它的优势是其论调有一种迷人的高尚气质，很容易诱人同情，但在理论上有着深刻的错误。①它虽然表面上不像社会观点，但实质上却企图充当更高的普遍有效的社会观点，它所设想的作为普遍立法的道德原则是非常独断的主体观点，仅仅代表了启蒙主义的社会理想。我并不反对社会观点本身，而是反对社会观点的理论地位和使用方式。一种恰当的社会观点必须是生活观点的结果而不是相反。一个社会所能够提供的"可能生活"(possible lives) 总是远远少于生活这个概念在理论上所蕴涵的可能生活。因此一个好社会所包含的可能生活必须尽量接近生活这一概念所蕴涵的最好可能生活。就是说，好生活是好社会的合

① 据说康德当年讲述伦理学，使得听众因其圣洁而泪流满面。我愿意相信这个故事。我过去初读康德伦理学时也为他的高尚气质深深感染，至今心怀敬意。但他的伦理学有错误就是有错误。

法性根据。

其实，无论是西方还是中国的早期哲学（古希腊、先秦）在伦理学中都是倾向于生活观点的（尽管并不太彻底），至少是力图从生活观点来引出社会观点。但是后来它们却以不同的方式背离了生活的思路。看来亚里士多德是对的，人毕竟是政治动物。但是在先秦哲学家看来，人是道德动物（道德被认为是人所以“异于禽兽”的标志），我相信这两者都是对的，这就是人的复杂性和可塑性。在政治和社会权力的诱惑下，伦理很容易附属于政治而成为政治的宣传广告。中国式的背离是由于为社会的统治着想而使伦理学庸俗化，从而形成一套压抑人性规范体系（所谓纲常）；西式的背离则是通过建立宗教的政治意识形态而形成关于生活的单调和变态理解。以更高精神为名而诱惑人心的宗教本来有着克制堕落生活之效，可是却又把最高的目的和光荣都归于神，完全剥夺了人性光辉，反而形成了对生活观点的背离和否定。那些本来需要严肃反思的生活问题终止于对神的信仰，信仰消除了思想问题，简化了思维，终于剥夺了生活的创造性。后来所谓“上帝死了”所带来的危机其实并非普遍必然的生活困境，而只是属于西方特有的意识形态危机。对生活和人性的这两种背叛其共同结果都是使伦理学失去了与生活一致的活力。一种无反思的生活可能碰巧是一种好生活，但无反思的思想则不会有这样的好运气，无反思本身就是思想最严重的缺陷。而且，无反思的思想最终只能产生坏的生活。

在伦理问题上显示出生活热情的思想很少来自麻木的规范伦理学家而往往来自热情的“诗人哲学家”和冷酷的纯正哲学家。在诗人哲学家那里时常可以听到既不属于经典规范（传统）也不属于当时规范（时尚）而是来自生活直观的呼声。除了古希腊和先秦的哲学家，海德格尔是一个可能对伦理学的现代发展具有深刻影响的哲学家。从表面上看，海德格尔并没有十分认真地讨论伦理学，他的主题是人的存在，但这一特殊的存在论主题实际上暗示着一条通向生活伦理学之路。当然，这一方向仍然是朦胧的、不确定的。其根本原因是海德格尔在看待人的状况时只是进入情感化觉悟这一层次（尽管是非常深刻的存在论情感）。这不是一个错误而是局限性，我们所需要的是更为实质的推进。情感层次只是表现性的层次，它显露出种种真实的东西。这种表现性的显露把我们所能触及的东西摆了出来，但却无法指明生活的意义。

4. autotelicity（自成目的性）

维特根斯坦曾经非常正确地指出，伦理学的问题其实应该是“生活的意义”或者说“什么使生活值得生活”。但他自己马上又破坏了这一问题，他消极地认为，虽然人类的伦理冲动值得尊重但毕竟指向高于人的领域，因而超出了思想的能力。他给出了正确的问题，又否定了问题的可理解性，这实在令人失望。这里表现出西方思想传统的一个局限性：总是忍不住要把最高目的归属于高于人的神或者什么超越的东西。神或者超越性存在是一个缺乏理由和明证的假设，既缺乏逻辑上的必然性也缺乏存在论上的明证，任何试图证明神的论证都不可能成功。① 当然我们可以很乐意设想存在着高于人的“更高的”目的，但这与伦理学无关而另属某种心理需要。“更高的东西”无论多么好，它都不属于人的生活，也就无法用来解释生活，反而可以由生活来解释为什么人们需要去假设某种更高的目的（也许心理学可以对此有心理分析）。思想的难题虽然不是实践中直接威胁人们生活的各种现实危险，但却是生活所“不能承受之轻”，因为思想的可能性蕴涵着一切潜在的创造，也就蕴涵着一切危险。因此，回避思想问题就是保证生活稳定性的最好办法。希腊人当年在思想上推进过猛，把许多最深刻又最危险的问题都揭示出来，无法可施的思想很可能助长了罗马时代的生活堕落，结果，基督教

① 中世纪神学家们曾经苦苦地寻找和编造能够证明神的“神迹”，还花很大力气进行五花八门的逻辑论证。这里不可能详细批判，但有两个“关键性”的论证环节还是值得分析的。上帝被认为根据着“完美概念”，据说逻辑上总能够设想最好、最高、最完美的存在，但问题是，这个“完美概念”本身是纯逻辑概念，是个纯粹形式上的理念（eidos），它只存在于逻辑关系中，就像绝对直的“直线”只存在于几何学理论中，“无穷大”只存在于数论理论中。如果把完美的形式概念偷换成实质概念，显然是非法的。于是，具有实质意义的“因果”就成为神学家必须使用的另一关键论证，据说按照因果关系可以推论出第一存在，这虽然不大符合科学，但在逻辑上也还成立，可又有问题，“第一存在”未必是完美的，或者说，“第一存在”和“完美概念”在逻辑上并非必然同一，它们完全可以是两个东西，它们之间不存在必然的逻辑传递。除非使用像罗素证明罗素和教皇是同一个人的那种证法。最后，就算有神，我们也不可能由“无所不包”的神仅仅发展出基督教伦理学这种“地方知识”，如果神真的是无所不包，那么他专门偏心其他伦理体系，比如儒家伦理、佛教伦理等等，在逻辑上也同样可能。唯一能够使上帝信念自圆其说的是去承认上帝只不过是个“地方神”。

简单信念的胜利便变得顺理成章了。这一模式形成了后来西方思想的一个局限性，所有最重要最复杂的问题都似乎可以在宗教精神里消于无形，回避问题变成了一种心安理得的解决。

以某种意识形态来限制思想，其结果就只让人看到某一种生活而无法看到具有全面意义的生活。生活本身向多种“可能生活”敞开着，就像思想向多种“可能世界”（possible worlds）敞开一样。生活的意义就在它的各种可能生活中展开和呈现，生活的意义就在于生活自身，而不可能在别处，人没有必要生活在别处，无须多此一举地去以纯属幻想的某种高于人的目的为目的，但这并不意味着生活的意义会成为无解的困惑，因为生活本身就先验地包含生活意义的答案。我们不可能提问生活是否有意义：假如一个人愿意生活，那么他就已经肯定了生活是有意义的。去问生活是否有意义，这是典型的西方荒谬问题。关于生活意义的提问只能是去提问生活意义是什么（这一点倒是有可能不清楚的）。即使一个人对生活的意义犹豫不决，这仍然表明了对生活意义的肯定。假如一个人决心放弃生活，那么他已经否定了生活的意义，至少是否定了他个人生活的意义。生活与生命是不同的概念，放弃生命的行为仍然是一个生活行为（例如为了伟大使命而牺牲），而放弃生活则意味着认为无论什么样的生活都不值得一过。这种想法就与伦理学无关了，因为对于这种想法来说，一切都没有了意义，思想当然就没有必要了。生活意义的存在是伦理学的逻辑前提。伦理学面向生活事实，无论去死去活，都是生活事实。

既然生活事实是唯一能够利用的存在论事实，如何从中看出生活的目的，这一点是可能的但却是困难的。但这种困难主要是由不良思想习惯造成的。只要放弃司空见惯的 to be 或 ought to be 模式即可克服这一困难。生活目的不在生活事实之外，但也不在个别生活事实之中，因此既不能表现在超越的目的中（the transcendent），也不能表现为经验知识。它是生活的先验方向性（the transcendental）。生活目的就在生活的努力中表现出来，如果它显得不清楚，也不是因为它本身不清楚而是因为思想不清楚。当不去从它能够显现的方式去看，就必定看不清楚。

一个行为的目的可以在心理水平中被看清，即使一个“隐藏着的”行为目的也有希望在心理分析中被看透。但心理分析对于生活整体的意义则远远不够用，生活整体的目的性不能由个别行为的目的来说明。特别是，生活目的不能被理解为期望给予完成的某个最终目标，无论它是现世现报还是来世再报或者天国得报的目标。设想这类最终目标就是设想进行一系列行为而终将获得某种结局，就好像生活是为了完成某个任务。可是任何一系列行为及其结局都无非是生活中非常有限的一部分，而且总是并非必然出现的一部分。把某种结局看成生活目的对于生活的意义是致命的伤害，因为无论达到或没有达到这一结局都只能说明生活没有意义。把结局看成目的是极为普遍的教条，由这一教条很容易引出叔本华式的谬论：如果愿望没有实现，我们就因为不满而痛苦；如果愿望得以实现，我们就因为餍足而痛苦。假如生活必定痛苦，其必然结果绝不是人们对生活失去兴趣，而至多是人们以后就只好认可“生活”一词的意思就是“痛苦生活”并且依然对“痛苦生活”感兴趣。生活中的痛苦确实非常多，甚至使人宁愿自杀，但这并不影响一个人对生活意义的肯定。即使有的人并非不得已而是兴高采烈地去自杀，他无非是不愿过他所过的那种生活，而想像死亡能使他以另一种身份（比如说纯粹的灵魂）去过另一种比较好的生活。

生活中最主要的不幸就是误以为生活目的是某种结局或者某种可以完成的目标，这种态度离间了生活与生活目的。生活目的成了遥远的目标，总也达不到，生活也就似乎总还没有开始，结果，活着就变成了白活。生活目的是与生活一起显现出来的东西，它不是遥远的目标而是与生活本身的意图最接近的存在方向性，但它又是永远无法完成的追求，或者说是总在实现中的追求。生活目的不是某种结局而是生活本身那种具有无限容纳力的意义。如果以数学的方式来说，生活目的不是无穷集合中的最大数，而是无穷集合这一整体概念本身的性质。一个无穷集中的最大数是不能实现的存在，而无穷集这一概念却是明显存在着的，就像摆在生活面前的生活目的。生活是一种自身具有目的性的存在方式，这种目的性就是生活本身的意义，所以说生活具有 autotelicity。对生活的理解只能是一种目的论的理解，但不是通常的神学目的论。即使真的有神恩或者神的审判，那也是属于神的事情，神有神的目的，而人有人的目的。一种以人为本的关于生活的 autotelicity 的目的论才是伦理学的基础部分。

5. 为了道德而不是为了伦理

既然生活的目的就是为生活本身着想，那么，追问生活的意义就是追问什么是任何一种可能生活所追求的生活效果。把生活效果看作是追问的主题，这是上述论证的结果，因为生活目的不可能是某种结局，所以只能是生活的某种效果。这一效果其实就是每个人都知道的而且人人最想要的“幸福”。人总有一死，所以幸福生活就成为唯一能够追求的事情。幸福的表现方式是心理性的幸福感。要把幸福感描述为一些明确的指标既不可能又无必要。幸福感是不可说的，尽管每个人的经验中都很容易分辨它，我们都默知这一经验。幸福感虽然不可说，但通向不可说的事情的方式却是可说的，关于这一方式的问题才是真正有意义的问题。于是，对幸福的追问就可以转换成对获得幸福的方式的追问。

由于通常的伦理学错误地把幸福看成是某种行为的目的或结果，于是幸福看上去就像是利益，特别是物质利益和权力，至少也是和利益无法区分的。但是我们其实都知道幸福与利益的根本区别。利益可以分配，但幸福却不可能分配，就像智慧、能力、德性、思想和成就等一样不可能分配。事实上幸福就是生活的成就，或者按照亚里士多德的看法则是德性（virtue）的实现。如果把幸福混同于利益，伦理规范也就好像成了伦理学的主题，因为规范正是关于利益分配的规则。无论是表述为“应该”还是“不应该”的句型，规范的功能都是禁令性的，都是否定某些自由，它是为了使人们在利益之争中做出某些让步以保证能够各自获得某些现实主义利益。可是如果伦理学只是为了主张一些规范，那么它就不再是哲学。宗教、政治、经济学和社会学都比伦理学更能给出有效的规范。即使伦理学在给出规范中独有建树，也无非是一些技术性的策略，其作用类似于逻辑的形式原则。可是形式原则如果是有意义的，就必须存在着有意义的命题来充当前提。同样，以伦理规范对利益进行分配如果是有意义的，当且仅当，人类生活本身是有意义的。所以，规范伦理学在伦理学不能是根本和核心部分，而只是附属性的研究。

什么是生活欲望中真正具有意义的东西？即人们义无反顾求而不舍的而且如果求而不得则死不甘心的东西。显然，利益只是浮动于表面的企求，比如说金钱，它在有的情况下有用而在有的情况下则无用。凡是利益都是有条件的、偶然的、不确定的企求，它不足以使生活具有意义或者带来幸福。但是，假如一个十足的财迷除了金钱别无所求，而且他还总是如愿以偿（感谢上帝的仁慈），我们又如何把他解释成不幸的呢？他的不幸当然不在于别人都觉得他可笑（他人的看法不是充分证明），而在于他自己根本就没有生活，自然也就无所谓生活的意义。人类特有的生活和幸福都发生于人与人关系中，而那个财迷只拥有一个非人的世界而并不拥有人的世界，这样他的可能生活是非常贫乏的。也许他自己觉得很快乐，但他的生活事实上就是很贫乏无聊，他本来可以有更好的生活，这就是事实。在现实中如此极端的人当然极其罕见。财富本身是好东西，所以人人想要，但是只要财富而看不到其他价值，就连财富本身也变成无意义的东西。显然，财富的意义就在于它能够用来实现其他价值，如果只是用来实现自身，就把财富自身荒谬化了。只要以利益为基本依据来解释生活目的，就可以导出无数种荒谬的结果。叔本华关于痛苦人生的谬论恰好是利益观点的一个深刻结果，只有当把所有事情都换算成利益去分析，才会把生活分析成“求不得苦/求得也苦”这样的悖论。

获得幸福的生活方式是得道而不是得利，或者说，幸福不是由利而是由道而德（得）。在这里我只在原本意义上使用“道德”这一概念。长期以来，“道德”与“伦理”这两个概念被混为一谈，至少是缺乏本质上的区分。其实老子早就敏感地觉察到了这两个层次的本质差异，所以他主张遵从道德的生活而反对遵从礼教的生活。虽然老子的取舍有些过火、夸张，但我们至少必须明确这两个层次的地位。“伦理”表明的是社会规范的性质，而“道德”表明的却是生活本意的性质。道德是一个以存在论为基础的目的论概念。道是存在的有效方式。在人生问题上，道即人道。德是存在方式之目的性。由此可见，伦理是 moral，是生活中的实践策略，而道德——作为生活的本意——则是 amoral。Amoral 是非伦理的，它区别于 immoral（反伦理的）。中国所谓的“德”，作为展现了道的本质的优越性，在西方思想中可能只有 virtue 才比较接近“德”的含义。无论如何，对于生活，伦理规范是必需的，没有伦理是难以想像的，我们不能否认这一事实，但却否认这是一个根本问题。因为，伦理规范如果是有意义的，就必须是以道德为基础的，或者说，moral 的事情总要以 amoral 层次上的事情为根据，才能够获得最后的证明，否则就会有“由一个层次的伦理到另一个层次的伦理再到更多层次的伦理……”这样的无穷后退。所以，道德问题才是伦理学的根本问题。只要澄清 amoral 问题，才能够去解决 moral 层次的问题。所以，严格的伦理学只包括两个问题，一个是基础性的即 amoral 问题；另一个是与之相关的技术性问题，即由 amoral 引向 moral 的方式问题。伦理学的主题是道德而不是伦理，道德为本，伦理为末。道德主题则引出两个问题：（1）对于任意一个人，什么是获得幸福的生活方式？（2）对于任意两个人，任何一条伦理规范的合法性依据是什么？

6. “to be”的扩展形式

从道德的角度我们获得两个结果：（1）伦理规范必须服务于道德，必须经常依照道德的要求来进行修正，或者说，规范必须按照卓越人性（virtues）去修正，这样才能具有合法性；（2）满足欲望并不一定能够达到幸福（一个人甚至可能有毁掉自己生活的欲望），显示优越人性的道德生活才是幸福的决定性条件。从这两个结果可以看出，无论是“我应该……”（I ought to）还是“我想要……”（I want）的形式都没有理由构成我的行为或他人行为的价值判断。这两种形式仅仅描述了“我将做什么”，而无法判断“我这样做”是好的。无论是社会的欲望还是个人的欲望都不是价值判断的依据。自己说或他人说某个行为是好的，这只意味着说出一个价值判断的表达方式，而不包含价值判断的根据。企图以主观观点作为理论起点——不管其动机是什么——必定导出相对主义的结果。相对主义所以不成立，是因为（1）如果相对主义原则是一个普遍原则，那么这一原则本身也只能被相对地理解从而失去意义；（2）相对主义原则蕴涵任何一种罪恶的可能性。正因为相对主义具有这样的缺陷，所以伦理学通常愿意避免相对主义而倾向于普遍主义。说出一种不具普遍性的原则等于什么也没有说。

“我应该”或“我意愿”这类语句是自诩语句。自诩语句实际上是一种包含了自相关意义的语句，它等于声称：我如此行为是好的，因为我如此行为了。“我如此行为”既被当作判断的对象又被当作判断的根据，这在思想上是不合法的，其逻辑结论只能是任何一个行为都是好的，这显然是毫无意义的结果。即使把“我”这种个体性主语置换成集体性主语诸如“最大多数人”之类，仍然是无意义的，因为有理不在人多（人多而犯罪或者犯傻的事情实在是多）。尽管一些伦理学理论倾向于用集体主观性代替个体主观性，但却仍然遗传了相对主义的各种缺陷。这两种形式分别是独裁暴政和民主暴政的基础。进一步说，自诩语句必定把理论上的真理问题转换为实践上的权力问题，由自诩语句所构成的是一个话语的权力空间而不是一个理由的合法性空间。福柯关于知识/权力的辩证关系分析经典性地说明了知识的意识形态权力背景，权力往往以知识的名义来表达。以一种“应该”去反对另一种“应该”就是意识形态斗争。如果模仿维特根斯坦的规则悖论，我们有理由认为存在着一个“伦理规范悖论”：既然可以按照某种价值观把某些事情定义为“应该的”同时，也可把某些事情定义为“不应该”，那么，任何事情都将能够根据各种价值观而同时被定义为应该的和不应该的。

克服自诩语句的根本方法是把主观断言替换成普遍的客观陈述，例如把“生活应该是……”变成“生活意味着……”。问题因此有所不同了。由于人是一种能够反思自身的存在而且能够创造自身的存在方式的存在，人的存在所形成的就是“生活”而不仅仅是“生命”。在这里“存在”（to be）就发生了一种实质性的变化，它由无特征性的 to be 实现为有特征性的 to do。显然，“做”比“在”多出了创造性的内容，它意味着一个根本性的存在论转变。To do 的形式使得生活不仅仅是个既定的生命过程，而是成为一个“不断成为着”的事业。如果没有生活，那么生命就只是生命，正是生活把生命变成了事业。生活是每个人的存在论事业。如果不理解生活本身就是个事业，就不可能理解生活。因此，生活的意义不能在 to be 中表达出来——to be 太单薄了——而只能在 to be 的扩展式中来表达，于是，生活的存在论句型便是 to be meant to be，或者说，to be is to do。[①] 生活的伦理学句型相应就是 life is meant to be。很显然，当 to be 转化为 to do，我们就面对着“做什么才能够实现存在的意义”这样的问题，这就必须理解生活**就生活的概念而言**意味着什么。生活的意义不是由我们随便谁来规定的，我们谁也没有这样的权利。

---

① 在一般存在论意义上，to be is being 或者 being is to be。贝克莱从知识论角度说出 to be is to be perceived，那么，从人的存在或者生活的角度，我们就必须说 to be is to do。

生活规定了它自身的意义。可以看出，to be meant to be 其实就是“由道而德”结构的映射。

在“生活意味着”这样的句型中虽然也暗含着价值判断成分，但却避免了不良循环，因为这种价值不是由我们定的，而是生活自己以目的论方式规定着的。价值这一概念向来是含糊而多义的，但大概可以分析为两个类型：（1）关系型：在关系型中，某一事物是有价值的，当且仅当，它满足了某种主观需求或某种被约定的规范；（2）自足型：在自足型中，某一事物是有价值的，当且仅当，它能够实现其自身注定的目的。类型（2）更为重要，因为几乎所有永恒的价值都属于类型（2），而类型（1）的价值总是临时性的和不确定的，尤其是必须以（2）为前提。

可以看出，一个有效的价值判断不可能超越 to be，因为没有什么东西能够超越 to be 的范围，但它又不可以局限于 to be，因为价值是在 to be 之上被生产出来的，所以只能表现在 to be 的扩展式即 to be meant to be 这一目的论形式中。既然不可能有一种高于存在论的根据，就只能去发现存在自身的目的。显然，诸如 ought to be 之类的判断形式是无根的，它试图在 to be 之外另外建立一种必然性，这是徒劳的妄为。只有在 to be 扩展式中才能显示出 to be 所可能发展出来的实质性意义。从一种比较简单的角度来看，自然存在的实质是 to be，生物存在的实质也还是 to be，当然它表现为生存（to survive），而人的存在的实质则表现为作为 to do 或者 to create（创造）的 to be。显然，创造是人的存在实质中具有唯一性特色的目的，它把存在事业化，把生命责任化，因此是一个伦理学意义上的目的。

7. 可能生活（possible lives）

从前面的分析可以获得这样一些结果：伦理学以生活的根本问题为主题；生活的根本问题是生活本意或者说生活本身的目的；生活本意在于创造幸福生活。无论去活去死去谋利益还是去牺牲，都是因为我们觉得这样做比不这样做更有意义，每一个人都不得不放弃某些快乐以换取另一些被认为更重要的利益，但没有一个人愿意牺牲幸福去换取什么东西，因为这会使自己的整个生活变得毫无意义。假如一个人为了幸福而放弃许多快乐，他不会觉得不幸；但如果一个人放弃了种种快乐而觉得很不幸，那么一定不是因为失掉了快乐而是因为没有能够因此换来幸福。在生活中不存在高于幸福的行为借口。假如一个人说他宁愿放弃快乐、财富或者名声之类的利益，尽管这种事情难得一见，但仍然可以想像和理解，因为至少我们可以想像他另有某种特别的追求。一种不寻常的追求无论多么怪诞，都仍然是生活里的一种可能性，是一种可能生活，所以可以理解。但是如果有人声称不要幸福生活，这在任何意义上都于理不通，因为幸福就是生活的目的。如果不要幸福，就是不要生活，就是反对生活，反对生活不是一种可能生活。这里是先验论证（transcendental argument）的笛卡儿格式：如果在反对 x 时不得不利用到 x，那么 x 反而自动得证。正因为不要幸福是不可能的，所以幸福是生活的根本目的。①

幸福感就像冷热感觉一样，虽然明确但不可分析，因此幸福感不构成问题。幸福只在哲学的意义上才形成问题，就是说，幸福是个哲学问题而不是个心理学问题。关于幸福的问题实际上是关于生活方式的问题，即需要研究的是，什么样的生活方式是有意义的。显然，有意义的生活必定引起幸福感。不过，按照惯常的思路，关于生活方式的讨论很容易卷入循环论证：一方面，生活方式既然是可以自由选择的，那么，一种生活方式是有意义的，当且仅当，我自由自愿地选择了它。我的自由选择定义了生活方式的意义；可是另一方面，我之所以会去选择这种生活方式，正是因为它是有意义的，我当然要挑选有意义的生活方式，而不会愚蠢到去选择不幸的生活。但是这一循环并非那种令人担心的逻辑理由上的循环，其中第一方面的论据是心理主义的，主观的或私人的原因并非理由；第二方面的论据则是理由不清楚，需要进一步说明。就是说，这两种论据或者是可疑的或者是不清楚的。必须注意到，生活首先是一个存在论事实，既不是一个心理学事实，也不是一个知识论问题。在它的存在的目的论问题被阐明之前，任何断言都将是没有根据的。

我愿意引入“可能生活”这一概念，并且相信它是至关重要的。不难看出，“可能生活”（possible lives）这个概念是以“可能世界”（possible worlds）这个经典概念为背景而特别制造出来的。可能世

---

① 除了不要幸福是不可能的，不要别的东西都可以理解，即使是不要命，也仍然是可能的，有人愿意“过把瘾就死”。

界是自莱布尼兹以来非常重要的逻辑和哲学概念，它是相对于逻辑能力而提出的世界概念，说的是，如果给出一组条件而定义了某个世界，无论是现实的、过去的或者未来的，无论是未知的还是纯粹想像的，只要它自身不包含逻辑矛盾，那么就是一个可能世界。可以看出，由于逻辑的可能范围非常广大，因此必定有无数可能世界。不过，对于生活存在论来说，可能世界并不多，只有“现实世界”这一可能世界。尽管现实性比逻辑性的限制力要强得多，但在现实世界中所能够展开的生活可能性却也仍然是非常多的，至少比任何一个人所能够享用的可能事情要多得多。我们可以这样定义“可能生活”：如果一种生活是人类行动能力所能够实现的，那么就是一种可能生活。显然，实现更多的可能生活意味着更加丰富的生活。尽管人们并不需要去实现太多的可能生活（过于丰富的生活也有坏处），但有些基本的可能生活则几乎是必需的，如果某种必需的可能生活没有被实现，便意味着某种程度的生活匮乏。不过，“必需的”这个概念可能太强了，可以说成“必然能够提供生活意义的”可能生活，比如说，有的人可能不想要“友谊”和“爱情”，当然可以不要，但“友谊”和“爱情”是必定能够带来生活意义的生活，这一点却是无疑的。于是，尽可能实现各种有积极意义的可能生活是幸福生活的一个必要条件，否则生活就有缺陷。以“友情”为例，假如有一个人宁愿不要友情，以便有狠心和决心去获得最大利益，即使他如此成功以至于统治了所有人，他仍然无可反驳地陷入生活意义的匮乏状态，因为缺少了一种必要的幸福。也许我们永远也不能罗列出所有必需的可能生活（因为这不是绝对清楚的事情），但每个人心里都大概能够感觉到某些可能生活的必要性。至少有一个标准：如果所欠缺的某种可能生活使我们终生念念不忘，不能释怀，或者感觉到有某种永远热切的期望没有实现，那么所欠缺的就是某种必要的可能生活——请原谅我在这里使用了心理学标准，在不能有效区分合理的心愿和妄想的情况下，心理学标准就只能期望人们的正确理解了，不过我们也没有更好的标准。

可能生活既然不是给定的生活，它就需要创造性。如果否认这一点就等于说人只有和动物一样的生存功能。生存功能（如吃喝）只能保证良好的生存状态而不能保证幸福生活。幸福生活只能是一个由人所创造的具有永恒意义的生活。所有幸福都来自创造性生活，重复性活动只是生存，而生存只是一个自然过程，无所谓幸福还是不幸，该吃就吃，该喝就喝，该活就活，该死就死，其中并没有什么意义需要争议。而诸如亲情、爱情、友谊、艺术和真理都是人类最富创造性的成就，它们都以纯粹意义性的方式存在，所以永恒，所以不能被消费掉。所有能够被消费掉的东西，无论是物质还是快感——让叔本华不幸言中——都只能带来痛苦，因为它们一旦被消费掉，生活就结束了。从最简单的意义上说，幸福生活等于创造性的生活。

幸福是拥有健全生活的经验，是全部生活行为所追求的持续性状态而不是一个漂亮的大结局，幸福必须是能够留下永恒意义的事情。永恒性是幸福的一个特征。例如两个有过爱情的人终于分手，这种爱情将仍然作为一种生活意义存在于永恒的意义性生活环境中，而一种没有爱情的男女关系一旦结束，其意义立刻从生活中消失。维特根斯坦所谓美学和伦理学问题必须"从永恒的角度去看"，或许有这个意思。另外，幸福必须是一种行为的活动过程本身就能够产生的感受，否则就只不过是必须付出痛苦的代价去获得的利益。这一点与通常的说法很不相同，人们喜欢说，苦尽甘来。这不是关于幸福的理解而只是关于利益的理解。利益确实需要"苦苦地"去获得，因为不付出代价就得不到利益，代价或者是劳动或者是脸皮，或者是阴谋或者是冒险。但是幸福却不是用代价去换来的，而永远是一种加倍收获的行为，即所做的事情本来就是乐意做的事情，而这种事情又往往产生出额外的收获。在做乐意做的事情时，这个行为本身就直接产生着幸福。所以直接性是幸福的又一个根本特征。例如给朋友以支持，这一行为本身就能直接产生幸福感，而即使以事半功倍的方式（如贪污诈骗）去谋取巨款毕竟也付出了令人沮丧而且危险的"苦苦"努力。

为了满足以上关于幸福的条件，产生幸福的行为只能是具有"自成目的性"（autotelicity）的活动，这种活动就其本身而言是**无代价的**，因为这种活动本身就是该活动的成就。于是，幸福的行为就是广义上的创造性行为，或者说是具有给予性的行为。爱情的幸福主要来自向情人给出爱，艺术活动的幸福主要来自为人们给出一种新的经验维度，如此等等。即使这种行为在功利意义上得不到报偿（这当然是另一种痛苦），但它也已经以其本身产生出了生活的意义。而由于幸福的行为是创造性的，我们不难引出又一个相关的结果：幸福是无可争夺的，没有所谓的分配问题，**生活空间**是在创造性行为之中被开拓出来的而且不断可以被开拓，一个人所创造的幸福与别人的幸福并不形成矛盾。与此相反，在利益上才有争夺和分配的问题，因为**生存空间**不是被创造也来的，而是一个给定的资源匮乏的事实。而幸福的资源在于自己的创造性行为本身，无所谓资源匮乏问题。在此可以看出“公正”问题的真正根据：从利益争夺这一事实中所能引出的逻辑结论恰好是希特勒式的，即应该不遗余力地争夺个人、国家和民族的生存空间，而且，公正和善必定会在尼采式的批判中被看成是弱者的伦理态度。所以，只有在生活本意层次上才能发现生存空间的争夺之所以必须在公正原则下受到约束，是因为这种争夺损害了每一个人进行幸福行为的机会和条件，从而损害了每一个人的部分或全部生活意义。由此可以看出，伦理学从根本上说只有两个基本问题：幸福和正义。而正义原则必须以幸福原则为前提。如果不考虑幸福问题，那么就只剩下生存事实，而对于生存，没有什么道理可讲，正义也就失去了根据。对于单纯的生存事实，伦理学问题消失了，就像我们不能讨论动物的道德问题一样。现代伦理学的根本错误就在于把伦理学所需要的问题条件压缩得太少，它仅仅以“利益”作为伦理学问题的条件。而我们已经看到，在仅仅由利益所定义的“生存空间”里根本不可能有伦理学问题，因为生存的唯一逻辑就是争夺生存空间，就像动物界一样，根本就没有必要也不可能产生什么伦理学问题，至多有比较“科学的”博弈方法。因此，“丛林”问题不是伦理学问题，甚至不是经济学和政治学问题，我们必须意识到，人的问题永远是复杂的，人想要的东西非常多。**人什么都想要**，这是关于人的任何研究的出发点，人不仅要生存，更要生活，不仅要利益，更要幸福。所以出现伦理学问题，是因为人们想要许多超出了利益范围的东西，因此才不愿意简单地“鸟为食亡”。在伦理学里，生活是一个比生存更基本的概念。生存为了生活，但生活却不是为了生存。

8. 新目的论的维度

知识论最希望寻找的某种先天为真的（a priori）而且先验有效的（transcendental）因而能够作为所有知识基础的知识形式。在伦理学中，我们所能够寻找的先验有效的因而具有决定性意义的东西却不可能是某种逻辑形式，而只能是生活目的。由于目的不可能是形式的而只能是实质性的内容，因此，我们需要建立一种关于命运的先验理解，即必须理解生活意味着什么样的命运可能性，这样就进入一种目的论的态度。在宗教中，具有决定性意义的原则是，生活之外的更高存在者决定了人的命运。可这是神的目的而不是人的目的，神的目的只能使神快乐，却不是人的幸福。对于人，生活自身的命运才是有意义的。神学目的论始终没有能够表达人和生活自身的意义，所以生活一直没有被解释。伦理学各种错误都根源于或者以知识论或者以宗教的态度去对待生活问题。科学和宗教这两个伦理的歧途都从根本上损害了生活问题。科学态度企图把生活变成无精神性的事物运动；宗教态度则企图把生活处理成通向超越世界（the transcendent）的过渡性手段，就好像生活本身是无意义的，只是一个不得已的手段。可是假如生活本身没有意义，那么，在逻辑上就随便怎么过都可以，可以一直杀人奸淫到最后再“悔悟”和“忏悔”，同样得救，也可以干脆以神的名义把杀人进行到底，还可以获得消灭代表魔鬼的异教徒的美名。关键在于，只要超越了生活本身的意义去思考，就等于超越了任何限制，也就可以任意想像和任意解释，可以把坏的解释成好的。以宗教去解释伦理问题，指向好事和坏事的机会和可能性是同等的，这等于完全没有根据。

生活问题只能去关心生活本身，生活本身必须有仅仅属于生活的意义，否则不会有任何确定的伦理学理由。被假定为尽善尽美的各种理想世界对于生活无疑是非常重要的，然而，一个可能世界如果对于生活是有意义的，当且仅当，它是有意义的生活所能够接受的一个理想。就是说，有意义的生活是任何一个有意义的可能世界的存在论前提，如果生活本身没有意义，那么就不可能想像别的有意义的事情。生活的意义存在于生活本身之中而不是之外，这是一个无法怀疑的真理。大概可以这样证明：假设生活的意义存在于生活之外某个理想的可能世界中，那么生活本身就没有意义；又既然这个理想的可能世界在实际生活中不存在，那么，它的意义就是在生活中所不能触及的东西，所以也就不存在，于是，如果把生活的意义归属于生活之外的某个可能世界，就等于在任何一种意义上否认了生活的意义。很显然，伦理学的问题不是关于世界的存在论或者逻辑学问题，而是关于生活的问题，它关心的不是可能世界而是可能生活。这就是为什么要建立一个属于生活自身的目的论的理由。

新目的论伦理学的思路可以简述为：

（1）生活的意义必定在于生活本身，生活具有自成目的性，因为生活是绝对直接的事实。不可能有高于生活的目的，因为不可能通过生活去超越生活。

（2）生活的意义在于创造性去生活并且创造可能生活。如果一种可能生活满足自成目的性的标准，那么它必定是生活意义的一种显示方式。

（3）幸福不是来自某种行为的结果或者动机，而是来自具有自成目的性的行为本身。幸福生活与有意义的生活是同一的。

（4）在伦理学中，ought to be 或 to be 如果被当成是分析框架，就不能够解释幸福和生活意义，而且，诸如正义和权利等问题如果不以幸福或生活意义问题为前提，则是无意义的，甚至不存在。所以，伦理学的根本观念只能在一种由存在论所引出的目的论形式中来表述，即 to be meant to be 的形式。

（5）伦理学不是去劝告人们应该怎样行为，而是揭示人们本来能够拥有哪些美好的可能生活。或者说，伦理学所必须做的事情是发现关于幸福生活的真理，而不是推荐给人们某种意识形态。任何一种意识形态，无论是宗教还是规范体系，都是反道德的。

Ⅰ. 问　题

1. 我是否应该……

人们经常理直气壮地说：你应该这样这样或你应该那样那样。这种充满自信的规劝对于受过长期社会教育而已经习惯各种规范的人来说似乎具有一种不言而喻的说服力，尤其是如果当所给出的规劝是所谓金科玉律的话，最后的一丝怀疑的勇气也没有了。许多心理学家和教育家似乎相信，通过被假定为恰当的教育和规训，人们就会被训练为遵守规范的人，并且因此就具有了良好的品质（连罪犯都能够改好）。可是，那种理直气壮的规劝对于那些善于反思并且富于怀疑精神的人则很可能失去效力，他们不会因为传统、风尚或权威的力量而承认某种规范，除非能够给足够的理由来证明规范的合法性（the justified legitimacy）。对规范的怀疑并不意味着准备反对规范，只是要求合法性的证明。没有人会否定任何规范，但是人们需要对规范保持怀疑主义的态度以免受骗。就像没有人能够否定任何知识，但永远需要怀疑主义来检查知识的真理性。

怀疑主义（skepticism）其实不是一种“主义”，而是一种方法论，因为它可以被用来怀疑任何一种主义。在这里我们不打算过多地讨论怀疑论，但是不妨给出几个重要标准（不一定是所有标准）。标准1：一个命题p如果是确实可信的，p所包含的内容就不可以超过或者大于它所能够利用的直接确实证据（evidence），或者说，它所能够利用的直接证据足以构成它的充分必要条件。这大概相当于莱布尼兹的充分理由律。① 标准2：对于命题p，如果要构造命题非

① 莱布尼兹的充分理由律被大多数逻辑学家认为在逻辑上是多余的。不过在哲学论证中仍然有效。

p，则不得不承认p，那么p自动得证。这源于笛卡儿关于“不可怀疑者”的先验论证模式。标准3：给定命题p、q，并且p和q构成循环论证，而p或q中至少有一个命题的证明满足标准1或2，那么p和q得证。这可以看作是另一模式的先验论证（transcendental argument）。根据这样一些标准，各种规范所附带的各种价值论断显然在纯粹思想上不能成立，我们至多论证说，它们有着传统或者意识形态的来源。但是传统或意识形态的合法性正是需要在纯粹思想中被重新证明的。但这不是承认休谟关于to be和ought to be问题的割裂，不是承认在价值问题上没有绝对根据。相反，我试图论证在价值问题上存在着某些不可怀疑的命题（尽管不多），它们虽然不是价值判断，但却是价值判断的绝对根据。既然笛卡儿能够由“我思”（cogito）的绝对性去证明“我在”，那么，在“我在”之中就必定有某些给定的东西能够作为价值的先验根据，或者说，“我在”（I am）这一存在论事实必定能够提供关于“我做”（I do）的先验根据。按照我的分析，to be虽然不能直接导出ought to be，但如果能够发现基于to be的先验目的，那么就能够建立走向ought to be的合法途径。我们知道，在to be和ought to be之间显然缺少一种合法的过渡，而假如它们是不能过渡的，就似乎说人是精神分裂的。所以，价值问题必须有个与存在论相通的目的论先验论证。在任何生活事实中我们都确实需要一些规范，而且我们所公认的一些规范的确值得维护，问题在于，我们不能仅仅因为一条规范是一条规范就给予肯定，规范不能为自身辩护，或者说，我们不能用规范来定义道德价值，相反，规范总是表面的，它们是被决定的、非基本的。仅仅通过规范，我们对道德仍然一无所知。

规范就是通过“应该”（ought to be）这一形式表达出来的行为规训。“应该”这一形式的严肃性本身似乎造成一种语重心长的影响力。然而，“应该”这一形式并不能构成对一个规范的可接受性的证明，相反，是否应该做某件事总是需要理由的，人们总可以追问“为什么应该……”或者“凭什么应该……”。史蒂文森（《伦理学和语言》，1944）的一个有趣看法是，伦理语句实际上是在鼓励别人赞同某种伦理规范或态度，比如说“你应该诚实”实际上意味着“我赞许诚实，你也应该赞许诚实”。当别人追问为什么时，就可以给出某个符合共同兴趣或利益的理由，比如说，假如你希望别人能相信你（这一点也是我所希望的），那么我就可以说“如果你不诚实，别人就不会信任你”。但是，这种朴实到几乎幼稚的分析并不能引出在伦理学上有意义的结果。以谋求一致为目的可能遇到两种情况：(1) 各方的意见本来就是一致的，对此，伦理语句只不过表达了各方深有同感的某种行为方式，劝告是多余的；(2) 各方由于利益不同所以意见不合，或者“道不同”而不合，对此，伦理语句的规劝作用实际上是一种诱骗，通过编造一些诱骗性的理由来说服别人，假如其诱骗的理由比较动人，其结果是使得别人晕到“自愿”认同这一规范，从而损害了他们自己的利益或理想。假如伦理规劝相当于政客的骗术，那么这种伦理规劝本身恰恰缺乏道德意义。而且，事实上所谓人们的兴趣共同点并非十分可靠，它在不同的情景中会被情景化地（contextualized）重新理解，例如，在生活顺利的时候，人们通常反对自杀，但是当有人活着不如死了，破产或者事业完全失败，他宁愿自杀，于是别人说：“如果你自杀，别人也会模仿”或者“我不喜欢自杀，所以你也应该不喜欢自杀”，这样听起来显然没有道理，甚至可笑。所以，能够想像的那些所谓共同兴趣是非常靠不住的。

在此主要不是为了批评“情绪理论”这一类伦理观点（它本来就不是重要的理论），而是想提醒不要相信所谓的“共同同意”（agreement），因为能同意的本来就同意了，不能同意的就不能同意，除非利益出现重大变化。我们需要对“为什么应该……”这种伦理学追问的方式进行严格的批判。“为什么应该……”这种追问显然是为了寻找某种能够证明“应该……”的正当性或者合法性的理由。我们已经知道，诱骗性的理由不具有伦理价值，而且，对于头脑足够清醒的人来说，诱骗也往往达不到效果，于是，从根本上说，利益的分歧是无法通过劝说被解决的而只能被掩盖。假如各方或某方被迫作出让步，这种口服心不服的同意并没有解决问题。在很多情况下，对话的真实性质是威胁、利诱和欺骗。被假定为具有权力或影响力的“话语”（discourse）的本质就是欺骗和支配。① 各方最初的利益冲突不是一个伦理学问题而是一个社会学问题，当各方出于共同存在的必要性而作出某种程度的让步从而达成了意见的一致才有可能进一步产生伦理学问题，例如，当意见一致达成了协议，那么，遵守协议或违背诺言，则是个伦理学问题，因为达成协议就

① 可以参考福柯的“知识/权力”辩证关系理论。更有趣的研究是艾科的符号论，艾科认为，符号学是“关于谎言的理论”，因为符号的本质就是说谎，只有镜子才不说谎。参见艾科：*Semiotics and the Philosophy of Language*。

已经承诺了某种伦理观点。当然，这并不意味着人们在伦理上的观点总是一致的。通过让步克服了利益冲突而达成的一致意见，只是表明着某一群体所树立的某种规范和某种伦理观点，至于这种规范或伦理观点是否普遍有效或者总是有效，才是真正的伦理学问题。

假设有一个群体，其成员都对私有财产有着浓厚兴趣，于是通过让步而树立了共同的规范，比如“不许偷盗”。如果其中某个成员追问“为什么不许偷盗”，这实际上还不是一个真正的问题，因为在这种情况下，“为什么应该如此行为”意味着事先认可了“应该如此行为”，所以这种追问的意义仅仅在于提醒，它提醒大家记住让步的重要性并且尊重这一协议，除此之外并没有什么需要研究的问题。说出一个共同认可的规范仅仅是为了强调言行一致，一方面是自勉，另一方面是告诫，比如“不许偷盗”的意义是“既然我们认可‘不许偷盗’是一条规范，那么我将决心遵守它并且你们也必须遵守它”。全体同意的事情不是问题，这里并没有困惑，所以没有问题。如果把已知的一致意见当作是问题，然后再回答说，你瞧，我们已经有了一致意见，所以问题解决了，这听起来相当可笑。这是典型的宗教式论证，先通过成功的宣传在某个人群中造成“众心一致”的心理事实，然后以“众心一致论证”反过来论证所宣传的东西。大量流俗的伦理学论证在实质上无非如此，比如说提出我们一定要有“同情心”和“爱心”，如此等等，说起来就好像人们本来没有同情心和爱心一样。把人们本来有的东西说成没有的，这样既没有学术意义，又不太礼貌。先假装事实是问题，然后指出其实是个事实，就好像人们原来不承认那个事实一样，这种技巧在宗教上是说得通的（宗教本来就是要利用任何可能的宣传），但是在伦理学上却不可接受，因为伦理学论证只在理性能够认可的范围内有效。宗教和伦理经常被故意混为一谈，可能是为了在实践上形成宗教和伦理的共谋以增强力量。其实，在纯粹思想理由上，宗教不能论证伦理，伦理也不能论证宗教。它们作为思想问题并没有必然关系。把宗教和伦理问题以违背学理的方式混为一谈，在某些规范伦理学中相当常见，例如所谓“全球伦理”和“最低伦理”，这是近数十年来西方规范伦理学通俗化版本的典型（在中国也有一些追随者），这种通俗化不仅把问题简单化，而且牺牲太多的学理性，它们只谈论一些众所周知的规范，而不顾那些规范所涉及的深刻问题。这样的伦理学甚至不是伦理的普及教育，而是一种娱乐性的大众文化，就像电视剧一样表达着简单化、模式化、流水线化的然而掩盖真正问题的那些“真善美”[①]。从根本上说，规范伦理学如果不能在更深层次去批判规范的合法性，就非常容易把“伦理”和“伦理学”混为一谈。[②]

显然，遵守一条规范总是以认可该规范为条件的；而认可一条规范又是以利益的一致为条件的。可以说，利益的一致蕴涵着意见的一致；而意见的一致又蕴涵着共同遵守的规范。我们不能把随机的某些人随便定义为某个群体，然后认为该群体的规范就应该是如此这般的。与此相反，一个群体是由某些共同利益和规范所定义的，是一致选择而形成的结果。决不能颠倒过来去定义。当存在着某个群体，别的人未必愿意加入，或者，即使被迫加入，也不等于自愿承认了这个群体，他自然也就不承认这个群体的规范。自愿去做某种在任何意义上对自己都不利的事情是无法想像的。而不经自愿承认的规范没有合法性。包括康德伦理学在内的许多伦理理论认为伦理行为的意义在于宁愿做出某种牺牲，这样才有光辉（我们都认为牺牲性行为是光辉的，但必须分析的是牺牲的理由）。这种貌似崇高的说法隐约透出一种虚伪和混乱。人们所欣赏的伦理行为的确经常具有“牺牲性”，即为了他人的利益而牺牲了自己的某些利益，但一个人作出这样的牺牲是因为这种牺牲是他的意愿，并且这种牺牲虽然失去了某些利益，但却使他在精神上有所收获。对自己在任何一种意义上都毫无意义的牺牲绝不是一种自愿的伦理行为而是受迫害。实际上，通常所说的“牺牲”只是物质上的牺牲，没有人愿意牺牲精神和人格，除非是些不可救药的人。人们对一件在物质上和精神上都不利的事情是不会感兴趣的。最常见的牺牲性行为往往是为了贯彻自己的精神理想和提高自己的卓越德性（virtue），而这种精神性的成功产生的是幸福。康德在讨论到道德行为的牺牲性及其纯粹的“光辉”时，显然是为了理性的完美而过分强调了纯粹性（pureness）[③]，结果

---

① 王朔在《我看大众文化》一文中曾经非常正确地指出，大众文化是专门表达“真善美”的。我愿意补充说，事实上大众文化通过把真善美变成好像唾手可得的日常普通事情或者可以随便生产的产品而解构了真善美，因为真正的“真善美”是生活中非常罕见的事情，是不可能人人享有的。

② 参见我的文章《伦理学不是伦理》。其中我分析了这种伦理学在学理上的危险。

③ 我们都知道康德以追求“纯粹性”而著称，即使在实践理性这种不能达到纯粹理性那样的纯粹境界的问题上，仍然坚持认为，存在着某些基本的道德规律，它们是纯粹的，所谓“无条件的”。不过，我对康德的严重批评并不影响我对康德哲学的敬意，事实上当晚年康德处理到政治哲学和历史哲学的问题时，他已经在纯粹性上作出了很大的让步，并且提出了一直到今天仍然具有未来性的前沿理论，确实让人赞叹。

把问题简单化了，而把生活的问题简单化，所损失的恐怕不仅仅是普遍有效性，而且是生活问题甚至生活本身。道德行为无论如何是光辉的，只是它所包含的问题并非那么简单，不是一种不明原因、难以理解的“无条件”行为，相反，它有着巨大的生活理由，一种与幸福相关的理由。所以，道德问题必须超越“利益分析”的框架而在“幸福论证”的框架中去理解。

与道德理想不同，伦理行为的规范都是为利益着想的。规范是必要的，但在本质上没有什么道德光辉可言。把规范和道德混为一谈是问题的错位。规范是人们利益权衡的策略性结果，因此人们对规范有着一种自相矛盾的潜意识，一方面希望规范能够保护自己的利益，另一方面又为了自己的利益而挑战规范。不能被挑战的规范就不再是规范了，而是规律。也许有个别特殊的人，主观意志如此强烈以至于感到任何一条规范对他都是一种不利的压迫，这种主观感觉只不过是一种文学性的夸大其词，而且在事实上他肯定言行不一，因为他为了保护某些不想被破坏的利益就不得不认可某些规范。虽然规范总是一方面保护了某些利益而同时却限制了另一些利益，但在本质上，规范是为了保护某些利益才不得不去限制另一些利益的，而且被保护的利益相对而言总是更为重要一些，至少人们以为它们更重要一些。但无论加以什么样的粉饰，规范终归是“唯利是图”的。我们承诺“不许抢劫”是为了保护私有财产，承诺“不许说谎”是为了保护良好的交流和合作，诸如此类。总之，规范本身并不表达道德性。

如何才能形成一条规范，这是一个只能在实践中被解决的问题，通常被认为是“社会博弈”的结果。假如一定要对此进行分析，也并不需要伦理学，在这种问题上所谓的伦理学不能比社会学、经济学和心理学提供更多的解释。确切地说，对规范提问“为什么”并不是伦理学问题，因为用形成一条规范的社会历史**原因**去证明这一规范的正当性**理由**是无意义的，总不能说，因为形成了如此这般的规范，所以如此这般的规范是好的。这不是证明。既然认可了一条规范，我们所能做的事情就只是盲目地遵守它，这种盲目性只能证明我们正确地（知识论意义上的）遵守了这一规范，而不可能证明这一规范是正当的（伦理学意义上的）。维特根斯坦对规范问题进行了至今为止最重要的研究，但他基本上限制在知识论里去分析规则，而对伦理规范问题采取了“不可说”的态度，伦理规范和宗教都被看做取决于“敬意”的事情，这是对规范合法性问题的回避。规律不能选择（不死是不可能的），但是规范可以选择（可以选择自杀），只要规范是可以选择的，规范的合法性就是问题。只要认可了一条规范就终结了一个伦理实践上的问题，承认了，做就是了。但是对规范可以提问“凭什么”。只有对规范提问“是否正当”或者说对规范采取怀疑态度时才能产生伦理学问题。只要我们愿意或觉得有必要，我们可以对任意一条规范提出疑问，即提问“这样一条规范是否的确是好的”或者“我是否真的有正当理由去认可这样一条规范”。没有一条规范能够阻止怀疑，即使是一条禁止怀疑的法律，也只是禁止说出怀疑而无法禁止在思想中进行怀疑。当我们认可一条规范时，虽然其直接效果是终结了一个伦理实践问题，但由于我们总能对它进行怀疑，于是，对某种规范的认可又成为引出伦理学问题的一个条件。

“规范问题”与“伦理学问题”有着毫厘而千里的区别，这种区别很容易被忽视。规范问题所涉及的是如何通过利益上的让步而确立某种可以得到公认的规范；伦理学问题则考察一个规范如何才是正当的，或者说，是什么使得一个规范成为正当的。如果把这两种问题混为一谈，其必然结论就是，凡是能够形成的规范都是正当的。这是一个非常危险的错误，特别容易被宗教、强权和意识形态所利用。比如说完全可以想像在某个国家确立一个公认的——因而被假定是“正当的”——规范：只要条件允许就应该侵略另一国家。[①] 无论有什么样的辩护，我们也不能证明其合法性。当然，这个例子比较极端。尽管许多伦理学家只喜欢讨论一些温和的例子（基本上只涉及小偷小摸之类）而回避那些极端的但更具实质性的情况，但无论事情大小，只要混淆规范问题和伦理学问题，那么，无论是温和的错误还是极端的错误，其错误性质是一样的。长期以来伦理学在讨论问题时总是拘泥于小偷小摸和说谎之类比较温和的实例，这种令人同情的温和实例往往掩盖更重要的问题，那种“小偷小摸伦理学”是伦理学的堕落，伦理学必须讨论战争、革命、制度、经济体系和生活形式，必须讨论幸福、公正和伟大德性。如果只是为了维护规范，那么根本不需要伦理学，只需强权、谈判、让步或诈骗

---

① 希特勒曾经以德国人的生存空间作为理由，现在的美国则以美国利益或者美国价值观为理由。在当年写作该书时，美国还没有出台“先发制人”理论。这一理论确实令人吃惊，因为它在任何伦理体系中或者在任何价值体系中都是缺德的。

就足够了。不用想，只要做。然而，人们不仅需要有序的生活而且更希望有好生活，尽管好生活通常是有秩序的，但仅仅是秩序远不足以造成好生活。众所周知，专制社会也可以提供有秩序的生活，但它不是好生活。伦理学和哲学的其他分支一样都是反思性的，它不是规范的宣传者而是批判者，伦理学只能完全置身于规范之外才能对规范进行批判。

问题在于，确立一条规范是技术性问题，批判一条规范则是价值判定问题，二者产生结果完全不同。一条规范表达为规劝性语句："你应该如此行为。"而规范批判却表达为评价性语句："这个规范是好的。"日常习惯有一种不良暗示，即"你应该如此行为"好像意味着"你应该如此行为，并且如此行为是好的"。这一不良暗示主要由于"应该"这一语词给人一种语重心长的感觉，让人不去思考其中的骗局。假如我们心怀恶意，就完全有可能语重心长地诱导某人："你应该去偷，去抢，去杀人放火。"要为这些罪恶行为寻找一些似乎有理的借口并不难。在今天世界上，甚至连武装侵略别的国家和民族都能够找到借口（比如去解放什么什么人民或者去推翻什么什么独裁政府），可见最坏的事情也不难找到漂亮的借口。问题在于，"应该"不能蕴涵"好"。"应该"以虚妄的方式非法地暗示着"好"。当说到"你应该如此行为"时，"如此行为"有可能是（也有可能不是）一件好事——这要具体看有什么样的理由，但"如此行为"绝不能因为它被声称是应该的而成为好事。于是，我们可以引出一个与通常伦理学不同的结论："你应该如此行为"只是一种行为的建议而不是一种价值的表达。

毫无疑问，价值问题与规范问题密切相关，但价值问题在逻辑上必须领先。既然我们出于某些价值选择去确立规范，那么我们总能对价值选择进行反思，总能提问：如此这般的价值选择是否是好的？是否有理所当然的理由？在"应该"背后总能够存在"是否应该"的问题。这种价值问题的领先性表明了"好"是"应该"的目的。如果我们不在乎生活是好还是坏，那么生活的规范和秩序又有什么意义？如果不明白生活的目的或意义，又怎么能够知道什么是应该和不应该的？如果"好"不能优先于"应该"，那么，"应该"就是一种精神恐怖主义。

2. 伦理困惑

每一种伦理规范系统都漏洞百出，极不可靠。

首先，在现实中存在着行为选择的两难情况。比如说，一个杀人犯劫持某人为人质，并且在逃窜中继续杀人，如果警察为了制服杀人犯而开枪，则非常可能击伤人质，如果为了避免击伤人质，则无法制服杀人犯并因此导致更多的人受到伤害，哪一种选择更为得当？又如，一个穷人的母亲身患重病，而有效的药品极贵，并且没有人愿意给予救助，那么他应该坐视其母死去还是应该去盗窃或诈骗？再如，某国 a 平白无故地向另一国 b 发动侵略战争，a 国的士兵应该为国而战还是应该反对非正义的侵略而当逃兵？诸如此类的例子数不胜数，中国古代所谓的“忠孝难两全”也属此类情况。只要是在这些特定的条件下进行选择，无论如何也不可能有皆大欢喜的完满解决方案。有趣的是，这类选择的两难状况往往是文学作品所喜爱的一种主题，因为这一主题的严重性被假定有助于增加作品的震动力，因此，电影、电视剧和小说尤其喜欢利用此类两难境遇来装深刻。不过仅仅装深刻也不够，这样还不能满足人们由于肤浅和懦弱而产生的快乐欲望，于是我们经常可以看到一些文学作品总是以虚假的“奇迹主义”来解决这类困境——在关键时刻奇迹终于发生了！就好像上帝并无恶意，只是喜欢考验人，总之最后奇迹出现了，也许来了个英雄，或者歹徒自己犯了个低级错误，或者一个乐善好施者降临，甚至上帝亲自出马，总之，困境奇迹般地解除了。想像奇迹并不难，但在理论上没有用。尽管有时候的确会有奇迹，但奇迹只是情况的改变，而不是伦理上的解决，两难的性质依然存在。事实上，当人们希望有奇迹的时候，就已经表明了这种困境在伦理上是无法决断的。

也许会有按照价值排序的“比较合理”的解决？尽管并不完满？于是我们就不得不去认为某种规范比另一种规范较为重要，这样才能勉强作出选择。但这是非常危险的道路，如果允许某种价值的贬值，那么，价值体系很可能最后会崩溃。当假定 a 比 b 更重要，这样又卷入了如何确定某种价值排序的解释难题。解释问题包含着更复杂更广泛的困难。显然，要把一条规范看成明显地比另一规范更重要，这是很难确定的，事实上正是因为本来就几乎无法比较其重要性才会导致选择两难。即使给出一些解释性规则，这些规则又需要进一步的解释，这里将出现解释的“无穷倒退”。“解释问题”是一个与“选择问题”等价的困难。

另一个困难是规范的应用。大多数行为规范表面上是清楚的，人们也好像能够理解其意义，但一旦投入应用就显示出其含糊性，显然，一个规范很难提前应付各种可能的具体实践情景，具体实践情景会产生各种不同的挑战。即使是像“不应该撒谎”这样简单的规范——正如苏格拉底曾经所讨论过的——也会引出种种难以自圆其说的问题。我们应该对任何人还是对一部分人不撒谎？应该在任何情况下还是在某些情况下不撒谎？比如说，一个歹徒正在寻找他企图谋杀的人，我们大概都会倾向于撒一个谎而使歹徒扑空。当然这并不意味着存在着另一条同样有理的规范叫做“应该撒谎”。在规范体系内，互相矛盾的规范是不允许的。为了保证人们恰当地应用规范，这显然需要具体的解释，但又会卷入解释的困难。我们会发现这样一个可怕的迷宫，当试图给出解释，就会不得不去寻找大量的理由，各种各样的理由，没有理由也可以胡编理由，最后，当理由和解释实在太多以至于变成灾难，而问题还是没有解决。

一般人们对行为规范作出进一步的解释时，就会给出一些更具普遍性的规范，例如“正当的行为应该是为了最大多数人的最大福利”。令人遗憾的是，这类很好听的元规范所企图表明的东西是越来越含糊。每一个人所理解的“最大多数人的最大福利”很可能只是他自己所希望的那种福利，尤其是，只有当某人属于多数人群体时，他才会同意多数人利益的主张，假如他碰巧属于少数人，那么他不可能同意多数人利益。如果多数人利益成为迫害少数人的借口，恐怕很难成为一个正当理由。如果某人可以被迫害，那么，其逻辑结果就是每个人都有可能被迫害。其中道理是这样的：假定多数人可以迫害少数人，那么，多数人中又可以分化出多数人和少数人，随着利益的细节化，多数人和少数人的不断分化最后使得谁都可能被迫害。当意识到理解和解释的主观性，就会发现解释不可能解决问题，各种解释之间的冲突绝不少于行为之间的冲突，事实上，所谓解释上的冲突只不过是传递地反映了行为上的冲突。当然，我们不好意思说解释没有任何贡献，它至少使各种混乱变得更加显眼。

伦理规范系统为什么有着这些困难?

假设一个规范系统由有限多个规范（a、b、c…n）所构成，我们准备把它应用于人类行为领域，这意味着这一规范系统必须能够应付人们的自由意志在追求利益和价值时所可能造成的全部行为冲突问题。我们已知这样的情况:

(1) 对于自由意志来说，行为选择 A 和非 A 都是可能的；并且，无数种行为选择，A、B、C…都是可能的，同理，非 A、非 B、非 C…也都是可能的。毫无疑问，在自由意志的可能选择中总会包含种种互相冲突的情况。这是逻辑上的行为可能性。

(2) 从利益上看，利益是每一个人或者某个群体中的每一成员都企图获取的，由于利益相对于欲望来说非常有限并且永远有限，所谓“资源稀缺”，因此，即使所有人的想法一样，不存在价值观上的冲突，人们的行为冲突仍然是难免的，不仅总会出现某些“零和博弈”，而且即使有办法避免“零和博弈”（事实不可能），人们仍然对博弈结果的收益多少永远不满意。这是实践上给定的事实状态。

很显然会有这样的结果:

(1) 假如规范 a、b、c…n 是普遍有效的，即具有全称约束力的（比如说“不许撒谎”意味着“在任何条件下，对任何人，都不许撒谎”）；并且，假如规范 a、b、c…n 是充分有效的，即它们足够应付全部可能出现的行为问题，那么，在规范 a、b、c…n 之间必定存在着不相容的情况。例如，撒谎是可能的，但人们不欣赏撒谎，于是有规范“不许撒谎”；帮助人是可能的，而且为人们所赞许，于是有规范“应该助人”。如此种种，总之，由于行为的可能性如此之多，生活如此复杂，所以需要有足够大量的规范才足以应付各种可能性。而由于我们假定这些规范具有全称约束力，这些规范的约束范围在许多情况下会造成互相冲突，此时，规范实际上是在造成人为的矛盾。就像对于某个有心理障碍的人，只有对他撒谎才能使他避免做非常严重的蠢事，于是为了帮助他就不得不撒谎，但是欺骗他又只能使他的神经病永远治不好。于是，为了消除规范系统内部的不相容性，就必须对规范系统作出修正。

(2) 假如规范 a、b、c…n 具有全称约束力，而且这个系统是相容的，那么，a、b、c…n 肯定并非充分有效，就是说，对于行为的可能性来说，这组规范肯定是不够丰富的。很显然，当仅仅选择能够相容的规范来作为规范，就不得不舍弃大量其实必需的规范，结果也就失去对行为各种可能情况的充分应付力，这个规范系统就不足以解释全部行为的伦理选择问题。更糟糕的是，在事实上，要构造一个相容的伦理规范系统，哪怕只包含非常少的规范，也总是很困难的——除非只包含一条规范。可是仅仅有一条规范的系统无论如何是古怪的，而且肯定几乎没有用处。假设我们只认可两条规范（这是多条规范的最小模式），比如“不许撒谎”和“不许杀人”，其他事情都不在乎，不管了，即使如此，这个系统仍然很难使之相容。比如说这样的情况，在杀人犯追寻某人时我们还是会倾向于违背“不许撒谎”的规范。不过这不是关键问题，重要的是，即使我们有着非凡的想像力以至于能够构造出相容的规范系统，它也一定是非常贫乏的，因此根本上是无用的。看来问题出在全称约束力这一非分要求上。为了能够处理全部行为问题，规范系统的丰富性终究是不可牺牲的。

（3）假如把规范的全称约束力减弱为部分约束力，使得规范 a、b、c…n 只意味着“在某些条件下，对某些人有效”，那么规范系统的相容性和充分性都不成问题。但是，这一系统却又不得不卷入另一种困难，即解释的困难。于是，我们必须引入规范 a′、b′、c′…n′ 来解释在什么样的条件对什么人来说 a、b、c…n 才是有效的。这样解释的困难，首先表现为它有着无穷倒退的危险：一个解释又需要被解释，以至无穷。无穷倒退就等于承认所有解释都是不可靠的。为了阻止无穷倒退，人们宁愿把一些规范当成是无条件的绝对原则。可是那些看上去好像不证自明的金科玉律，其实和无穷倒退的解释同样不可靠，同样是任意选择的假定。我不是说没有不证自明的事情，而是说，规范不可能是不证自明的。把某些规范认定为不证自明的，这是非常危险的事情，假如某些人认为规范 a 是不可质疑的，另外一些人也可以认为规范 b 是不可质疑的，如果任何人的利益都可以成为规范的理由，那么，任何事情都可以被搞成规范，也就没有什么规范了。如果说由于行为的任意性是有害的，所以需要规范加以匡正，那么，如果对规范的解释终究是任意的，这就是无聊的重复。

在这里，规范系统的困难之（1）和（2）是比较简单的问题，显然，如果哥德尔定理成立，那么（1）和（2）就成立。[①] 重要的是困难（3），它不是形式方面的问题，而是在形式背后的困难。它源于维特根斯坦的“遵循规则悖论”：如果无论什么行为都可以搞成是符合某条规则的，那么也就无所谓遵循规则。就是说，假如可以对规则进行灵活解释，或者，假如规则的应用可以有某些“例外”，那么这个规则就无法辩护了。关于规范的漏洞，有一个既是常识的诡辩又是伦理学的诡辩说的是，什么规范都有例外。这个辩护的真正意思是：对自己的时候可以是例外，对别人就不能例外。“例外”的危险性在于，例如“通常情况不能杀人”，可是为什么在军事打击别的国家的时候就可以杀人？据说为了“正义”，可是，按麦金太尔的话说，又是“谁的正义，哪一种合理性”？规范只不过漂流在解释的泥浆上。事情很清楚：如果企图依靠任何一个伦理规范系统去处理人类行为问题，就不可能获得任何真正有意义的结果，因为任一伦理规范系统或者是不相容的，或者是不完备的，或者是缺乏必然性的。把任何一个伦理规范系统当作伦理思考的既定前提，都等于在进行欺骗和自我欺骗。通常人们只注意到各种伦理规范系统之间的冲突（比如“文明的冲突”），对这种冲突或者采取独断的态度或者采取相对主义的态度去理解。但是，如何处理各种伦理规范系统之间的冲突仍然是一个相当表面的问题，更重要的问题是，每一个伦理规范系统自己都不可能是一个自身完善的系统，于是我们必须在一个超越规范的层次上去思考伦理学问题。

人设立规范本来是为人着想的，如果变成只为规范自身着想，又如何能尊重人？规范是必需的而且应该遵守，但却不值得尊重，因为道德价值落实在规范之外而不是在规范之中。我想这大概就是老子所以批评儒家对规范寄予过高期望的理由。根据老子的论证，我们似乎还可以把它发展为一个“规范生效条件”的悖论：一方面，规范是为了使人们变好；可是，另一方面，只有当人们本来是好的，他们才有可能遵守规范。规范本身既不是好的也不是坏的，问题在于必须为规范找到一个恰当的基础，它不能是共同利益，共同利益

---

① 汪丁丁曾经批评我关于规范系统的批评只不过是哥德尔定理的应用，所以“不足为奇”。这个批评没有意义，因为关于规范的困难之（1）和（2）本来就不足为奇，本来就是哥德尔定理的应用，没有人会认为它是奇的，它只是与问题相关的必要叙述。更重要的是困难（3），可是这一点却与哥德尔无关，不是哥德尔的应用。当然困难（3）也不足为奇，它与维特根斯坦的思想有关，也不是我的发明，都只是在具体情景中的应用和推广而已。

是靠不住的，这个基础必须是幸福。

3. 做事与做人

对于动物来说，“是这种动物之所是”和“做这种动物之所能”是一致的。例如对于一条狗来说，**是**一条狗就是**做**狗所能做的事情。而人则不同，人不仅**是**其生物意义上之所是，而且是在行为中**做成**的。“是一个人”（to be a man）不足以表明他作为人的价值，他还需要像一个人那样去行事才是“做一个人”（to do as a man does）。就是说，就人这种特殊存在者而言，他有着双重的存在论问题，不仅有着关于“是”（to be）的存在论问题，而且有着关于“做”（to do）的存在论问题。从根本上说，人是**做成的**而并非**生就的**（a man does rather than is）。关于“是”的存在论其实没有太多的问题可以讨论，而且相当空洞。关于“做”的存在论（ontology of doing）才是有丰富意义的存在论，它涉及着伦理学、政治学、社会理论和文化问题，所以，是“做”的存在论而不是“是”的存在论才有理由成为其他各种问题的理论基础，才能够对人、生活和社会进行基本说明。当然，“是”的存在论可以是知识问题的一个基础，但也不是完整的基础，因为人文社会知识的基础问题就属于“做”的存在论。“做”的存在论是中国古典哲学的隐含倾向，尽管中国古典哲学并没有明确提出这个问题，但我关于“做的存在论”的创意无疑是以中国古典哲学为背景的，尽管“存在论”这个语词来自西方。在西方的存在论中，海德格尔可能是最具创意的，他以人这一具有自身意识和自身反思从而具有反身性结构的“亲在”（Dasein）① 作为存在论核心，明显突破了无生活和无历史的抽象“存在”问题。但这一突破仍然不够，因为，在反身性的存在意识中所能够表达的是个人的甚至是一个抽象化的个人，Dasein 虽然与 Cogito 的内容不同，但结构上是类似的，都是抽象化的、匿名的主体。笛卡儿的“我思/我在”知识论框架至今仍然是西方哲学在表达存在论问题时的知识限度。关于“做人”的存在论问题则大不相同，它与孤独、绝望和烦恼等“生命经验”问题无关，而与幸福、正义和相处等“生活事实”

① 关于 Dasein 有多种翻译，可能还是熊伟先生的“亲在”翻译比较能够表达反身性意识结构的存在。

密切相关。全部生活事实的解释都可以基于“做的存在论”。在“做的存在论”的框架中，to be 化成了 to do，或者，to be is to do（生而有为）。① 这样，我们就能够把生命问题转化为生活问题，也就是把个人问题转化为人类问题。显然，如果仅仅是生命经验，就不构成思想问题，因为，你自己生命经验的厌烦和忧虑，与“我们”有何相干？有意义的问题必须是个生活问题，因为你我都卷入在共同的生活空间里，这样才是哲学问题。在这个条件下，生命的意义才变成生活的意义，生存就变成做人。

做事必须符合规范，做人必须符合人的概念。

规范是利己主义的产物，它总是使得某一社会共同体的成员能够保险地各自获得某些利益（忽视规范的利己主义性质往往源于高度文明所培养的虚伪）。由于在生存空间中存在着利益争夺，由于利益争夺是破坏性的，所以，为了保证每个人的那些被认为更根本的利益，共同作出某些让步是必要的和值得的。规范是利己主义的利益让步形式，是利益的一种理性的分配方式。

人们总是误认为伦理行为是利他的。所谓利他性需要分析。利他的行为实际上有两个类型：一种是以自己利益为先决条件的利他，这终究是利己性质的行为。它表现为这样的格式：如果做某件事情 a 对别人有利，但对自己更有利，那么就做 a；另一种利他行为则是为了实现自身做人的价值，这是纯粹出自美好心灵的行为。它表现为这样的格式：做某件事情 a 对别人有利，虽然自己的利益因此有些损失，但做 a 使自己做人做得愉快，那么就做 a。这两者都是“为自己着想”，但境界天上地下，前者是自私，后者是自尊。自私只是做事，而自尊却是做人。

康德把有条件的行为说成是服从“假言命令”的行为，而且认

---

① To be is to do 在结构上模仿贝克莱著名命题“to be is to be perceived”。贝克莱命题对于经验事实是个有力的命题，尽管有讨论余地。但是贝克莱命题对于人和生活事实的问题则几乎完全没用。在知识论里，贝克莱命题是非常有趣的，可以随便讨论一下，贝克莱命题往往被认为有这样一个危险：不被感知的事物的存在就会变成非常可疑的假设。但这个解释是错误的（该命题的中文翻译“存在就是被感知”也同样表现了这一常见的误解）。假如贝克莱命题被解读成“to be is being perceived”，那么贝克莱就的确错了。可是，to be perceived 并没有承诺一个东西已经被感知，而仅仅是“可以被感知”。这样就不应该是个错误。当然，贝克莱自己是怎么想的就不清楚了。他用的是拉丁文 esse est percipi，这似乎应该是 to be perceived 而不是 being perceived。原话是：their esse is percipi, nor is it possible they should have existence, out of the minds... 他说的是 existence 而不是 being。见我在《走出哲学危机》（52 页，北京，中国社会科学出版社，1992）中的讨论。

为仅凭这一点就已经说明了有条件的行为都不是高尚的（讲条件就是斤斤计较），而只有无条件的“绝对命令”才具有伦理的光辉。这个说法虽然精彩，但无疑是一种宗教式的夸张。这似乎意味着人应该有某种说不清的神性（康德说不清，而且根本无法说清）。其实人的“神性”只是文学性的想像而不是理论上有意义的概念，因为人毕竟在事实上不是神。说人就说人，说神又有什么用？既然只存在着人性，那么人性就一定具有足够光辉的某一方面，而无须去沾神的光。不管是好的还是坏的事情，都只能在人性中去解释，而不能在人性之外寻找任何借口。在理论上说，只要超越了人性去寻找某种解释，就是打开了一个无法控制的缺口，解释将失去确定性，因为那样将可以编造随便什么解释和借口（把神说成好的当然可以，把神说成坏却也不难）。① 人性是关于人的解释的绝对界限。

无条件的绝对命令是无法想像的。因为，一种行为假如真的“无条件”，无论何时何地对于何人都如何如何，其实更像是盲目的行为，无凭无据，平白无故，是不能理解的行为。康德所想像的绝对命令虽然面目庄严，但是在实质上歪曲了人性和生活。我疑心康德出于纯粹理论的偏好而过分拔高了伦理的绝对性，把伦理命令提高到了像逻辑规律那样的“必然性”上去。我们可以说道德价值是绝对的，但恐怕不能提高到这样无条件的地步，因为与生活不符了。尤其是，没有一条规范能够是绝对的，各种伦理规范必须在具体情景的变化中、在灵活应用中才能体现不变的绝对价值。生活情景或者生活境遇是因人而异的、不可重复的、不可互相代替的，在某个情景中非常恰当的行为在别的情景中可能就很离谱，生活事实有着多层“语法”，不止是伦理这一种“语法”，不是仅仅由伦理说了算。我们不可能通过普遍必然的规范或者元规范去硬性地定义人性的光辉。相反，只有在人性中才能去判断什么样的规范是正当的。老子反对在伦理规范的层次上去理解伦理学问题，而认为只能在道德层次上，即在由道而德的人性本身的价值上去理解道德问题，至今仍然是最为深刻的伦理学分析。道德的绝对性仅仅在人性本身的价值中，而不在规范中。做事的正当性是相对的，但是做人的正当性才是绝对的。

---

① 其实，即使把神说成是好的，神也未必高兴（假定有神的话），人凭什么去猜想神是什么样的？人胆敢自以为是到这种地步？我们只能承认神的心思谁也猜不到，任何关于神的猜想都是对神不敬。孔子才是真正尊敬神的，“敬鬼神而远之”。

伦理学必须由分析“做事”转向分析“做人”，把伦理学的分析单位由“个别行为”扩大为“整个人”。我相信这一伦理学分析框架的改变有着根本性的意义。这一分析框架的变化至少表现为（1）分析层次的变化。如前所论，做事涉及的是生活事实的表层意义，而没有涉及生活事实的内在价值，所以只能够讨论规范的社会约定理由，而不能有效地讨论规范背后的纯粹人性的价值理由。（2）分析单位的变化。规范伦理学的分析单位是个别行为，可是，如果要彻底分析行为的道德价值就不得不去分析行为的实施者，因此，伦理学的有效理论单位必须是“人”而不是“事”。

如果我们只是为了提倡某种宗教的、政治的或社会的主张，那么就并不需要哲学反思而尽可以一意孤行、疯狂实践、大肆宣传，然后无非是失败或者侥幸成功。但无论是成功还是失败都与道德光辉无关，也与对伦理问题的澄清无关。哲学的性质根本上在于它是无立场的分析，即纯粹出自思想理由的分析。可以说，哲学不利于任何一种意识形态，无论是宗教还是制度化话语，无论是自由主义还是专制主义。哲学使人类有着保持清醒思想的最后机会。

对于伦理学来说，要达到无立场的分析就必须超越对“做事”的规范性评价，因为这种评价所根据的规范恰好是未经批判的，而且是最需要给予批判的。对“做人”的评判却不需要根据规范，尽管当我们说到“他是一个像样的人”时好像还是根据着某个评价人的规范。这个错觉来自于把“他是一个像样的人”的逻辑意义看成是：

“至少存在着X，这使得X是一个人，并且X是个像样的人。”

其中“X是像样的”好像意味着那里已经有某种规范用来评价人。问题是上述那种逻辑改写并不完全，关键在于“X是一个人”的意义是含糊的，它缺少限定性条件。显然，在伦理学中，我们并不准备讨论X在生理学意义上是否是一个人（这不是伦理学讨论的意图），而是要讨论X在伦理学意义上是否算是一个人，或者说，X是否满足了人的伦理学概念。于是，上述命题可重新写成：

“至少存在着X，这使得X是一个人，当且仅当（iff），X是一个满足伦理学概念的人。”

原来的“X是像样的”这一部分被消除了，因为它是多余的。“满足伦理学概念的人”已经包含着“像样的人”这一含义。“X是一个人”也被明确为伦理人而不是生理人。原来的句子中包含着一个事实判断和一个与之并列的价值评价，这种并列性暗示着一个教条，即事实判断和价值评价总是各自独立生效的。但这一教条只是对无心灵的事物有效，一旦涉及人这一特殊存在就失去其有效性。人的存在不仅是一个自然存在（物理存在、化学存在和生物存在），而且是一个创造性的存在，是个精神性的和文化性的存在，于是，人的存在不仅仅是 to be 的某种显现，而且是 to be 的全部可能性的显现，确切地说，人的存在的根本意义不在于显现着“存在”，而在于显现着“存在的扩展可能性”。

任何事情的最终根据不可能落在存在论所允许的范围之外。存在论之外的“根据”无处存在，所以是不存在的。这对于价值评价也不例外。价值评价的真正根据必须从存在论事实中**生长**出来，但绝不能还原为存在论的事实，因为由存在生长出来的东西与存在并不一样。凡是不能从存在论中生长出来的判断或评价都注定是无根的，也就可以任意替换，因而是无效的。你可以想像一个可能世界，我也可以想像另一个可能世界；你可以想像一个神，我也可以想像一个不一样的神，你不需要我想像的神，我也可以不需要你想像的神，在任何逻辑上，你的神都不可能高过我的神，因为我们都以**同样的**方式在胡说。我们知道，逻辑允许各种可能世界，也就允许各种存在论，如果我们没有一个“存在论共识”，就不可能有效地讨论任何问题。既然我们准备讨论的是人类生活而不是别的什么，那么，只允许有唯一的一个存在论共识，即关于现实世界的存在论共识，因为，现实世界是人类生活得以进行的唯一可能世界，所以，关于生活的全部和任何理由都只能在现实世界中去寻找，只能在人的存在论中被论证。这就是为什么在伦理学的讨论中引入宗教的理由是完全非法的，显然，如果你可以支持某种宗教，那么别人就可以支持别的宗教，甚至发明自己的宗教，但这些都与思想的任务无关。思想不需要任何宗教。引入宗教理由就等于反对思想。在伦理学讨论中清除宗教理由和宗教背景是必需的，否则根本就是在全然混乱的存在论基础上进行无意义的讨论。

在存在论基础上讨论伦理学问题并不意味着可以把伦理问题还原为存在论问题。把价值判断还原为一般的存在论判断必定漏掉许多具有决定性意义的性质，人就变成生理存在了，它可以与生命有关，但恐怕与生活无关。于是，我们不得不考虑到人的存在是特殊的存在论问题，关于人的存在论必定要讨论做人的目的，于是，人的存在论必须生长成为人的目的论。如果说从存在论中能够生长出价值根据，那么只能是目的论。人有着作为人的目的，做人就是实现人的目的，一个实现着人的目的之人即道德的人，所以说，做人就是去符合人的概念。在这种人的目的论思路中，事实判断和价值判断二分法失去了意义。一方面，伦理学问题与自然事实判断无关，诸如"X是如此这般的生理人"、"X做出如此这般的一个行为"都是在伦理学之外就已经得到承认的事实；另一方面，伦理学问题也与表述主观态度的评价无关，表达主观态度甚至不是理论活动，只不过是人们每天无休止进行着的最普遍不过的活动。没有一个人需要向别人学习主观性，自己就已经足够主观的了，每个人已经有了足够多的偏好、私人兴趣、个人意见和私心杂念，已经有了足够多的自我表扬和批评，有了吹牛和毁谤。尽管伦理学命题毕竟不是事实判断，但也绝不像分析哲学的伦理学理论所贬低的那样只是"态度/情感的表达"。

由于伦理学所关注的存在是人这样一种特殊存在，因此，在伦理学中，事实判断和价值判断如此密切相关，以至于共同合成为一种基于人的存在论的人性目的论，只有在人性目的论中才能揭示人的存在是怎样使存在具有比存在本身更多的意义，换成日常的表达则是，只有人性目的论才能表明生活是如何使生命具有比生命本身更多的意义的。人的存在就是有价值地存在，无价值的生活就是对生命的否定。

由此可见，做人与做事其实是同一件事情，而不是两种分别独立的事实，所以，像许多伦理学那样仅仅局限于分析某个行为是否是道德的而无视作为完整存在的人，这样的分析是方法论上的根本错误。我们可以注意到，从基督教以后的西方伦理学分析基本上都只是针对个别行为的，而几乎不讨论一个人是否是道德的人。原因在于其宗教背景，每个人都被假定是同样的罪人和同样可能获救的人，这种把人"同格化"从社会实践上说促进了人的平等观念，并且预告了后来所谓的人权理论（人权理论就是基督教的世俗版本）。但是，从理论思想上说，把千差万别的人"同格化"就是回避了人的问题，就好像人的理念是无须讨论的，只有人的各个特定行为才需要讨论，好像人本身总是没有错。所有道德错误都只不过是某个行为的错误。这样就导致了关于人的概念的过于随便和粗俗的理解，好像人只关心"神圣的私有财产"和"不可让渡的个人权利"，而幸福、亲情、爱情、友谊等等与“神圣的私有财产”和“不可让渡的个人权利”比起来都微不足道，好像一个人无论做得多么恶心和变态都没有关系，只要不干涉别人的权利，完全不考虑人性的生态环境。另一方面又对个别行为非常苛刻，拼命规定奇多无比的法律和规范来否定人性的活力，把道德行为变成一种考试行为。基于个别行为的伦理学分析只能看到一个行为是否符合规范，而看不到一条规范是否具有人性上的合法性和优越性，这样，伦理学就变成了一种考试理论，而不再是人性研究。

在伦理学分析单位上，中国哲学一直倾向于整体论的思维，倾向于以“整个人”作为分析对象而不是以个别行为作为分析对象——尽管古人并没有直接说明这一原则。中国哲学在分析伦理学问题时，不会把“如此这般的一个行为是不是合乎规范”当作是要命的问题，而是更关心“什么样的人才是道德的人”。即使孔子这样要求严格的人，即使他会对严重违背规范（礼）的行为感到“不可忍”，他仍然更关心规范背后的价值实质，比如“仁”（“人而不仁，如礼何”《论语·八佾》）。中国哲学的这个分析模式显然是更深刻的，“做人”才是根本问题，如果一个人做了有德性的人，那么他的行为往往是道德的，即使有时违背规范，也一定是有着更重要的道德理由或者遇到“伦理两难”的情况；而如果一个行为遵循了规范，并不能证明是道德的，因为它完全可能是策略性的选择，例如“没有贪污”不等于不想贪污，很可能只是不敢贪污或者没有条件贪污。规范并不神圣，即使是金规则，规范背后是否存在着伟大的人性价值，才是问题所在。

违背规范的个别行为“错误”又有什么关系？做人才是根本的。做人与做事其实是从两种不同的观察角度去观察一个事实，是一个事实的两种不同的性质，但是，通过区分这两种角度，我们可以更清楚地看出一个事实的内在伦理学意义。例如，说真话是一个行为事实，但它可能是为了遵守规范，也可能是为了表现人性的光辉，两者的价值高下立判。我们可以讨论“雷锋问题”。雷锋故事有多大的真实性，这不是伦理学问题，所以这里不予讨论。要讨论的是作为毛泽东的杰出作品的“雷锋形象”。雷锋这一形象所要说明的不是如何如何遵守规范，而是为了创造一个新模式的伟人，即又平凡又伟大，在平凡中见伟大。这是很难的，因为平凡与伟大互相矛盾。毛泽东的创造性解决是，雷锋被假定为一个永远做好事的人，并且，做好事就是他做起来最愉快因此最喜欢做的事，因此乐此不疲。仅仅因为事情本身的愉快而做事情，而且永远愉快，这是高难度的，做到高难度的事情就是伟大，于是，平凡成功地转化为伟大。可以看出，这里的伦理学问题是如何从肤浅的规范问题转换为深刻的做人问题。做人的魅力远远超越了规范。茅于轼先生在《中国人的道德前景》（1997）中曾经讨论了“雷锋问题”，他的分析结果是相反的，或多或少可以看作是从规范伦理学角度对德性伦理学的反驳。他认为，雷锋式人物的存在是坏事情，因为，雷锋的伟大反而纵容了其他人的懒惰、无赖和“搭便车”行为，所以，尽管雷锋自己伟大，但是社会客观结果却不好，社会道德水平反而因此降低。茅先生这一分析非常有趣，而且涉及一些深刻的问题，不过我相信这一分析是错误的。问题主要出在计算“普通人”或者“其他人”的心理情况时非常可能漏掉了一些本来必须计算在内的必要条件，就是说，“普通人”的心理中固然有喜欢“学坏”的一面，但也有喜欢“学好”的一面，有对庸俗物质利益的关心，也有着对伟大精神幸福的追求。如果漏掉人性好的一面去计算问题，就会出现计算失误。事实上，如果人性没有光辉的方面，那么人类文明根本无法坚持，早就死掉了。而且，就历史事实而言，在“学雷锋”的毛泽东时代，社会的痛苦主要是物质水平低下，绝非道德水平低下，众所周知，毛泽东时代的社会风气比现在这个反对雷锋的时代要好得多得多，而且当时许多人很愿意做好事情，“搭便车”现象并非主流现象。

“做人”问题是伦理学最根本的维度，是“做事”的伦理意义的根据。如果不以做人为最终根据，那么，任何一件事情都可以被论证成具有“道德价值”，因为制造一种有利于某件事情的规范或理由是很容易的，只要乐意，就可以编造出种种理由。在为利益而辩护时，人们从来不缺乏想像力。任何一条规范，就其本身而言，都只是在特定的某种约定的条件下才是必须遵守的，既非普遍必然，又非永恒不变，只不过是时过境迁、与时俱进的东西。如果规范与做人的要求相悖，则本来就不值得尊重；如果它与做人的要求相符，那么，实际上我们所尊重的是人性的光辉而不是规范。可以说，规范的伦理价值永远是相对的，而人性的道德价值才是绝对的；做事的价值是相对的，而做人的价值是绝对的。几乎每个人都会有这样的感觉：假设我们在进行一项正义的事业，我们的敌人所做的事正是我们所反对的，但如果他们做人的方式光明正大，则仍然会得到我们的道德上的尊重；而敌人的叛徒、逃兵和投降者却会被蔑视，尽管他们的背叛或逃跑行为在功利上符合我们正义事业的利益。这类事实说明了做人有着位于利益之外的价值。**做人追求的是人类形象最优化，做事则追求利益的最大化**。

4. 行为的理由

现在讨论关于行为事实的一般模式。假如一个人拥有几乎无障碍的行动自由，就会有一个理想的行为模式：

（1）在某人的全部可能行为（A_1，$A_2 \cdots A_n$）中，A_1 是他的首选偏好，那么他无论如何都将选择 A_1。

假如一个人仅仅拥有某种程度的行动自由，就会有一个策略性的行为模式：

（2）在某人的部分可能行为（A_1，$A_2 \cdots A_m$）中，A_1 与其他选择相比之下是占优策略，那么他将选择 A_1。

当人们对这两种行为模式进行价值分析时，或者是把行为选择看作是价值判断的根据，或者是把某种价值观念看作是行为选择的根据。如果按照前者则有这样的解释：

（1）如果在某人的全部可能行为（A_1，$A_2 \cdots A_n$）中，他无论如何都将选择 A_1，那么 A_1 是好的；

（2）如果在某人的部分可能行为（A_1，$A_2 \cdots A_m$）中，相比之下将选择 A_1，那么 A_1 是好的。

这种以实际选择去定义行为价值的解释模式的困难在于，当说到“我选择 A，所以 A 是好的”时，“我”并不是作出选择的理由，而只是作出选择的经手人，即使说成“大多数人都选择 A，所以 A 是好的”，大多数人同样只是经手人。经手人什么也说明不了，选择的理由还没有被说出来，显然，事情是“我”做的，是“我”选的，但“我”不是我做出选择的理由，我的选择当然是根据着还没有说出来的某个理由。于是，“我选择 A，所以 A 是好的”必须扩展为“根据理由 R，我选择了 A，所以 A 是好的”，这样才能够被理解。可以看出，其中真正决定价值判断的是理由 R。理由 R 的存在意味着我们总有着充当价值判断根据的某种价值观念，选择不是选择的理由。因此，只能采取第二种分析方案。

第二种方案引入了价值理由 R，可以有这样的解释：

A 是好的，因为 R。所以选择 A。

R 必须必然蕴涵 A 是好的，否则没有意义。假如 R 是某规范 N，那么有两种可能性：(1) 任意一个规范 N 都蕴涵 A 是好的。这种解释显然没有意义，因为存在着不同甚至矛盾的各种规范。虽然人们的确往往会因为 A 符合某规范 N 而认为 A 是好的，但是这至多只是解释了一种原因而不是理由。A 因为符合规范，所以 A 是好的，这是因果关系，不是理由；(2) 仅仅是某规范 N，而不是任何别的规范，蕴涵 A 是好的。这种解释虽然不会导致混乱，可又是不彻底的，它没有到达最后的理由，因为这一特定的规范 N 又必须被证明是好的，否则就弱于怀疑态度，别人可以不接受或不承认规范 N。显然人们必须进一步寻找证据。

有效的证据必须是必然的证据。假定我们已经对“好”的实质有所了解，至少是假装有所了解，给定这种情况，寻找证据就表现为把理由 R 解释为“A 必然带来结果 X，并且 X 是被假定为显然好的事情”。于是有这样的形式：

A 是好的，因为 A 必然导致 X，而 X 显然是好的。

人们经常满足于这种论证，虽然这种论证并不总是出错——这很大程度上是依赖于人们毕竟有着某些清楚的伦理直观——但在理论上毕竟是不可靠的，很容易掩盖真正的问题。考虑这样的说法：

(1) 科学技术的发展是好的，因为科学技术的发展带来社会进步。

(2) 吸毒是好的，因为吸毒引起无可比拟的快感。

通常，人们按照伦理直觉会认为 (1) 是正确的，而 (2) 是荒谬的，然而这两者的**逻辑说服力**是相等的。而且，即使是 (1)，实际上也很可疑，比如核武器、生化武器和某些生物工程的研究几乎可以说是有害的。至于 (2)，人们可能会反驳说：“吸毒终究是坏的，因为它危害健康。”但是，为一件事情举出一个坏的理由并不比为它举出一个好的理由更有力，完全可以设想吸毒者的回答：“尽管吸毒危害健康，但快感比健康更重要。”诸如此类的互相反驳都不是真正可靠的论证，所找到的理由都没有必然性。

显然，上述的论证形式有缺陷。我们需要一种更为严格的论证：

A 是好的，当且仅当，A 必然导致 X，并且 X 是显然好的，而且，要有 X 就必须要有 A。

如果不以这种更严格的方式去进行论证，我们就没有理由去反驳诸如（2）这类谬论。因为（2）的证据“快感”也是“显然好”的事情，谁也不能说快感不好。按照这一新的形式来表述（2）则有：“吸毒是好的，因为吸毒必然引起快感，并且要获得快感就必然需要去吸毒”。这样其中的荒谬就变得一目了然了，显然，追求快感并不必然要去吸毒。

但这一论证形式需要两个辅助性原则：

（1）允许附加条件原则。即允许在这一证明形式中的 A 和 X 项目上附加某些条件，从而满足这一证明形式的必然性要求。事实上，附加条件在许多情况下是必不可少的，否则将有无数行为无法理解。例如，当一个国家遭受侵略，为了捍卫国家主权和民族的荣誉，在这种条件下，牺牲许多军人的生命就成为好的。又如，出于医疗上的考虑，对某类病人注射毒品也是好的。人类的伦理实践表明，许多冠冕堂皇的几乎被公认的伦理“原则”——诸如平等、民主、和平以及一系列人权原则等等——从来都不是无条件被执行的。真正具有绝对意义的原则肯定为数不多。规范主义者经常真糊涂或假糊涂地制造一些伪问题，诸如“死刑是否人道”、“堕胎是否正当”之类，或者一些妄断如“民主制是最好的政体”之类。其实，这些问题都仅仅在特定条件下才成为问题，而并非普遍问题。

（2）最少附加条件原则。即这一证明形式所需要的附加条件越少，其中价值判断的道德意义就越大，或者说，所需的附加条件与价值品级成反比。这可能是符合伦理直观的。如果一个行为要成为一个好行为需要非常多的条件，它就肯定是一个意义相当微小、有着严重局限性的伦理行为，例如吸毒，事实上它只在医疗中才具有合理性。可以说，所需条件最少甚至无须任何附加条件的伦理行为就是伦理价值的最终根据。

当然，可靠的论证方式并不能完全保证断言的正确性。由此我们必须回到前面所遗留的一个问题上，即在讨论证明形式时，我们事先假定人们对“好”的实质有所了解。只有在拥有先行的价值判断时才能进一步确立其他看法。上述的这种伦理论证并不是真正的价值论证，而是价值论证的一种替代方式，因为上述的论证方式其实是以事实判断替代了价值判断的论证。当然，在事先就获得了无可置疑的价值前提的情况下，这种不标准的价值论证就是有效的，即当给定 X 毫无疑问是好的，那么，“A 导致 X 并且 X 必然要求 A”

这一事实就可以用来证明 A 是好的。在许多情况下人们觉得利用事实判断就足以论证某种事情的价值，这完全依赖着人们暗中有着某种久经考验的价值共识，这种价值共识相当于无可置疑的价值前提。例如我们都觉得吸毒不好，而且都觉得吸毒危害健康是一个铁证，因此几乎没有人支持吸毒。可是这类事例并不意味着真的能够用事实来证明价值，何况这种证明方式很容易引出荒谬的结果。所以，如果行为选择的价值理由可以表达为某种事实，那么必定要以某种可靠的价值判断为前提，以使得那种充当理由的事实能够被认为是有价值的。为了使假定变成可靠的前提，我们需要一种真正的价值论证。

以上对行为理由的分析只是揭示了：

(1) 行为的选择性本身并不是行为的理由。

(2) 行为的理由既不是某条规范也不是某种事实。规范或者事实可能是行为选择的原因，但行为的原因至多说明了人们因为什么而这样选择，却不能说明这样选择的价值根据，所以不是行为的价值理由。

(3) 规范或者事实如果能够有效地充当行为的价值理由，就必定以某种价值判断为前提，否则规范或事实不能被认为是有价值的。

很显然，传统的伦理学思考维度 ought to be（规范）和 to be（事实）都无法说明真正有意义的伦理学抉择，因为这两个维度对于解决伦理学问题来说都不够彻底，而且这两个维度在行为的价值理由分析中很容易构成坏的循环，即人们为了支持某个规范，就要寻找事实来充当证明，而在解释事实的价值时又时常引入规范来充当说明。因此，除非我们在更深的维度中发现确实可靠的价值判断，否则伦理论证将永远是一种没有最后证据的不标准论证。

Ⅱ. 思路的改变

1. 伦理语句与伦理问题

为了使伦理学的问题明朗化，有必要对伦理语句进行分析。这其中涉及一些一直很混乱的问题。事实表达式以 to be 为形式，价值表达式却好像有两种形式（至少通常被认为是这样的），即（A）ought to be（应该这么这么）和（B）to be good（什么什么是好的）。

在（A）类型中又似乎有两种模式：（A/1）：这种是非伦理性的，例如“在足球赛中不许用手帮助运球”；（A/2），这种是伦理性的，例如“不许撒谎”。是什么东西使得（A/1）和（A/2）具有不同性质？是什么理由使得我们觉得（A/1）是非伦理的而（A/2）却是伦理的？这是一个很不清楚的问题。从表面上看，这两种规范系统在技术方面有着明显的差异，（A/1）要处理的行为问题比（A/2）所涉及的行为问题规模要小得多，对于（A/1）来说，要处理的只是非常有限的某种行为，不是什么大不了的事情，例如足球，毕竟不是什么要命的事情（球迷可能反对这一说法），因此比较容易制订一套完满的规范。而对于（A/2）来说，情况却要糟糕得多，正如前面所分析的，由于伦理规范系统企图应付一切可能的行为，因此总是不得不陷入解释的困境。然而，导致（A/2）的解释困境另有着更深的原因。可以考虑（A/1）和（A/2）的一些细微区别。当某球员用手运动足球，而且还不服裁判而坚持继续用手运球，他很可能被判罚出场，如果他辩护说，他出于维护这支球队一直胜利的光荣这样一个高尚的动机而这样做，所以是正当的。这种辩护在此显然是不会被考虑的，因为所规定的规则本身就是作出裁判的充足理由。显然，对于（A/1），规则蕴涵着裁决。法律是（A/1）的一个典型系统，可能是（A/1）模式中真正的大事情。如果父亲进行偷窃而儿子为其隐瞒，这在法律上是有罪的，尽管可以有伦理上的辩解（孔子就曾给出过著名的解释，试图说明儿子在伦理学意义上是对的）。对于（A/2），情况有些不同，尽管我们知道撒谎是不良行为，但仍然会认为对杀人犯撒谎从而避免一起谋杀案是更重要的，所以，说谎在有的情况下是对的。也许某种同时涉及法律和伦理的事例特别有助于看清这两种模式的差异。假如我决心做一个抢劫犯，但我毕竟有着法律和伦理意识，那么，我知道无论抢劫什么人的财物在法律上都是有罪的，但我倾向于抢劫富人而不是穷人，因为抢劫富人在伦理上的过失相比之下要小一些，就像有的小说中把"劫富济贫"描写成并不很坏的事情，甚至是很光荣的事情那样。又假如我是个富人，"为富不仁"在法律上并非有罪，但如果我碰巧有了良心就会倾向于帮助穷人。这种"……比……更可取"的价值比较意味着伦理表达式中不仅包含一种规范劝告而且还包含一种价值评价。不难看出，对于（A/2），规范本身不是行为选择的充足理由，规范不能蕴涵行为选择，除非它同时兼有一种价值评价。于是，（A/1）和（A/2）的逻辑意义表现为：

（A/1）：存在着规范 N 作为充足理由蕴涵行为选择 C。于是，应该 C 等于正确地遵守了 N 而做了 C。

（A/2）：存在着"规范 M 并且 M 是好的"作为充足理由蕴涵行为选择 D。于是，应该 D 等于认为 M 是好的，所以意愿遵守 M 而做 D。

现在可以看出，规范 N 和 M 就其本身而言无实质区别，如果有，也是微不足道的。一种规范并不是天生注定要成为伦理规范还是技术规范。我们完全可以设想一种游戏把偷窃作为其中一条规则。一条规范是否具有伦理学意义完全取决于它是否卷入价值问题，即取决于我们觉得它表现了伦理价值而接受它，还是因为它在技术上具有可行性而接受它。很显然，对于规范 M 来说，"M 是好的"是一个"多出来的"问题，如果不涉及"M 是好的"这一问题，那么 M 与 N 在性质上并无二致。比如说，我们所不得不接受的某种法律系统在伦理学上有严重缺陷，但对于给定的社会情况而言，该法律系统是可行的，甚至是唯一可行的，那么我们就可能接受它，但我们毕竟可以在伦理学意义上批评它。所以，在技术上还是在伦理上接受一条规范有着根本的区别。只要意识到规范本身并不负载着伦理学意义，只要意识到伦理学的真正意义在于"……是好的"而不在于“应该……”，就会发现规范问题仅就其本身而言其实是技术性问题，而伦理学问题只属于价值问题。“你应该……”只说明了什么是必须遵守的，却不能表明什么是在人性上值得尊重的。我们通常说出“你应该如此行为”时总是非法地暗示着“你应该如此行为，并且，如此行为是好的”，这就是（A/2）的形成原因。现在既然我们把其中“如此行为是好的”这一真正的伦理学问题提取出来，所谓的（A/2）实际上就失去特殊意义而与（A/1）别无二致了。

规范语句只是可能引发伦理问题的现象但它本身却不是伦理问题。

但是，是否所有由（B）类型表达式，即表达为“……是好的”形式的语句，都表达了伦理问题？这是一个更复杂的问题。自从艾耶尔对伦理学的批评以来，分析哲学的伦理学理论都否定“好”的实质意义。艾耶尔式的理由是，当说到“如此这般的事情是真的”，这种真值判定表明我们有理由证实如此这般的事情，而当说到“如此这般的事情是好的”，这种价值评价看上去只不过是一种情感性的感叹，并无真实内容，所以不能构成判定。按照史蒂文森的理论，“好”只是表达了情感态度，“X是好的”意味着“我赞许X，请你也赞许X”。像这类把价值判断庸俗化为一种劝告、教育甚至诱骗姿态的理论是令人难以容忍的，这是现代民主暴政及其宣传习惯的典型方式，这种意识形态一方面把真理狭隘地归属于经验和逻辑，另一方面则毫无理想色彩地把价值判断看成是宣传、解释和诱骗方式，就好像喜闻乐见、广泛赞同就意味着“好”。于是，虚伪、欺骗和平庸几乎不可避地成为现代社会的显著现象。

从理论上看，把“X是好的”解释成“我赞许X……”也是非法的。在为“X是好的”提供理由时，可以说“根据理由R，X是好的”，这一点无疑是“我”赞许的，事实上每一个判断都是“我”赞许的，所以“我赞许”这一意向性表述是多余的，就像我们无须在说每句话时都加上“我认为”这一废话。只有在一种情况下，意向性表述是有必要的，即当把意向性看成恰好是理由R的时候，也就是企图说，“X是好的”意味着“如果我觉得X是好的，X就是好的”，或者把“我”替换成“我们”，也是一样的。这是明显的谬论，其中的自诩性使一切价值恰好成为无价值的，而且这在实践上很危险，当把意向性看成是理由时，就意味着可以说“我觉得核大战是好的，核大战就是好的”。我们必须意识到，主观意向性向任何一种可能性敞开着。意向性只是每一种思想活动的心理过程而不是思想的根据，这是不可混淆的两种事情。我们并不关心某人是否在思想（他当然在思想），而只关心是什么使得他这样想。谁都有自己的主观态度，所以主观态度不值一提，能够被讨论的只是思想的理由。

所谓“好”必须是有理由的，它不仅仅表达一种情感态度。分析哲学把“好”解释为感叹，比如说“啊”，这是很好笑的，更好笑的是分析哲学对此解释居然是认真的，不过，假如我们可以故意把它理解为是对主观主义哲学的讥讽，就是说，分析哲学是在装糊涂，其实是在笑话主观性观点。假如“好”只不过是“我的感觉”，那么就无所谓好，说出来都多余。主观性（subjectivity）和通过主观性而理解到的东西（what-ness in the subjectivity）是不同的，所以胡塞尔才需要区分 noesis 和 noema，不过胡塞尔也遇到说不清楚的地方。[①] 事实上，主观性只是实现各种思想的过程，它本身不能用来说明任何事情。理由总是落在主观性之外。“好”这一谓词当然不同于物性谓词，“帮助人是好的”这种语句显然不同于“光是有重量的”和“X 磁场是很强的”这类语句，因为物性谓词表明了属于对象的某种性质，而“好”作为取值谓词，或者说评价性谓词，却只表明了关于对象的评价。这是一种共识，本来并不难意识到这其中关键的问题是：“这种评价针对的是对象的哪一点?”或者说“我们所评价的是什么东西?”遗憾的是伦理学家总是忽视所评价的东西而只注意到进行评价这一活动的态度，就好像我们只要决心把某种东西看成（seeing as）是好的，任何一种东西都能被看成好的。假如某人认为“那姑娘很迷人”，而我们大家都觉得这只不过是情人眼里出西施，但我们也仍然不至于以为他是在鼓励自己去把那姑娘看成是迷人的，他显然不可能认为**每一个**姑娘都迷人。可以肯定，那姑娘产生了“某种效果”使他觉得她是迷人的，即使我们大家都不觉得她是迷人的，也无法否认她所产生的那种效果，正是这种效果决定了评价者的态度。关键在于，这种“效果”尽管不是普遍有效的，而仅仅对于那个痴迷者有效，可是这个效果毕竟也不是一种自我欺骗，它是客观的，是“偶然的客观性”。

我们总是把“客观的”等同于“普遍必然”，其实存在着某些

---

① 胡塞尔虽然强调了 noema 的客观性，但是他偏执地为了坚持 noema 的纯粹性，又把 noema 看作是 noesis 的纯粹作品，这就为自己又制造了困难。后来他引入“生活世界”概念，使问题有所改变，但仍然不清楚。

“不普遍但是必然”的偶然客观性。同理可证，当说出“X是好的”，其评价性谓词本来就不是对X的说明，而是对X的效果的判定。换句话说，X是知识论断言的对象，而X的效果才是价值判断的对象。如果不理解这一分别，就不可能理解价值问题。正是因为没有明确什么是价值判断的真正对象，所以很多伦理学理论经常无的放矢，甚至以为价值判断只不过是对客观事实X的种种主观态度。毫无疑问，价值效果虽然不是X固有的属性，但却是X所产生的客观影响力。

价值判定的对象由存在转换为存在的效果，这表明了与一般伦理学分析模式的决裂。价值判定不再是一种主观表态，而是表达了对某种特殊的而非普遍的客观效果的需要。于是价值语句就不再是废话，而是表述了对某种特殊而非普遍的客观效果的理解。这样的分析模式所修正的不仅仅是伦理学，而且可以用来修正知识论。事实上每一句话都包含着表态的意义，“这是真的”意味着“我同意这是真的”，难道说“这是好的”就仅仅意味着“我赞许这个”——“好”这一意义就消解在表态中了？这种“分析”实际上是思想舞弊。既然现在已经看到价值判定所针对的是存在的效果，就不难发现，价值判定如同知识论判定一样都具有必然性，都是真理的某个类型。价值语句意味着判定而不是对某种表态的再表态。通常意义上知识论所考虑的“知识”太过狭隘，似乎仅仅是数学和自然科学，只要把人文社会知识考虑进来，就会发现传统的知识论框架根本不能表达人类思想所必需的丰富知识类型。

现在来分析 to be good 这一形式，即价值表达式的（B）类型，它也有两个模式：（B/1），价值非自足的；和（B/2），价值自足的。在（B/1）中，一个事实的价值表现在它与另一事实的关系之中，于是，其表达式就是：“如果X对于Y是有利的，那么，X对于Y是好的。”通过这一假言命题可以看出：（1）X本身无所谓好坏，X的价值来自它的外在关系，所以这种价值是非自足的；（2）这种“好”被定义为“对……有利”，于是，除非我们有理由判定X确实对Y有利，否则“X是好的”就是不负责任的或者是藏私的。比如说，有人声称“联合国出兵干涉N国的政治是正义的”，可是却又没有证据能够证明“干涉N国政治对N国有利”是好是坏，那么就不能在道德价值上肯定这一军事干预。当然，人们可以声称，军事干涉N国，虽然对N国不利，但是对世界有利。这样在形式上说得通，但是在实质上需要进一步证明的事情很多，例如，它是否真对世界有利，世界是谁定义的世界，这样的定义是否有合法性；还有，即使对世界真的有某些好处，仍然有问题，是不是对世界有利就可以破坏某国的利益，我们有什么权利把某国从“世界”中排除出去，等等。如果只要随便编造出一个“对……有利”的理由就可以构成价值判定，那么，欺骗、宣传和强权就足以决定价值。可见，（B/1）这种非自足的价值判断永远是非基本的，它不可能自立，而必须依赖真正基本的价值判断。

既然凡是非自足的价值总是需要由另一种价值来使之成为一种价值，那么，所有价值最后都根源于具有自足性的价值。如果一种价值在任何一种意义上都仅仅是非自足的价值，那么，即使它有利于某种自足价值（或者某种已经为自足价值所肯定的非自足价值），我们也不能在价值上完全肯定它。比如说，假定有理由肯定“改变N国的政治制度”是好的，这仍然不足以肯定“联合国出兵对N国进行军事干预”是好的，除非联合国的军事干预这种事情本身就是好的。显然，只有自足的价值才能有完全把握有利于另一种自足的价值，只有本身好的事情才有可能真正有利于另一种本身好的事情，而一种并非本身好的事情即使有利于另一种本身好的事情，它也只不过是一个权宜之计。这是理解伦理行为的一个关键，当我们为了某种好的事情而不得不做一件坏事的时候——比如说，为了完成一个正当任务而撒谎或为保卫祖国而牺牲许多士兵的生命——我们绝不能因此就以为所做的坏事因为有利于好事就也变成了好事。坏事仍然是坏事，只是在许多情况下，为了更重要的好事，我们有理由做坏事。只有当坏事是有益的权宜之计，才可以合理地做坏事。正是这种绝对的伦理意识使得人们能够尊重美好的事情，而不至于被非自足价值所蒙蔽而堕落为无耻小人、唯利是图者和投机分子。

既然非自足价值不能表明什么是好的，那么真正好的东西就只是本身就好的东西（good in itself）。价值表达形式的（B/2）模式就是关于“本身好”的事情的，它意味着：“因为X，所以X是好的”，或者更简单一些，“X就是好的”。这是一个直接的判定，它是一个真理形式，尽管它表达的不是一个事实真理而是一个价值真理。这种说法听上去像是奇谈怪论，在此我愿意陈述这样一个发现：真理性与真值是两种东西，真理性表现在判定形式中而不是表现在赋值形式中，也就是说，在“X是真的”和“X是好的”这类语句中，真理性表现为“是……”而不是表现为“……真”或“……好”这些赋值情况。通常哲学错误地把真理局限在知识论的真理范围内，亦即局限于真值语句内，就好像其他种类的语句本质上都是胡说。这种由知识论管理一切思想的做法是非常危险的。如果把真理仅仅看作是科学和逻辑的真理，那么，“尊重科学和逻辑是好的”这类价值命题就是胡说，而既然是胡说，就意味着科学和逻辑不值得尊重，结果科学和逻辑真理就反而成了胡说。这当然是荒谬的，可是这一荒谬结果正是由知识瞧不起价值而必然导致的。因此，要保护科学知识的真理性就不得不承认价值领域也存在着真理。只要我们能够肯定知识论真理的价值，就不得不承认存在着价值真理。很明显，如果事实真理是有意义的，就肯定存在着价值真理来使之成为有意义的。所以，真理性并不局限于知识范围，而必须同时存在于价值领域，真理并不在于对事实的断定还是对价值的断定，而在于判定的有效性。所以说，真理性仅仅表现在“是……”这一判定形式中，至于其具体的赋值情况（“真/假”还是“好/坏”），则取决于所研究的是什么问题。

其实，当意识到价值也是一种真理判定时，就会发现所谓的事实判断和价值判断并不是截然对立的两种事情，而是同样基于存在论的两种不同思想——很显然，存在就是一切，就是世界和生活，无论是知识论还是伦理学都只是企图显示存在的某一方面。没有一个人能够真的不根据存在论而做出价值判断，因为他无法装成不存在。事实判断揭示了存在“是如此这般的”（a thing is so and so），而价值判断揭示了“如此这般的存在意味着如此这般的存在方式”（such and such a thing is meant to be so and so）。

好的东西就是我们在自由状态下所必然选择的东西，或者更简单地说，凡是自由心灵想要的，就是好的，这是人类的一个基本直观。一切物质享受和精神享受都是好的，每个人都明白这一点，没有一个伦理学家能够通过规范来证明其中哪一种享受是不好的，即使是“腐化堕落的”物质享受，我们也不可能证明它本身是坏的。如果我们认为它是坏的，也只不过是因为我们有更重要的选择，而“腐化堕落”的生活会影响更重要的生活选择，所以不值得。很显然，没有什么精神能够拯救饥饿的肉体，也没有什么物质能够平息精神的痛苦。同样也没有一个伦理学家能够以不可反驳的理由指出“应该”追求哪一种物质享受或哪一种精神享受，因为你所不要的可能生活未必是我所不要的可能生活。人们通过“应该”这一形式已经说出了非常之多的谎言和谬论。在谈论什么是好的时，就绝不是在谈论什么是应该的。伦理学中最常见的错误就是把“应该”和“好”这两个问题混为一谈，用这两者互相定义或者循环论证。这一错误实在令人惊讶，因为“应该”和“好”之间那种巨大差异是极其明显的。

“什么是好的东西”本来不是问题，就像“世界是否客观存在着”一样不是问题，这些都是一清二楚的事实。哲学绝不是一种装着什么都不知道然后把事实说一遍的愚蠢行为。许多哲学错误都根源于不知道哲学要做的是什么事情。说出“事实是怎样的”，这是科学和经验的事情。哲学利用一切可以利用的事实，但哲学考虑的不是“事实是怎样的”而是“自由意识能够做什么事情”，换一个角度说，哲学考虑的不是“自由意识在多大程度上为事实所决定”而是“自由意识可以怎样创造事实”，对于前者，哲学所能知道的也就是科学和经验所揭示的，只有后者才是需要反思的课题。在伦理学中，当提问“什么是好的”或“什么是快乐”，这就是在制造假问题，假如给出一个概括性的回答，人们会觉得过于含糊而失去了许多最具活力的性质；如果具体地进行回答，则几乎不可能去详尽地逐一说明，这是不可能的，因为这几乎是想清点全部生活。这样很容易就造成了“问题还没有被解决”的错觉，而其实这类问题本来就不存在。不妨想像你被要求回答什么算是“身体不适”，如果以非常认真的态度去努力回答，那么最后也会卷入所谓的哲学问题。这是一种很典型的哲学骗局，总以为任何事情背后都有深刻的问题。当然，诸如“好”和“快乐”之类概念有时也会引起“准哲学问题”，即它们在意义上的用法问题。但那些关于意义和用法的问题通过逻辑/语言分析即可澄清，并不真的需要哲学。意义分析只是逻辑学/语言学工作而不是哲学工作，所以，意义/用法问题只是“准哲学的”。分析哲学为哲学发展了一些非常重要的工作技术，但它错误地鼓励了人们对一些鸡毛蒜皮的或者本来很清楚的事情进行了画蛇添足的“分析”，反而生产了它自己非常痛恨的伪问题。①

① 维特根斯坦经常被误读。维特根斯坦虽然指出了一个概念可能有许多用法，所以意义问题必须考虑到用法问题。但是维特根斯坦并没有认为做哲学就是去罗列和分析概念的各种用法，他也没有这样去做。相反，维特根斯坦自己研究的都是一些重大问题，如游戏、规则、私人性、确定性等等，而且他的分析方法主要是检查与给定问题相关的逻辑上的各种可能性，以便发现问题出在哪里。维特根斯坦说到“用法”只是提醒人们注意存在着这样一个事实而已，这是为了消除伪问题而不是为了增加伪问题。对维特根斯坦的误读会导致一些没有发展前途的用法分析。比如说（这不是真的例子，是我随便想像的）去分析“方和圆”的用法和意义，于是就似乎应该说，“方”有的时候说的不是绝对的方，一个四角稍微有点圆的桌子，我们还是管它叫做“方桌”……诸如此类。这些都是废话。这类废话并不少见。

如果伦理学的工作既不是澄清事实也不是分析概念的意义，那么，伦理学的真正问题是什么？虽然每个人都知道好的东西就是快乐的和幸福的事情，但是如果不知道如何有效地获得好的东西，好的东西就仅仅是愿望。那么，通过经验和科学，我们是否能够获得关于这种有效方法的原理？可以说，获得快乐的有效方式是能够在生活经验和科学中被揭示的，事实表明，人类一直善于寻欢作乐并且精益求精，从高度发达的衣、食、住、行、性到游戏、娱乐、体育和吸毒都可以看出人类谋求快乐方式绝不含糊。但是，快乐不足以构成好的生活（有的快乐甚至对于生活整体来说是有害的），因为快乐对生活意义的影响力毕竟不够强有力，而且总是局部性的，更糟的是，快乐是消费性的，它只是一次有效而不能积累，过去的快乐就不再存在。就像叔本华所发现的，无论欲望得到了还是没有得到满足，我们实际上并不真正快乐。这当然有些夸张，但确实几乎每个人都知道仅仅有快乐并不能达到幸福，并不能使生活变得有意义，或者说，如果没有幸福，那么快乐的意义是很有限的，因为快乐总是过去的或正在过去的事情，这样的流失使人绝望。幸福是人类的高难度需求，既难以达到又难以舍弃。一个人可能为了幸福而放弃某些快乐，但绝没有人为了快乐而放弃幸福，如果有人宁愿要快乐而不要幸福，事实上只不过是他没有能力去获得幸福，比如他怯懦、平庸、愚蠢或变态地对待生活。显然，幸福与快乐有着根本的区别，幸福是整个生活的整体效果，而不是某时某处的某种乐趣。这一特性决定了我们无法由偶然特殊的经验知识来揭示那种普遍必然的获得幸福的有效方式，因此，幸福需要理论，而快乐不需要理论，幸福才是一个哲学问题，而快乐只是一个实践问题。

以“应该”为形式表达出来的规范是由“好事情”的存在而引发的。如果不是因为人们在追求好的事情上发生冲突，就根本不需要树立规范来加以调节。这一点很重要，与通常的感觉不同，规范不是发生于“好坏之争”中，而是发生于“好与好之争”中。然而，正如没有一种事情因为“应该”而成为“好”的，也并非只要是好的事情就成为“应该”的。由“好”到“应该”，或者说，在“好”和“应该”之间存在着另一类伦理学问题：如何使应该的成为好的，或者说，如何使应该的服务于好的。由于人的存在是有着自由意识、有计划的存在，而没有比自由意识更为危险的东西，于是，为了保证好的事情，所以需要规范，但如果脱离了“好”这一绝对前提，规范便是荒谬的、无聊的甚至是非人的。事实上，各种暴政，无论是独裁的、宗教的还是民主的和商业的暴政，都是无视“好”而推行“应该”的例子。伦理学问题不在于“应该”而在于“由好而决定应该”。在这个意义上，伦理学是人类各种制度（从生活制度、文化制度到政治和经济制度）的元理论（meta-theory），而不是关于行为的规范理论。

显然我们需要由好事情出发来对伦理学问题进行重新思考，并且试图发现一些基本的伦理真理。尽管我们在前面已经讨论了伦理真理的可能性，但仍然可以有疑问：在谋求好的东西时，人们实际上各有所择，所谓各有所好，亦即经济学常说的“偏好”，于是，一个人自己所意愿的就似乎意味着是好的，所以，从主观性引出普遍必然的真理是不可能的，所谓“趣味无争辩”。人们经常发展推广这一理由而把伦理判断看成是主观态度的表达，而在希望达到一致的伦理判断的地方，则只好寄希望于根本不可靠的“同感”或者“共同利益”。这种思路是没有出路的，它最多只能使问题不了了之，只能回避问题而不可能解决问题。

要深入问题就必须超越偏好去分析所有与问题相关的事实和观察角度。哲学必须是无立场的，无论是伦理学还是其他哲学分支，严格的哲学研究都是无立场的，它是以怀疑一切立场为起点，但这并不意味着永远故意不接受或同意某一立场，而是表明，要接受任一立场都首先需要纯粹思想不能怀疑的明证（evidence）或普遍原理。这种关于一切立场的怀疑论比以往任何一种怀疑论都更为彻底，因为这不仅仅是对关于世界的种种观念的怀疑，而且是对操纵思想的各种思想模式的怀疑，它所展望的是思想对思想自身的革新，它所揭示的真理必须超越一切主观立场，无论是个人立场还是意识形态。一旦在伦理学中实施无立场的哲学批判，就可以发现严格的伦理学本来就不准备从主观性中引出普遍必然的真理。伦理学不想也不能干涉个人的自由选择，如果一个人决心要做蠢事，那是谁也拦不住的，事实上的确有的人企图“实现”不可能由真实的我所产生的“自我”幻觉。他企图“实现”的那个“自我”只是意志的不真实的意向对象（intentional object），期望实现这种“自我”的愿望是一种不想做自己这个人的冲动，连自己都否定了，这个人就是决心要远离幸福。即使如此，伦理学也绝不能干涉自由选择。伦理学不能提供高于自由的原理，而仅仅是为每个人着想而去揭示对每个人有意义的真理，“为每个人着想”意味着尊重每个人的自由选择，并且把有利于每个人的真理摆在每个人面前，如果有人不想要，那他就可以不要。在这一点上，伦理学真理与逻辑和自然规律的真理确实不同，伦理学真理是个可选择的对象，而不是无法违背的力量。伦理学真理表明的是：一个人怎样才能有效地拥有好生活。它的必然性仅仅表现为：假如这样这样做，就必定有幸福。

2. 新怀疑论：无立场

任何一个规范体系都是可疑的，因此，任何一个规范体系所支配的价值观点也都是可疑的。这是前面论证的结果。这种怀疑论态度并不做出肯定的也不做出否定的断言，这就是怀疑论典型的“存疑态度”，它说的是：除非有充分的理由，否则我就不能决断。

希腊怀疑论以皮浪学派最为著名，但总根源却在苏格拉底，而且，尽管后世发展了各种怀疑论，但仍然没有超越苏格拉底问题。苏格拉底其实已经给出了怀疑论的总问题。但是苏格拉底自己在意图上却不是怀疑论者，他是在试图寻找真正的知识的过程中无意地揭示了知识论的根本性困难。苏格拉底对话的方法大概可以说是“走遍一切可能性”的方法，虽然很笨，而且也不可能真的做到“走遍一切可能性”，但仍然可能是最有效的探索方法。试图通过把关于某个特定问题的一切可能性都“说”出来，都摆出来，最后总是发现只有两种结果：我们所能够寻找到的各种知识，或者仅仅是特定情景有效而非普遍有效的，或者是互相矛盾的。因此，至少就人文社会知识而言（他讨论的也只是人文社会知识），苏格拉底奠定了怀疑论的两个基本问题，一个可以称作“无知”问题：我们所能够拥有的知识就是我们的主观意见，在这些意见里没有一个是真正的知识。这是希腊知识论的核心问题，希腊哲学家相信，只有知道了某种东西的理念（eidos），才有了真知识（episteme），显然，关于某种东西的理念必定在这种东西的任何场合都有一致的表现，可是我们的混乱理解表明我们没有看到理念，因此我们那些互相不一致的意见（doxa）不是真知识；另一个问题可以称作“无望”问题，它来自“美诺悖论”：既然真知识是我们目前所不知道的，那么就永远不可能知道，因为，既然不知道那种知识，那么，即使碰巧遇到了那种我们所不知道的知识，我们也不可能认出它来，既然我们没有能够分辨什么是真知识的知识，也就无望获得知识。

值得注意的是，苏格拉底的知识问题主要是或者根本上是关于道德知识的问题，看起来，最先遇到怀疑论釜底抽薪式打击的是关于道德的知识追求，以至于后来人们几乎放弃了在道德问题上的知识追求。后来的怀疑论基本上都转向到关于世界的知识问题上去。在关于外在世界的知识问题上，怀疑论从各个方面制造了知识悲观主义，皮浪学派主要证明的是关于事物的本质知识是没有证据的，休谟则证明经验知识不可能是普遍必然的，理性能力是有限的，而笛卡儿甚至试图论证，除了我思这样具有自动得证结构的事情，所有事情都是可疑的。从纯粹理论上说，知识的悲观主义是深刻的。比较粗略地说，知识怀疑论可以有这样一个根据：人类关于外在世界的某种知识只有在对外在世界的总体知识中才能够显示出它的完整意义，而我们所能够获得的永远只是有限的知识，总体知识却又无法在永远有限的知识中被推论和证明，所以，知识就永远是不充分的。不过，这样的悲观主义没有根本性的杀伤力，显然哲学家们没有注意到这样一个事实：尽管知识总是不完美的，可是人类生活也没有到非需要完美知识不可的地步，**没有完美的知识并不见得就没有好生活**。

西方哲学以知识论为核心，又对完美知识有着偏执的追求，总是因为没有完美知识就反对关于各种事情尤其是社会的设计。例如现代自由主义者海耶克等就利用休谟怀疑论认为，既然人的理性是有限的，也就很容易做错事情，那么关于社会的设计就是危险的，还是应该让人们自发地去形成社会秩序，就是说，自发的秩序好过设计的秩序。这似乎言之成理，但真实问题并没有这么简单。事实上，人类关于社会和生活的各种重要经验和知识甚至理性正是在长期的制度设计的试验过程中成长起来的，在制度设计的试验中当然会出现严重错误，但也使得人们能够发现许多深刻的隐藏着的问题，也因此具有了更多的智慧，尽管智慧永远都是不够的，但问题是“智慧永远不够”并不能逻辑地推出“自发的秩序好过设计的秩序”，当然同样也不能证明“制度设计好过自发秩序”。知道没有理由足以作出决断，这才是怀疑论的真正用意。

偏执的思路会误导问题。其实我们本来就不需要完美的知识，完美的知识既不可能也不一定就好，至少可以知道一点，假如有了完美知识，它必定损害生活的创造性，从而损害生活的意义。世界可以凑合，知识也可以凑合，但生活是不能凑合的，因为如果生活没有意义，别的就都没有意义。我在这里的努力就是试图回到苏格拉底问题开始的地方，接上苏格拉底关于“知识/德性”的问题，对道德和生活重新进行提问，显然，生活的问题对于其他问题来说具有优先性：先保证生活的意义才能建立其他事情的意义。

按照一般关于知识的理解，价值问题或者伦理学问题似乎最没有希望与真理问题联系在一起，真理总是属于逻辑和经验科学。苏格拉底如此重视关于生活的知识，但他的努力却遭到挫败。但我相信苏格拉底对“知识/德性”的追问可能在问题设计上有误，所以才引出失望的结果。我们需要通过一种新怀疑论来重新检查问题。

维特根斯坦哲学也包含一种新怀疑论，但它连接的不是现代的知识论怀疑论，而是从关于世界的问题回到了人的行为问题，不过它也不是苏格拉底问题的继续，而是发现了另一角度的问题。它试图说明的是，行为既在规则所规定的空间中进行，但又改变着这个空间，或者说，一方面，规则定义了行为的合法性，另一方面，行为又总有办法合法地改写着规则，因此，总存在着某些性质不清楚的行为，似乎是在遵循规则又似乎是在破坏并且重构规则。维特根斯坦关于规则的悖论与我们前面讨论过的规范系统的先天漏洞有关，都是关于规范在“技术上”或者在“程序上”的合法性的怀疑论，但这仍然还没有深入到我们特别关心的规范系统的整体性质问题。即使每条规则的技术合法性都能够得到辩护，一个规范系统，或者说一个游戏的整体性质的合法性仍然没有得到说明，就是说，即使我们能够确证一个游戏（一种生活，一种制度，一个社会）在技术或程序上是无懈可击的，仍然不能证明这个游戏在价值上的优越性。一个游戏无论在程序上多么严格，我们都有可能并且可以有理由不喜欢这个游戏，可以不选择这个游戏，甚至打倒这个游戏，除非这个游戏好到让我们不能不喜欢。比如说，一种法律无论在程序上多么公正，它都有可能是个坏的法律。现代社会试图通过完善各种制度的技术性程序来制造好的社会、好的制度或者好的法律，这是幻想，这就像想仅仅通过学习标准的句法而写出好文章。

规则的程序问题只是一个游戏或者一种生活形式的表面问题，一个游戏或生活形式的**设计理念**才是深层问题。生命为什么要以这样一种生活而不是别的生活来度过？一个游戏或者一种生活所代表的理念是否就是我们需要的生活理想？假如人们希望换一种游戏来玩，又怎么样？这些才是根本问题。苏格拉底是直达关于生活理念问题的，但是他被他自己发明的天才的对话形式所击败，把自己搞成非常“无知”。我们试图接上苏格拉底的问题，但是希望能够重新提问，以更恰当的方式去提问，以免自己设一个局把自己引入歧途。

苏格拉底直接就敏感到伦理学的根本问题甚至说全部问题只不过是关于“德性”（virtue，即希腊语 arete）的问题，virtue 就是卓越性或者优越性，与中国“由道而德”的“德”非常相似，尽管并非完全一致。这一惊人的一致多少表明了伦理学问题一开始总是清楚的，而伦理学走入歧途是后来的事情。著名的苏格拉底命题“无人自愿做错”说的是：德性是好生活或者说有意义的生活的根据，只要按照德性去行为，就能够获得生活各种方面的成功，于是，当人们具有了关于“德性”的知识，就不会错误地去生活，因为违背关于德性的知识就会导致生活的失败，显然没有人愿意选择失败的生活。这与通常所说的“明知故犯”问题不同，明知故犯只是故意违反了法律或者规范，但不一定违背了德性。尽管在给定的社会条件下，法律必须被尊重，但在理论上说，法律有可能是坏的，因此，违反法律在伦理学上并不一定是“做错”。显然，一种法律的合法性是需要证明的，而唯一可能的证明就是寻求德性的支持。苏格拉底命题可以转换成“无人自愿把生活过成坏的”，这样就更清楚了。

苏格拉底提出关于德性的知识问题是对的，但是他却采取了错误的寻找答案的方式。至少有两个错误：(1) 他通过与各种人对话而发现了关于某个德性概念（比如勇敢）的各种意见（doxa），然后证明所有说法都是不正确的。可是那些说法本来就是错的，否则德性就已经被搞清楚了，并且人们早就有了好生活，而事实并非如此。伦理学问题的入口就是“人们不知道什么对他自己是好的”，因此，去罗列人们的意见肯定无济于事，这不是在推进问题。奇怪的是，分析哲学又犯了类似的错误，它试图通过分析一个概念的各种“用法”而搞清楚一个概念的问题所在，这同样是无济于事的。难怪苏格拉底所寻找到的只是“无知”，于是，这个绕了一圈回到原地的做法诱发了怀疑论的结果。(2) 苏格拉底的分析框架是有问题的，他试图通过发现一些重要的德性概念（如善、正义以及勇敢和自制等等）的定义而去说明什么是好生活，这样的分析框架颠倒了分析的顺序，所以不会有真正的收获。显然，无论是正义还是勇敢，等等，都是以生活的整体为背景的，它们都必须以生活的意义为根据才能被说明，而不可能颠倒过来。如果我们不顾生活的意义，正义和行善、勇敢和自制就都变成不可理解的事情，或者说，假定悬搁了生活意义，那么，正义就变成平白无故而正义，勇敢就变成平白无故而勇敢，节制就变成白白地节制，这就奇怪得很了。正义和善的意义是以生活的意义为先决条件而生长出来的，生活的意义是不可还原的绝对前提，因此，我们必须把伦理学的分析框架调整为把生活的意义作为第一研究对象，德性是要被生活意义说明的，而不是用来说明生活意义的。

苏格拉底寻求关于德性的知识的失败对于伦理学的发展是致命的，希腊之后的伦理学基本问题和方向就是错的。由于德性的知识被认为是不可能的，伦理学就只好退而谋求“大家同意”的规范，这决定了从德性伦理学转向到规范伦理学，伦理学问题也就从理念的层次退化到意见的层次。在意见的层次上去解决伦理学问题是完全没有希望的，希腊人早就发现了这一无法克服的困难。一般地说，首先，既然我们所拥有的只是意见，那么，要判断某个意见的真假好坏也只能根据某种意见，而用意见去判断意见显然是不可靠的；其次，意见的累加，也就是多数人的意见，仅仅是意见在数量上的加总，并不意味着质量的提高，以此类推，即便是所有人的一致意见，也仍然可能是错的。当然，如果真的有某种“所有人都同意”的意见，应该说就已经是很强有力的了，即使错了，也看不出来。许多伦理学家试图在人的“一般”心理中发现这种普遍一致的意见，比如“良心”之类，可是良心是个非常糊涂的平常词，我们很难说它到底是什么意思。它作为理论概念是不严格的。也许，良心大概是指关于什么是应该的和不应该的直观，但是，直观是非常不可靠的，正如维特根斯坦指出的，假如直观能够引导出正确的事情，那么它就有**同样的可能性**引导出错误的事情。而且，直观被认为是先于理论分析的意识，又必须是普遍的意识（人同此心），能够满足这两个条件的意识就只有天然的心理倾向了（难怪孟子只能找到“恻隐之心”之类的良心）。问题是，这样的普遍直观或者说良心实在太少，远远不足以对付无比丰富的生活问题，而且，良心的意识结构太简陋，不可能处理复杂的生活问题，以非常贫乏的一致意见去解释无比丰富的生活，必定是隐患丛生的。

与现代知识论相比，现代伦理学是相当简陋的，这主要是因为回避了苏格拉底关于“德性/知识”的深刻问题而把伦理学定位在“规范/意见”这一浅层问题上。这一理论上的失误也表现在日常伦理实践中，人们已经不再追问深刻的道德问题，而满足于那些最简陋的伦理教条，这样注定了只能过一种在精神上因陋就简的生活。放弃了对优越或卓越德性的追求就意味着生活不再追求辉煌、伟大和壮丽的品格和事业，生活中就只能发展小气、怯懦、自私、自恋、可怜、屈服、鼠媚、媚俗、标准化、规范化、无个性、贪婪、斤斤计较和鸡毛蒜皮。物质伟大而精神渺小，正是现代社会的一般价值观。

在价值问题上，人们采取了两种不需要思想的偷懒方式来糊弄问题，一种是试图寻找普遍接受的规范，例如“金规则”或者与金规则大致等价的规范来定义生活中什么是应该和什么是不应该的。这是典型的规范伦理学，它试图以极少量规范去应付无穷多样的情景，试图依靠几条线条特别简单的规范（比如“不偷”、“不说谎”等等）去治理线索极其复杂的生活，这是明显的危险幻想。且不说那些金规则是否非常得当（这是有疑问的，这里不讨论），即使金规则是足够好的，它也远远不足以说明伦理生活，它只能涉及很少的一些伦理问题，而且是特别简单的问题。以这样在理论结构上特别简陋的伦理学去解释生活会导致对生活的幼稚理解。另一种更为常见的回避问题方式是多元论或相对主义。事实上越来越多的人倾向于多元论和相对主义。日益被人们所承认的文化差异使人们决心放弃普遍主义原则。但是，这里一定有什么地方被搞错了。首先，多元论与普遍主义的对立是可疑的，它们其实并不在同一个问题层次上。普遍主义只是一种纯粹思想性的解释方式，而不可能是一个文化事实，因为，正如我们都看到了的，文化差异是个明显事实。普遍主义本身没有问题，问题出在我们对多元性的理解上。假定多元论和普遍主义一样也是一种思想性的解释方式，那么，这意味着，一个事实总可以被不同地解释，并且每一种解释都是同等合法的。如果这样的话，解释只不过等于偏好，也就不再是思想性的解释，而只是主观经验而已。假如解释只不过是主观经验的翻译，那么，多元就不是有限多元的而是无限多元的了，因为每个人（包括未来的所有人）的主观经验都是不可还原的、同等重要的，这样的话，我们就不可能把多元状态落实在文化单位上，而是不得不最后落实到每个人的主观经验上，于是，个人的主观经验就必定消解了文化，而且每一元都是对另一元的消解，人们的经验、观念和文化，所有东西，必定在互相消解中同归于尽。可以看出，这个荒谬的逻辑结果来自我们关于多元论的错误理解。“多元性”是个众所周知的文化事实，但是没有什么“多元论”，就是说，我们可以有不同的观点和偏好，这是事实，但是我们并非有着不同的思维。观点是多元的，但方法论是普遍的。多元性和普遍主义根本不是一个对子，它们所指的是不同层次的事情，在不同层次上说话。只有当普遍主义被错误地利用去推广某种文化霸权时，才形成多元论和普遍主义的政治对立。所以只有在政治学意义上才能够讨论多元论和普遍主义的冲突，但是在哲学中，多元论不成立。

现代主流伦理学虽然不都是规范伦理学，但却都是在规范问题的层次上去思考伦理学。规范试图规定关于利益的权利，所以，与规范搭配的是利益问题。资源匮乏是个永远的给定事实，永远有人获利而有人受损，此乃万世不移之理。不同的规范体系只不过是对损害某些人的利益的不同约定。显然，规范不能定义自身的合法性。一切规范和制度的最终合法性都必须在生活的意义中获得证明。与生活搭配的是幸福问题，生活/幸福问题构成了规范/利益的元问题。所以，伦理学必须最后落实到生活/幸福的问题层次上。

规范从来只能掩盖真实而深刻的生活问题，却无法解决任何一个生活问题。虽然规范总是必需的，但却不是道德生活的根本，所以，规范体系不能膨胀到完全笼罩整个生活的地步，否则将彻底摧毁生活的自由、意义和幸福。人需要按照人性的规律去生活，而不是按照社会制度、规范和各种标准化的指标去生活，那些都是给机器的，甚至不是给动物的。我们可以看到动物园和马戏团里的动物过着多么悲惨的生活，也就可以知道人们过着什么样悲惨的生活，显然，人用来整理人的标准化规范要比整理动物的规则还要多得多。现代社会的各种标准化的规范正在毁灭人性，现代性就是毁灭人性的一个漫长过程。

遵循一条规范就意味着放弃一部分自由。正如斯金纳的行为主义解释所暗示的，在社会中，由于遵循规范将得到“奖励”，而违背规范将得到“惩罚”，所以自私的人们（就是大多数人）明智地选择了遵循规范。遵循规范不是为了做好事，而是为了避免社会惩罚，所以说不上有什么道德的光辉。像斯金纳这样用老鼠式的明智来解释人类的道德生活虽然令人不满，但不能否认这也多少暴露了问题的关键：人们明智地选择了规范，以放弃某些利益来换取另一些利益，所以规范与道德价值基本无关。这是一个冷酷的真理。不过，道德价值并不会因此消失，只要人类在某些生活时刻能够做出令人深深感动的行为——令人感动的行为会让人一想起来就充满幸福感——那么生活就已经证明了道德价值的存在，只是道德价值不能在规范/利益这个分析框架中被显示出来。

给定某种生活条件，人就有了有限多种的一些可能性。对于人来说，这些可能性并非随机的情况，而是选择的对象，于是，在这些可能性中，必定存在着某个可能性是“最好的”。如果是为了实现某个特定的利益目标，那个最好的可能性就是所谓“最佳策略”；如果考虑的是整个生活的意义，那么，那个最好的可能性就是“生活本意”，或者说，它显示的是生活本身的目的性。过一种实现了生活本意的生活，或者像俗话所说的“一生幸福”，这才是人们最热切的希望。只有能够与整个生活意义相配的道德价值才是光辉的，显然只有一个人的整体人格才能显示出与整个生活相配的价值。整体生活的意义和整体人的德性正是被现代伦理学所遗忘的东西。现代伦理学所分析的只是一些支离破碎的个别行为和特定利益，所以从来还没有说到人们一生不能忘怀的人性渴望。恐怕人们的预期并不是从伦理学中找到“不能偷人东西”或者“不应该杀人”这样的废话，而更关心的是战争与征服、掠夺与剥削、革命与造反背后的严肃问题，是政治制度、法律体系、经济政策背后的宏大问题，是家庭和亲情、爱情和友谊、成功与失败、生死与荣辱背后的深刻问题，总之，伦理学问题首先必须是有关命运的大问题。关于命运的问题才是要命的问题，在这些问题上，无论善还是恶都会成为惊心动魄的事情，所以才是我们必须特别认真对待的问题。至于那些生活琐事中的“伦理问题”，并非不是问题，但肯定不是具有独立意义的问题，那些具体的社会规范到底表现为什么样的意义，这依赖着我们关于一个社会的理念设计和承诺。假如在社会理念和生活理念这样的大问题上没有明确的分析和定位，就无从确定某个具体的规范和具体事情的伦理意义。

现代伦理学所以没有能够深入地去思考各种根本性的问题，就是因为在伦理问题上存在着各种禁忌。在伦理学背后有着各种各样的宗教和政治意识形态，于是，各种基本问题被假定为已经有了“答案”的了，而且被假定为不可置疑的，例如人权、个人权利和个人自由、基督教的金规则以及各种各样“政治正确”的假定，这样，剩下来的伦理问题就基本上是些应用性的问题，大概这就是为什么当代伦理学主要是“应用伦理学”的一个原因。可是，如果理论伦理学是不清楚的，那么应用伦理学也不可能有意义，就只是盲人瞎马。假如说有某些问题是不可以被思考的，那么就没有哪一个问题能够被彻底地思考，也就没有哪一个问题能够被真正搞清楚。显然，各种问题之间是互为条件的，互相生成意义，如果把某些相关问题隐藏掩盖起来，就会缺少解决任何一个问题的必要条件。

自从基督教代替希腊思想的统治地位，观念就开始有了意识形态背景，这一模式一直保持至今。当思想有了意识形态背景，就被暗中局限在某个“应该”的空间里，有一些问题和事情被事先就规定为不应该想的。这里，“应该”这一后天的形式代替了“能够”这一先天形式。无疑，应该的都是能够的（如康德所说的），可是，“能够”的空间比“应该”的空间要大得多，我们只有当探明了“能够”的空间里什么确实是好的和坏的，然后才能够因此确定哪一个范围是“应该”的空间。因此，“应该”这一后天形式代替“能够”这一先天形式来作为思想的在先条件，这在思想上是不合法的。在给定的社会环境和情景中，“应该”可以合法地成为行为的一个“在先选择”，但是，要给特定条件下的情景性的“在先”（prior）赋予“先天”（a priori）的那种普遍权威，则是不合法的，显然不可以用某种可能性去排斥所有可能性，这就是为什么“应该的”规范不具有普遍的合法性的理由，也是为什么一种意识形态（无论是古代的宗教还是现代的政治意识形态）总要反对自由思想的原因。自由的思想就是可以彻底地思考任何问题，如果留有什么思想的死角，思想就不可能彻底，不彻底的思想就不是有效的思想。

思想要成为彻底的，就必须可以在整个思想空间中贯彻怀疑论态度。怀疑论并不怀疑确定的事实，但是怀疑论不信任任何一种信念。一种信念并不比另一种完全不同的信念更加可信，信念只不过是意见，而仅就意见本身而言，我们无法决定它是否可信，因为，信念的根据是心理原因而不是思想理由，这决定了信念只是一种态度而不是真理，我在心理上相信某种东西并不意味着我在思想上承认它，所以我总能怀疑它。在此产生一个问题：真理的支配能力是否强于信念的支配能力？如果从自由选择上看，信念的支配力并不弱于真理的支配力，比如说以下的情况是可能的：

（1）我不知道a是否是真理，但我宁愿相信a；

（2）我知道a是真理，但我宁愿坚持与a相矛盾的信念b。

但是，一旦从自由选择的有效性上看，不难发现，要坚持某种与真理相冲突的信念就必须承认足够多的真理，我们不可能处处违背存在的真相，否则将在思想上和行为上处处受挫。理由很简单，我们不是在存在之外而是在存在之中，这就注定了我们受制于存在，而受制于存在就一定受制于真理。所以，尽管真理不足以支配信念，但却优越于信念，因为真理强于怀疑态度而信念弱于怀疑态度。怀疑是思想的免疫系统，它保持着思想的主权。

显然，怀疑总有限度，尽管我们怀疑尽可能多的事情，但却不能动摇真理。事实上，为了使怀疑成为可能就必须依靠一些显然为真的东西。经典怀疑论首先以希腊方式去寻找明证，它发现我们“经验到了什么”是清楚显然的，但“世界是怎样的”和“生活应该是怎样的”却不是显然的，因此必须存疑，于是，避免受骗的生活是一种“无信念的”生活，即凭感觉生活；笛卡儿式怀疑则甚至对我们所经验的情况也不信任，它发现真正明显的只是“我思”这一活动；胡塞尔又发现如果“所思”都是可疑的，“我思”也就变成毫无意义的活动，所以“我思”这一活动本身就明确地规定了不受经验影响的明显的纯粹“所思”（cogitatum qua cogitatum）。

但是，经典怀疑论都指望有某种知识论的解决，这一点注定了它的局限性和不彻底性。它只反思到“去看……”（to see…）的问题，而没有反思到“去做……”（to do…）这一更基本的问题。人始终在行动中，行动构成了人的全部存在，任何一种方式的“去看”都只不过是一种思想性的行动。所看到的东西固然可以怀疑，但是一种看的行为本身同样可以怀疑，我们不得不提问“一个行动是否真的是有效的”，或者“一个行动是否有意义”。这种新怀疑论是“无立场”的思考，我们不但不能轻信任何信念，而且也不能随便承认任何一种知识论立场。很显然，任何一个怀疑都不可能有一个真正有效的知识论解决，因为任何一个所谓的知识论解决都意味着另一个同样可疑的知识论立场，从一种立场去解释和批判另一种立场永远不会有结果。伦理规范系统之间的冲突典型地表明这种立场对立场的批判的无效性。

既然任何一种立场都可以怀疑，我们唯一能够依靠的就是存在（事实）。于是，“无立场”的怀疑所指望的是存在论的解决。任何一

种存在都是被创造出来的，存在实际上就是一个作品，其中包括自然存在（或曰上帝的作品）和非自然存在（人类的作品）。对于自然作品，我们只能去看它，只能解释它，甚至“科学地”说明它，关于自然存在的知识无论多么精细，永远是一种**旁观解释**，而自然存在永远是客观的对象，我们只不过是主观地解释它并利用它。由此不难理解知识论的悲观主义境况。然而对于人类作品（无论是思想还是生活），我们创造着它，我们是当事者，我们掌握着它的存在，所以，我们对它能够获得无障碍的**介入理解**。人类作品对于我们不仅仅是一个知识对象，而且是我们的行动本身。如果说自然存在是被主观解释了的运动，人类存在则是自身操纵着的行动。于是，人类存在与人类行动是同一的。所以，我们能够获得关于自身的存在论真理，而关于世界则只能获得知识论的解释。世界的真理在上帝手里，而人的真理在人手里，谁做的事情，谁最清楚。因此，与通常的理解不同，我们相信有可能发现生活的真理，但却未必能够知道事物的真理。

其中关键的问题是，理解思想和生活必须以一种与认识世界相反的方法来进行。正如康德所指出的，我们认识世界并不是对物自体的理解——这是做不到的——而是为世界立法。为世界立法虽然是一件庄严伟大的事情，但却是不得已而为之，我们其实更愿意按物自体的本相去认识世界，尽管这是不可能的。为世界立法所依赖的是我们的思想和生活为世界设立的一些解释框架，它们只适合于解释世界。而当试图理解思想和生活自身时，我们显然不能把思想和生活当成世界，不能为它立法，不能使用任何一种立场和规范去解释它，因为任何一种立场和规范恰恰是思想和生活所创造的。很显然，在理解思想和生活时，我们不把它当成解释的对象而必须当成分析的对象，就是说，必须去分析生活事实本身，从中分析出生活的先验意图。当我们讨论到某种事物的“先验意图”，不妨去联想柏拉图的“理念”（eidos）。至少在所追求的思想方向是类似的，如果说有什么重要的差别，那么我愿意说，我所谓的“先验意图”是某种事物的一个动态的“势”，而不是一个给定了的本质和界限。

无立场的思维作为一种新怀疑论，它在怀疑任何信念时首先怀疑的是自己的信念。每个人的思维都由一套信念所支配，因此人们在思想时往往只不过是在寻找自己事先认可的东西，而看不到与自己信念不符的真理。就像柏拉图的“美诺悖论”所指出的：“你凭什么研究你一无所知的东西？如果你碰巧遇到了它，你又怎么能够知道那个东西就是你不知道而又想知道的那个东西呢?”同样，我们也可以说：既然你相信的仅仅是 x，那么你又如何能够去相信另一些你并不相信的真理呢？“相信”就是思想的终结，信仰是排他性的，当信仰排斥了思想的其他可能性，思想就被封闭起来了。所以怀疑论首先要怀疑的就是自己的各种信念，把自己解放出来，这样就不再是在寻找符合自己想法的东西，而是只剩下纯粹的“好奇”，相当于老子所说的“婴孩”状态，只有纯粹的好奇才能真正理解事物的本意。无立场原则要求“以事物为准”而不是以观点为准。观点是廉价的，谁都有观点，而事实不为观点所动。无立场既剥夺自己的立场也剥夺别人的立场，而以事物为准。

我们知道，经过笛卡儿的疯狂怀疑之后剩下的就只是“我思”（cogito）这个无法怀疑的事实，我思虽然坚强，但却是空洞的，这是个要命的缺点，所以，仅仅是我思，并不足以成为思想的基础。胡塞尔的贡献就在于他试图论证，与绝对的我思相配，必定存在着纯粹的“所思”（cogitatum qua cogitatum），例如关于一棵树的“纯粹意义”，它是纯粹的和普遍的，人人都对这个意义有同样的理解。胡塞尔想像的这个纯粹所思非常接近柏拉图的理念，如果按照我的标准，它是无立场的或者说是超越了立场的。但是，纯粹所思虽然不像我思那样是空洞的，但仍然是贫乏的，它所能够表明的仅仅是主体和对象之间的知识论关系，但对于生活问题则几乎完全无用。生活的问题不可能在知识论中解决，生活问题不是或者不仅仅是一个“怎么看”而是“怎么做”的问题。不管你怎么看，如果别人不与你配合，那么什么事情都做不成，这就是生活事实的基本性质。生活的事实（Factum）永远是“我与他人”共谋下而做成的事实，它不仅具有历史性，更具有未来性，而不是摆在那里的既定“对象”。知识论的主体性原则（subjectivity）在生活事实面前失效了，对于生活事实，在知识论上想怎么看就怎么看，但不可能在存在论上想怎么做就怎么做，生活事实不是由行为主体单方面说了算的，而是自己和他人的互动结果。

3. 价值与真理

长期支配着伦理学的一个观念是关于事实判断（以 to be 为形

式）和价值判断（以 ought to be 为形式）的区分。对价值判断独立性的强调好像意味着所谓的价值领域与真理无关。许多人对此观念似乎很满意，就好像摆脱了真理就价值上的自由。与此相应的错误是把真理等同于知识论意义上的真命题，或者说把真理和谬误等同于知识论的真值。

拒绝以真理为根据的价值判断首先失去了理论意义，因为，无论以个人意志还是以代表某种意识形态的规范作为价值判断的依据，价值判断都成了主观意见。如果每一种主观性都是价值的根据，就不再有任何一种“根据”是值得讨论的。主观趣味之间的争辩是无聊的。以主观性为根据在表面上看是获得了尽可能多的自由，但由于人类存在不是一个人的存在而是众多个体的共同存在，以主观性为根据就恰恰使每一主体失去尽可能多的自由，因为每个主体都试图自己引导自己，都只尊重自己的意见，都只考虑自己的权利，并且，为了自己的价值观的最大化就不得不抑制别人的价值观，于是主体之间就成了互相抑制的关系。大家都获得自由就是大家都失去自由，每种价值都成为价值就是每种价值的贬值，所谓价值问题就成了文化冲突的问题。解决方式通常是专制主义的或约定论的或多元论的，而这些方式无一不潜伏着危险。专制主义是一个强权原则，其危害众所周知。约定论是一个近乎民主的原则，即以多数赞同为依据。由于无论好事还是坏事都可能获得多数赞同，比如说多数人有可能赞同把人数较少的民族消灭掉或进行奴役，所以多数原则只是一个虚伪化的迫害原则，确切地说，一个多数迫害少数的原则。而且，由于不以真理为依据，要达到多数一致就只能通过宣传和欺骗，在虚假信息和缺乏信息的条件下，民主就是骗局。多元论实际上是相对主义原则。如果落实到以个人为单位，则与个人主义相一致，表面上是给每个人都争取到了个人权利和个人价值，但实际上是使每个人变得微不足道，使生活变得孤独、隔阂和无聊，因为积极自由和消极自由的消长成反比，人人都获得越来越严格的消极自由，积极自由也就越来越被限制，每个人的权利多了，自由行事的可能性就受到抑制；每个人的偏好都被尊重，每种偏好就失去影响力和重要性。现代社会综合了上述三者，个人主义和相对主义消解了所有伟大的故事，同时把每个人变得卑琐庸俗；以卑琐庸俗的大众为基础，民主地和市场地选择了各种错误的和危险的物质和社会“进步”；以金钱和各种政治意识形态实现了新的专制。现代社会以虚伪的、更具欺骗性的方式使生活沦为各种意识形态的官僚主义操作，从而遮蔽了人性，生活不再是人性的表达，而更多的是在表达着技术、制度和规则。

把价值判断看成主观判断这一错误根源于对价值的含糊理解。可以把一个对象看成是一个未定的X，然后提问："在什么意义上，X是有价值的?"如果把这个X看成是可以占有的某种东西，比如生活资料或者利益和权利，那么就等于把"有价值的东西"定义为"所需求的东西"，于是，价值不可避免地主观化了，因为所需求的东西因人而异、因时而异，只不过是些不可通约的"偏好"。更成问题的是，人们经常并不知道或者并不真正知道自己所需要的是什么东西，有时又似乎知道但结果发现其实并不知道，所以广告和官僚机构才会试图欺骗人民说"这才是你们的真正需要"。这说明了我们"所需要的东西"既不清楚又不稳定。那么，我们直接知道的是什么？只能是发生着的经验，正因为经验是现时现刻发生在我们身上的，所以一清二楚。因此，关于X只能解释为"所需求的经验"而不是"所需求的东西"。人类以趋乐避苦的方式追求着生活经验，而经验的苦乐是无须解释的，人们不需要关于感受的标准，因为感受本身就已经是标准。

我们企图揭示的是关于幸福这一生活主题的价值真理。既然人们对于幸福感并没有疑问，幸福不幸福，人们自己自然知道，所不知道的是什么事情能够必然地产生幸福。那么，价值真理就只是关于获得幸福感的方式或者途径的真理，也就是幸福生活的行为条件。如何获得幸福的方式必须是具有普遍必然意义的方式，理由很简单：假如这一方式是主观的，那么每一个人都可以用幻想来产生幸福，幸福的事实就与幸福的幻想等同了，这显然与事实相悖，人人都知道用幸福的幻想去欺骗自己是悲惨的。

真理绝不能局限于知识论意义上的真理。真理不是仅仅属于经验事实和逻辑必然性的东西，它并不是人类思想中**某一种**判定，而是**任何一种**判定的共同普遍形式。实际上，把真理的对象规定为世界而把生活排除在外，这种规定本身恰恰不是一个真理。从另一方面看，把价值判断逐出真理领域也会产生极为荒谬的结果。比如说，假定"尊重真理是好的"这一断言不是真理，那就意味着尊重真理不是一件好事，这显然与人类需要相悖。再比如，假定"做一件大好事比做一件较小好事更好"这类断言不是真理，其结果将是我们没有必要做好事，因为坏事和好事并没有必然的分别，这显然更加荒谬。可见，价值判断本来就是而且必须是真理性的决定。

但这一点一直被知识论错觉所遮蔽。这种错觉直接表现在对判断语句的理解中。当说到“它是真的”或“它是好的”，人们通常只关注到“真的”和“好的”这类取值谓词（evaluation predicate），而忽视了“是”（is）这一判定性谓词（apodictic predicate），甚至以为“is”不是一个谓词。问题源于“is”的含糊性。“is”既可以表示“存在”也可以表示“是”，这两种意义以同一个“is”来表达，这深刻地暗示着这两种意义的一致性（这一点暂时不论），但这种一致性并不意味着这两种意义是完全同一的，其实在中文里就没有这种含糊性，也许中国式思维不很关心“存在”和“是”的一致性而更关心它们的区分，于是分别表达为“有”（there is X）和“是”（X is so and so）。这种区分尤为深刻，因为它们毕竟是两种功能：“有”承诺存在而“是”肯定存在的表现。由此所引出的是两个问题：有无问题和是非问题。它们之间的区分也许可以通过这样一个例子来理解：在数学中我们可以假设**存在着**（有）一个最大的数，但这并不意味着我们知道它**是什么样的**（是）；而由于缺乏一种可行的方法来指出最大的数是什么样的，所以最大的数纯属假设而实际上不存在。

现在我们可以看清楚“是”是一个判定性调词：即使在说出“是如此这般”之前，“是……”就已经意味着“肯定性”，它不是一个空洞的语词而是一个普遍形式，即真理的判定形式，它肯定着什么而并非没做什么。至于“真的”、“好的”这类取值谓词只不过是表明真理判定的类型的某种值（value），因此，真理的取值类型取决于所要处理的是什么类型的问题，而无论什么问题的解决都表现为“是……”这一形式的判定。也可以说，真理的真理性体现在“是”这一形式上，而真理的类型性体现在“真的”、“好的”、“美的”之类谓词上。一旦意识到“是”这一形式是对任何一种取值类型有效的真理普遍形式，就不难发现真理的根据只能来自存在。真理与存在的一致性说明了为什么“存在”和“是”具有同型形式“is”。所谓“真的”、“好的”无非意味着我们对存在的各种表现的不同处理，而“是”正是对这些处理方式的真理性的肯定，即肯定“事情就是这样的，而不是别的”。因此，“X是真的”意味着“X在知识论意义上为真，这是一个真理”，同样，“X是好的”意味着“X在价值论意义上为善，这是一个真理”。如果缺乏“是”这一判定本身，我们就只是说“X被解释为真的”和“X被解释为好的”，就没有说出到底“是不是”真理。既然真理性体现在“是……”这一判定形式上而不是体现在“……真（好）”这一取值情况上，真理就不再被局限于知识论，价值真理就成为可能的了。

价值语句表现为这样两种基本形式：

（1）X是好的；

（2）X比Y更好。

相应于（1），显然可引出一条“价值合取原则”，即好事多多益善。如果X是好的，Y是好的，那么$X \wedge Y$就更加好了；相应于（2），则有一条“价值排序原则”，即取善弃恶或善大优先。这两条原则恰当地反映了人们的道德直观。然而，这种道德直观应该说是形式的直观，因为其中的“好事”和“坏事”只是未加明确的变元，所以，这两条价值原则仅仅是形式真理，它们远不足以说明道德行为，即使对（1）和（2）进行分析性阐明使之成为：

（3）X是好的，当且仅当，X引起的经验是所需要的经验；

（4）X比Y更好，当且仅当，X引起的经验比Y引起的经验更为所需。

根据（3）和（4），我们仍然不能完全把握行为。实际上经验直观所能解决的问题是非常有限的，在经验感受上辨别好歹并不能保证在理智上也能够有效地辨别好坏。经验总是当场、当时有效的，而且经验的积累也不能必然地推知未来（休谟定理），所以，仅仅根据经验并不能判定什么是对生活真正重要的。由于经验判别是事发当时有效的，因此经验也不能揭示事前选择的有效性，不能决定将做什么。更进一步说，经验感受只是对行为结果的承受，它无法说明行为的创造性，无法说明以什么方式才能获得有价值的经验。这是一个致命的缺点。

人的行为受自由意志的支配，从这个意义上说，人的本性是创造性的。这一点决定了行为主义心理学对人类行为的解释是失真的。既然对刺激的反应模式不足以说明行为的本性，这就意味着价值问题没有希望被还原为事实问题。不过有一点是毫无疑问的：价值问题和事实问题并不矛盾，其中产生的不可还原性是由于价值与事实仅仅是一致的但却不是相等的，这一“不相等性”表现为经过还原之后不可能复原。我们知道，行为也是世界中的一个事实，所以总能够把一个行为**当成**一个事实来描述，因此，价值语句也就能够被写成事实语句，但是，一旦把价值语句写成事实语句，问题的性质就被改变了，或者说，原来的价值问题丢掉了。通过事实语句只能解决事实问题，因此，并非不能对人类行为进行知识论的分析——这种分析在描述行为时是必要的——而是知识论这一思考维度不适合解决价值论问题。在知识论维度中，人们对价值问题视而不见的。价值决不像维特根斯坦所声称的那样是“不可说的”，关键在于我们必须找到揭示价值真理的说法。无论如何，不能以考察世界的方式来看待生活。

价值问题是一个有关理想的问题。它是一个在事实中生长出来的问题，所以它与事实问题相通而不相等。只有人才会有理想问题，因为人是创造性的，所以人的生活不仅仅是生存，不仅仅是一个生命过程，对于人，才有“生活”和“生命”的区别，才会舍生忘死去追求某些理想。显然，事实判断没有能力去说明人的这种不计利害的疯狂存在方式（而正是那些不计利害的行动形成了生活的魅力）。另一方面，价值问题也不能由规范律令来解释，一个规范系统只意味着某一种理想，如果承认某种规范的绝对性就等于武断地否定了各种可能生活而仅仅允许一种可能生活。所以，理想不能被强行约束为某种规范，价值与规范可能一致也可能不一致。可以说，对于价值问题来说，to be 和 ought to be 都不是恰当的思考维度。伦理学长期以来受缚于这两种维度，就好像只能在这两者间作出选择一样，这一根本性的失误导致了伦理学的全部混乱。我们必须意识到，伦理学命题必须是一些真理，但不是事实真理而是价值真理，这意味着我们需要一个新的思考维度。

4. 人道目的论

人是世界中的一种存在，这一点意味着人不是神，人的存在受制于世界的存在，于是，任何一个事实真理（经验真理）都是人的存在的一个限制，我们不可能超越事实真理来设想人的可能性。但正如前面所阐明的，关于人的存在的事实真理不足以说明人的生活，因为人的生活是创造性的，所以，事实真理只表明了生活的可能性界限，而不能说明生活在这种界限内的自由行动。由于受制于世界存在，人的创造性是一种有限的创造性，人不能创造世界而只能创造生活，于是，人的存在便是一种双重性存在：一方面受制于世界的事实，另一方面又主宰着生活事实。可以说，人是一种创造存在的存在。人在世界中创造生活，所以价值与事实并不矛盾；人在世界中的生活是一种创造，所以价值真理又不同于事实真理。

重复了这几句废话和俗话是为了强调伦理学的目的论问题。既然人是创造者，我们就必然进入目的论问题。但是传统的神学目的论根本无助于说明人的生活，我们不能了解世界的目的性，因为我们不具有神的知识论视界，诸如世界的本质或者造物主的本质之类的问题是**逻辑上最大的问题**，但却不是**理论上最大的问题**，更准确地说，不是理论上**最重要的问题**——哲学上最常见的一个错误就是以为最大的问题就是最重要的问题，其实不然，最大的问题也许在思维上很有挑战性因此引人入胜（例如世界的本质或者终极性等问题，当然至大无边，想破了头也想不明白，当然就尤其引人入胜），但思想主要不是为了过瘾，思想和行为一样必须有责任感，因此思想首先必须关心最重要的问题。最大的问题为什么可能是不重要的？因为这些问题不能用来说明生活。什么是重要的？就是与我们的生活密切相关的事情和问题，就是关乎人的幸福和命运的事情。另外，我们也不可以宣称哪一些生活原则是神的安排，否则恰恰是渎神的，因为神对人的希望已经表现在神对人的设计之中，既然神把人设计成为创造者，那么神就已经把生活的主权授予了人。所以我们有理由怀疑那些宣称上帝给人规定了伦理规范的说法，这样的说法几乎是在嘲笑上帝造人造错了。人类数千年来以不同方式提出的“我们生活的意义是什么”这一问题只能在生活中而不是在生活之外被澄清。生活的问题只能通过人道目的论来解决。

生活不仅是生存，不仅是一个自然过程而且是一个自由过程。生命的自然状况——一个人的生生死死以及相关的情感经验——根本不成为哲学问题，只不过是一些众所周知、直接公开着的现象。我们都有机会经历到或观察到这些存在状况，但却不能由此真正理解到生活的意义。生存的存在前景是必然的前景：特定的刺激会引起特定的反应，生命由成熟到衰老以至死亡，如此而已；生活的存在前景则是可能的前景：生活是作品，生活前景是“可能生活”，生活的意义是在创造中产生的。如果生活像生存一样也是被决定的，那么根本就无所谓什么样的生活是值得一过的，所以，任何一种高于生活创造性的假设——无论是神学目的论还是某种规范系统——实际上都等于剥夺了生活的意义。自由意志的正道就是创造，而不是表现为“自愿的”服从。所谓由他律变成自律是一种多余的粉饰，它所能说明的事情决不多于行为主义的“奖励—惩罚”理论所能说明的，都不过是在说明如何认识到强迫性的约束的利害然后把它变成明智的自我约束。如果只是为了生存，根本就无须自由，只需要处处遵守规范，那是最容易存活的了。可是问题就在于人的心智充满想像力，想像是一切麻烦的根源，想像到了某种东西，这个东西就变成了欲望，而由于想像大于现实，所以需要有作为积极自由的自由（消极自由仅仅提供了安全，却不能创造成功和实现梦想），因为人们所渴望的各种基于想像的可能生活都需要拥有积极自由。显然，规范是为了生存，自由则为了生活。人并不满足于生存，生存不足以实现人的存在意图，如果仅仅是生存，生命就变成一个无聊的甚至痛苦的过程。这一点应该是不证自明的。

由于人是创造性的，所以人的存在论概念无法仅仅在 to be 中被定义，在 to be 这一贫乏的存在论概念中，人的存在意义无法显现，人的存在意义有着比 to be 丰富得多的内容。既然人是主动的行动者，所以对于人来说，to be 总是意味着 to do（去做）；既然人心的本质在于创造性，所以 to do 又必须实质化地被理解为创造性的行为。存在的创造性意味着人的存在不仅是自然存在的一个环节，而且是一种新的存在的开创者，由此生活便具有了自身的目的。

目的（telos）与目标（target）完全不同。一个目标在逻辑上总有一个结局，总是呈现为一个可以完成的指标，除非在事实上缺乏机遇或条件。一个目标又总是表现为一个具体行为的意图，在条件允许的情况下，当这个行为顺利完成之时，其目标也就实现了，但这一目标在被实现的同时也就被消费掉了，它不再是一个生活的前景，也就不再具有魅力。例如一辆汽车、一笔巨款或一个高职位这些具体行为目标一旦被达到也就不再是目标了，虽然不坏，但不再激动人心。这一现象使人们总是感叹欲望无边、人心不足，甚至因此得出错误的推论说，人应该知足，知足就常乐，但这其实只是不得已的策略，并不能显示人的生活先验意图。显然，目标承担不起生活的意义，解释不了生活的意义，所以我们必须关注生活的目的。

目的决不能被理解为“比较大”的目标，它与目标的区别在于质而不在于量。一个目标无论多大，都是消费性的。与生活的意义相比，目标总是微不足道的。目的是生活整体的意义，是生活的“本意”，它无所谓结局，即使它始终显现着——假如一个人的生活是足够幸福的话。生活的目的就在这生活中呈现着——它也不能被完成而永远是被追求的对象。生活的目的是具有永恒魅力的东西，这一点决定了目的不可能是某种结局或结果，而只能是某种生活的行动方式。

在前面的分析中我们已经发现，要以所需求的东西——即行为的目标——来定义价值是不可能的。对于引起所需要的经验来说，所需求的东西因人而异而且因时而异，因此，所需求的东西只能被看成是不确定的变元。同样，心理学理论（例如著名的奖惩原则和需求层次原则）所描述的行为模式也不具有对行为的足够说明力，一个人有可能因为怯懦而放弃危险的追求，也有可能决心坚持正义而宁愿牺牲；有可能因为需要金钱这种被认为是“较低级的”东西而铤而走险，也有可能因为维护较高级的需要如荣誉而战死；也有可能因为健康的需要而戒毒，同样有可能为吸毒幻觉而放弃健康。这些情况都说明了我们不能寄希望于通过行为目标的分析来理解生活的目的。真正的问题只能落在行动方式上，即关键在于“以什么方式去行为”而不在于“想达到什么结果”。只关心行为结果，不关心行动方式，这是现代思维的模式。现代关于社会和人的各种理论（经济学、心理学、社会学等）与现代社会的意图非常相似，现代社会只想生产能够批量生产的产品和对那些产品感兴趣的人，而关于现代社会的理论则试图发现什么是人人都一样的想法和人人都想要的东西。现代社会和现代理论互相配合着去毁灭人性和人的生活，现代所谓的社会进步其实正是人的退化。可以想一想，假如所有人想要的无非是同样的物质利益，所有人的思维方式都是利益最大化的理性计算方式，这样的生存方式与动物又有什么区别？这样的“机器人”和动物的行为模式是同构的，所以说现代社会是人的退化，它破坏了“生活”这一概念。这就是现代人的生活缺乏生活意义和幸福的原因。我们试图分析行动方式正是为了发现生活的意义所在。

什么样的行动方式才能显示生活的目的？为了有效地进入这一问题，我们必须在思考方式上完成一种转换。通常的思考方式总是以一种“主观的”形式或者一种“客观的”形式来表达关于事物的理解，就好像对于解决任何一个问题都只能有“主观或客观”这样一组选择。实际上，这两种形式除了表达了“态度”和“知识”，并不适合解决其他问题。一般地说，主观形式是这样的：

我觉得 X 是如此这般的。

这一形式中，所表明的是所谓的“主客观关系”，这种关系揭示了在一种主观态度中某个对象被看成什么样。这种形式之所以不适合分析生活问题，是因为生活问题不是一个把生活**看**成什么样的问题，而是一个把生活**过**成什么样的问题。“看”（to see）解决不了“做”（to do）的问题。

客观形式则表现为：

存在着 X，X 是如此这般的。

这种知识论式的客观形式描述了一般意义上的所谓事实，它克服了主观性而把对象当成所分析的主题，但这种形式仍然不足以解决生活问题。尽管任何一个生活事实都可以由这一客观形式来表述，但它所能够解决的仅仅是生活事实的问题而不是生活意义问题。价值与事实虽然是密切相关的，但却不是同一的，生活问题是由事实生长出来的另一种问题，就是说，我们想要研究的是由事实“生长”出来的意义。

于是，我们所需要的思想转换就是（1）把主观性主题转换成一个客观性主题，并且（2）把事实问题转换成生活问题，或者更确切地说，把生活事实问题转换成生活目的问题。其结果就是，我们不再以实质上是未经批判的规范来解释生活，而是根据生活事实来分析它所能够生长出来的价值以及各种规范的可能性，并且，从生活本身的目的来判定各种行为和各种规范的合目的性或合法性。很显然，如果不以生活本身的目的性为根据，与之相关的规范系统也就必定弱于怀疑态度，这意味着一个人不仅总能在思想上怀疑它，而且在条件允许时还可以在行为上拒绝它。除非一个价值体系和规范体系能够代表生活和人性的真理，否则就“革命有理”了。

假如不存在资源稀缺问题，人们就基本上没有冲突，而如果不存在冲突，就不会有规范，古人早就讲清楚了这个事实。规范是解决行为争端的方法。然而，什么样的规范才是好的？人们显然有不同意见，而人们建立的不同规范之间冲突却无法由规范来解决，因为“规范的规范的规范……”这样的无穷倒退没有意义，显然，规范之间的冲突终究只能由高于规范的东西来解决。实际上我们可以追问：利用规范去约束行为是为了什么？很显然是为了保护有价值的生活。这正是规范之所以不能用来定义价值的一个重要原因。规范本身是无所谓价值的，只有当规范服务于有价值的生活时才具有价值。归根到底，生活问题只能是一个目的论问题，价值真理或者伦理学真理只能由目的论形式来表达，所以，价值真理的形式不是to be也不是ought to be，而是to be meant to be（意味着是……）。

根据前面的分析，真理性不是表现为特殊赋值类型（“真的”或“好的”），而是表现在一般判定形式（“是”）上，所以真理性所必须满足的仅仅是判定的必然有效性，至于判定的是什么则是无所谓的。因此，我们有理由使目的论命题成为真理。某种东西总是必须意味着是某种方式的存在而不是别的方式的存在，这是无可怀疑的。于是，价值真理的一般形式是：

存在着X，X是好的，当且仅当，X做到了（实现了）X所意味着的事情。

这一形式几乎具有A＝A这种逻辑真理的那种必然有效性，但比逻辑形式真理在实质上要丰富得多，可以说，价值真理不是分析性的而是综合性的（康德意义上），因为“所意味着的事情”对于X来说具有创新性。那种“所意味着的事情”是X的存在目的或者说存在的“使命”。如果不实现这种目的或使命，那么X的存在就是无意义的，就仅仅是时间性的持续而没有任何历史性。对于人来说，有意义的生活不等于活得尽量长。

价值真理在人的生活中处处可见。一个人必须有着做人的尊严，否则他就不是一个人而只是具有人的生理现象的存在；一首曲子必须优美，否则只是噪音；一种法律制度必须表现正义并且普遍有效，否则就不成为法律；一名医生必须尽心尽力治病救人，否则就够不上是一名医生；一个朋友如果不仗义就不是一个朋友；如此等等。这些价值命题的真理性直接显示在我们对某种存在的必然期待或者说预期效果中：如果一个存在不能实现其预期效果，那么这一存在实际上就否定了自身。这种目的论形式非常接近中国古代的一个哲学原则——正名原则（孔子原则）：一种名义或名分以某种与之相配的实现方式为其目的，就是说，一种“名”期待着某种“实”。假如这种所预期的“实”不能实现，那种无实之名就是不正当的。所以说，一种存在如果没有实现其预期的目的，其存在过程（时间性的纯粹持续）恰恰是在否定这一存在本身。新目的论也就是新名实论。这就不难理解为什么目的论必定是任何一种价值观念的绝对根据，显然，如果我们不理解一种存在之所以存在的意义，不理解一种存在自身的意义，那么就无从判断这种存在对别的东西有什么价值，也不可能了解别的东西对这种存在有什么意义，而如果对这些事情——它们决定着全部价值判断的参照方式——都一无所知的话，我们对伦理规范以及其他各种规范的高谈阔论以及各种在实践中的应用就无非是胡说八道和不负责任的滥用。也许这种指责过于严重，实际情况并没有那么糟糕和危险。确实，相当多的规范其实与价值真理是一致的，所以我并非在指责实际生活中的任何一条规范，而是在指责以规范为根据去理解生活、去定义价值的那种思维方式。

为了准确地理解价值真理形式“X 做到了 X 所意味着的事情”，我们必须意识到这一形式所强调的不是一个存在论承诺而是一个目的论承诺。对于任一存在 X，在理论上可以有两种承诺，即存在论承诺和目的论承诺。存在论承诺表明的是形态学意义上的存在条件，存在论承诺的形式所表达的是：存在着 X，并且 X 的存在满足如此这般的一组可描述的存在形态。比如说，有一条狗，它是棕色的，有 50 磅重，有短的鬈毛。这些形态学条件表现为物理学的、化学的、生理学的甚至心理学的特征。目的论承诺则表明一个存在的目的论意义，它说明的是：存在着 X，并且 X 的存在必须满足 X 所意味着的如此这般的存在方式。问题的关键是，对于一个自然存在来说，这两种承诺实际上是同一的，目的论承诺可以归入存在论承诺的一个因素。但是对于自由存在（人）来说，情况却完全不同，因为生活是创造性的。人的创造性决定了人的存在问题不是一个单纯的生存问题，即一般意义上的“存在”问题，而同时还是一个“创造存在”的存在问题。人的存在不仅仅是在世界中遭遇这个世界的过程，而且是创造着自己的生活的过程。

人的存在就是创造自身存在的过程，人被创造为创造者。在正常理解中，人的自由决不会导致荒谬人生的存在主义式的苦恼。存在主义式的荒谬源于把自由选择看成是缺乏目的论意义而却又非要负责任的行为，这种存在主义想像是自相矛盾的（存在主义是一种坏的现象学）。“存在先于本质”的错误就像是没有所思的我思一样是不可理解的。胡塞尔已经通过构造“纯粹所思”使得“我思”合法化，而存在主义又破坏了这种优美的结构，不可理喻的“存在”就像空洞的“我思”一样荒谬。关键在于，人的存在的本质不是某人的特性和身份（identity），而是人作为人的普遍理念，即人所意味着的做人资格，因此，对于某个具体人来说，人的本质必定先于存在。如果缺乏这样的目的论意识，人生当然是焦虑的、盲目的和荒谬的。尽管不存在着超出自由范围的目的，但人的目的也并不因此就消失在自由的虚空中，与此相反，自由使人成为创造者，这一创造者身份就意味着人生目的就是以实际行动使人成为实质上的创造者而不仅仅是一个可能的创造者，否则人就只有着一个废弃无用的创造者虚名而没有实现人的身份。于是，在人的存在上，存在论承诺和目的论承诺是两种不同的而又不可或缺的承诺，因为人既是一个自然存在又是一个自由存在，我们既可以在生理学和心理学上定义“人”的概念，也可以在目的论上定义“人”的概念，人的完整概念是其存在论意义和目的论意义的合取。

值得注意的是，存在论承诺和目的论承诺并非总是能够同时被满足，比如说，一个缺德的人，他在生理学上的确是一个人，但在目的论上却不是人。在生活中一个缺德的人有时被斥责为“不是人”，所表现的就是目的论上的意义。这两种承诺的区分对于解决伦理学问题有着至关重要的意义，它能够消解一些致命的混乱。例如，在伦理学上有一种为许多人所接受的善良原则“爱一切人”，这一原则的意义往往不明确，假如它的意思是“爱一切具有生理学意义上的人”，可以想像因此有不能接受的伦理学困难，人们实际上几乎不可能爱一个虐待狂或一个无耻的骗子。以此类似，“不许杀人”、“不许说谎”等等规范如果被看作是普遍必然的，都会遇到类似的困难。事实是，我们往往错误地看待诸如“杀人”、“说谎”、“宽恕”等等事情的性质，这些事情就其本身而言无所谓好坏，它们都是人类生活的正常组成部分，假如生活中没有了这些行为，那么生活又能够剩下什么呢？我们将会发现，当把被认为是坏的事情都消灭了，生活将收缩得非常贫乏，甚至什么都没有了。显然我不是在主张我们需要许多坏人坏事，而是说，那些通常被假定为坏事的事情，其实和那些通常被假定为好事的事情同样都只是生活的自然成分。不能说“杀人”就一定坏，而“说真话”就一定好，一切都要取决于这些行为服务于什么样的目的。我们不得不通过目的论意义来约束人的概念，如果一个人希望得到人的待遇，他就必须具备人的目的论意义，这种目的论意义赋予他作为一个人的资格。所以一个人要受到尊重，他就必须自己有着人格尊严；一个人要获得好的东西，他就必须贡献好的东西；一个人要享用某种权利，他就必须负担某些责任，如此等等。没有什么理由可以断定人们有“义务”尊重一个拍马溜须的、见利忘义的无耻小人，因为连他自己都不尊重自己，还有什么资格要求别人尊重他？

如上所论可知，人类生活中的价值具有双重性；一方面是属于自然存在的价值，即可以由事实语句表达的价值——某种东西 X 是好的，当且仅当，X 所引起的经验是所需经验；另一方面是属于自由存在的价值，即由目的论语句表达的价值——某种行为方式 A 是好的，当且仅当，A 是作为人所意味着的行为方式。由此我们获得两个重要的结论：

（1）既然自然存在和自由存在统一地构成人的存在，分别属于这两者的价值就不一定是互相矛盾的，简单地说它们的关系是这样的，一种合乎目的的行为方式总能够引起幸福经验，但引起快感的行为方式却不一定合乎目的。通常把道德行为理解为自己吃亏的行为，这是难以成立的。假如合乎人性目的的行为，也就是道德行为，总是引起痛苦经验的话，就无法解释人们为什么追求道德行为。合乎目的的行为既然是自由的行为，它就不可能是一种专门自找苦吃的愚蠢行径，即使是一种牺牲性的行为——牺牲某种巨大利益甚至生命——也一定能够在另一种意义或另一方面上获得幸福经验，而不可能是一种在任何意义上都否定着自身的行为。没有人会傻到专门做一种全盘否定自身的事情。假如把牺牲性的行为看成是只对别人有意义而对自己毫无意义的行为，这恰恰意味着自己只不过是一件工具，而不是一个显示着人的价值的人，而如果一个人自身是无价值的，那么他所做的牺牲也就成为无道德价值的贡献。

那种对牺牲行为的流俗误解典型地表现在对“雷锋”这一形象的理解上，有许多对雷锋的“称赞”都是在称赞他宁可自己吃亏也要帮助别人，就好像雷锋是个“专门”吃亏的神经病。如果称赞别人仅仅是因为别人宁愿吃亏，这样的称赞表明了对道德、生活意义和幸福等等问题毫无领会——怎么能看到别人吃亏让自己占便宜就高兴呢？可惜这样卑琐的理解是相当普遍的（茅于轼从经济学角度对雷锋模式的批判有一点是对的，那就是，假如社会绝大多数人都只喜欢搭便车，那么雷锋就变成是鼓励更多的人成为小人）。其实，牺牲性的行为并非真的是“甘当傻子”，没有人会无聊到故意吃亏，雷锋只是愿意选择去做一个伟大的普通人，他一定从他的所作所为中获得了幸福，否则就不会“助人为乐”。对雷锋的正当敬意只能是对一个伟人的敬意，对他能够超越“低级趣味”的敬意，而不能是对他让自己吃亏而让我们占便宜感到沾沾自喜。

事实上，那些“牺牲性”的行为，比如说对朋友的无私帮助、对情人的无私的爱、对子女无私的培育、为民族所做的无私奋斗以及对真理的无私追求等等行为不仅是为别人作出贡献，同时也使自己获得了友情、爱情、亲情、荣誉感、自豪感等等极为宝贵的幸福经验。

(2) 尽管我们澄清了价值，但却不能用价值来直接构造伦理规范。因为伦理规范并非对自然存在和自由存在的盲目迎合和纵容，而是对它们的约束和压制。人类生活需要伦理规范，否则将有不可避免的混乱争端。但是，伦理学的工作不是要伦理学家模拟政治家、牧师或教师去宣布一套规范或者为这种规范作出“理论上”的辩解。建立实际可行的伦理规范完全是一件因时因地而进行的境遇性技术处理，是非常具体的社会政治活动，所以不属于伦理学。伦理学的任务是解决伦理规范的基础或根据问题，也就是判定规范的合法性的问题，它关心的是对于任何一种可行的伦理规范普遍有效的价值原则。

5. 目的之明证

既然我们把解决伦理学问题的根据落实为目的论，那么就必须回答这样一个问题：我们如何能够看出某个被考察对象 X 的目的？这个问题可以看作是苏格拉底/柏拉图关于理念问题的新版本。但是也有些区别，柏拉图的理念（eidos/Idea）是个意义封闭的先验概念，因此意味着某种不再生长的完美性；可是人以及人的生活是创造性的，因此，至少在关于人和生活的理念上，我们不能承认一个完美的封闭性概念，而只能看作是一种不断生长着的开放性的“势”，这样，人的目的就不是某个终点，而是不断生长的走势或者说是个创造性的过程。这样当然就把问题更加复杂化了。

首先，任一对象 X 的目的并不取决于解释，无论是根据某种规范的解释还是根据某种信念的解释。发现一种目的意味着“看到”（seeing that…）而不是“看成”（seeing…as），或者说，我们所需要的是答案而不是解释。解释是遮蔽真理的最常见手段，也是每个人随便都能做到的事情，即使某种解释碰巧与真理是一致的，真理也仍然被遮蔽着，因为我们在解释中并不知道这一碰巧的情况。比如说对于“月亮怎么不见了”这样的问题，有可能有这样一些解释：“给天狗吃了”、“掉海里了”、“飞走了”、“给另一颗星球挡住了”、“给魔鬼藏起来了”，等等。显然，仅仅根据解释本身，我们无从判断哪一种解释是真理，因为解释**总能够**自圆其说。解释始终在眼巴巴地指望着大家的赞同，而大家的赞同是极不可靠的，就像时尚一样不可靠。解释不能解决任何一个问题，而只是表现了各种希望或者利益。解释的意义是在历史性中展现的（所以解释学十分关心历史性），如果我们给出的解释是对过去的事情的解释，那么它其实是无关痛痒的闲谈，因为过去的存在并不能因此有所改变；如果给出的是对未来的猜想，那么它是一厢情愿的意见，面向未来的解释必定走向解构的局面，因为未来不可能是一种被决定的先在状态；如果给出的是关于现实的解释，则往往是遮蔽现实的喧哗。我们所需要的是把事实分析清楚而不是利用语言的文学性把事实解释成许多种令人吃惊的样子，就像艾柯所批评的，解释很难自我约束，而很容易就变成“过分解释”。

实际上，解释的致命弱点已经在关于解释的解释理论（从解释学到解构主义）之中显示出来。人们本来为了清除解释所产生的困难而对解释进行反思。假如这种反思仍然是一种解释，那么它遗传性地重复解释的全部困难；如果这种反思是分析，那么恰恰证明了解释不能解决任何问题。因此，对于解释来说，解构是一个恰当的结局，它暗示着，解释本来就只是以分歧的方式产生各种意见的过程而不是解决问题的手段。

在伦理学中，我们不能指望通过规范或信念来解释生活行为的目的性，这种仁者见仁、智者见智的解释与对“月亮不见了”的解释在本质上并没有什么区别。如果允许这种解释，就等于说我们可以把法律的存在目的解释为迫害无辜的手段，把医院解释为谋财害命的机构。如果要使解释避免荒谬的结果，就必须承认有更高的约束。如果说个体行为不得不接受规范的约束，那么规范也必须接受价值原则的批判。因此，仅仅根据规范所作出的关于行为的任何解释是理论上都是无效的，它不但不能揭示生活的目的性，而且相反地必须由生活的目的性来给予判定。

其次，目的性不能被看成是意愿。虽然说目的有时会通过意愿表现出来，但并非所有意愿都是目的，而且，有些深刻的目的并不为察觉因此没有表现为意愿。每一个意愿都是目标，正如前面所分析的，目标并非都与目的一致。不过，目的与意愿的区别似乎并不非常明显，一个真正的主观主义者可能会说：我的意愿就是我的目的，因为我想要的东西对于我必定是重要的，如果我能达到我的意愿，我将完全满意，尤其是当我的确是自由地而非被迫地形成某种意愿，我的目的便只能表现为我的意愿。

这里有一个值得注意的问题：自由意味着任何一种可能性都可供选择并且有待选择，而绝不意味着某种可能性已经被事先选择了。所以我们不能指望从自由意志直接引出某种选择，任何一种选择在自由意志之外必定别有原因或理由，自由意志所操纵的自由选择并不能保证合目的之选择。因此，实际上的选择，即使是自由形成的意愿，也有可能违背目的。不过，目的论原理并不是规范，它并不限制自由选择，它并不企图阻止某人干蠢事，一个人尽可以干蠢事，如果他愿意的话。目的论只想揭示这样的真理：对于一个人来说，他其实可以（或者本来可以）过如此这般的好生活（或者如此这般的更好生活），而且，这种好生活本来就是可供他选择的一种可能性，如果不受到不良诱导的话，他本来可以把这种生活当成他的意愿。可以看出，目的论既不站在“我”的立场去盲目行动，也不站在“他们”的立场上去妄加批评，而是摆出真理而已。例如，我们有理由证明现代医院比迷信巫术能更有效地治疗疾病，但指出这一点仅仅是摆明一个真理，却不是宣布一条规范，它仍然允许有的人宁愿相信迷信巫术。真理从来都不阻拦人去做蠢事。目的论力图表明，在建立规范之前，人们就已经有可能判明什么是好的。如果我们不能在规范被建立之前就已经追求着好的东西，规范就变得毫无意义。

正如自由选择的目标不一定能够显示出生活的目的性，意愿的实现也同样不一定能够显示生活的目的性。无论是劳神苦求还是知足常乐，它本身都不是合目的性的明证，关键在于一个人本来意味着可以过什么样的生活。如果不以目的论真理为根据，对行为的批评或辩解从根本上说都是无聊的。假设有一个人在年青时放纵胡闹，规范主义者可能会以一种好像特别有经验的口气教训他说：“你应该好好苦干以免老了后悔。”可是如果这个人辩解说：“在享乐之后付出代价是公平的，我将对此很满意。”那么那种“应该”的说服力就被消解掉了，用规范对主观主义者进行批评在理论上是无效的，除非在实践上给予强制。一个人的主观感觉完全可以拒绝来自另一个人或者许多人的主观感觉的批评，我们不可能以自己的主观态度去代入他人的主观态度（规范无非代表着集体的主观态度），所以只能通过目的论来否证主观主义者的所谓辩解。我们必须首先承认一个人的主观感觉对于这个人来说是一个事实，如果他的行为需要批评，那么就只能提出，对于他来说他本来可以过更好的生活，可以获得更好的感受。

当然我们不难想像，一个变态的主观主义者会坚决认为不会有所谓"更好的生活"，或者干脆说"我并不想过得更好一些"。这种抵触态度对目的论真理毫无影响。诚然，目的论真理并不是强制性的真理（事实真理）。如果一个人的行为违背自然规律，他总会受到自然的惩罚。目的论真理并不限制人的自由，相反，它促使人实现尽可能多的自由，所以，违背目的论真理的结果不是受到惩罚而是表现为可能生活的欠缺。对于生活这一完整画面来说——生活画面就其本身的目的而言总是要求完整性的——可能生活的欠缺会以后遗症的方式严重影响人们对生活中各种事情的经验，甚至影响到生活的意义。对这种欠缺的意识就是所谓的遗憾。即使一个人非常迟钝、感受力低下以至于的确没有意识到欠缺，也就无所谓遗憾，或者，一个人自尊心特别强，要面子，对生活的欠缺故意不遗憾，但是他在生活上的欠缺仍然是主观感觉涂抹不掉的一个事实，这一欠缺性事实就是：无论他在主观上是否感觉到了，但他确实没有进入某种他本来能够进入的好生活。欠缺某种可能生活就意味着欠缺某种可能的幸福。事实上只有未被获得的幸福，而没有哪一种幸福是人所消受不了的。生活事实在形而上学意义上的残酷性就在于，生活理念对各种可能生活的要求是先验的，无论一个人自觉上想要还是不想要，如果没有实现生活的先验意图，那么就不可能是幸福的。任何超越了主观性的东西都是残酷的。由于每个人的生活都有着不同程度的欠缺，所以人们心中总有某些无法消除的遗憾、某些永远折磨人的渴望、某些不清不楚的痛苦，无论是欠缺母爱还是爱情和友谊，以及失败和受歧视，诸如此类，这些都会严重损害人们的生活意义。

现在问题已经很清楚：我们不能通过任何主观解释或意愿去定义生活的目的或意义，任一存在 X 的目的只能由其存在的先验意图表现出来，X 的先验生活目的就是 X 存在的意义。这意味着**从存在本身去看**它的目的，即属于存在本身的目的，而不是从外在于这一存在的观点去强加给它某种“目的”。想像一种意义就是想像一种不重要的意义，任何想像出来的意义至多只能锦上添花，但首先必须有“锦”，即生活的先验目的，然后“花”才有意义。所以，任何宗教所想像的各种意义都是非本真的意义，因为它没有从人的生活本身去理解生活的先验目的。宗教只是一种成功的心理学，一种幻想的艺术，但不是深刻的思想和哲学。孔子只关心生而不关心死，这其中意味着一个“从生活看生活”的方法论。如果不能首先理解生活的本真意义，就不可能定义生活中的任何善恶，生活意义是伦理学唯一的不可怀疑的理论根据，就像任何思想不能用来反对思想的先验规律，任何生活行为也不能反对生活的先验目的。一个存在首先必须自身具有意义，然后才能对别的存在有意义，比如说一个人或他的行为必须自身是有意义的，然后才能够对别人有意义。这种先在的自身意义也就必须首先被尊重，否则不可能树立真正的价值。无论是个人的观点（偏好）还是集体的观点（规范），如果不以目的论观点为前提，就不可能引导出真正怀有善意的人道主义。

“个人”和“集体”是伦理学中两个荒谬的基点和典型的教条。如果说由个人本能冲动到集体规范是一种文明进步的话，也无非是由赤裸裸的愚昧争夺变成了虚伪的明智争夺；而如果说由传统的集体责任发展为现代的个人权利又可以被说成是一种进步的话，无非是由被权威愚弄变成被市场愚弄。关于“好社会”和“好生活”，如果仅仅从制度的形式方面即程序方面去进行建构，是不可能发展出好社会和好生活的。一个社会里的好人坏人、好事坏事将仍然一样多，或者说是“守恒的”，只是会按照不同的程序而采取了不同的策略。所谓传统社会的规范和现代社会的规范、集体主义的规范和个人主义的规范，这些讨论只能表明历史的社会变迁，而与道德问题的解决没有关系，那些不同类型的规范的演变与价值上的优劣无关。伦理学一直在与道德无关的问题上花费了很大气力，一直很少进入与好社会和好生活有关的问题，这样的伦理学是非常可疑的。要发展出好社会和好生活，就必须发现社会和生活的本意或目的，以便知道任何制度必须具有什么样的制度意图，必须表现什么样的价值。目的论观点正是试图以每个人、每种行为、每种生活、每种社会存在为基点去看问题，只有这样才会有值得思想的问题，否则就只有实践上的策略问题。

正如前面曾经论述到的，人道目的论所关心的是人这一存在的先验目的性，从理论上说这是试图连接到古老的孔子和老子的问题上或者苏格拉底/柏拉图的问题上去，而由于人这个存在的特殊性（它是创造性的），因此，希腊所追求的作为事物本质形式的“理念”就必须修改为一种“理想的势”（这里引入中国哲学的“势”的概念）。既然一种存在的目的只能由这一存在的理想趋势或者说它的理想预期所表明，那么我们就必然遇到一个知识论问题：我们如何知道一种存在所规定的理想趋势是什么？

我们知道，有许多事情的目的或本质可以说是明文规定了的，例如体育比赛，它是一种体能的竞技形式，争取尽可能高的名次是参赛者的一个给定了的明显目的，于是就很容易看出以下判断是价值真理：

（1）冠军比亚军好；

（2）不服违禁药品并且得冠军是好的。

尽管有的人可能有些怪异，他对冠军不感兴趣而故意把球踢得奇臭无比，并且声称这就是他对比赛的理解。这样独特的理解或许是有趣的，类似行为艺术而具有“美学的”效果，但人们决不会认为这就是比赛所意味着的目的，不会认为这是参加比赛的合目的行为，而至多认为这是一种成功的胡闹，或者是无人喝彩的行为艺术，就是说，人们不会以“比赛”的观点去理解这种行为，而只会以“胡闹”的观点去理解。实际上，生活中绝大多数事情的目的都是显而易见、众所周知的，也许人们没有耐心去罗列一个关于某种事情的全部目的清单，但是总能够不假思索地指出某些主要目的。例如法律当然意味着以公正的方式去明确公民的权利而决不可能意味着迫害无辜、草菅人命；做一个军人就意味着服从命令并且英勇作战；做一个公务员就意味着廉洁奉公等等，还有许多事情的目的甚至是更加显然的，但内容过于细腻复杂，不太容易表达，例如做母亲意味着什么什么；做朋友意味着什么什么等等。这些所意味着的东西就是目的论承诺，即一种存在之所以有意义、有价值、之所以有必要成为如此这般的存在的条件。所有人都知道什么是“伟大的母亲”或者什么是“不够朋友”。如此等等。

德沃金所分析的一个案例就能够很好地显示出什么是法律的目的，他称为“立法意图”。有个浪子名唤埃尔默，知道祖父在遗嘱中把巨大的遗产留给他，但又担心祖父会改变遗嘱，于是谋杀了祖父。按照法律规则，他虽被判处徒刑，却仍然可以得到遗产，但按照道德直观，这显然不合理。于是引起了法律大辩论，最后厄尔法官以立法意图的说法获得胜利，剥夺了埃尔默的继承权。这个立法意图说的是，任何一种具有合法性的法律都必须符合那个虽然没有写成法律规则但存在于所有人心中的普遍正义价值原则："任何人不得从其错误行为中获益"①。如果一种法律与这个元定理有不一致的地方，就必须按照元定理去修正。这个隐藏在任何法律规则背后的元定理就是法意。对于某个存在事物来说，也就是作为存在目的之事物"本意"。

关于事物存在的"本意"，其哲学表述是："存在着 x，它意味着，如此这般，否则它不能成为 x，而只是别的东西"。相当于通常说的"如果不是这样的，那就不算是什么什么"。不过，在日常表述中，目的论句型与规范句型经常被混为一谈，比如说上述的目的论句子可能会被说成"法律应该是公正的"、"军人应该是勇敢的"之类。在日常表述中比较随便地使用语词算不上是一个毛病，但是因此就把理论问题搞乱却是有害的。表达目的论承诺的目的论句子从功能的角度说明一种存在作为存在的资格，而规范句子则表达一种存在对另一种存在的约束。或者说，目的论按照一种存在对自身的目的承诺来要求这种存在，而规范则按照外在于一种存在的某种约定来限制这种存在。尽管在日常表述中人们把"应该"用得太滥，但其中的逻辑意义毕竟不同，从以下例句可以看出这两种意义的区别：

（1）一辆被毁坏的汽车算不上是一辆汽车；

（2）一幅极为拙劣的画算不上是一幅画；

（3）不应该每年都换一辆豪华汽车；

（4）不应该把画竖立在公路中央挡道。

很显然，（1）和（2）属于目的论句子，（3）和（4）则是规范句子。如果把（1）或（2）表达为规范句子比如说"一辆被毁坏的汽车不应该是一辆汽车"确乎是可笑的。当然，问题并不在于搞笑，诸如上述的"法律应该是公正的"这类句子看上去就似乎不太可笑，还严肃得像《新闻联播》一样——毕竟语言惯用法允许这种用法。

---

① 德沃金：《法律帝国》，14～19页，北京，中国大百科全书出版社，1996。

关键在于混淆目的论句子和规范句子会造成一个理论上的困难："应该"只不过是一种约定的要求，既然我们可以约定某条规范，就同样可以约定另一条与之不同甚至相反的规范，所谓时过境迁，移风易俗，因地制宜，入乡随俗。显然，当把"应该"（ought to be）与"意味着"（meant to be）混为一谈，就不再有任何真正的根据了，只要骗取了大多数人的信任或者迎合了大多数人的兴趣，就总能够把某种主观意见推销成普遍"应该"的东西，这样的话，道德的最后依据就变成了经济学、市场、商业和权力斗争。由此不难看出像"法律应该是公正的"这类句子虽然在语言惯用法上没有毛病，但在逻辑意义上却有着严重的失误。如果可以说"法律应该是公正的"，那么一个暴君也可以宣称"法律应该是不公正的"。事实上，相对主义的思想方式总是有限度的，至少相对主义原则本身不能被相对地理解。这说明了，如果没有某种绝对的根据，任何事情就都没有了严肃性，都有可能随便被颠覆。所以中国伦理学自古就强调，礼（相当于规范）是可以与时俱进的，但人情（相当于目的和价值）却万世不移。

现在的问题是，尽管大多数事情的目的从这些事情的设计中可以直接看出，但仍然有一些最重要的事情的目的并非直接可见，确切地说，就是生活或做人。这两者是一致的，做人就是有意义地生活，而有意义的生活就是去做像样的人。这两样事情的目的所以难以描述，是因为它们不是按照理性和技术要求而设计出来的，而是与人的存在一起创造性地生长着的，它们是设计其他事情的总背景，我们参照这一背景去设计各种制度，当然就能够相对简单地理解其他事情的目的，无论是政治、经济、伦理、法律还是工业、艺术、科学，都是相对于生活的目的而具有意义的，而这一总背景本身却不再有背景，任何其他的目的都产生于这一背景，所以无法被用来说明这一背景。人的创造性使生活失去了规定性的背景。生活只能自己说明自己，生活的目的就在于生活本身，它自足地具有目的，确切地说，**生活自成目的**（autotelic）。任何超出生活的东西对于生活都是无意义的，生活是生活意义的界限。这一点决定了在人的生活之外设想某种更高的目的必定是莫须有的，而且即使有，也仍然对生活没有意义。对生活的反思根本无需通过各种神秘的、超越的和宗教的设想，而只需一种相当简单的方法，即存在目的之比较。很显然，当不再有"更进一步"的根据，那么就只剩下"在旁边"

的东西可以比较了。于是，“做人意味着什么”这一问题就等于是在提问“做人是如何区别于做另一种东西的”。这其实是一个古老的问题，按照中国古人喜欢使用的比较角度，就是试图发现做人是如何如何“异于禽兽”的。假如这种最基本的朴素的问题尚未被解决，思想就是盲目的。

关于生活和人的理解有两个典型错误：其一是只关注人与其他东西在形态学上的差异，而又以为无论什么东西在目的论上的存在意图都是一致的，例如，以为人与其他生物都无非是为了利益而生存（正如俗话所说“人为财死，鸟为食亡”），无非都是生存的“自然状态”，所谓的区别只是表现为人的生活是“政治性的”。这等于说，其他生物以直接的野蛮的方式追求利益，而人只不过以“文明的”（其实就是虚伪的）方式在追求利益，那么，人的生活意义就等于虚伪地谋利。按照这种观察方式，人类社会只不过是稍微高级的动物界——不过可悲的是，现代文明的确正在努力让人退化成高级人猿（职业化人猿、博学人猿、技术人猿、体育人猿、商业人猿等等），这些高级人猿除了掌握更多的无聊信息和技术以及各种有害的标准之外，感情、精神和创造性都在退化，现代社会就像是制造这类人猿的大工厂。其二是为了使人看上去稍微高尚一些，于是便强调社会学上的差异，以为人的生活意义就是按照伦理规范而生活。如果人所追求的高尚形象无非是规范所提倡的形象，那么又怎么能够知道这些规范本身是否高尚？以规范为根据实际上就是放弃最后绝对根据的虚无主义，就是试图以规范这种本来是人化的形式反过来把生活非人化，其结果同样是走向某种高级人猿社会。而这两种关于生活的错误理解正是现代社会的本质特征，现代社会是这样一个单调游戏：以金钱作为唯一的竞争目标，以标准化的规章制度作为游戏规则，只要不违反规则，那么任何最丑恶最恶心的事情都是合理的。各种没有得到最后审问的规则、规范和标准成了所有堕落、庸俗、简陋和罪恶的合法化理由。

利益和规范是人们遗忘生活的两种方式。与此相关的两大伦理思想——功利主义和规范主义——从不同方面鼓励了人类生活的异化，鼓励人们舍本求末。利益和规范相对于生活目的来说永远只能是手段。从深层上说，利益和规范有着某种同源性，都与对他人的漠视或敌意有关。利益的观点必定要求在追求利益时总是并且仅仅谋求个人利益的最大化，这在逻辑上就意味着尽最大可能地最小化他人获得利益的机会，因此，“经济人”或“个人利益最大化者”的本质就是“与他人为敌”；而规范的观点虽然表面上好像是在要求合理的行为，实际上却往往是试图限制他人，是为了让他人仅仅和自己一样而不要超越自己所喜欢的游戏规则。利益观点加上规范观点，或者说，功利主义加上规范论，就是小人加上庸人，而这也就是现代社会所批量生产的人——现代社会的特点就是它不仅生产标准化产品而且还生产专门喜欢标准化产品的人。所谓“现代人”就是失去生活目的之人，是仅仅为利益活着的人，也是因此而敌视他人甚至漠视他人的人。个人主义在争取和保护个人权利上无疑有着重大意义，但其副作用却使“他人”贬值。漠视他人不一定是敌视他人，而是心中根本没有他人，是无视他人，这比敌视他人还要糟糕，因为敌视他人至少还与他人有某种坏的关系，而漠视他人则是完全孤立自己同时孤立他人。这就是为什么现代人如此孤独的原因，而“孤独是可耻的”。现代人如此追求“物”而漠视“他人”，却不知生活的几乎全部意义、价值和幸福都不得不落实在“他人”上。离开他人，生活就完全没有意义，生活将一无所获。现代伦理学几乎不懂这个目的论问题，正如我们所能够看到的，如果说经济学说的是如何斤斤计较的策略和如何损人利己的策略，那么，现代伦理学的基本工作就是思考如何才能显得是“正当地”去与他人斤斤计较、去争夺各种“属于自己的”权利、如何去和他人划清界限、如何不让他人占便宜，以及如何损人利己。现代人在权利上的成功是以失去生活意义为代价的。

人的存在就其存在论承诺而言，他与其他生物在追求快感经验这一点上是完全一致的，所以行为主义心理学才有可能根据这一趋乐避苦原则来研究人的行为，而功利主义（以及其他可以统称为结果主义的理论）也试图以快感经验作为价值的根据。但是，人们真的就能够满足于快感经验吗？从人们各种各样复杂的烦恼可以看出，事实并非如此，快感太容易获得，而人又如此难满足。只有人才能发现坏的生活是不值得过的，所谓“行尸走肉”、“生不如死”、“宁死不屈”、“视死如归”等等。通过比较可以发现，人的生活（life）与其他生物的生存（survival）真正具有决定性的区别之处就在于人的生活是创造性的，只有创造性才能使人的生活具有不可还原的意义，才能使生活超越生存。创造是创造者唯一自足的目的（这一点上人与上帝相似）。由于人是集体性的存在，所以人需要社会制度包括各种规范在内来保证进行创造活动的现实可能性。但是社会规则的意义必须以好生活为目的。如果一个社会有利于发展创造性则是一个好社会，是一个为人着想的社会；如果相反，则是一个异化社会。剥夺生活创造性和自由的方式最终不是人的专制，而是制度的专制。以标准化、规范化和量化管理为目标的官僚系统、全面商业、庸人规范、刻板教育、商业民主等等通过把社会变成机器从而把人变成可以随便替代的任一零件，让人完全“长得跟教育似的”（王朔语）。人所以失去创造性、自由、激情和灵性就是因为人的现代化、商品化和标准化。

创造性冲动是每个人的天然冲动，所以它是普遍必然的人生目的。各个人所想做的事情的确因人而异，但不管每个人想做的是什么事情，他都力图使“做”这一活动本身成为有创造性的。这就是为什么我们不可能从所做的“事情”而只能从“做”的方式中发现生活的目的。对于每个人来说，每一件事情都是一个可选择的对象（人各有所好），但是创造性的生活却不是选择的对象，而是普遍一致的目的。如果一个人缺少创造性的生活，这决不是由于他不想要创造性的生活，而是由于标准化的社会剥夺了创造性生活的机会和条件。人生来是创造性的，就像人生来是自由的一样。其实，创造与自由是一致的，没有实现为创造的自由只是一种免受约束的自然状态，只是闲置着的创造性，甚至可以说，自由只有被用来进行创造时才真正生效，否则就只不过是没有被动用过的可能性。没有用处的自由，空洞的自由，仅仅作为权利的自由又有什么意义呢？所以说，创造性的生活既是人存在的目的，同时也必定是人的意愿。

与通常夸张的不同，创造性生活其实是非常平易的生活。思想上或艺术上的天才式的“伟大”创造只是创造性生活中极小的一部分，而且很难说就真的比日常生活的创造性更伟大。人的创造性可以渗透在生活的每一方面之中，无论是爱情、友谊、家庭生活、养育子女还是劳动、交往、说话和工作，这些能够充满生活空间的日常创造才是最重要的（那些伟大的艺术和思想多一些或是少一些并不真正要紧）。

6. 价值论证

由于一个伦理判断不是一个可以证实（或者证伪）的事实命题，

所以价值论证必须与知识论证有所不同。当然，价值论证并不需要特殊的逻辑，但在逻辑之外仍然存在着另一种技术问题，即前提的可靠性问题。

前提充当着“理由”。理由必须是普遍必然的而不能是相对主义的。相对主义有着两处致命的缺陷：第一，相对的理由必定退化为代表某种利益和趣味的立场，因此只不过是重复了实践中的难题而根本无助于解决难题，所以相对的理由是无用处的；第二，相对主义本身在逻辑上不成立，因为承认相对主义原则意味着这一原则也必须被相对地理解。

现在我们讨论普遍必然的理由是如何可能的。通常有三种不恰当的论证，例如对于“偷盗是不正当的”这一伦理判断，可能会这样被论证：

（1）偷盗是不正当的，因为一个人在未经他人同意的情况下占有了他人的财产是不应该的；

（2）偷盗是不正当的，因为这是规范所不允许的；

（3）偷盗是不正当的，因为这种行为损害了他人的利益。

在论证（1）中，所给出的理由实际上只不过是对偷盗进行了解说，不能构成价值判断的理由；在（2）中，所给出的理由只说明了一种现实情况，同样没有构成“偷盗不正当”的理由。（1）和（2）都属于离题论证。至于论证（3），表面上看起来合乎要求，但实际上所给出的理由隐含着一个未经证明的原则“损害他人利益是不正当的”。我们必须意识到，虽然几乎所有正常人都认为损害他人利益是不正当的，但这一原则并不因此就无须证明。论证（3）并不是一个错误论证，但却是一个不完全的论证。为了构成完整的论证就必须不断探求更深的前提，由此可见，价值论证与其他种类论证一样都依赖着有限的某些最终的前提，这些前提必须是显然可靠的。

按照前面的分析，要使得价值论证的前提是可靠的，它必须满足（1）它是一个价值真理。很显然，除了真理，其他观念缺乏足够的必然性，我们可以接受也可以怀疑任何一种意见，缺乏足够的必然性的观念就注定弱于怀疑态度，也就不可能具有普遍性。非真理性的价值原则恰恰是无价值的。（2）它所表明的是一种自足价值。假如一种价值不是自足的，那么它就不是足够基本的，它不得不由于有利于另一种价值才成为一种价值，这样它就是派生性的。而只有自足的价值才是原生性的，才能够充当绝对前提。根据以上这两个条件，只有目的论命题适合作为价值论证的绝对前提，因为一种存在努力进入某种对自身好的状态，这显然是个充足的理由。

可以与其他一些分析方法略作比较。许多伦理学家相信价值论证的绝对前提可以通过定义的方式来给予明确，即以一个陈述性句子（事实语句）来替换价值判断。这种经验主义的想法虽然貌似公正，其实并不可行，因为事实真理虽然有力，但解决不了价值问题，它将面临由事实判断不可推论出价值判断这一著名的难题。假如非要坚持以事实来推论价值，则必定会导致一些非常实际的困难。例如把“好”定义为“欲望的对象”，假定这一陈述化的定义蕴涵“我应该获取所欲望的东西”（这听起来似乎无可非议），那么，也就可以进一步蕴涵“我应该获取他人的财产”（他人的财产显然是人们大感兴趣的东西）。可以想像大多数人会因此发生不可收拾的冲突，这时无论如何再也无法推出谁应该和谁不应该怎样做才是好的，比如说无法推出实行强权比较好还是让步比较好，因为总能够找到某种理由把某种“想要的东西”说成是“应该的”。

另一些伦理学家采取的立场几乎是相对主义的立场，他们相信价值判断只不过表明了一种情感态度，只不过是劝告或建议，除了偏好并无普遍标准。这样实质上不可避免地鼓励了宣传和欺骗。所谓“各有所好”一方面是用来反对和消解别人的权威和权力，另一方面则要求推广自己所好，以便使自己所好在社会中增值。这样，所谓“好”的确认也就似乎取决于欺骗性推广的水平，也就是宣传、公关和广告水平。这种所谓的价值语句永远弱于怀疑的力量，而且根本无法说明为什么要通过欺骗而不是通过强权来推行所持的价值观，就是说，假如欺骗是合理的，那么，强权必定同样是合理的。事实上，欺骗和强权都是相对主义原则下的占优策略，如果承认了相对主义，那么，不去欺骗，不去压迫，不去征服，就只能等死。这里可以看到，像相对主义或者多元论这样貌似开明温和的原则其实暗含着非常危险的结果。

另有一些可以说是比较慎重的伦理学家认为价值判断虽然不是相对的，而且也无法以事实语句来表达，价值是某种几乎说不清的性质，但是人们有着关于价值的直觉知识，也就是说，一件事情好不好几乎是自明的（self-evident）。这样的思路可能比较真实，但仍然有严重困难，它虽然回避了伦理学上的困难，却卷入了知识论的困难。“自明性”是一个难以确定的观念，很多情况下并不能确定一个东西算不算自明的。即使我个人具有某种笛卡儿式的“清楚明白的”直觉知识，我也无法由此保证每个人都具有这种直觉知识，也无法由此推断每个人都具有这种直觉知识，自明性的普遍必然性几乎是一个幻想。因此可以退而寻找“显明性”（evidence）而不去指望“自明性”，就是说，某种事情就其本身而言，是确定无疑的，是明摆着的，但是不能保证它总能够相应地导致所有人“清楚明白的”直观，但是，既然它本身是确定无疑的，那么，必定存在着关于这种确定性的现成可得的（available and accessible）的证据，这些证据经过分析可以被证明是明确的，因此不能反对。显然，伦理学论证同样需要知识论的支持。可以看出，仅仅去回避伦理学上的困难不等于解决了这些困难。像摩尔那样认为“好”如同“黄色”一样是一种“简单可知的”性质，因此人们理应懂得，这样的知识论推诿无非是一句典型的空话，是糊弄问题而不是解决问题。我们所需要的是把“好”明确地、正面地指出来。相比之下，以目的论为根据的价值理论有着更多的理论优势，正如前面已经论述的，目的与事实是相容的，目的虽然未必是事物本身的事实状态，却是一个事物所以有意义的必然的“存在之势”，这使得目的具有绝对性；但目的又比事实更丰富，它是事实的未来，是有利于事实自身的发展方式，这意味着超出事实概念的价值性质。这里有一个由存在向价值转换的结构：一个存在的未来状态成为了这个存在的一种价值；而且，这种价值理论不会卷入知识论困难。虽然好的感觉是一种冷暖自知的直接感受，但却不是必然的，而合目的性的行动方式却是普遍必然的某种方式，其普遍必然性可以由这种行动方式所必须满足的客观条件显示出来。

确定了以目的论命题（X means to be…或 X is meant to be…）作为基本的价值真理，就不难构造一种具有普遍必然性的价值论证方式。由于伦理学关心的是实实在在的生活问题而不是纯粹想像的或纯逻辑的可能世界，所以，价值论证必定是一种包含有事实命题的混合论证，其一般形式是：

（1）A 意味着目的 a，并且

（2）实现 a 需要满足条件 B、C、D……

（3）B 意味着目的 b，并且实现 b 需要满足……

C 意味着目的 c，并且实现 c 需要满足……

D 意味着 d，并且……

可以看出，(1) 表达了基本价值真理。(2) 则是事实真理，在 (2) 中，B、C、D 之类就其本身而言是无价值的，即不具有自足价值，但由于有利于基本价值 a，因此也就被赋予了价值。

Ⅲ. 道德的维度或生活的维度

1. 行动与行为

根据前面的分析，已经获得这样一些重要结果：

（1）价值问题并不是规范问题，或者说，什么是“好的”不同于什么是“应该的”。由于“好”是更加基本的，所以，如果不以关于“好”的意识为前提，所谓的“应该”便是空话。以规范作为价值判断的根据就等于放弃任何根据。规范自身的这种无根性决定了规范判断不可能是价值判断，而只是关于如何“照章办事”的标准化审查。这两者的混淆是现代伦理学的一个典型性错误，有一个原因，现代社会的一个基本性质就是社会生活的所有方面的标准化，无论是生产、商业还是教育，无论是国家制度还是公司制度，无论是产品还是人。把所有存在都加以标准化使得统一管理、通用计算和全面审查成为可能，这是现代效率的基础。但是这种“数字化”管理虽然有效率又比较平等，但无论是效率还是平等之类，都至多体现了形式上或者程序上的合理性，却根本没有涉及生活的实质或内容方面的价值，因此，我们只能知道不管做 x 或 y 都应该遵守如此这般的规则，却不知道为什么要做 x 或 y 而为什么不做别的什么，也不知道 x 或 y 或者别的什么到底是好的还是坏的。现代性是一个盲目的、不负责任的社会程序。

（2）价值问题也不能还原为事实问题，虽然价值问题是在事实问题中生长出来的——这一点决定了价值判断与事实判断的相容性。但价值问题比事实问题要丰富得多，价值判断是演变扩展了的事实判断，是关于未来、理想和最好状态的想像——这一点决定了价值判断与事实判断的相异性。由于价值判断是事实判断的创造性扩展，所以价值判断不可能被还原为事实判断。追求那种不可能实现的还原只能是野心勃勃的科学主义的幻想。就像精神不能还原为物质，理想不能还原为现实，价值也不能还原为知识。

(3) 价值判断在本质上总能够表达为目的论判断，或者说总能够改写成目的论判断。如果一个目的论判断能够指明一个存在具有自足的目的，或指明一个存在对某个自足存在具有必要意义，那么它是一个价值真理。对于人的生活来说，只有人道目的论才是具有实质意义的目的论。

传统的事实判断与规范判断的断裂对立，即 to be 和 ought to be 的二分法注定了伦理学的各种流行的困境。由事实判断的确推论不出规范判断，那种企图把规范判断还原为事实判断的科学主义幻想实际上是在忽略人类生活独特性质时看上去才是可能的。可以考虑这样一种典型的科学主义的行为主义还原，它把遵循规范的行为改写为"如果这样做（不这样做），我将得到奖励（惩罚）"。按照这一形式，一个法官是否可以为了获得巨额贿赂而进行不公正的裁决呢？就似乎很难说了。也许科学主义者会辩解说，法官通常不至于进行这样愚蠢的冒险，而且公正的裁决会给法官带来名声和荣誉（假定从长期来看这是"更大的"奖励），那么这是否意味着，法官可以一方面以保险的方式收取贿赂（比如说既无证人又无收据，或者干脆杀人灭口），另一方面进行公正裁决，从而获得物质和精神的双份奖励？如果要进一步辩解，认定法官不会这样坏，就会需要诸如"良心"之类的不清不楚华而不实的理由，而且，这些理由还是已经事先就被还原掉的，已经变成了对"奖励"的冲动。科学主义的还原在其还原过程中损失过大，以至于无法复原本来面目，这样，还原就变成了削足适履。还原只有在能够保证复原的条件下才是合格和有意义的解释，这就是还原的难处。另一方面，规范也不可能来自某种纯属假想的"更高的"精神境界，就好像是神的命令。去假定存在着某种能够容纳任何困难的神，这种一俊遮百丑的做法是宣传、推销和欺骗的上策，却是理论的败笔。这种假想的成功依赖着大家的信念而不是理论的力量，一个人有可能被说服相信某种东西，也同样有可能怀疑它，假如不依靠维持甚至加大宣传和欺骗的力度，信念总是很容易被怀疑的。任何一种信念在思想上都弱于怀疑的力量，这一点决定了我们不可能平白无故地由于倾听到某种规范的倡议就接受它，也不可能莫名其妙地为规范而规范，这不是在游戏，因为生活是根本大事，人们不得不严肃对待。特别值得注意的是：

规范作为一种约束，它必定迫使我们的自由本性做出某些让步，出让某些权利、权力和利益，如果不是因为规范所带来的好处大于规范所造成的损失，人们绝不可能需要规范。这就是为什么要强调规范就其本身而言是没有道德价值的，人们只是策略性地同意了规范。

如果坚持以 to be 或 ought to be 的二元角度去思考人生，就等于准备选择狭隘的、歪曲的、市侩的观点或者选择离谱的、可疑的、迂腐的观点。这是一种不合理的二元选择，就好像要人在贪污或欺骗之间进行选择。只有基于这种断裂的二分法才会有所谓“野兽加天使”之类的陈词滥调。规范判断不能由事实判断推论出来，但规范却是在事实中产生的，所以，规范的基础必须是一种不同于事实却又与事实一致的另一种判断。经过重新定义的价值判断——以 to be meant to be 为形式的目的论判断——显然是联结 to be 和 ought to be 的另一种基础性判断。

从目的论的角度来分析，人生活动有两个原则：行动原则和行为原则。行动（action）和行为（behaviour）在现象学描述中都无非是有意向的操作，但在目的论中却有着根本的区别。一个活动，如果它表现为以可能的方式去达到某种结果，那么它是一个行动；如果表现为以被允许的方式去行动，则是一个行为。可以说，一个行为就是附加了规范意义的行动。例如，以最好的配方制造一种药品是行动，以合理的价格或以不合理的价格出售药品是行为；尽最大努力去踢一场球是行动，以正当的方式或通过贿赂裁判去赢球则是行为。如此等等，可以看出：

（1）行动原则是一个质量原则，它要求的是合目的性：做 X 就是做 X 所意味着的事情，否则就不是 X。这是一个比“应该还是不应该”更为基本的原则。对于“应该还是不应该”的问题总有狡辩的余地，而对于目的论原则却不存在这样的余地。而行为原则却是一个标准化原则，它要求的是合乎规范：做 X 就是按照规范 N 去做 X。合目的性几乎意味着追求卓越德性（virtue），因为“所意味的事情”总是尽量好的事情。而标准化几乎意味着平常的要求，因为“人人一样”的事情总不会太好。康德曾经试图把普遍化的标准提高到“绝对命令”的地步，康德所设想的行为原则在形式上已经足够完善了，但是却没有考虑到“集体堕落”的可能性，在失去了高贵的德性和伟大的理念的社会里，人们非常容易形成集体堕落，而且不参加堕落都不可能，集体堕落完全可以形成某些非常恶心的普遍标准和规范。所以，仅仅考虑形式的合法性，对于社会和生活是远远不够的。事实上，现代的万物皆商的普遍标准已经形成了人类的集体堕落（可以考虑马克思等对人的异化的批判）。

（2）行动原则是一个自足原则，尽管事实上人的行动经常是涉及他人的，但行动的意义首先却在于“为自己而做”，或者说“做给自己看”。但这在本质上有别于“慎独”原则，慎独意味着在没有他人在场时，自己充当一个他人来监督自己笃守某种所接受的规范。行动原则却意味着把自己的事情做得使自己满意。显然，自己按照理想去做事，要比自己监督自己的行为的境界要高一些。自我监督，强迫自己不做坏事，仍然意味他偷偷觉得还是坏事更有魅力，只不过又觉得不应该做坏事，这样的心灵就还没有达到自由的地步。只有自己真心喜欢做好事，心灵才是自由的，才会有无负担、无压抑的幸福。在这里，雷锋似乎是个幸福的例子，当然我们必须假定雷锋确实是像我们听说的那样生活着的。与此不同，行为原则是一个让步原则，它意味着“做给别人看”（包括慎独情况），把一件事情做得让别人满意，而做得让别人满意的目的是为了别人也能够对自己有好处。所有的伦理规范都具有相互性（reciprocity）的性质，就是互相有利。互相有利固然是好事，但首先必须对自己有某种明确的生活要求，有关于人的理想，否则，“互相有利”就可以蕴涵任何坏事。

由于人类存在表现为自由个体的行动以及个体间的合作行为，所以，行动原则和行为原则都是不可或缺的。可是这两个原则之间存在着矛盾——自由与让步注定是相互矛盾的，看起来这里有一个何者优先的问题。不过其中的优先性不可能从实践中直接看出来，因为在实践中这两个原则几乎同等重要。人们早就意识到这样两个基本事实：一方面，每个人都追求属于自己的幸福；另一方面，每个人又都只能在人际关系中去谋取幸福。前者导出了行动原则，后者则导出行为原则。从这两个不可分的事实中找不到解决矛盾的途径。所以伦理学不去分析在事实领域中哪一个事实更重要，而是分析在生活意义领域中哪一个事实更重要。

既然行动原则和行为原则在事实上同等重要，这一性质构成了一个天然的限制，即我们在考虑这两个原则在理论上的优先性时并不是站在某种立场上为某一原则作特别的辩护，而是考虑在这两个矛盾的原则中哪一个原则蕴涵着消解矛盾的可能性，或者说，在哪一个事实中隐含着消解与另一事实的矛盾的可能性。

行为原则缺乏产生这一消解力的能力，因为制定规范——无论是独裁地还是民主地去制定规范；无论是以神命为借口还是以民众为借口——无法克服其固有的盲目性。如果可以盲目地制定某种规范，也就可以同样盲目地制定另一种与之相反的规范。根据规范，我们并不可能因此知道这种规范所塑造的生活是否就是我们所可能获得的好生活。事实上规范总是随时代演变，甚至干脆表现为时尚，在愚蠢地追随愚蠢的时尚过程中，许多人被塑造成只活给别人看的人。由于行为原则缺乏证明自身的能力，我们最终只能求助行动原则。

行动原则的优势在于它直接是一个合目的论原则。只要一个行动是合目的的，它就一定是有意义的并且引起幸福感。即使站在行为原则的立场上去看，行动原则的优势仍然是明显的。如果一个人连他想做的事情都做不好，那么，他想做却做不好的事情是否合乎规范实际上就变得相对不太重要。如果一个人自己都没有自尊，甘当奴才和小人，拍上欺下，卖主求荣，卖国求利，那么，别人是否应该尊重他，就不是重要问题了。如果一个人不在乎自己的生活是否体现了人的意义，那么他也不太可能在乎别人的生活是否有意义，他必定是个漠视他人的小人。也许按照现代流行理论，即使是一个无商量的无耻小人，大家仍然"应该"尊重他的人权。首先这样的人权理论是成问题的（在此暂不讨论），即便这样的人权理论是可以接受的，在面对无耻小人时，恐怕人们也想不起这样的人权要求，无耻的面目直接地、无条件地令人鄙视，人们想都不用想就会去鄙视他。这样的人性情感关系几乎是"先验的"（transcendental）——当然，把情感关系模式看作是先验的，这与通常的哲学格式有些不同，但哲学可能一向忽视了情感关系其实是与思想规律一样无可商量而普遍有效的这个事实，思想规律和情感关系同样是决定生活的基本条件，因此，在考虑各种问题时，不可以忽视情感关系的这一基本变量。现在流行的人权理论就是忽视人类给定的情感关系的坏例子。

甚至我们还可以发现，如果一个人只按行为原则行事，即盲目地遵循别人所要求的规范，那么，他对规范的服从也就变得不重要——因为反正他总会遵循规范，一个完全奴化的人遵循规范只是理所当然的而不是有价值的举动。总之，如果一个人在行动上是无自足价值的，他在行为上也就没有价值；如果一个行动是无价值的，这个行动就不会是一个有价值的行为。

其次，行为上的有罪总是小于或至多等于行动上的有罪。也许在某些地区，离婚被看作是在行为上有罪的，在另一些地区自由离婚则是合理的行为，可以说，行为上的有罪通常是偶然约定的，所谓约定俗成，或者说是长期社会博弈的结果，除非它同时恰好在行动上也是有罪的，否则就不是**就其本身而言**的必然犯罪。有些事情本身就是坏的，另一些事情却是被规定为坏的，这两者必须有所分别。就像中国古人相信的，有些属于人情的事情是万世不移的，但有些人为的事情在有正当理由的时候就可以移风易俗。这里有一个值得说明的重要问题，从纯粹的理论合法性上说，人们是因为共同认可了某种规范才构成了一个集体，而不是因为先给定了一个集体，然后大家不得不认可某种规范，这个先后顺序非常重要。人们不会莫名其妙地组成一个集体，然后无所谓地承认某种规范，并且以后就盲目地遵循这个规范。除非是被强制成为这个集体中的成员，否则，一个人只有当自愿认可了某种规范后才成为某个集体中的一员，就是说，人必须有选择加入或退出某个集体的权利，必须有着判断某个集体的合法性的权利。于是，行为上的有罪表现为一个人认可了某种规范但却又故意违反了这一规范，这意味着这个人只希望别人遵循规范，而自己却具有豁免权从而获得额外的利益。但如果一个人本来就不认可那种规范，而且既不承认也不冒充是这种规范的接受者而因此从那个集体中获得利益，那么他的行为对于那种规范而言就不是有罪的。

这种对行为原则的批判也许会使人担心失去对道德犯罪的约束，但这种担心是多余的，因为行动原则能够提供比行为原则甚至更强的道德约束。道德犯罪从根本上说是在行动上或者说在目的论意义上的犯罪。有的时候，犯罪看上去好像是对某种规范的违背，但假如违背这种规范的活动是的确有罪的，那么这一行为规范必定恰好与行动原则相一致。例如偷盗之所以是道德犯罪，并不在于因为它违背了“不许偷盗”这一规范，而是因为它违背了获得财产的行动德性。获得财产的正当行动意味着做出劳动和贡献。但是假如一个行动违背了某条规范，并且这条行为规范与行动原则并不一致，那么，这个行动就只不过是犯规而已（这只是微不足道的错误），就像足球比赛中的手球，虽然要受罚，但不是道德问题。想像某社会

（例如中国古代社会中后期）可能规定“不许自由恋爱”，这一规范显然缺乏目的论意义和根据，破坏这样的规范就不是道德问题，而只是不被允许的另类行为。各个社会都有一般人不喜欢的另类行为，另类行为不是道德罪行。

于是有这样两个结果：

（1）任何一个有价值的活动，首先必须是一个有价值的行动，然后才有可能同时成为一个有价值的行为；

（2）一种行为规范如果具有普遍的合法性，当且仅当，它能够为行动的合目的性所证明。

这就意味着，行动原则蕴涵着合目的的行为原则。由于我们只承认能够与行动原则相一致的那些行为原则，于是，我们所设立的行为规范，我们所做出的任何让步，都必须尽可能有利于自由行动才是有意义的，这样就有可能消除各种规范之间的争端，又消解了自由与限制的冲突。现在，问题已经超越了规范，进入伦理学问题的更深层次，但仍然什么问题也还没有真正解决，可以说，这里所取得的进展仅限于澄清了价值判断的性质，即说明了价值判断不是以主观解释为根据的规范语句而是以目的论为根据的价值真理。但是，不难注意到，原来以规范的冲突形式所表现出来的种种伦理学难题将转变为以价值的冲突形式在目的论层次中表现出来，不过，在目的论中解决这些难题是有希望的（我们已经知道在规范论中根本无望解决这些伦理冲突），因为目的论的解决不再是为某种立场的蓄意辩护，而是力图发现不属于任一立场的真理。

2. 自由的实质化

全部伦理学问题都起源于人的自由。假如人本来就没有自由，人的活动就只是盲目遵循自然规律和行为规范的活动。这种盲目性不给予伦理学问题得以产生的任何机会。严格地说，自由并不是一个伦理学概念而是个存在论概念，显然，说“人应该是自由的”，这种软弱的说法似乎暗示着我们也许可以找到另一种理由来断言“人不应该是自由的”。自由是一个前伦理学概念，它是一个作为伦理学基础的一般哲学概念。

在前面我们曾讨论到人的完整概念是以含有存在论承诺和目的

论承诺的形式表达出来的。这已经表明了人不仅是一个自然存在而且是一个自由存在，所以当说到“存在着某个人”，这个人就被假定为一个自由人。对于这个人来说，他的存在和自由是不可分的。如果把自由看成是某种价值，这仍然是对自由的贬低，因为“某种价值”听起来好像是能够有最好但可要可不要的东西。这样谈论自由，恐怕不够严肃。自由是人必须具备的性质，所谓人的存在就是自由的存在。自由和存在一样都是各种价值的前提，所以人们一直把剥夺生命或自由当成是最严重的惩罚——剥夺生命就是不让活，而剥夺自由就是不让生活。由于自由和存在都是人的基本条件，所以自由和存在就其严格意义上说都不是可以争取的东西，诸如“对自由的追求”之类说法都是错误的表达，这种表达把自由弱化为某种也许值得追求的理想。我们只能保护自由或夺回自由。只有在拥有自由的基础上才能追求各种值得追求的东西。什么是值得追求的东西，或者说什么是好的东西，都会在人的自由状态下变得明显清晰起来。但是非自由状态则导致价值的晦暗性，在非自由状态中我们很容易把某些手段误以为目的，例如坐牢时便会把自由当成追求的目的，贫穷则想发财（坐牢和贫穷是剥夺自由的两种典型方式）。一个人拥有多少自由就拥有多少创造好生活的机会。人们为自由而斗争，所争取的直接结果只是创造好生活的机会但还不是好生活本身。所以说，自由本身不是价值，但却是价值的前提，是各种价值的必要条件，所以比价值更重要。

人生来是自由的，但什么是自由却是一个问题。自由必须被实质化地理解，否则没有意义，就像存在必须理解为具体的存在，抽象的存在或抽象的自由都是荒谬的。自由不是空洞的自主自决的可能性，也不是仅仅免除了种种约束的被动状态，所谓 freedom-from，而必须落实为一些实际权力（power），于是，自由必须实现为作为一个人的“主权”的权力，就像一个国家有着它的主权一样。鼓吹自由最为有力的自由主义者（包括海耶克和伯林在内）其实在某种程度上误解了自由，在关于自由的不太正确理解中去高扬自由，反而适得其反地贬低了自由。自由具有**两个方面**，而不是像通常所说的那样有**两种自由**，这是正确理解自由的关键。按照自由主义理论，一般地说，自由有两种：消极自由和积极自由。消极自由是免于受到他人尤其是政府或类似权力机构的干涉，所谓 freedom-from，具体表现为流行意义上的各种保护性的人权项目。简单地说，消极自由要旨是保护个人权利并且抵抗集体权力的自由；积极自由则是获取某些利益或者实现某些目标的自由，所谓 freedom-to，主要表现为各种参与性的社会权利，于是，积极自由往往用于实现人类性或社会性的成功和理想，因此就往往表现为权力结构。消极自由和积极自由的两分法现在已经成为关于理解自由的经典模式，它非常清楚地区分了两种自由，不过有个可能会导致严重的误解的遗留问题。当把自由理解为两种，就在逻辑上暗示着存在着两种关于自由的问题，这一点与自由的事实并不相符，因为这两种自由在现实中总是交互作用着的，不可能分别地去理解和分析，尤其不能各自去解决，因为一种自由往往是另一种自由的必要条件，就是说，其实只存在着一个自由问题，而不是两个。因此，两种自由其实只是自由的两个不得不在一起被理解的方面。

自由首先总要表现为权利（rights），但是权利只是自由的逻辑形式，是自由的合法性表述，却还不是自由的实质。仅仅表现为权利的自由仍然是尚未实现的自由，是个 not-yet，只有落实为事实的自由才是真实的自由。可以说，作为权利的自由只是“说出的”和“听到的”的自由，却还不是“在手上的”自由。说了或听了有某种自由，不等于真的有了这种自由，只有拿到手的才是自由。这种区别相当于知识论和存在论或实践论的区别。权利必须实现为权力，才是被“充实了的”（fulfilled）的自由，从权利到权力必须是一条连续的线，所以 freedom-from 如果不同时匹配着某种 freedom-to，就根本没有意义。比如说，有个权利宣布说“一个人如果没有做违法的事情，就有免于被逮捕的权利”，但是这样是一纸空文，完全可以想像到许多情况可以随便破坏这种权利，不管是在专制社会还是在民主社会，强权、金钱加上不可避免的法律漏洞，总有办法把某人搞成有罪的或者没罪的——假如真的需要的话。真正能够保护一个人的自由的不是权利而是权力。权力是权利的实现方式，是权利的完成状态，如果不实现为权力，权利就是没有完成的目标。

尽管从学理上说，消极自由和积极自由都是思考自由问题时必须考虑在内的因素，但据说积极自由非常容易被专制政府所利用，因此声誉较差。这种政治上的担心或多或少影响了学理上的公正。其实，即使在实践上，积极自由也是任何一个社会（包括“合格的”自由社会）所不可能缺少的自由，就是说，消极自由从来无法构成完整意义的自由。例如，选举权或者投票权（rights to vote）是所有自由社会都需要的，至少这种自由经常被假定为保证各种消极自由所必需的条件，可是它本身却不是消极自由，而是一种积极自由，这一点表明积极自由往往是完成和保证消极自由的条件，所以消极自由不可能被单独地理解和实现。通常，消极自由的各种项目被认为是自由中“首要的”，而积极自由被看作是相对次要的，但是，在自由问题上分出等级排序是相当荒谬的，因为各种自由往往互为条件。除了选举权，我们还可以举出其他许多显然也属于积极自由而又如此重要以至于不可贬低为次等的自由项目，例如，获得基本生存条件的权利、受教育的权利、获得医疗和健康环境的权利、获得健康食品的权利，乃至享有阳光、清洁空气和水的权利等等。没有任何理由能够证明这些积极自由为什么不如消极自由重要，相反，倒是有某些理由可以证明那些作为积极自由的生存权利比各种政治自由权利更基本、更重要——当然，严格地说，各种自由权利都一样重要，它们是“自由”这一整体的必要部分。[①]

消极自由所以比较容易被肯定，是因为它容易得到普遍承认（至少大多数人对“免于”各种干涉都有兴趣），尤其是在实践上比较容易做到普遍的和相对公正的权利分配。消极自由**本身**是容易的，也是比较廉价的（这一点非常重要），相比之下，积极自由的成本要高得多，但积极自由也更具实质意义。简单地说，消极自由的好处比较“虚”而积极自由的好处则比较“实”。正因为积极自由更具实质性意义，所以涉及着许多非常难以处理甚至至今没有办法处理的难题。通常贬低积极自由的一个似乎有力理由是，它容易为专制政府所利用而变成奴役人民的手段。可是，积极自由本来就不可以单独使用，就像消极自由不能单独成立一样。它们必须构成一个互相支持互相制约的整体结构才是有意义的。所以，把自由拆成“两种”，这在事实上和理论上都容易导致对自由的误解。如果把消极自由和积极自由看作是一个事情的两面，则更能够合理地理解。如果按照中国关于任一社会事实的传统分析模式——“名/实”模式去分析，则可以看出，消极自由之名往往需要积极自由之实来使之成立，即一种属于消极自由的权利总是需要某种与之配合的权力来使之成为可能；得不到保障的权利形同虚设。比如说，属于消极自由的权利可以这样分析：我确实拥有“别人不能非法使用我的私有财产”

① 可以参考经济学家森（Sen）的理论，他分析了许多积极自由的必要性和基础性。

这一权利，当且仅当，存在着某种制度力量或者个人/集团力量，它使得有效保护这一权利成为可能。

我们已经看到，关于自由的问题，一直存在着难以克服的混乱理解。自由问题既有着政治背景又有伦理学背景，还有着存在论背景，而这些作为背景的理论本来就有着根深蒂固的各种困难，它们之间又有着交叉解释、循环解释的关系，人类数千年来一直以整个生活实践在探索一个关于自由的合理安排，仍然没有令人满意的结果，可见自由问题的难度。自由是各种价值的存在论前提，可是同时它又总是由各种价值观所解释，这一循环多少是悖论性的。这一悖论状态背后有一个深深隐藏着的，或者说往往被有意无意掩盖着的问题：自由必须是实质化的自由，否则自由就不足以成为好生活的条件——比如说，给一个人免于强权干涉的自由，他仍然有可能根本没有机会和条件过一种好生活，仍然有可能被各种“非强权的”力量剥夺了好生活的条件，甚至连基本生活条件都被“合法地”剥夺。一个充分尊重个人的消极自由的社会完全可以把某些人逼成在实际上没有任何自由的人，比如一个穷人，没有人干涉他工作、迁徙、旅游、购物的自由，可是他**实际上**没有这些自由，甚至没有吃饭的自由。自由是个属于“能力/权力”范畴的概念，而不是一种名义，是“实”而不是“名”，有名无实的自由不是自由。问题就出在这里，“实”的东西都与资源联系在一起，而资源是稀缺的，无论什么资源，物质的或者权力的，都永远是稀缺的，相对于人们的欲望来说，就更加稀缺。只要意识到“自由”的真实所指是“对资源的占有”，就不难理解为什么自由是个难题。

马克思主义设想的共产主义社会指出了对自由问题的一个纯粹理论可能性上的解决，即物质极大丰富到了如此地步，以至于能够“按需分配”，同时劳动就不再是生命的出卖，而是自己生活意愿的表现，所谓劳动成为生活的“第一需要”，这样人人就都自由了。这里尤其深刻的地方是，一个人的自由其实是不可能的，只有当所有人都自由了，任何一个人才能够自由——因为现实世界总是太小，他人总是某人的自由的约束条件，只有当物质极大丰富，也就是相当于世界的无限扩大，人人才能够拥有足够自己伸展的世界，才能有**足够条件做自己想做的事**。可惜这是不可能的，无论如何，一个世界不可能丰富到相当于包含无数个属于各人的可能世界。然而，马克思通过关于这一不可能的世界的想像说明了一个道理：自由问题的解决不仅仅是个政治的解决，而且必须是一个经济的解决。

假如对世界的丰富性要求不要太高，仅仅要求一个相当好的状况，比如像经济学家喜欢设想的，“把馅饼做大”以使得几乎人人都有比较满意的生活条件，这样是否能够形成一个比较好的自由条件？显然这对自由是有利的，但仍然不能真正解决问题，因为，“馅饼”所以似乎能够显得“大”，只是相对于人的基本需要而言，或者假定人的欲望从此不再增长，维持在恒定的需要水平上，这样才能够有意义地说到馅饼“越来越大”。可是事实上人的需要和欲望总是水涨船高，总是与馅饼同步增长，且不说欲望往往增长得比物质增长更快，因此，“经济学馅饼”虽然大了，但可怜的“心理学馅饼”却会抵消经济学馅饼增大的价值。还有更重要的是，人类社会生活的各种指标，除了幸福（这是我们在后面将特别讨论的问题），几乎都没有自足的意义，都是在“比较”的关系中才形成意义的，比如说，我们不能确定什么算是真正的富有，所谓富有，实际上就是“比别人富有”。比较所形成的价值观导致了生活的险恶，由于世界的有限性，在许多事情上（事实上是大多数事情上），拥有某种东西就是意味着让别人失去某种东西，至少失去获得这种东西的可能性。例如冠军只能有一个；总统只能有一个；只能有比较少的胜利者和大量失败者；只能有很少的人能够成为名人（不是有才能的人不够多，而是人们不需要很多名人，还只需要一个冠军），诸如此类，这些真理都是后验必然的（按照克里普克的理论来说），都是社会这个游戏规则所定义的，正是社会规定了许多人只能成为失望的人，否则社会这个游戏就不成立。由心理性的资源稀缺比自然性的资源稀缺更加致命，它能够使得“明明不错”的日子失去意义。

现代通常的理论，无论是伦理学还是政治学或经济学，都过分关注强权掠夺所导致的悲剧，而没有充分考虑到非暴力和非强权的掠夺的严重性，就好像只要避免了暴力和强权，人们就能够获得自由、幸福和公正，其实仍然什么也得不到，一个人即使拥有所有消极自由，仍然有可能被社会或他人剥夺得一无所有。非暴力或者非强权的剥夺是更加彻底和令人绝望的剥夺，因为它据说是合法的，反抗不但不可能而且还失去合法性。马克思的阶级理论虽然有些偏颇，但却是很前卫的批判，它指出了制度化的剥削是与暴力剥夺同样残酷的反自由活动。马克思的社会批判显然深化了人们关于自由的理解，它暗示着，假如不同时考虑如何使自由与社会公正和平等达成一致，那么，所谓自由就只不过是省略了许多必需条件的伪自由。不过，马克思局限于阶级框架去理解人类的自由和解放，这仍然不够彻底，或者说仍然没有能够揭示出“社会”内在结构本身所导致的普遍必然的残酷性：没有什么可能的社会能够达到普遍的自由，社会必须损害某些人的自由——假如不是损害所有人的自由的话——否则社会不存在。这就是自由的困境：如果一种自由不能实质化（权利实现为权力），就等于没有自由；而如果自由实质化了，就又不可能实现普遍的自由（一个人的自由让某些人失去某些自由）。要两全其美是很难的。这个事实是残酷的，但如果为了理论的优美或者为了容易构造理论而无视不完美的残酷事实，那样的理论不可行。

现在我们可以从一个不同于上述的两分法的角度重新理解自由。自由就是某种制度化的力量或者某种集体性的力量所给予的每个人各自的生活空间。这个生活空间不是虚空，而是一个由各种权利以及保证那些权利的权力，或者说是一个由现成可用（available and accessible）的政治、经济和文化的各种资源所充实的，并且由随意行动的可能性所定义着的生活空间，是由各种资源总占有量构成的任意活动空间，如果更哲学一些地说，它就是可以任意进入并且有权随意使用的一组“可能世界”所允许随意创造的“可能生活”。这样来看，自由就是一个完整结构，而且具有实在性，而不是被拆散的一些零碎的纸上权利。自由就很明确地成为好生活的条件，尽管自由这一条件只是蕴涵着（implies）但并不必然导致好生活。我引入“生活空间”这一概念多少是为了区别于被纳粹不正当的使用方式搞成臭名昭著的概念“生存空间”。生存空间这个概念本身有着不良暗示，它容易比较狭隘地指向占有土地、人口和物质资源。而生活空间的所指比较开阔广泛，它更主要地指向那些无形的、作为制度、文化和精神而存在着的生活可能性，是一些“看不见的”但是能够经验到的可能生活。生存空间非常有限，但在非常有限的生存空间里却可以开拓出广阔得多的生活空间，因为作为制度、文化和精神而存在的可能生活虽然不是无边的，但却可以不断发展而并不必然形成互相冲突，就是说，当创造了一种新的可能生活，它有可能不破坏其他的可能生活。真正有益于人类生活的自由必须追求一种“自由的帕累托改进”，即某人通过开拓可能生活而增加了他的自由，同时并不因此减少或损害了他人的自由。至少从纯粹理论角度来看，“自由的帕累托改进”必须被看作是关于自由、社会和生活的一条基本原理或者一种可以充当批评标准的理想。可以说，“自由的帕累托改进”比“经济的帕累托改进”更能够与人类各种价值互相协调一致，诸如公正、平等和幸福。① 经济的帕累托改进只能表达经济的改善，而自由的帕累托改进才能够表达社会的改善。

关于一个社会的自由状况已经如江河入海似的无分界地变成了政治学问题，当然政治学与伦理学问题是密切相关的，但这里还是准备把问题尽量收缩到伦理学的角度中来，尽管我们将不断看到伦理学问题总是不得不卷入到政治学问题中去。伦理学直接关心的是行动，于是，自由首先是人的行动权利/权力，因此，自由便表现为一个人对自己的行动的有实质意义的自主权。在这里，这些自主权将在其哲学意义上来分析，而不涉及它们能够落实为具体哪些社会权利项目。这些自主权至少表现为：

(1) 自由首先必须表现为否决权，如果在弱的意义上则必须表现为拒绝权。一个自由人能够不做某种他所反对的事情，或者可以故意不做某种事情，他才有可能做他想做的事情。如果一个人被剥夺了否决权，也就被剥夺了自由，他将不得不做某些力量（也许各种力量）所强加给他的事情。最高权威总是与最后否决权联系在一起的，这是众所周知的事实。如果一个人能够否决别人的自由来扩大自己的自由，那么他就拥有强的意义上的自由，但是这样的自由是非常危险的（我们必须强调这种危险），尽管在事实上任何一个社会中总有一些拥有这样权力的人，即比别人更自由的人。不管人们愿意还是不愿意，这都是个事实。我们尤其不能把这样的社会事实简单地看作是个坏的事实，就好像我们能够有比较好的事实一样。某些人拥有否定或者挤掉别人的自由的自由，这是由社会的本质决定的，就是说，社会总是只能这样安排和生成，只能是这个样子，否则就没有社会。不过，更重要的是，如果一个社会是个足够好的社会，那么这个社会的“一般人”必须拥有弱的意义上的否决权（拒绝权），即他不能去否决别人的事情，但至少能够否决权威或别人对他的随便否决。这是合法的否决权。要做到这一点，显然不能

① 帕累托改进原意是“经济的帕累托改进”，它可以表明一个社会的福利增长，但它与一个社会的幸福增长以及作为幸福的条件之一的自由的增长没有关系，而且，经济意义上的帕累托改进完全有可能使大多数更加不幸福，因为仅仅某些人的改进而其他人原地不动只能生产不幸福、不自由的感觉甚至社会怨恨。

仅仅依靠“天赋人权”或者“个人权利”之类的空头支票，而必须依靠一种社会制度安排，它使得在个人的背后存在着能够提供权力支持的制度力量来保证个人自由。拥有弱的意义的否决权（是权力而不只是权利）是一个人做人的基本条件。一个没有否决权的人根本就没有机会做一个合目的的人。

（2）其次是选择权。仅仅拥有否决权，仍然不构成自由。否决权是**消极权力**（negative power 即权力化了的消极自由）。一个人可以否定一切，甚至可以什么都不做，这只是一种空洞的状态，什么都不做就意味着什么都没有，而什么都没有就等于没有使用自由，没有被使用的自由就等于没有自由而至多有某种“原本如此”的自然状态，自由也就成了一个空洞的可能性而不是现实。自由必须成为实在的活动才有意义，否则就是被废弃的状态，就像一个人什么事情都不做就是个废人，被废弃的自由也不是自由。这一点尤其能够说明为什么仅仅有消极自由不足以构成完整意义的自由。当企图把自由实现为某种活动时，或者说，只有一做事，就有了选择问题。选择权表现为一个人能够拒绝某种事情并且选择去做别的事情。为什么要强调“选择做别的事情”？因为，如果只能拒绝坏的事情而不能同时选择好的事情，仍然可以是一种非常恐怖的境地。可以想像这样一个社会：它提供了相当多的可能选择，但是没有一个是好的选择，在给定的条件下，无论选择什么，都是很差的事情，这种情况也能够使自由报废——在逻辑上说好像是自由的，因为选择很多，可是结果都坏。显然我们必须有选择好的东西的自由，而不仅仅是在坏的事情中去“自由”选择。因此我们有理由认为存在着一条关于自由的不言而喻的元定理，即“自由选择意味着去选择好的东西”。假如没有好东西可供选择，那么自由又有什么意义？选择权大概相当于积极自由。伦理学问题从根本上说总是表现为价值选择问题“做 p 好还是做 q 好”，而不是表现为遵循规范问题“应该 p 并且不应该 q”——注意，在某个可能世界中，规范所给定的“应该做的”和“不应该做的”完全有可能都是同样坏的事情。一个可以接受的社会必须有某些好事情可供选择，好东西的存在是自由生效的前提。当然，那个“全都是坏东西”的世界在现实中几乎不可能，但这样一种理论上的警惕却是必要的，它是社会批判的必要依据。

（3）最后是创造权。既然选择去做某种事情，就不可能选择做无创造性的事情。只有在两种情况下一个人可能“选择”（其实是不得已或者自暴自弃）去做无创造性的事情：一种是不得不接受某种约束而只能在各种无聊的事情中进行选择，这种伪自由选择或者是迫于生存压力或者是受缚于规章制度；另一种是真心追求无为，或者说顺其自然（这里所说的无为和顺其自然是日常语言中“无所事事”的意思，不是老子思想中反对人为强求而循道无违的那种学术意义。老子有些深刻思想往往在通俗化过程中被歪曲），结果都是放弃自由。无创造性的事情是重复的事务，按部就班的琐事（所谓routine），这样的行动只能占有“时间”，而不能形成“历史”，或者说只是“事务”而不是“故事”，通常所说的虚度光阴，大概如此。人的生活本意不是准备这样度过日子的，自由不是用来混过时间的，自由的价值就在于用来把“时间”变成“历史”，而人也只有当他把属于他的时间变成历史，这个人才存在（to exist rather than to be）——在历史中的存在才是存在，如果存在没有历史性就只不过是自然存在，正如通常说的“行尸走肉”。当然，这里所说的历史不是作为社会历史的那个大历史，而是作为个人生活的自己的历史，从个人的角度看，历史/生活/存在是同一件事情，而自由的意义就在于把历史/生活/存在做成同一件事情，否则要自由有什么用呢？因此，自由必须投入在创造性的生活中才真正成为现实，否则永远是抽象的可能性，并不真的生效。高度程序化的现代性极其危险之处就在于用非惩罚性的方式（所以不太令人反感）去对人进行重新生产，把人标准化，使人变成产品，从而剥夺创造权而阻止自由真正成为现实。

既然自由是良好生活的基础，人类又为什么自由地制订出一些限制自由的规范？问题出在自由本身不是价值和目的，而是价值和目的的前提，因此，当自由被用来追求各种价值时，那些追求价值的活动有相当大一部分是互相冲突的，这就是说，自由本身虽是无矛盾的，但自由的活动却有矛盾。由于自由是一切有意义生活的前提，所以，为了保证有意义的生活，那些为了克服生活矛盾而设立的规范必须最大限度地有利于维护自由。在这里又再次回到我们讨论的主题：好的行为原则必须最大限度有利于行动原则，或者说，只有尽可能有利于行动原则的行为原则才会是合目的的。显然，这一任务对于规范来说是一艰难重负。要发展出尽量好的规范和制度，还必须让思想问题首先回到前规范的生活基本问题上。

3. 伦理主体与主体间关系

好生活或有意义的生活，与幸福生活几乎是同义的。幸福生活（可以简单地说成幸福）就是人之所求。人在自由状态中所追求的满意生活就是幸福。由于生活条件的各种实际局限，任何一个人也不可能拥有完美生活，因此，完全幸福是一种想像，想像虽然不真实，但却是真实生活的意义来源，人们根据幸福的想像修改着生活。幸福永远是属于个人的，尽管在一个良好的社会中有许多幸福的人，以至于看起来像是一个总体幸福的社会，但幸福却不是一种可以分有的东西，我们想分却分不出去。所谓"为别人而感到幸福"指的并不是分有了别人的幸福，而是指一个人为自己所喜欢的人获得幸福而因此另外获得一种属于自己的幸福，因为他愿意自己所喜欢的人获得幸福，并因此感到幸福。这两种幸福是不同的，而且分属于不同的人。例如，好朋友获得成功，我们会为他高兴和自豪，就好像自己获得成功一样（这是"好朋友"的一个重要标志，凡是不能为朋友的成功而高兴的人就**其实不是**好朋友）；母亲为子女的幸福而乐不可支，其兴奋甚至超过子女本人。为了获得幸福就必须有个人自由，所以自由实际上总是属于个人的自由。由于幸福总是落实在具体生命（存在）也是个人生命上，所以伦理学主体是真正个体化的主体，而不同于知识论意义上的代表着人类或任意某人的一般主体。伦理学主体就从根本上区别于知识论主体（即一般意义上的主体），这一点决定了伦理学主体总是特殊的、局限于身体存在的主体，它不是个"思"（mind）而是个"心"（heart）。

在知识论中，如果一个知识论主体是有意义的，它只能是指普遍的、一般的"主观性"（subjectivity），也就是相对于知识对象的那个一般性的主体，这种主体与对象的关系便是作为一般概念的人与世界的关系。当然，在实际的认识过程中，知识论主体的活动体现为具体人的心理过程。但是这一私人性的内在主观过程并不影响思想活动的客观内容，也就是说，在思想时无论体验着什么，都无法决定思想内容及其真值，正如胡塞尔所说的，不管什么样的意识过程，其中的"所思"总是普遍、纯粹和客观的含义（noematis sinn），与之相应的就是那个一般的"我思"。所以，作为私人性的主观性在知识论中不起作用，也就无须被考虑。但是在伦理学中情况恰好相反，伦理学主体必须是一个私人性主体才具有意义，因为一切价值都必须体现为实实在在的经验，心理的和身体的经验。因此，只有在涉及价值实践时，作为完整个体存在的主体，即“肉身主体”（body-subject）才进入问题。在知识论中进入问题的其实只是半个主体，即“思性主体”。在知识论中，排除私人性是为了获得真理，而在伦理学中，则通过真理揭示私人价值。

既然伦理学主体是一个私人性主体，幸福总是个人的幸福，有价值的生活总是体现为个人的幸福生活，那么，伦理学首要的原理就是一条在每个人身上**有效并且有利**的“幸福公理”。这意味着，这一幸福公理必须尊重每个人的自由主权，简单地说，就是站在任意一个人的立场上为这个人着想（from X and for X），而不是站在高于个人的立场宣布他应该谋取哪些幸福和不应该谋取哪些幸福。只有采取任意一个人的立场上才能使一条原理在每个人身上有效，这是“无立场”原则（无特定立场）。

追求幸福是个人的事情，但人的存在总是在人类中存在，人的存在是依存性的，是一种与他人共在状态。他人的存在不但永远是无选择的给定条件，而且是每个人所必需的存在/生活条件，进一步说，他人还是任何人获得幸福的必要条件，当然他人同时也是破坏任何人幸福的原因。所以除了幸福这一问题本身，还有着另一个同等重要的问题，即幸福的可能性或条件。由人的共处所引起的幸福可能性问题不能狭隘地理解为利益冲突和互相约束的问题，如果不能正确地对待幸福可能性这一问题，就甚至不能真正理解幸福问题，这两个问题关系如此密切，以至于实际上是不可分的。从某种意义上说，这两个问题只是生活的意义这一问题的两个方面：由于伦理学主体是一个私人性主体，所以幸福必然落实为个人幸福；由于任何一个伦理学主体的存在是在主体间关系中获得意义的，所以个人幸福必然产生于主体间关系中。可以说，如果主体间关系不能为幸福的可能性创造条件，那么任一主体都不可能获得幸福。庸俗的伦理观点经常表现为对主体间关系的根本性误解：首先它只看到人是唯利是图的，于是就以为“好”的主体间关系所需要的只是让步性或约束性规范，更糟的是，它往往以为这种让步和约束意味着公正，结果把“公正”变成一个丑恶的概念。尼采对这种“软弱的”规范论的批判其实也等于只把人的唯利是图当成唯一前提，只不过他愿意为强者说话。按照这种利益争夺和让步的思路，既不可能真正理解主体间关系也不可能理解公正，它会使人以为“战争与和平”是人类生活的唯一主题。

人皆图谋利益，这是事实，但不是全部事实；利益冲突迫使人们约定某些规范以避免过分冲突，这也是事实，但并非理想。经济学以人们的自私自利为给定条件而相当成功地解释了许多行为，但这种部分成功的解释显然导致了人们关于社会和生活的狭隘眼光，从而影响了关于经济活动之外的各种生活的理解。“经济人”只能是特定条件下有效的分析框架，对这一分析框架的普遍推广将是灾难性的。其中尤其不合理的是，“经济人”被认为是永远理性的利益最大化者，可是反过来，理性又被“经济人”这一概念重新规定为能够保持一贯的利益最大化思维方式。于是，一切能够显然出道德价值和美学价值的行为就都被认为是不理性的，因为那些行为是“不值的”，当然也就是愚蠢的和无意义的。这一意识已经成为了现代普遍意识从而导致现代文明的重新荒蛮化。德之丧失（诸如勇敢、慷慨、仗义、信任、真诚和忠诚等等），美之退化（伟大、精致、优雅、纯朴和纯情等等），这使得人性的光辉正在退色。事实上，使得生活具有趣味和意义的事情都来自道德和美，如果一切都替换成经济利益，那么人就以新的方式退化为动物了，经济人的思维模式其实与动物求生存的思维模式是同构的，几乎可以一一对应。即使人类已经真的足够堕落，以至于经济人成为普遍事实，伦理学的分析框架也不能变成“利益冲突/规范治理”这样缺乏美感、没有理想的思想模式。伦理学要追随的不是事实而是事实所能够通达的理想，所要揭示的不是“现在是怎样的”而是“未来必须是怎样的”。因为伦理学是以目的论为根据的，所以它关心的是人类生活如何越来越合乎生活的本意，人如何越来越像人。一句话，伦理学研究必须值得尊敬的事情，伟大的事情和美好的事情。

维特根斯坦曾说：“伦理学和美学是同一的”①。这当然是想说伦理和美学问题都同样是不可说的，是“在世界之外”的，不过还有一层更深刻的意思，他似乎暗示，一切价值在最终的层次上都是相通相成的，或者说，当能够“从永恒的角度”去看的时候，价值

① Wittgenstein：*Tractatus*，6.421.

都是相通的。[①] 我很同意各种价值的最终相通，美好的事物总是既美又好。但我怀疑价值落在世界之外的观点，维特根斯坦虽然深刻，但他局限于个体和世界事实的分析框架而没有考虑到人与他人的“关系实在”。道德价值的先验性不可能在个体实在中，而是在“我与他人”的**关系性实在**中，道德价值是人际关系所先验蕴涵着的生活理想，其中所包含的“永恒角度”与世界无关，而与人有关，准确地说，好生活首先与人有关，然后才与世界有关。

伦理主体间关系的微妙之处在于，虽然人和人必然要冲突，但又必然需要他人。如果没有他人，或者基本上与他人无关地生活，就没有人可以去爱去恨，去帮助去剥削，去尊敬去折磨，而人们需要去爱别人恨别人，需要去保护别人去折磨别人，需要去帮助别人剥削别人，否则生活就没有意义。我们不能把人的共处这一事实含糊地说成“又冲突又依存”了事，这类陈词滥调不但不能解决问题而且搞乱问题。实际上人之间的冲突是非常具体的，总是表现为某种利益上的冲突，也就是说，在具体地卷入某种利益争夺之前，一个人对他人**本来**并无敌意。所谓“人之初性本善”并非没有道理。更准确地说，这里有个先后顺序问题：对他人的善意是先验的，而对他人的敌意则是后验的，因为只有当卷入到需要争夺的具体利益中才把**他人**转化为**敌人**，显然，平白无故与人为敌，即使不造成坏结果也并没有任何好处，因此人们对此不会有任何积极性（毛泽东说得对，世上没有无缘无故的恨）；至于在先的爱，即便是“无缘无故的爱”，却有许多潜在的好处，至少是一种生活乐趣。利益（无论是金钱还是权力）就其本身而言并无价值，它的价值只是一种工具性价值，即它有利于拥有更大自由以开展幸福生活，因此必须在需要这样的工具时，利益才显得特别重要。这就是为什么利益只是一种“身外之物”，是一种非专属的、可被分配的东西。人们追求利益是为了最终获得自身的幸福，是为了把时间变成有意义的历史。人是为了幸福才去伤害他人的。可是，在另一方面，人的幸福又必须以爱护他人为条件。这一点虽然好像没有利益冲突那样显而易见，但实际上这是人们更深刻的需要，尽管要证明这一点却不容易。无论如何，每个体验过关心别人的人肯定知道，对他人的积极情感确

---

① Wittgenstein: *Notebooks 1914—1916*, eds. Von Wright and Anscomb, “The work of art is the object seen sub specie aeternitatis; and the good life is the world seen sub specie aeternitatis” (7/10/1916).

实是美好经验，当我们去帮助别人时，心中便是蓝天白云，海洋草原。即使只从自己的角度去考虑，每个人所需要的父母关怀、爱情、友谊等等情感体验都以爱护他人为前提而无法通过掠夺得到；每个人所需要的精神生活（诸如科学、艺术等等）不但需要自己去创造而且更需要别人的创造和协作，单独一个人办不成任何一件大事只能做一些微不足道的事情，而微不足道的事情就没有趣味；甚至每个人所企图获得的绝大部分利益也都依赖于他人的存在，如果没有来自他人的敬意和支持，就无所谓名声、荣誉和权力，即使是财富也主要是炫耀给别人看的，因为个人所能享用的财富实际上少得不值一提，如果没有地方可以炫耀，财富马上失色。

人之间那种悖论性的关系只能通过一种“解铃还须系铃人”式的方法来解决。我们必须意识到，这种矛盾并非追求个人幸福的直接结果，而是以不正当的方式追求个人幸福的结果。这种不正当表现为：一个人自己的幸福无处可寻，除非由他人给予（这就意味着必须给别人幸福也从别人那里接受幸福），但有人却又想单方面地获得幸福，通常的手段是掠夺和欺骗，尽管事实上通过这些无耻手段并不能真的获得幸福，但却能有效地获取利益。尽管利益并不能保证幸福，但利益看上去像是幸福的替代物。这种幸福幻觉是个相当有趣的问题，在知识论中，我们很难证明某种事情到底是真实还是幻觉，假如 x 和 y 都总是同样引起幸福的感觉，那么就没有理由说哪一个是不真实的。在这里没有必要卷入知识论的细微分析，但知识论的分析可能是不够用的，关于这种问题，也许需要从生活方式或者行为游戏的角度去研究，比如说，可以注意到，以利益为目标的“游戏”在逻辑设计上有严重缺陷，因为利益这一目标是永远不能满足的，因此这个游戏没有一个可以罢手的地方，是一个永远只有失败的游戏。而幸福是“有够的”，如果获得某种幸福，我们能够肯定地说，某种状态已经不需要更好了，那样就足够好了，以至于好到不想与别的什么东西进行替换，而就只要“这一个”。能够达到一个满意结果的游戏才是一个好的游戏。可以有一个参照性的例子：事实上存在着某些毒品，它对健康的危害并不大，至少不比其他“符合健康要求”的合法食品危害更大，而且能够带来真实的快乐，那么为什么还反对毒品呢？真正能够站得住脚的理由应该是，毒品使人陷入永远不能满意的生活，使人不得不拿大部分生活甚至几乎全部生活去换取一种转眼即逝的快乐，而破坏了各种可能生活的幸福。利益也是一种毒品游戏。利益游戏甚至还有更严重的后果。利益的不正当分配导致了双重恶果：一方面这种不正当的分配破坏了别人创造幸福生活的条件，从而使别人成为不幸的人；另一方面因为不幸的人没有能力给予别人幸福，于是，去使别人成为不幸的人，其结果就是别人不会给予他幸福，因此反而失去了自己的幸福，总之是普遍地破坏了合目的的生活。这就是世间的不幸如此普遍的原因：不想让别人幸福，就大家都不幸福。所以，幸福的可能性问题又直接涉及公正问题。

由此看来，伦理学的另一条重要公理是一条对每个人都有效并且有利的“公正公理”。既然每个人的幸福总是以他人的幸福为必要条件，那么公正原则就同样是目的论的贯彻，它与幸福公理是天然一致的：幸福公理表明一个人怎样创造幸福，而公正公理将表明怎样保护创造幸福的条件。或者从另一角度看，违背幸福公理，则一个人不是人（不是伦理学意义上的人，而只是生物学上的人），是不具有人的意义的废人；而如果违背公正公理，则一个人是人类的敌人，是人类的叛徒。

幸福和公正是关于生活的两条不可商量的先验原理，是全部生活的两个基本价值，其他所有的价值都无非是幸福和公正的具体表现或者是派生的需要，因此它们是伦理学的两个基本问题。其他常见的伦理学问题，如善与恶、爱和同情、平等和权利、生命和利益，等等，都不是伦理学的绝对基础，因此不是最基本的问题。幸福和公正原则的先验性表现在：不存在反对幸福和公正的任何合法理由，如果有理由，就必定是不合法的，因为任何反对幸福和公正的理由必将否定生活的意义，而如果否定了生活的意义就必将否定那些反对的理由本身的意义。可以说，幸福公理是行动原则的绝对根据，公正公理是行为原则的绝对根据。除此之外的任何规范或意识形态都是可以怀疑的，因此也就都是权宜之策。幸福公理将揭示合情的生活，公正公理将揭示合理的生活。除了合情合理的生活，我们无法想像还有什么是合乎人的目的的生活。

4. 道德生活与伦理社会

以上讨论的伦理学问题显然不同于现代流行伦理学的问题结构，

但这种偏离是极其重要的，它是一种拨乱反正，需要分析讨论。正如有些学者（例如何怀宏）对我的批评那样，认为我所做的伦理学改制过分扩大了伦理学的范围，以至于把伦理学扩大成了“生活哲学”，这样未免卷入太多的新问题。这个批评有些道理，只是不能成为生活哲学的伦理学是无根的，那样的伦理学反而不再是哲学，而变成所谓“应用伦理学”（applied ethics）。应用伦理学是个很古怪的学科，既然是“应用的”，就意味着不再对原则性问题或基本问题进行反思，而准备接受一些“既定的”规范去分析具体事例。这样，应用伦理学就一部分变成了教育，另一部分变成了社会学的附属。应用伦理学当然有它的意义，但在根本上说是对伦理学的发展有害的。理论伦理学（theoretical ethics）虽然是纯理论，但由于它的问题的特殊性，它本来就与现实问题密切相关，本来就是哲学中最具现实感的研究方向之一（另一个具有现实感的研究是政治哲学）。应用伦理学并不可能增加伦理学的现实感，反而削弱了伦理学的理论性。应用伦理学在学理上是很可疑的，它的兴起有着与学理无关的背景。①

伦理学作为生活哲学是伦理学的原始意图。伦理学在一开始的时候，无论是中国古典伦理学（以先秦为主）还是希腊伦理学，都是以整个生活画面为研究对象的，因此所研究的主要问题是人的各种德性或称美德（virtue）以及社会单位（例如国家和政府）的德性，即人所能够表现出来的各种优越性和国家必须拥有的德性。假如按照希腊的思路，那么伦理学的基本问题可以说是：给定人的自然存在和社会关系，人如何才能发展出人的各种卓越性？如果按照先秦的思路，伦理学问题则可以说是：既然“道”是自然给定了的，那么人如何才能发展出与之相配的“德”？即如何才能做到“德配天地”。当然，我们今天的社会和生活比古代要复杂得多，因此伦理学基本问题也必须包含更多更深入的因素。按照今天的学理来表述，伦理学基本问题可以说成：社会制度和生活形式的合法性是什么？或者，我们所能够设想的生活和社会理想是什么？这种面向整个生

① 应用伦理学反映着明显的美国式文化偏好，它与第二次世界大战后的女权运动、环境保护运动、反对种族歧视运动、流产、堕胎和安乐死问题、性、吸毒和移民问题以及弱势群体等等“社会问题”有关，基本上以人权理论为其原则，以多元论和文化相对主义为方法，以美国式的律师的好辩趣味和传媒的推销格式为风格。从积极的方面看，它有一定的社会参与性，但在学理上比较肤浅，回避根本问题，论证方式更接近宣传而不是思想分析，往往把各种问题简单化、政治化和意识形态化，因此缺乏学理意义。

活问题的伦理学意味着，不仅人的行为需要伦理合法性分析，而且人的整个生活形式和社会的各种制度以及在这些制度背后的理念都需要伦理合法性分析。可以看出，这种伦理学的扩展只是把整个生活画面纳入伦理学的分析对象，却不改变伦理学的哲学分析方法。在这个意义上，伦理学和生活哲学可以说是同一的，但不能以为，伦理是一些问题，而生活是另一些问题，如果这样想就恐怕既背叛了哲学又背叛了伦理学传统。现代伦理学喜欢讨论的那些行为伦理都是一些鸡毛蒜皮的道德问题，只是包含在生活大问题中的小问题。如果不去讨论生活的大问题，关于小问题的讨论就是无根的。

伦理学所以会由美德伦理学缩水为规范伦理学，由生活伦理学缩水为行为伦理学，由大眼界退化为小眼界，是因为文化被权力化和商业化了，文化不再以自由思想（或者说哲学）为基础，而以权力化的意识形态为基础，这样就有一些“基本原则”是不允许被反思、被怀疑的，当文化变成意识形态，文化就不再是个开放性的动词——culture 必须同时是 culturing 才是活的，或者，“文化”不仅是在用文去“化”生活，文化自身也必须同时在被“文化着”，因此，如果要保持文化的活力，就需要使文化重新文化之（re-culturing)。宋明以来的儒家社会、西方中世纪以来的基督教社会以及现代社会都是基于文化权力化的意识形态社会。例如，现代伦理学不加反思的基本原则是很多的，诸如人权、个人主义、自由主义、平等主义等等，人们只同意对这些基本原则进行修补性的解释，而不去深入反思——可是这些原则**有可能**是对的，但**也有可能**是错的，而重要的还不是对错，重要的是只有自由的怀疑和无立场的分析才能进入那些深藏着的而又决定着我们的命运的问题，我们必须检查生活和命运的底牌。现代社会是个大众社会，它以全民的商业、政治和无所不在的制度和标准制造了一个没有自由的空间，却又许诺个人自由，这是极其高明的骗局，人们据说有了自由，但没有什么可以自由去做的事情，于是，个人成了微不足道的小人和可以随便替换的零件，没有谁是必需的，这样人们就不得不通过依附于“社会主流”才得以幸免被淘汰，只有那些主流的意识形态才能够使人在“同样想法”中似乎获得力量。这就是规范伦理学的社会背景。现代社会所制造的“集体堕落”终将毁灭人性和生活，假如我们不去反思和进行文化制度改革的话。

实际上，无论采取哪一种思路，伦理事实都是一样的，没有人能够改变事实和真实问题，区别只在于是否能够有效地说明事实和问题。通常的伦理学是在伦理的层次上或者说社会的层次上去理解伦理事实，这种理解方式根本的局限性表现为它必然把伦理学变成某种伦理观点或社会观点，使伦理学脱离哲学而变成某一种意识形态，也使伦理学家变成持有某种伦理观点的人。每个人当然都持有某种伦理社会观点，可是人们究竟为什么还需要伦理学家？是人们喜欢听伦理学家介绍“善”这个词有多种用法还是喜欢听伦理学家宣传“金规则”？只要伦理学暗中站在某种伦理立场上，它就只是人们完全有权怀疑和拒斥的伦理观点而已。正如马克思主义所发现的，伦理观点总是有“阶级性”的。但马克思主义伦理学是对那种意识形态化伦理学的一种以恶治恶的有效终结方式：既然观点上的阶级斗争终归表现为实践上的阶级斗争，那么，观点的事情就由实践去解决。所以毛泽东才会说，凡是敌人支持的我们就反对。但是这样就把伦理学问题转化为政治学问题了。① 于是伦理学问题并不能被还原为政治问题，因为伦理学讨论的许多关键问题都是超越意识形态和阶级斗争的生活问题。

在涉及价值的讨论中经常导致混乱和误解的一个东西是所谓多元论。在今天，多元论成为把各自坚持各自的错误合法化的一个借口。“多元”是个社会事实，但多元论并不能因此成为无可怀疑的价值观。混淆“多元事实”和“多元论”是混淆事实和价值观点的一个典型事例。不同共同体或不同社会有着不同的生活事实，但显然并因此不存在着这样的合法过渡：由“人们各有各的规矩”推论出“各种各样的规矩都同样好”。假如承认多元论，其逻辑结果就是使不同共同体、不同制度和不同文化之间的关系政治化，把一切关系都变成敌友关系（可以想想施米特关于政治的定义）。假定各种互相分歧的东西都“同样好”，我们也就不可能在理论上考察其优劣，那么唯一的解决就是政治斗争。多元论就是承认有许多神——神在这里是一个隐喻——而各种神不可能互相妥协，所以只好消灭对方而不是驳倒对方。这就是为什么所谓的“对话”在今天总是成为笑话或者阴谋的原因。我们不能只看到多元论在表面上伪装出来的某些优点（比如政治正确和互相“尊重”），而需要看到潜在的危险性。真理只能属于普遍主义的，从根本上说，不能有许多神甚至任何神，

① 毛泽东曾经指出，首先要分清“敌友”。这是典型的政治学分析框架，施米特（Carl Schmitt）也说“政治在于区分敌友”。

因为神仅仅属于某些人，神不可能**同样地**爱护**所有人**，如果那样的话，神这个概念就变成多余的废话——既然所有人都被庇护，那无所谓神了，所以在逻辑上神不得不偏心。任何试图把神与普遍主义结合在一起的信念都是伪装成普遍主义的多元论，只不过它认为别的神该死。神的普遍主义所关心的不是所有人共有的“普遍性”（universality）而是独独把自己“普遍化”（universalizing）。试图混同普遍性和普遍化。普遍性的基础只有天，只有地，只有人，一句话，只有能够漠视任何神的观点的“道”。

道是无立场的，哲学（包括伦理学）也只能是无立场的，只有这样才能避免陷于意识形态比如说某种伦理社会观点之中。站在任何一种立场上都绝不可能证明另一种立场是错的还是坏的。我们能够想像用基督教伦理观点说服伊斯兰教或儒教伦理观点吗？或者想像相反的情况？如果某种立场观点终于改变了，这也不是通过说服而是通过诱骗和侵略，那样就无所谓问题的解决而只是消除了对立面。只有通过无立场的思考才能真正证明某种立场是错的或坏的。无立场的伦理学思维的根据就只能是目的论，目的不是一种立场。一辆汽车意味着它是一辆能够有效使用的汽车而不是一辆不能用的汽车，这显然不包含立场。当以目的论方式去思考时，伦理学问题必然落实为道德层次或者说生活层次上的问题，从而超越了规范观点的不公正性。这就是我为什么坚持认为“事实（to be）/价值（ought to be)”是个不完整的分析框架的原因，如果忽视了世界和生活的第三个维度“目的”（to be meant to be)，事实和价值就会同时都被歪曲。

从理论上说，道德是一个与伦理截然不同的分析维度（至少在中文语言空间里是非常不同的），尽管在今天的日常语言里已经界限模糊了——许多概念变成“同样的”，这意味着思想的简陋，现代社会在事务上虽然比古代复杂，知识也发展得很烦琐，但思想在总体上却没有古代思想那样深刻和丰富，其中可能有一个原因是，现代生活的价值观太过简陋，以至于如果不能表现为利益和技术的就不是值得追求的东西，而生活的简陋进一步导致了语言和思想的简陋。道德和伦理就其所涉及的生活事实而言，虽然绝不是同样的但也还是密切相关的，但所要分析的问题却根本不同。伦理就是被约定的规范，所以伦理问题是“按照某规范 N，行为 B 是否被允许或是否应该”。如果按照维特根斯坦“游戏理论”的分析框架，伦理问题属于给定了的游戏里面的遵循规则问题（rule-following）。这样的问题是有意义的，当且仅当，我们同意进行这样的游戏而不是别的游戏。显然，遵循规则问题（包括伦理问题）不是真正的基础性问题。道德是一个前规范概念，“道”意味着任何一种事物本然的存在方式，正如老子所说的“道法自然”的意思。“德”则是道的可能发展方式，或者说是道的最好表现方式。对于自然存在，德与道是同一的，所以没有必要讨论自然的德，自然的德只不过正好就是道，这样，德实际上被强化为道的必然发展方式，自然之道必然有其德，所以自然之道德不构成问题；而对于人这种自由存在，如此特殊的存在，德就突出成为问题，因为人的存在本性不是别的而正好是创造性的，创造性是对必然性的反对和否定，于是，人之道就超越了“遵循”这一问题，人之德就变成了对可能发展方式的开拓，于是出现所谓道德问题，即有德无德的问题。道德这一概念十分贴切地表达了目的论概念：对于道来说，德就是目的。由道而德就是某种存在意味着成为如此这般（X means to be so and so）。规范有可能违背人道目的，所以伦理规范的正当性必须由道德原则来批判，道德问题就是伦理的元问题，它要分析的是人们选择如此这般的生活、社会或者选择这样的制度和游戏是不是好的，这是关于整个社会和生活制度的问题而不是关于其中某条规范的局部问题。在西方伦理学传统中似乎没有与道德完全对应的概念，希腊的“德性”（virtue）可能是一个比较相似至少有些相通的概念。

当然，道德问题难免是悖论性的，因为它必须把创造性考虑在内，这样就似乎失去了最后的绝对标准，而另一方面，创造性又正是为了寻找“最好的”生活。有重大意义的问题（problem）几乎或多或少都是悖论性的，我们不能真的肯定它有个唯一的答案，否则就只是个用来问话的“题目”（question），对于题目，才有答案在那里摆着。在这个意义上，道德是个问题而伦理不是：我们确实对什么是“好生活”、“好社会”和“好人”感到困惑，而如果说对什么是“应该的”感到困惑，则或者是装糊涂或者是对伦理的故意解构——因为在给定游戏中的伦理规范是明摆着的。除非反对这个游戏，那样的话就进入到了道德问题的层次上去了。

规范是人所设立的，它必须尽可能地保护人的价值，否则就违背了人的目的。人的价值是自足的，这种价值由人的目的直接显现出来，而伦理规范的价值是非自足的，它必须在有利于人的价值时才具有价值，所以说伦理规范本身没有价值，它的价值是工具性的，只有当我们用得着它时才是有意义的。老子在批评儒家规范时就已经挑明了这个问题，只是老子的想法在当时过于前卫，因此往往被当作是过激言论去理解。人是规范的设立者。所以，伦理规范需要通过道德批评才能获得价值上的合法性而不仅仅是事实上的认可——获得事实上的认可是简单得多的事情，无论是通过诱骗、宣传还是集体强制或专制强权都可以使得一条规范在事实上被认可。尤其大众从来都不是坚定的，随时准备为小利益和自身安全而放弃思想，而这又恰好注定了群众的悲剧命运，所有当权者都会很快发现欺骗和利用群众是唯一获得成功的道路，无论是政治的、宗教的和商业的成功都基于欺骗群众。① 所谓规范化、标准化和数量化都只表达了某些人的规范和利益。当然，我们不能说，每条规范都是坏的（这样显然没有道理），而是说，一条伦理规范的合法性必须由道德价值来批判。

这里涉及一个经典难题：伦理规范是否能够与道德相一致。著名的反对观点可称为"道家论证"。老子指出，道的本然状态天然具有良好的性质，否则它就不可能是一切之根本，所以道的自然性本身不会有妄作之误；要使人们的自由行为也具有良好状态，显然必须与道的自然状态相一致，所以，自由的良好应用就是自由地去追随自然之道，也就是所谓"为无为"，即为无伪，也就是尽量不要人为设计，或者，人为设计必须与自然之道是同构的，因为人算不如天算，最好的自由就是合乎自然；而仁义礼规总是非自然的、伪巧的，于是老子说："大道废，有人义，智慧出，有大伪，六亲不和，有孝慈……"所以"绝民弃义，民复孝慈，绝巧弃利，盗贼无有"。这个论证有个关键点甚是诡异：人的自由在于可以有许多可能性来进行选择，在这个意义上，自由才成为超越自然的原则，而既然道的自然表现被认为是所有可能状态中的那个最好的可能状态，那么，为了追求最好状态，自由就必须选择自然性，这样的话，其他可能性就实际上报废了（除非故意选择比较差的事情），不能超越自然的自由其实也就等于自然（对于道家，自然和自由的确是差不多的事

---

① 可以参见 Le Bon 的《群众心理学》(*Crowd: the study of popular mind*, Psychologie des Foules, 1895/ Viking Pr., 1960)。Le Bon 的群众心理学洞察水平极高，揭示了大众的糊涂和民主的深刻弊病。虽然在学界得到承认，却很少被宣传，因为它不符合现代意识形态，尤其不符合民主意识形态。

情)。但是我们又知道，而且也是这样感受的，生活的魅力所在正在于能够通向各种可能性的那种自由，是充满创造性的自由，否则生命和精神的冲动不会得到满足，因此我们有理由认为道家所想像的生活虽然是好的但似乎过于简单，人类社会的真实生活总需要相当复杂的生活画面，这也是为什么道家的社会理想被认为不太现实的原因。

更进一步看，道家论证实际上也并不充分，它的确发现了儒家的一些困难，但它也漏掉了一些必须考虑的因素，所以儒家的“儒家论证”仍然有另一方面的道理：道德可看成“虚位”而仁义则是“定名”(韩愈语)，即道德总是要实现为明确的某种原则而不是随便什么。孔孟倾向于把“仁”看作是人的自然心性，也就是道在人身上的实际体现。道在别的东西上当然有别的体现，但在人身上就只能体现为仁义之类。于是也就有仁者爱人或仁即人心之说。这一辩解是相当有力的，因为尽管人道与天道一致（这一点似乎是中国哲学的共同看法)，但人道之所以是人道，当然有其特殊实质而不可能完全合乎自然而“为无为”，人道的特殊语境必须被考虑在内，人道与天道的一致并不能看作是相同。由此看来，儒家论证是有可能消解道家论证的。然而，儒家在由“仁”引出“礼”时却又存在着逻辑上的困难。对于儒家来说，礼的引出是极其重要的，如果不导出礼，“仁”就会像“道德”一样缺乏实际结果或实践上的意义。首先，“仁”必须具体化为行为模式，在此孔孟利用了一个最易打动人的事实“亲亲”，更具体一些即父慈子孝兄良弟悌之类。可是当这种自然人性情感被理解为社会规范时，其中所使用的既不是逻辑证明也不是事实证明，而是暗喻，于是，按照某种似是而非的类比就引出“敬长”、“忠君”、“贞节”之类的规范。这些规范不见得都是错的（当然，鲁迅会认为它们坏到无以复加甚至“吃人”)，真正问题在于，真正支撑起这类规范的东西并不是“仁”（类比不能解决问题)，而是某种社会观点和立场，这类规范恰恰又变成了道家论证的批判对象，恰如老子所说：“夫礼者，忠信之薄而乱之首。”可以说，儒家的出发点是“亲情原则”，由亲情所造成的人际关系自然而然是和谐的，这并不需要规范的约束而自然成立，而“等级原则”和“男尊女卑原则”等等却是人为的规范，不管好不好（在可以争论和分析)，显然都不能把它们同样都看作是无可置疑的天经地义。亲情原则并不必然蕴涵等级原则或者男尊女卑原则，或者说，由“家庭”

原则推导出“社会”原则在伦理学上没有道理（在政治学上可能有道理）。

这一经典难题是极具代表性的。如上所述，道家论证在道理上较易成立，但却付出了严重的代价：那种“绝圣弃智”、“绝民弃义”、“绝巧弃利”的所谓“素朴”生活实际上更容易导致稀里糊涂、贫乏无聊、缺乏创造性的生存方式而不见得有多么幸福。问题出在该论证的前提上，道家意义上的人道没有能够表达出人的根本实质。根据这一贫乏的前提，必然引向庄子式的无聊无赖、逃离生活而又毫无真实感地幻想“同于大道”的自我欺骗。（庄子所鼓吹的另类生活趣味所以显得很有味道，完全依赖于存在着一个积极的社会，只有在这个背景下，那种不负责任的生活才显得有个性，才成为文人耍赖和自以为有“更高”境界的理由，一直到今天还有许多知识分子把不负责任的自私，不顾国家民族大业、不顾世界的命运的生活趣味当成是追求“个人自由”。庄子误读了老子。）儒家论证虽然是积极的，这一点很重要，但却在道理上存在着弄虚作假的步骤，想把某一种意识形态的观点说成普遍真理，这同样是一种幻想。

我们必须承认这样的事实：从起源上说，伦理规范起源于利益的分配和人际冲突的调节，所以伦理不可能天然地合乎道德，不可能不经过批判和改造就自然而然地具有道德意义，尽管有些伦理规范在出现的时候就碰巧与道德一致，但这毕竟是非本性的而是偶然的。于是，要使伦理与道德相一致，不是由道德强行“推出”伦理，而是按照道德原则去治理伦理。

因此，“道德”这一概念必须在目的论意义上重新给予理解。无论人的存在与自然存在有着何种程度一致性（天人合一），即使人的存在总体上受到自然的高度制约而使得人只有很少的自由，人的自由问题仍然不可能还原为自然问题，也就是说，人道不能完全还原为天道，也即 to do 的问题不能完全还原为 to be 的问题。人的自由在伟大的自然中可以说是一个小问题，但对于人自身则是一个最大的问题。把天地的大问题留给天地，把神的大问题留给神，把人的大问题留给人自己。伦理学关心的正是人的自由所能够产生的生活问题，在其中无须卷入宇宙论式的视界（诸如“与天地混为一体”之类的感觉是豪迈的文学想像，但却是贫乏的哲学幻觉）。既然人之道是自由之道，人之德便是自由地创造生活。自由的生活基于自然的生活但却不能归结为自然生存，否则生活（life）就变成了生存

(survival)。老子所鼓吹的不言不语、不行不为、无事无欲的存在可以是高明的政治策略，但不是道德生活。生活必须是创造性的，否则人道就成了废道。所以，道德这一维度必须与生活的维度结合在一起才成为完整的目的论理解方式。这一结合使得道德不再意味着“唯道是从”而意味着“开道而行”。这就是说，自然之道只是人道的起点，而人道是按照人的存在目的来展开的。

人的存在是为了有意义的生活（有意义的个人生活和人类生活）。社会是生活的条件，生活是社会的目的，这两点不能颠倒。由于伦理学家的自以为是和自不量力，伦理学很容易冒充社会设计方案而忘记对生活的反思（社会设计更主要是政治学问题），如果不进行生活的反思，价值判断就失去根据。所以，尽管生活需要社会，但我们却必须从生活的要求而不是从社会的要求去分析和理解价值问题，前者是生活的观点而后者是社会的观点。任何一种社会观点，即从社会的需要去考虑问题的观点，往往是反生活的观点，这种观点误以为伦理问题是一些社会问题，以为一切不幸都是由糟糕的社会造成的而与糟糕的生活意识无关。无论是伦理学还是经济学和政治学在分析人类各种不幸时一般只注意到社会制度问题而忽视生活意识和生活制度问题，而实际上生活意识和生活制度才是社会问题的深层语法。例如，过去有过关于社会主义和资本主义到底哪个更好的争论，不管是哪种观点，都忽视了生活意识问题。资本主义所以在经济上比较成功，是基于对人性的最坏估计，于是制定了针对“坏人”的制度；而社会主义的制度安排基于对人性过于乐观的估计，因此制定了以好人假设为基础的制度，结果证明是过于乐观了。但是无论是中国还是苏联的社会主义都有过高效率的时期，而那个特殊年代正好是大众被伟大理想激励起来而普遍都想当好人的特殊时期，一旦理想被坏现象磨去了光芒，其制度安排就变成不合理的了。这一现象正好说明了，某种社会制度到底好不好，并不完全是因为社会制度本身，而很大程度上依赖着人们准备做什么样的人，即人们的生活意识以及支持这种生活意识的生活制度（规范体系、话语体系和价值标准的承认和批评根据）决定了什么样的社会制度更有效。整个现代性都是只注意物质发展和意识形态而忽视幸福和德性的社会制度。只有回到生活问题，才能够意识到生活制度的巨大力量，才能够因此重建美好的生活制度和生活意识。

毫无疑问，好社会对好生活比较有利，然而，一个好社会并不一定能保证好生活，如果一个人缺乏健康的生活意识，如果他自甘堕落，好社会也不足以拯救他。事实上好社会只是好生活的一个必要条件而非充分条件，借用马克思主义者的一个概念，好社会只是一个“外因”。一些缺乏健康生活意识的人往往不去改变一个坏社会而选择逃离这个坏社会，他们以为在身处一个好社会之前，生活尚未开始，于是永远不满和抱怨。其实对于这种人来说，即使他逃到某个“好社会”中去，生活也永远不会开始，因为他没有生活的感受力，不知道什么是美好的事情，不尊重伟大的德性，这样，任何一个好社会对于他永远是一个坏社会，因为没有一个社会会**特别有利于**他。生活性的悲哀比社会性的忧虑要深重得多。社会批判和生活批判虽然密切相关，但问题的角度有所不同。即使社会问题能够得到解决（实际上这不太可能），生活问题仍然未被解决，生活困惑仍然存在，甚至越来越严重。现代性所诱导的一种思维方式是把生活问题分解为社会问题、技术问题、物质和经济问题等等，这不仅是对深刻问题的回避，而且助长现代生活的无意义化的进程。

一个好社会必须从根本上为生活着想而不是为社会体制着想，如果一个社会不是有利于开展有意义的生活，它就是一个坏社会。可是就社会体制本身的倾向而言，却总是某种程度上倾向于违背生活本性，因为只有压制生活的各种过高理想和伟大品质才能加强社会体制的效率，因为如果一个社会不够平庸甚至庸俗，社会管理就没有很高的效率，于是，一个社会的机制越完善，生活的自由本性就越受到约束。当社会变成机器，生活就变成固定程序。就许多方面而言，现代社会比古代社会有着更完善的机制，一般表现为无处不在的管理系统、程序更严格的法律以及严格界定的权利等等，但现代生活却形成了人性难以忍受的莫名的**焦虑**。古代生活有忧虑但很少焦虑，**忧虑**是有美感的，它有着沉甸甸的感情，或伟大或悲壮，或深沉或浪漫。而现代生活的焦虑并不是关于某种事情或某个理想的忧虑，它没有针对性，没有感情，而是关于生活意义本身的“形而上”焦虑，这种抽象的焦虑是没有对象的，因为生活意义已经被现代各种令人无法割爱的物质、速度和快感所消解了，没有什么东西需要情感的投入，没有什么事情需要忘我，**而没有能够忘我的事情就不会有生活意义**，所以生活意义不再在场，永不到来的戈多就是永远失去了的生活意义。唯一能够消解现代焦虑的方式就是后现代的反讽，虽然不能产生意义，但因为荒谬的有趣因此能够稍微缓解焦虑。尽管现代人表面上更倾向于自由选择，对个人自由十分斤斤计较，但实际上却受到更多的约束，尤其是那些“不在当场”的无形的社会产物以潜在方式所施加的约束，结果所谓的自由选择只不过是由原来的被强迫变成暗中被支配：受各种似是而非的意识形态的支配，受官僚程序的支配，受各种社会化了的本来并没有意义的欲望的支配，受由市场和全方位商业所制造的社会主流的支配。

当人们建立起足够有效、足够完善的社会，社会就走向异化，就好像社会有了自己的意志，有了脱离生活所赋予它的目的之外的目标。这是因为一个社会如果足够有效，它就必须有足够复杂的机制和足够稳定的运行程序，于是，社会就不仅要为生活服务而且更要为自身服务，要管理、维护自身，就好像社会自身是一种利益。社会为自身着想主要表现为官僚系统化、秩序整一化、使生活模式化和时尚化。无论是独裁体制还是民主体制，社会总是塑造集体生活而不是集体中的个人生活。在集体生活中，大众行为模式（正如 Le Bon 所发现的那样）就像瘟疫一样广为传播，在类似催眠的状态中人们成了没有反思意识的文明化的野蛮人，一个煽情者的蛊惑会使人们迅速相信迷信、盲目地追随时尚或投入一场运动、使无害的群众突然变成暴民，而这种蛊惑和宣传简单到只不过是对某种主张的不断肯定、重复和渲染。Le Bon 尖锐地指出，这些被社会剥夺了反思意识的人们在煽动下可能试图摧毁传统但又很快会重新依赖传统，并再次成为传统的奴隶和变革的敌人。

事实上我们不可能放弃社会也不可能指望一个“完美的”社会。完美的社会根本就不是一个生活问题。我们只能指望一个好社会，即一个尽可能为生活着想而不是为社会着想的社会。所以在伦理学中我们只能采取生活的观点而放弃社会的观点，把一切价值问题最后落实在生活层次上，把社会看成是一个生活问题而不是把生活看成一个社会问题。如果不阐明怎样才能创造幸福生活，其他一切宏论都是无意义的，因为没有人需要没有用处的东西。所以说，真正的伦理学不是一种伦理主张，而是关于任何一种伦理的基础研究，伦理学必须保持哲学的元性质（the meta-ness），这就决定了伦理学不是从伦理去看问题而是从道德去看问题，不是从社会而是从生活去理解价值，不是从行为而是从行动去理解人的活动，而这一切都是为了阐明生活的幸福和幸福的可能性。我们在前面所论证的，自由是有意义的生活的基础条件，而自由是为了幸福，幸福则需要公正。因此，幸福和公正（正义）是伦理学的两个基本和核心问题。

Ⅳ. 幸　福

1. 可能生活

追求幸福是每个人的生活动力，这是一个明显的真理。如果不去或不能追求幸福，生活就毫无意义。那种几乎在任何一方面都不幸的生活是不值得过的，所以过于不幸的人有理由自杀。康德认为不可以自杀属于绝对命令，这是不对的，这个想法只是基督教的意识形态。如果“不可自杀”具有绝对性，只有当以“生命”作为分析单位和最高价值时才说得通，可是，人的生命就是用来实现为“生活”的，生活才是关于人的存在的有效分析单位，没有生活的生命是无意义的，这正是人的存在有别于其他存在的地方。正如前面所分析的，既然幸福是伦理学的第一问题，那么伦理学首要的原则必定是一条“幸福公理”，而且是一条在每个人身上有效的普遍必然的幸福公理。

幸福一直是一个特别含糊的概念，它过于美丽，于是人们喜欢滥用这一概念，而且不分场合，无论是浮华的、轻浮的、认真的和严肃的场合，以至于幸福被混同于快乐、利益、福利和完美生活之类。幸福概念虽然看起来说不清，就像“时间”、“存在”等等基本概念一样，但人们不可能不知道什么是幸福，尽管这种“知道”不一定是理解，而更多是体会，是情感性的“懂”（属于 heart）而不是理性的“知”（属于 mind）。

首先有必要区分幸福和幸福感受。幸福感是一个心理学概念，它意味着经验着幸福时的心理过程。幸福感实际上无须讨论，每个人在从事幸福的活动时都能准确无误地获得幸福感，谁也不会在感觉上犯错，这就像一个人总能清楚地意识到另一个人是否真诚一样。感觉不是一个关于客观事实的证明，所以总是被认为是不可靠的

"杂多材料"。毫无疑问，感觉不能证明客观事实是什么样的，它可能是关于客观事实的一个幻觉，但是幻觉本身却也是个事实，是个属于自己的"主观事实"，比如说某人总是欺骗自己说他在某方面很伟大，虽然不是事实，但这一欺骗"导致快感"却是个事实，于是"伟大幻觉"对于他就是个主观事实。由于人天然有着敏锐的感受力，所以企图在感觉上欺骗别人是一件愚蠢的事情，尽管有时有的人能逼真地表演某种感觉，就像好演员那样演得跟真的一样，我们在做事情上受骗了（比如说被人忽悠去做了蠢事），但在感觉上仍然没有受骗，因为既然演得和真的一样，那么我们就会准确地敏感到那种被表演出来的感觉。而一旦在某个地方演得不真实，我们同样马上就敏感到不真实。所以说，感觉不值得太多分析，反正我们不会在感觉上犯错。有时我们会从知识论意义上去怀疑感觉，但所怀疑的毕竟不是在我们身上发生着的感觉，而是在怀疑这种感觉是否表明了相应的**身外事实**。即使一定要分析感觉，也无非描述为兴奋或抑制、轻松或紧张、快感或痛感之类，这些心理性的描述无助于理解什么是幸福。所以说，幸福与幸福感是两个概念，幸福感不成问题，而幸福却是一个难题。为了理解幸福，我们需要进一步弄清它与其他一些事情的区别：

（1）幸福与快乐的区别。我们已经知道，从心理学角度几乎无法真正有意义地区分幸福与快乐，它们在心理上所引起的感受即使有所区别也是缺乏理论意义的，比如说强度上或持久度上的区别。据说快乐表现为兴奋，而幸福感则是持久的祥和愉快感觉。这类区别在某种意义上说是人为的，也不能说明什么问题，尤其不能把幸福还原为快乐。现在的庸俗心理学喜欢以科学和量化的名义把复杂深刻的经验还原为简单肤浅的"类似"经验。① 我们只能从别的角度来加以区分。尽管快乐为人生所必需，没有快乐的人生是可怜的人生，或者说，没有快乐的人生是"过不下去"的，是不堪忍受的，但幸福对于人生比快乐更重要，以至于可以说是决定性的，没有幸福的人生是毫无意义的人生，没有幸福的人生是"白过的"生活，

① 比如说，把经验分析成各种指标，兴奋、抑制、积极、消极、愉悦等等量级化的指标。我曾经读到过一个典型的荒谬"还原"：有些科学家证明美满婚姻大概"值"10万美元，因为如果没有美满婚姻，就必须花10万美元用于和别的女性交往才能够获得"类似的"愉快经验。尽管这种所谓的研究是不入流的，但却是大量的，是这个时代的知识生产的模式。

是生命的虚度，尽管是可以忍受的，但没有人愿意过仅仅可以忍受的生活。这样一种区分方式根据的是快乐或幸福的结果，这样就可以避免那些不能明确的描述。快乐是消费性的，每次快乐都一次性消费掉，它留不下什么决定人生意义的东西（回忆快乐不仅是很困难的而且是不太快乐的，一个只能试图回忆快乐的人是可怜的人），这个局限性显然大大减弱了快乐的重要性。由于存在着这个局限，留不住的快乐就无法构成人生的成就。而且，从比较苛刻的角度去看，快乐甚至还很难保证真的快乐，叔本华的歪论是这样的：如果满足欲望则厌烦；如果不满足欲望则饥渴，反正无论快乐还是不快乐终究都是不快乐。叔本华的谬论当然不对，人人都知道，满足欲望无论如何总比不能满足要好得多，但这个歪理却可以引出一个意外的启示：快乐终究不能满足生活的意图，进一步说，快乐和幸福决不能混为一谈，否则人生意义是不可理解的。与快乐相比，每一种幸福都是非消费性的，它会以纯粹意义的方式被保存积累，会永远成为一个人生活世界中抹不掉的一层意义，当然它不是相对于我思（cogito）的纯粹意义，却是我心（heart）的纯粹意义，它虽然与感性经验始终分不开（这与思想性的意义即胡塞尔所谓的 cogitatum qua cogitatum 不同），但却也能够成为抹不掉的绝对意义。这些由幸福所造成的意义能够改变人生的整个画面。幸福正是生活本身的成就，是人生中永恒性的成就。一个人哪怕只是曾经有过幸福，他一生都将是有意义的。

（2）幸福与欲望满足的区别。欲望被满足通常是快乐的，无论欲望的满足是否真的带来货真价实的快乐（对此可以有叔本华式的怀疑），这种满足至少是令人感兴趣的。欲望不讲道理，它可以使人们兴高采烈地做蠢事而且还乐此不疲。人总愿意欲望能够得到满足。但是，欲望被满足恰恰意味着这种满足的意义是有限的，因为追求满足就是期望有一个结局，而有一个结局的事情的意义必定是有限的。有结局就是好东西会变得“没有了”，这是个缺陷。尽管生命也是有限的，但人们却不会因为生命有限而喜欢有限的东西，相反，正因为生命是有限的，所以人们对那些看起来似乎具有无限意义的东西最难以忘怀。生命的有限性是天然的，这没有什么可抱怨的，于是，每个人最关心的就是那些尽可能贯穿整个生命的有意义的事情，因此，对于一个人来说，最有意义的事情就是没有人为结局的事情，尽管任何事情都难免有一个自然结局（生命如此短暂，生命中一切有意义的事情终将随生命的结束而自然地结束），但只有不是人为的结局，就有永恒的感觉，就会感觉常新。只有具有无限意义的事情才是幸福的源泉，具有无限意义的事情是做不完的，所以值得一生去追求和珍爱。只有具有“做不完”性质的事情才能保持生命的冲动和创造性。这就是为什么科学、艺术和思想会成为艰苦而幸福的工作[①]，也是为什么诸如爱情、亲情、友谊之类的事情具有永远的魅力并且成为生活永恒主题的原因。其实人们早就发现，过分的满足或重复的满足令人厌烦，而幸福却多多益善。

（3）幸福与利益的区别。在生活中每个人都需要获得足够的利益，否则难以生活，但生活并不是为了利益，与此相反，利益是为了生活，否则利益的意义无法理解。利益的意义是巨大的，但它的意义在于它的工具性，只有当它对别的事情有意义时才是有意义的。利益的典型表现形式是财富和权力，这些东西的意义只有当它们在生活中被用来从事某些事情时才生效，这意味着利益永远只能是手段，永远是一种生活意义的中转方式。而幸福的事情才是生活的目的，一切行动最终都是为了幸福，但却不能想像幸福还为了什么。所以，利益只是实现生活目的的一个条件，而幸福则是生活目的得到实现的效果。因此，充足的利益也不能必然地保证幸福，利益不是幸福的充足理由。无论有多大的财富和权力，人还必须是在做有意义的事情中才获得幸福。这一点其实是人人知道的，所以人们才会说，幸福是金钱买不来的。在这个常识背后的深刻道理是，幸福始终是存在于行动中，幸福必须身体力行，是在“做”事情中**做出来**的生活效果，所以除了自己亲身亲手去做出幸福，不可能有别的替代方法。幸福的“亲身性”决定了幸福不可能是身外之物所能够替换的。毫无疑问，物质条件（人的自然条件和财富权力）是创造幸福的条件和资源，人不可能以无米之炊的方式创造出幸福，幸福是实实在在的生活效果而不可能是幻觉（“知足常乐”之类的说法是不太可信的，因为幸福的幻觉难以长时间地坚持），但是幸福的条件不等于幸福，幸福终究是“劳作所得”（在广义上的“劳作”，即有意义的生活行动，而不限于生产行为）。

由于上述的这些区别，幸福也就无法借助“我想要的”或“我意愿的”这类概念来定义；同样也不能通过满足潜意识中想要的东

---

① 希腊人认为只有思想才是真正幸福的事情，这大概也是基于这种直观。不过，幸福的事情显然不只是思想，而是生活中许多事情。

西来定义，实际上潜意识中的冲动如果不是某种病态心理症结就无法构成被意识压抑的冲动。总之，幸福不是某种主观意向被满足的结果（无论是清晰的还是不清晰的意向）。通常人们关于幸福的理解大概可以概括为“心想事成”，这不是错的，但还有所欠缺。欠缺某些必要因素的理解会导致严重的漏洞。“心想事成”可以分析为：我想要 x，果然得到了 x。这一结构确实是幸福的结构，但是关于这个 x 却有几个可疑的问题：（1）这个 x 虽然是我的意向，但它是否真的对我是好的，这一点不可能由我的意向来定义或证明。我有可能比较变态或者愚蠢，等等情况，结果我想要的正好是对我坏的事情，或者是没有意义的东西。就像对他人，我们有可能好心做坏事，对自己也一样可能好心做坏事，所以“我想要的”不等于“对我好的”。（2）由于知识和信息的欠缺，我确实不知道真正想要的是什么，而别人误导我去相信 x 就是我想要的，就像在这个商业社会里，我们不断被告知什么什么才是我们真正的需要。[①]（3）我想要的那个 x，假定确实是好的，在许多时候并不是我自己能够给自己的，而是必须由别人给我的，因此，幸福问题必定要卷入他人问题，必定不是自己决定的事情。因此，分析幸福的思想结构不能只是“我”的主观角度。幸福是体现着目的论原则的生活，它有着超越了主观性的原则。幸福的原则并非总是与主观意愿恰好一致，因此，并非每个人在每个时刻都知道如何获得幸福。缺乏目的论眼光的人往往只能拿快乐糊弄自己。但无论如何，幸福原则却是为每个人着想的，它所揭示的生活方式有助于提高每个人的生活质量，它将指出每一个人如何更充分地利用自由去把各种可能性变成充满活力的现实生活。

为了从正面更好地理解幸福，我将引入“可能生活”这一概念。在逻辑学中有一个重要概念称为“可能世界”（possible world），即任意一个在逻辑上可能设想的世界，或者说任意一个不包含逻辑矛盾的世界。这个世界可以是现实的也可以是非现实的，甚至是永远不能成为现实的世界。不难看出，可能世界概念是可能生活概念的

① 有个电影《麻将》里有一段相当哲学的谈论，大概是这样的：由于人的局限，所以没有人能够真正知道想要的是什么，都需要别人来告诉他什么才是他的真正需要，可是既然人人都不知道真正想要的是什么，别人也就不可能真的知道，于是世界分成两种人，一种是骗子，在骗别人什么是他的需要；另一种则是被骗的人……这固然是笑话，但人们想要的东西有很多确实是可疑的。

灵感来源，但各自要说明的问题却完全不同。我所构造的“可能生活”（possible life）这一概念是以类似于可能世界这一概念的形式构造出来的，并试图以此形成一种在问题上的对照。可能世界是纯思想的对象，但对于伦理学来说，唯一有意义的可能世界就是现实世界，因为人们只能进入现实世界所允许的可能生活而不能进入非现实世界的可能生活，这意味着人们只能把幸福落实在现实世界中而不能指望另一个世界。凡是指望着在生命之外的幸福都是对生活意义的否定，也就是对所有真实的幸福的否定。大多数宗教都是对生活意义的否定。这一否定注定宗教只能引出某种基于特殊信念的伦理规范系统而不可能引出以生活为本的真正的道德原则，没有道德原则就没有作为哲学的伦理学而只有作为意识形态的伦理规范。意识形态拒绝反思，它是基于某些不经审问的信念的一套企图支配行为的规范，这种性质可以描述为“我就这么说而你就这么听着”。然而真理从来只能在意识形态之外显现。哲学既不相信看到的也不相信听到的，而只相信想到的。

可能生活是现实世界条件所允许人们进入的生活，但不完全等于现实生活，因为现实生活只是可能生活的一部分，还有许多可以进入的生活是能够创造出来但尚未创造出来的。于是可能生活具有理想性，它可以在现实生活之外被理解，但必定是能够通达的（accessible）。如果一种可能生活得到实现，它就成为现实生活。但并非所有的现实生活都是可能生活的实现，而有可能只是某些愚蠢的行为偶然导致的。可能生活则总是合目的的生活，否则人们不会希望它是可能的。那些糟糕的现实生活恰恰阻碍着可能生活的实现。

可能生活可以定义为每个人所意味着去实现的生活。人的每一种生活能力都意味着一种可能生活。尽可能去实现各种可能生活就是人的目的论的行动原则，就是目的论意义上的道德原则，这是幸福生活的一个最基本条件。

生活能力包括但不等同于生物功能。生物功能意味着一系列基础性的需求（如温饱和性满足之类），然而由于人本质上是自由和创造性的，所以，那些基础性的需求并不是人的理想性目的。对于动物而言，其基础性需求和根本性目的完全一致，但对于自由的人，这两者却是分离着的。这就是人的存在是生活而不是生存的原因。这种分离决定了一个人即使其基础性需求得到极大的满足也仍然可能终日闷闷不乐垂头丧气，也决定了有的人为了理想甚至宁愿放弃生命。人的基础性需求是自然而然的，天然正当，不成问题，对此不值得进行哲学讨论。

人的基础性需求是否被满足决定了人的生存状况，而人的根本性目的是否得到实现则决定了人的生活意义。良好的生存状况是人的存在所必需的，因此，对人的基础性需求的抑制无疑忍无可忍。但如果仅仅有良好的生存状况，无论在他人看来还是在自己看来都毫无色彩，生活意义是一种自己能够感受到的生活光辉。所以幸福取决于生活能力的发挥而不取决于生物需求的满足。即使通过朴素的直观，人们也早就发现诸如智慧、勇敢、勤劳、爱情和友谊等等是真正的美德或功德，美德意味着令人羡慕的能力发挥，意味着人的卓越性（按照希腊理解）或者人的最优状态（按照先秦的理解），总之，意味着**生活意义的最大化**——这比利益最大化更重要。别人的幸福是人所赞美的而不一定是人所赞同的。一个人如果老老实实地遵守某个社会集团的规范，这个集团的人会赞同他的行为，但这远远谈不上赞美。美德是显示着人的长处、优势能力或优越性（virtue的本义），所以为人所赞美和羡慕。而规范行为只不过是合乎规范而已，所以只是为人所赞同和允许。人们在赞同和允许某些行为时，并不是由于它是杰出的而只是由于它合乎自己的意志和利益，所以伦理赞同在本质上是出于私利的——这与知识赞同非常不同，知识赞同是出于公心或客观标准，除非某种知识赞同已经卷入了政治权力斗争（福柯的“知识/权力”模式）。伦理规范及其赞同谈不上表现了真正的道德标准，而幸福和道德却有着极其密切的关系。一个幸福的人几乎不可能是个缺德的人，幸福意味着他活得很愉快，而生活总是与人共有的生活，因此他必定对人不坏；而从反过来的道理去看，一个缺德的人也几乎不可能是个幸福的人。体现着幸福的那些美德必须表现为行动或者说生活，而不仅仅是潜在能力。智慧通过精神活动和精神成就而存在，勇敢通过坚强的行动而存在，这就像爱情不是存在于想像中而是存在于真实的男女关系中。幸福有待于可能生活的现实化。

或许有一个有些不讲理的问题：为什么一定要去实现可能生活？或者说，假如一个人对作出任何努力都不感兴趣，并且对随便什么样的现实生活都觉得满意，又怎么样呢？甚至，他就愿意过得很差，又怎么样？正如前面已经谈到的，目的论伦理学完全尊重个人选择，并不想劝导人们去做什么而只想指出真理。一个人不愿意去实现可能生活就可以不去那样做，这对别人其实无所谓，但对自己却不同。可能生活是由某种生活能力所指定的，如果不去实现所指定的可能生活，就等于废弃了自己的某种能力或能量，而一种能力得不到发挥就是自己剥夺了自己的一种自由，自我束缚的结果就是生命的抑制状态，在心理学中可以观察到这种毫无活力的生命状态表现为一种低兴奋性的压抑经验，这种经验甚至连基本的快乐都没有，更与幸福无关。如果一个人对随便什么生活都满意，这种自暴自弃只意味着他觉得想得到的任何一种好生活都没戏，而绝不意味着他不知道什么是好的或者觉得什么都好或都不好。可能生活的意义并不取决于一个人主观上是否愿意去实现它，而是那种好生活的魅力就在那里摆着。事实上每种可能生活都有着其特有的幸福而且不是另一种生活所能替代的，放弃一种可能生活就等于放弃一种幸福，因此，即使一个人对他的贫乏生活在主观上很满意，他仍然由于生活的欠缺或匮乏而缺少某些本来可以有的幸福。

这种对可能生活的分析不是主观的批评而是普遍必然的分析，也就是说不是站在批评者或被批评者的立场上去理解可能生活，而是从人的能力去理解可能生活。例如某人缺乏友谊生活，我们不能认为他其实想要但假装不要友谊，因为他在主观上有可能真的不想要；也不能由于我们自己想要因此认为他也应该想要友谊，因为一个人的生活不能来衡量他人的生活，因此只能从目的论去理解，于是可以知道：某人缺乏友谊之所以是一种不幸（无论他是否意识到），是因为他作为一个人本来意味着可以获得友谊的幸福而且本来有可能去获得这一幸福。不管一个人想不想要，但缺少一种可能生活就是缺少一种可能生活。可以考虑维特根斯坦的一个有启发性的例子，他设想有个人故意把球打得奇臭无比，别人看不过去，批评他，但他说他就愿意这么臭。对此别人没辙。但如果有个人行为野蛮如畜生，他就不能辩解了，涉及他人的行为就可以管。维特根斯坦似乎想说，后一种情况才属于伦理学范围。这有些不大对，别人没有权利管的事情只是不属于伦理范围，但仍然属于伦理学范围，伦理学不是要去“管”，而是要去“说”，所以必须把生活的各种事情收入到分析范围里，这样才能有足够的背景去看清楚某个问题。于是，我们管不着的某人故意把生活过得没有模样，显然我们可以断言这样的生活方式是没有德性的。这是一个伦理学判断。

尽可能实现各种可能生活，这是一个关于幸福的价值真理。每个人在事实上总会有着某种程度的生活欠缺，无论我们在主观上是否感觉到这一欠缺，幸福在客观上总是多多益善的。没有消受不了的幸福，只有忍受不了的不幸。

2. 自成目的性（autotelicity）

我们已经通过可能生活这一概念对幸福进行了初步的分析。现在更关键的问题是：如何实现合目的的可能生活？这里出现了一个有些尴尬的困难：如果把某种可能生活 L 看成是某个行动 A 的预期结果，那么就似乎意味着，A 不是或至少无须是合目的的生活，或者无须是幸福生活的一部分，而可以是单纯的手段。也许这听起来很正常，付出某种代价，然后换取期盼已久的结果，这好像没有什么问题。这一点的糟糕之处在于它好像说，人们必须以不幸的经历去换取幸福的结果，而且这一幸福可能是遥遥无期的，或者可能需要付出大得不成比例的代价。这样去看，就很可以怀疑这种追求幸福的方式是否有价值。我们还可以想像这种行动与结果在价值上的分离很容易引出庸俗的完全出自功利考虑的民间生活教育：人应该以几乎一生的苦难去获得"老来福"。就像中国式的老书生企图穷一生之力，最后金榜题名而获得不再有用的"黄金屋"、"颜如玉"之类。通过艰苦的劳动而后获得回报，这种公正的行为值得赞扬和钦佩，理所当然，但这是另一个道德问题（在后面讨论公正问题时我们将进一步讨论），"公正"与"幸福"分别需要非常不同的思考角度。尽管"以苦换甜"是生活的常态，但如果把生活都说成"以苦换甜"就有可能掩盖了幸福生活的深层道理。生活中肯定还存在着比"以苦换甜"要好得多的行动方式，否则就难以理解充分显示着生活智慧的幸福行动，就不能理解幸福行动是如何达到生活意义的最大化的。

按照惯常的想法，人们总是把价值归属于结果，而把行动看成是为了谋求结果的不得已手段，就是说，结果或许是甜的，但谋求结果的行为过程却是苦的付出，而且在许多情况下，这种付出是得不偿失的，尤其还要苦苦等待。这种意识不利于人们去发现幸福的正确行动方式。其实并不难发现，如果**仅仅**把价值关注落实在结果上，无论什么样的好结果或者精彩的结局实际上都不值得为之付出努力，因为要得到所期望的结果几乎注定要付出太多的努力和苦苦等待的折磨。只有文学作品才喜欢渲染在苦苦等待之后获得的如何如何宝贵的瞬间幸福，一个作品用来渲染“瞬间”是丰满的，就好像人只过那么个戏剧性的瞬间，但这个幻觉对于真实生活却没有意义，生活的渴望是如何使一生都具有意义，正是这个生活的奢望使幸福问题变得非常重要。不仅结果需要是好的，而且通向结果的行动本身也必须是幸福的，否则不可能有完整意义上的“连续性的”幸福，这就是问题之所在，而真正的困难也在于此。

是否能够获得幸福很大程度上取决于是否能够敏感到幸福之所在，在这种意义上，幸福是一种**能力**。这一点是残酷的，如果不能知道如何获得幸福，那么无论多么好的条件也是废的。流俗的心理学知道人们想要幸福，又知道人们不想付出努力，于是投其所好地鼓吹“无论做什么事情”都要自己快乐起来，据说这样就能够有快乐的“每一天”。这是在推销典型的自欺欺人。人不可能平白无故就快乐，也不可能随便什么事情都快乐，如果那样的话，就无所谓快乐了。快乐必须有条件，不可能无事自乐，就像有人没吃药就自己high起来，那不可能是正常的。快乐虽然比较廉价但也不可能那么廉价，幸福就更不可能这样廉价。整个现代商业社会都在推销各种商业化的廉价快乐，从电视娱乐节目到网上八卦和偷窥，从打折商品到有奖销售，从健身操到跑步机，从垃圾食品到健康食品，从大众名牌到爬行类宠物，从度假村到旅游团，甚至还有“科学的”性交或手淫指导，尤其还有把人类伟大思想和作品“通俗化”的图书、电视剧和电影。现代的标准化教育、生产和管理以及普及到所有人的现代传播，使得所有快乐都似乎唾手可得，快乐在“容易”和“相似”中贬值——真正的快乐往往与亲身的探索过程有关，幸福就更是如此。

现代性的一个本质就是使一切廉价化，但它使得所有事物廉价到如此地步还是让人惊叹。现代性使快乐变得廉价，使整个生活和世界万物变得廉价，从而使“大多数人”好像获得了快乐（如此满足“最大多数人的最大利益”）。现代社会表面上看成功地回避了诸如幸福这样特别困难的问题，它试图用快乐替代幸福，而又进一步把快乐廉价化，这样生活就万事大吉。据说背后有着强大的理由，即自由和平等。现代性掩人耳目的地方就在于它主张了几乎所有好的东西，人们好像没有理由反对**其中任何一种**价值。但是，问题在于，这样多的好东西是否能够同时被满足？是否有条件能够兼得各种好东西？比如说，自由和民主之间存在着严重的冲突，自由和民主**在事实中**并不像**在话语中**说起来那么顺溜；同样，自由和平等如果分开来看都是好的，至少不是坏的，但如果结合在一起，情况就有些复杂，人们在自由选择去发展自己的偏好时，更多的人总会发展在价值上比较平庸的东西，而各种价值又被认为是平等的，因此，为大多数人所“喜闻乐见”的恶俗价值就会具有更大的竞争力而获得成功。这也正是结合了自由和平等的现代社会的实际情况。这里我们暂时不去深入讨论关于自由、民主、平等这些问题，而只是想说，现代性无疑有许多优势，但也有不得不加以考虑的严重缺陷。这里所聚焦的缺陷是：现代社会所提供的大量廉价快乐事实上无助于增加人们的幸福，而且反过来深刻地破坏着人们的幸福。

现代社会所定义的生产/交换方式、劳动性质和价值标准造成了幸福的巨大困难（马克思对现代社会的“劳动”分析至今仍然是非常深刻的：现代劳动是不得已的手段，以至于人们“像逃避鼠疫那样逃避劳动”，这样人们就等于在生活中花大量的时间在否定生活的意义）。正如前面论证的，幸福的一个关键点就在于幸福不能仅仅通过好的结果来定义，而且还必须由美好的行动过程来定义，否则不可能有幸福。要能够意识到幸福之所在，这需要有双重关注，即不仅意识到结果的价值，而且尤其意识到通向结果的行动的价值；不仅把结果看作是幸福的生活，而且尤其把行动本身看作是幸福的生活。也就是说，幸福只能在这样一种非常苛刻的情况中产生：行动A所通达的结果C是一种美好的可能生活L_1，并且，行动A本身恰好也是一种美好的可能生活L_2。

对行动本身的关注意味着准备在这一行动本身中去创造幸福，而不是苦苦等待遥远的幸福。只有使一行动本身成为幸福的，才会有真正值得追求的幸福，否则，仅仅作为结果而存在的幸福实际上总会被行动的不幸福过程所抵消，至少被大大削弱。不过，特别需要注意的是，在讨论到行动本身和行为过程时，尤其需要与一种流俗话语加以区别，有一种流俗见解宣称，“过程”比结果更重要。这个观点有时也说成“参与”比结果更重要。这表面上看起来好像也是对行动本身的关注，但却是浅薄的胡说。它有着一个致命的缺陷，这就是，事实上并非随便什么“过程”或“参与”都蕴涵着幸福，或者说，并非任何一种过程或参与都必然造成幸福。所以，假如一味单纯地强调“过程”和“参与”，就非常可能导致与结果论同样错误的思想。仅仅说到“过程”是不够的，人们需要的是的确能够造就幸福的那种美好的过程。可以考虑一个例子：人们参加一个比赛绝不是仅仅为了“参与”，单纯的参与显然是一种无聊甚至愚蠢的活动，没有人愿意白白参与。按照目的论，比赛这件事情就必然蕴涵着“冠军比亚军好”这样一个价值真理，否则比赛就是不可理喻的。如果说得不到冠军的参与的确也有着价值，那是因为它是有效比赛的构成部分，它参与维持着比赛的意义和公正性，而且还可以表现为一种虽败犹荣的感觉，但无论如何不可能是由于单纯的“参与了”而有意义。假如说某种单纯的参与也能造成良好感觉，那么这种参与必定是日常的体育锻炼，而显然一个人去参加比赛并非是去进行一次日常的锻炼。企图通过某种主观的心情或采取某种态度来把某种本来不幸福的事情看成是幸福的，这尤其是一种幻想，是典型的自欺欺人。所有具有实质意义的幸福都来自特定方式的行动或者说来自行动的特定方式。因此，关注行动本身并非关注所谓的参与过程，而是关注其中的**正确方式或步骤**。这就像演算一道数学题，“参与”并不能保证正确结果，只有正确的方式步骤才能得出正确结果。现代社会里一些不入流的心理学家喜欢鼓吹人的主观态度和心情，就好像主观态度能够点铁成金。正如没有哪一种精神能够拯救饥饿的肉体，甚至也不能拯救无能的灵魂，同样也没有哪一种态度能够拯救不幸的人。自以为是的主观态度在知识论上也许还有一点自欺欺人的余地，但在伦理学中它毫无意义，因为伦理学只考虑实在的行为。

关注行动本身意味着从行动本身看出合目的性，即无论这一行动所指向的结果是否能够达到，这一行动本身就已经足够使人幸福，或者说，这一行动必须使该行动本身“内在地”成为一个有价值的事情，同时使该行动所指向的那个外在结果成为令人惊喜的额外收获。如果一个行动本身具有自足的价值，它就具有“自成目的性”(autotelicity)。这种自成目的性是生活的存在论事实所决定的目的论性质，其中道理实际上非常简单：既然生活的目的只能在生活之中，那么不能显现生活目的的活动就不是好生活，所以，一个行动如果是有意义的生活的一个部分，它就仅凭其本身就直接地具有价值，也就足够带来某种幸福。我这里的主张从精神渊源上说至少可以追溯到老子的“道/德”理论和亚里士多德的伦理学。如果一件事情显示了它本身所先验意味着的“德”，那么就“得道”了，它就其自身而言就已经足够好了，并不需要别的什么证明。同样，亚里士多德在《尼各马科伦理学》中也指出，那种仅仅因自身而不为他物而被选择的事情才是幸福，这就是幸福的自足性（autarkeia）。这个autarkeia差不多相当于self-sufficiency，可以看出，它和autotelicity的含义虽然不完全一样，但有些联系。通常，autotelic用于表达“为艺术而艺术”的那种性质（autotelicism），它当然总是自足的，但它比autarkeia更强调行动自身的明确目的性或价值追求。因此，我们可以把autotelicism或者autotelic进一步普遍化为autotelicity这样关于行动的一般概念。可以说，这里的autotelicity在含义上加入了作为“得道”的“德”的意思，它直接联系到整个生活的本意（telos）。

一个具有自成目的性的行动所带来的是一种无须代价的幸福。正因为这种幸福是直接在行动本身中获得的，只要进入这样的行动就已经获得这种幸福，所以它是无须代价的，当然它不可能是一个没有目标的盲目行动，它所指向的目标必须是一种美好的事情。事实上，只有当行动目标是美好的，通向这个目标的行动才有可能提供一种自成目的性。所以要强调行动目标是美好的，是因为我们需要小心翼翼地避免把幸福仅仅理解为在个人空间里的事实，这也是为什么要赋予autotelicity一些发挥了的含义以使它比较明显地区别于autarkeia的原因，如果仅仅考虑autarkeia，幸福的性质还是不够明确。[①] 幸福虽然是落实在个人身上的，但它却以他人为必要条件，因此，除非得到他人的帮助，否则幸福终究是不可能的——幸福属于自己，但却是来自他人的礼物，所以没有比给别人幸福更具道德光辉的了。幸福是个落实在个人身上的社会事实。可以考虑一个比较恶心的例子：有人是虐待狂，他有能力并且只喜欢虐待别人，而且他不想获得在虐待这一行动本身之外的任何利益，他为虐待而虐待。尽管他的行为似乎是“自足的”，但显然我们不能认为这个人的行为具有“自成目的性的”幸福，因为虐待所指向的结果并不是一个自成目的的事情。幸福要比快乐深刻得多，幸福不是过瘾，过把瘾就死未必幸福。

---

① 亚里士多德自己也意识到autarkeia有可能引起误解，于是他说：“我们所说的自足并不是指一个人单独存在，过着孤独的生活……人生来是社会性的。”（《尼各马科伦理学》，11页，北京，中国社会科学出版社，1990）

行动的自成目的而带来的幸福与行动的外在结果所带来的快乐大不相同。如果所达到的结果正是所预期的结果，它必定引起快乐，但这是有代价的，不付出某种代价就得不到相应的快乐，甚至有时付出了代价也得不到快乐，这种糟糕的情况屡见不鲜。尽管快乐易求，但毕竟靠不住，而且不能解决生活的困惑，而幸福在很大程度上在自己手中。理解幸福与快乐这一区别的重要性在于：如果一个人只有快乐意识而没有幸福意识，那么他永远不可能幸福，甚至很可能不幸，因为他不会使用其自由意志去选择那种具有自成目的性的行动。假如只想获得快乐，为了这个需要付出许多代价的结果，他只能斤斤计较，他的行为方式在本质上就变成了商业活动，他不得不想"这样能换来什么什么"。由于人有一种夸大自己付出的代价的心理倾向，人们总觉得自己尤其辛苦，所以他在大多数情况下会觉得与收获相比实在"失去的"太多，得不偿失。产生幸福需要另一种完全不同的行动，在其中不存在自私还是无私、利己还是利他所构成的那些斤斤计较的问题。幸福不是计较出来的。也许在效果上幸福的行动往往是利他的，但利己还是利他都不是幸福行动的动机，也不是幸福行动所试图处理的问题。幸福的行动必定免除了（to be free of）各种计较——无论是自私的还是无私的计较。

3. 创造感和给予性

人世间快乐如此多，甚至和痛苦一样多。无论快乐还是痛苦都是习以为常的事情而且几乎是必不可少的。适当比例的痛苦有助于维持对快乐的敏感，而足够多的快乐则保证生活不至于不堪忍受。但如果只有快乐而没有幸福，那么生活仍将是无意义的。快乐就像吃喝的欲望一样普通、**基本**而不**根本**。似乎康德说过，寻欢作乐并不需要劳神苦求。

为了使生活一直是有意义的，就必须投身于幸福行动。幸福行动本身恰恰是这一行动的成就。为了满足这一要求，幸福的行动就只能是给予性的行动（action of giving），它考虑的不是利益回报。一个幸福的人根本不去考虑是否会获得某种回报，因为幸福行动的给予性本身就已经足够有魅力。这种给予性行动从现象上看有些类似于所谓无私奉献，但却有着本质上的区别：给予性行动只考虑到给予并且为给予而感到幸福，而所谓无私奉献却考虑到了这一奉献是无私的，它考虑到了声誉回报。这种考虑当然不算是商业性的斤斤计较，因此的确是高尚的，但问题在于，高尚行为还不足以成为幸福行动，因为它并没有超越规范性的计较，即“应该如何如何”的计较，所以仍然不是心的自由。关于这一点，康德有非常著名的论断：那些考虑到利益回报或者声誉回报的符合规范的行为只不过是“假言的”即有条件的规范行为，这样就不是自由的纯粹道德行为。只要考虑到“应该无私地去……”就不是真正自由的给予而至多是自愿的给予（自愿不一定是自由的）。不是自由的给予就不可能是真正幸福的。自愿的给予也许会有一种心满意足的自我感动，即自己为自己的高尚而感动，但是这种自我感动假如太过感动就会削弱其高尚意义。自我感动或者是一种自怜或者是一种自娱：自怜是自觉到自己甘愿吃亏，而这样想就有些不幸了；自娱是自我陶醉，是把自己想像成宗教或文学人物，这种自我欺骗就不太高尚了。所以说，自我感动可能会抵消给予的意义，以一种吃亏的光荣感安慰自己就像是帮助他人时一定要让他人知道欠了情，这样，获得帮助的人仍然是比较快乐的，但帮助者自己却反而没有获得应得的幸福。所以，如果仅仅是自愿的给予，就仍然是一种交换性活动，是一种变相索取，只不过不是物与物的交换而是物与情的交换。只有当自愿并且自由地给予才能产生幸福。

自由地给予当然是付出了某种东西，所以这种行动往往具有利他效果，但这种利他效果并非这一行动本身的目的而是这一行动所指向的结果，或者说，是这一行动的伴随效果。自由给予的行动首先以这一行动自身为目的，因此，行动者首先感受到的是自己在这一行动中获得很多，即使他也意识到他有所付出，他仍然觉得获得的更多，所以自由的给予行动使人幸福，它直接地、**无代价地**使生活变得更丰富。幸福是绝对的收获。无论在自由的给予中实际上付出了多少，这种付出都是行动者自由并且自愿付出的。如果不让他付出，他将反而感到失望甚至痛苦，所以这种付出不是一种代价，它不被用来交换任何东西，因此，自成目的的行动就具有了纯粹性。一个心理正常的母亲对子女的爱就是典型的自由给予行动，母亲在这种行动本身中获得无限喜悦，这种幸福显然是直接的收获，无论子女将来是否对母亲有报答，母亲都已经获得了**作为母亲的**幸福。如果一个母亲对子女的看护只不过是对子女将来的报答的预谋，那么她就破坏了爱的关系而把母子关系变成商业性的关系，她就注定失去幸福。即使子女给予她种种报答，她仍可能有种种抱怨，正如前面所指出的，在交换性的活动中，人们总是倾向于觉得自己付出的比实际所付出的更多。自由给予的行动还体现在生活各个方面上，例如爱情和友谊。向情人给出爱，这本身就是一种幸福，即使结果并不能获得对方的爱，这种痛苦也丝毫无法影响给出爱的幸福，因为这两者不是同一层次中可以比较和兑换的东西。如果一个人对情人感兴趣只是为了被爱，他（或她）就没有机会进入爱情幸福的层次，他（或她）就会对失恋的痛苦斤斤计较。只有少年或心灵不成熟的人才会严重地看待失恋痛苦，因为他们仍然扮演着只准备被爱的角色而且尚不具备爱的能力。友谊的情况也一样，给朋友真诚的支持本身就足以引起幸福感，而如果预谋着对方的相应报偿则只不过是同党。幸福之所以比快乐要稀少得多，不是因为获得幸福需要更艰难的努力，而是因为人们在大多数时候没有采取能够获得幸福的行动方式。只有在“给予即收获”的行动方式中才能获得幸福，而在“给予然后收获”的行为方式中注定只能获得快乐和痛苦，而且肯定是苦多乐少。

自由给予的行动为什么就肯定是幸福的行动？或者说，自由地给予为什么必然引起幸福感？这是一个关键的问题。首先，幸福是以自由为前提的，自由虽然还不构成幸福，但却是幸福的必要条件。如果没有自由，一个人就降格成为某物，因为他失去了本来所有的自决性而成为某种被决定被操纵的东西，他的生存无法构成他自己的生活而只不过是别人生活中的某一景象，当然更谈不上幸福；其次，人在目的论意义上的本质是创造性，于是，有意义的生活也就必须是创造性的，否则人的存在目的不可能被实现，所以，幸福只能来自创造性的生活，那种重复性的活动只是生存，只是一个自然过程，根本无所谓幸福还是不幸。创造在本质上说就是给予，只有在给予中才能产生某种**非现成的生活情景**，才能开拓某种可能生活。正因为自由的给予是创造性的，并且只有创造性的行动才能构成属于自己的生活，所以它必然导致幸福。幸福只属于具有激情和想像力的人。在这个只强调经济理性、生产标准化和管理规范化的社会，幸福正在减少，这不仅是因为社会的标准化，尤其还因为人的标准化。现代社会不仅按照标准生产各种物质，还按照标准生产人。

也许还可以追问为什么创造性的行动必定产生幸福。这一点实际上几乎无须解释，因为人类天性极其爱好创造，或者说，对于人类，创造最具魅力。创造性行动所开拓的生活是崭新的、有活力的、激动人心的，这在心理上有着强大刺激力，这就是人们天生感兴趣的经验。事实上，只有人才忍受不了无变化的惯性生活，也只有人才会因为无聊重复的生活而神经病。在某种意义上说，幸福的动力是一种**精神本能**。[①] 它要求创造，而创造要求给予，所以幸福超越了自私和无私的计较。在本能的层次上无所谓自私或无私，只有在社会化活动中人们才自私地计较着"自私与无私"。作为精神本能所追求的幸福只要求考虑什么是激动人心的或者说什么是有魅力的。有一个不应该回避的问题：堕落的行为比如说吸毒、赌博、违法乱纪同样很刺激，所以同样具有吸引力。必须承认，在事实上，堕落和幸福几乎具有同等的魅力，否认这个事实没有意义，相反，这个事实透露出这样一个真相：有许多不同意那些愚蠢的规范和标准的人，如果没有找到正确的幸福之路，就非常容易堕落，因为堕落比无聊更有吸引力。在无聊的社会中，堕落在某种意义上是对社会的庸俗无聊的反抗——以不负责任的方式试图摆脱荒谬的无意义的责任，尽管这是不可取而且不成功的反抗。堕落所以不可取，是因为堕落只能引起快感而不能带来幸福，因为堕落的激动是消费性的，并且缺乏创造性，终究是饮鸩止渴。创造性的幸福不仅是激动人心的，而且同时是一种人生成就，一种贯穿一生的意义。

没有创造性的生活是没有意义的生活，所以人们首先需要一个能够容纳创造性的生活方式的社会。一个没有创造性的社会甚至比一个不公正或者贫穷的社会更为可怕。社会必须为生活着想，而生活为自身着想，所以，幸福公理是伦理学的第一原则。幸福问题的根本性表现为：(1) 如果没有幸福，生活中的任何一种事情都将失去最终的价值根据，我们将不知道一切事情为了什么。如果没有幸福，那么有没有社会公正、自由、规范就都变成无所谓的了，因为反正生活是没有意义的。(2) 幸福是建立公正和规范的一个必要条件。一个不幸的人甚至对不起自己，谁又能指望他去对得起别人？在事实中我们可以发现，一个幸福的人更容易使别人也幸福，而一个不幸的人更倾向于坑害别人。如果一个社会不能为幸福创造条件，

---

① 我在更早的《美学与未来美学》一书中曾经试图论证人除了一般的生物本能之外，还有"精神本能"，它是人化了的生活的必然冲动，可以用来解释人们对创造、新奇和美的永远热情。

将是无比危险的。所以说，幸福问题是全部伦理学问题的开端。幸福公理可以表述为：**假如一个人的某个行动本身是自成目的的（autotelic），并且这一行动所试图达到的结果也是一个具有自足价值的事情（autarkeia），那么，这一行动必定使他获得幸福**。这种行动在操作上是创造性的，在效果上是给予性的。这是美好的人际关系的唯一条件，也是好生活的必要条件。

V. 公　正

1. 公正的不可还原的条件

由于幸福源于每个人自己的创造性行动，每个人的可能生活在自己的创造性行动中被开拓出来并且落实在个人身上。幸福主要与自己的行动方式和努力相关，幸福一旦得到就不可能分给别人。这一点是一个非常重要的事实。一个人所拥有的幸福不可能分给他人或者用来交换其他东西。一个人如果自己不能创造幸福，我们也不可能分配给他幸福。可以看出，幸福原理所处理的首先是**每个人与自己的关系**问题，即如何善待自己的问题。

与此相反，利益是可争夺的，也就有着交换与分配的问题。生存资源和空间如此有限，尤其它们与人的欲望相比总是非常匮乏。如果一个人获得较多利益，别人就很可能失去一些利益。于是，利益冲突不可避免。人追求利益从根本上说不仅仅是因为主观的欲望，而是在客观上的确需要利益。如果没有足够的利益，就意味着没有足够的物质条件和社会条件去创造和保护幸福生活。所以，要保证幸福生活，我们还需要另一个原理来处理**人与人之间的关系**问题，这就是公正原理。

公正（或称正义）一直都有着双重意义：(1) 我们可以把表达人际关系的合法性原理称为公正（justice，类似中国传统概念“义”）；(2) 把表达某种公共单位（制度、文化、世界、国家、民族和各种共同体）的合法性原理称为正义（Justice，类似说“大义”）。可以看出，(1) 是关系性公正，是关系的普遍合法性，而 (2) 是公共性正义，是公共事业的合法性。这两个方面虽有密切关系，但毕竟是两个问题。一般来说，关于作为大义的正义有着更复杂的意见分歧，而且往往被认为是个危险的问题，而关系性公正则有较多共识，但其实仍然有着深刻的分歧。这里所要讨论的将限于关系性公正。公共性正义问题将在后面再加分析。

关于公正的一般直观是，就像古人所认为的那样，公正的目的就是为了建立某种“合理的”或者“良好的”利益分配和权利划分的社会标准和制度，从而把人与人之间的冲突控制在可以接受的限度内。但这还不是最后目的，公正的最后目的是为了保证每个人有条件创造属于他的幸福生活。正如前面所论证的，社会的各种制度最终是为了给幸福生活创造条件，而不是为了社会制度自身的效率。社会是个难养的怪物，它为生活提供服务，但很容易就发展成为社会机制为自己服务。不过这个问题更多地属于正义问题了。可以看出，公正和正义这两个问题又总是很快就结合成一个问题。我们首先要讨论的是，在最基本的层次上，或者说，在一个不能再还原的层次上，人类到底需要的是一个什么样的公正原理。

有一点可以明确，公正原理虽然不是幸福原理所派生的一个定理，但公正却是有利于幸福的，因此，幸福问题是公正问题的不可缺少的背景。当考虑到幸福是生活的真正目的，就会意识到公正问题的定位不能过于简陋，不能要求太低，显然，幸福意味着高标准的生活。现代思想往往采取把问题简单化的方法论，削减某些背景因素，降低某些客观要求，这样问题就显得比较容易处理，容易达到某个结论，只可惜这样的结论不会有真正的意义，因为事实已经被改动过了。一个典型就是罗尔斯的“初始状态”假设，虽然简洁优美，却不符实际。这里是一个关于分析模式的原则性问题，它关系到能不能进入真正的问题。可以这样分析：（1）对于人们来说，真正重要的是人们“想要的”东西，而不是“最初的”东西，所以不能用一些所谓“初始状态”来说明生活，显然，生活**要什么**不能由生活最初**是什么**来说明；（2）所谓“初始状态”其实也不是真实的初始状态，而是完全空想的，这样就非常可能把问题设想得过于简陋，漏掉太多必不可缺的变量，以至于最后不知道所说明的到底是谁的生活。当然，自己设想的一组条件所定义的世界可以是**某个**可能生活，但如果不是我们生活着的**那个**可能生活，就完全变成了文学创作（在这个意义上，罗尔斯是个作家），建立在文学之上的理论没有什么用处，而如果加以滥用就会有很大危害。因此，我们所设想的生活基本状态（当然是个理论化了的模型，与实际生活会有些不同）如果是有效的，那么它必须满足：（1）它所意味着的可能

生活 L_1 与实际的可能生活 L_2 至少是同构的，或者说在基本结构上是映射的（mapping）；或者（2）L_1 虽然与 L_2 有某些不同，但这种不同不影响 L_1 必然发展为 L_2。只有这样的模型才具备说明生活的能力。

由此看来，从霍布斯到罗尔斯的那些关于生活初始状态的模型设计都是不成立的，霍布斯式的假定明显太过极端，人类虽坏，却也没有坏到那种程度，一个人对所有人或者任何一个人的“战争”其实是不可能的，人们中间总有一些非常热爱他人的人。在此不多论。罗尔斯的假定则属于非常流行的模型，其实就是相当于经济学通常所假定的人类关系一般模型，即（1）每个人都是经济人，都是自身利益的最大化者，这意味着都以利益为唯一或第一目标；（2）每个人都是理性的（经济理性的），这一“理性”虽然从来没有被很清楚地定义，但其要旨基本上以经济学博弈论所假定的那种理性为准（其实这也是现代社会对理性的一般理解），即始终一贯地仅仅追求自身利益最大化（这已经由“经济人”概念所说明），并且始终仅仅以理性分析方法正确地计算得失。什么才算“正确地计算”，这包括许多与知识、能力和信息有关的因素，但最关键的是其中的计算方法，其要点是在“风险规避”的条件下选择对自己最有利的策略，直白地说就是，首先决不冒险，决不比别人多吃亏，然后再按照得益排序去选择。罗尔斯可能受到纳什均衡理论的影响，于是按照以上这些基本条件去设想了“无知之幕”的初始状态，于是“逻辑地”得出了两条被搞得特别有名的公正原则（一条是一般的自由主义原则，主要是保护每个人的个人自由和在个人权利方面的平等；另一条是基于社会公正观点的原则，要求机会平等和比较有利于弱势群体的利益分配）。可是，那种互相完全缺乏信息的状态不仅不现实而且也是不可能的，即使可能，也不能用它来推论真实世界的规律，因为不存在这样一种逻辑转换，如果按照逻辑观点来看，“无知之幕”的可能世界 L_1 的存在条件既然完全不同于事实的可能世界 L_2，那么它们的规律、制度或游戏规则并不能互通，它们是完全不可通约的两种游戏。这就像足球的规则不能应用于篮球，伸手不见五指的黑夜游戏规则不能用于一目了然的白昼游戏——罗尔斯推荐的正是把伸手不见五指的游戏方式用于一目了然的白天。这一缺点已经有许多人以大同小异的方式指出来了，不过，被忽视的真正严重的错误还在于，罗尔斯的那个经济学式的初始状态根本就不是一个人的世界，它是个无人性的、非人的世界，它不仅与现实世界不通，而且与人的世界根本不通，因为那是个只有“思”（mind）而没有“心”（heart）的世界，在那里的人无情无义，永远见利忘义，没有激情，没有爱情，没有朋友，没有幸福，没有偶然，没有错误，从来不为伟大和美丽的事情而忘我，仅仅只看见利益，只会算术水平的排序，这不是人。当然，这不是罗尔斯的独特世界，而是整个现代思维试图推荐给人类的**无心世界**（a world of no heart）。

为了更有效率地分析问题，关于世界的理论化假设是可以的，但这个可能世界必须与人的实际世界相通，它必须保留人性和人际关系的基本因素，否则再优美的计算都是无意义的。世界和生活所以复杂难测，所以有命运、有历史、有戏剧性，有战争与和平，有阴谋与爱情，就是因为人性因素很多而难以计算。权且采用“无知之幕”的假设，只要承认人终究是人，人有人性，那么罗尔斯的公正原则就终究不可能是个必然结论。可以这样分析：给定互相完全无知，但是博弈各方都有足够丰富的人性（就像真实的人那样而不像机器人那样），那么，在博弈者中至少存在一个人有赌徒性格，宁愿冒险；或者有人特别自信，有英雄气概，敢于胜利也愿意认输；或者有人特别仗义，宁愿信任合作；或者有人多愁善感什么的；当然也有经济人，结果肯定不可能出现“众心一致”地为自己准备好一条无论如何不太吃亏的退路这样的局面，以便即使幕帘落下发现自己处于不利地位也不会境遇太差。相反，只要博弈各方是有人性因素的，其局面就与真实的社会局面差不多复杂难测。总想着构造“处境不利也不吃亏”的策略的人当然有，但关键是人性注定了**什么样的人都有**，不能一概而论。历史事实也证明了真实世界往往如此。

更加有趣的是，随着博弈论的发展，人们利用博弈论所想像的关于博弈的理论模型越来越接近真实世界，显然人们都发现只有这样去思考才是有意义的。相比之下，罗尔斯的理论模型就太过简陋了，早就跟不上理论实验的发展。Axelrod 和 Hamilton 早在 1981 年以及随后的模型就已经显示出关于复杂博弈局面的思考①（但与今天的模型相比又是相当简单的），他们就承认博弈各方有着丰富人性，有的好斗，有的懦弱，有的友好，有的憨厚，有的理性，有的狡诈，如此等等，其策略当然五花八门，经过在计算机上的反复长

① Cf. Axelrod and Hamilton: Evolution of Cooperation, in *Science*, 1981, 211: 1390-1396.

期“战斗”，最后胜出的居然是道德水平比较高、喜欢合作的TFT策略，而那些具有经济人风格和阴谋家风格的策略都最后败北。他们的模型当然有许多漏洞（这里不讨论了），但至少说明了世界必须被设想为复杂的才有意义，还说明了人们未必都是经济人。显然，像罗尔斯那样简陋的模型恐怕没有意义。奇怪的是罗尔斯理论居然还保持作为当代流行伦理学的基础，让人疑心当代伦理学是不是太过落后。现代的许多“知识”就是建立在一些不可能的“理论模型”垃圾之上的，它们都否认世界的真实的存在论条件，任意改动世界的面目。人的多样化和世界的丰富性是决不可以削减的世界存在论条件，如果随便改动世界的存在论条件，那么我们这个世界不存在。我们必须警惕现代知识（特别是经济学、社会学和知识论）为了知识体系自身的一致性和知识生产的便利而对世界画面的随便改动。

我们不仅需要关于世界的真理（truths of the world），而且需要真诚处理世界（be true to the world）。因此，在考虑公正问题时，所构造的可能世界必须与真实世界是同构的。显然，有几个基本条件是不可以省略的：（1）作为理论模型的那个世界与实际世界一样是个**有心世界**，里面有着足够丰富的人和人性，理性、情感和性格同样都是行动选择的理由。（2）行动不仅仅是为了利益，更为了幸福和生活意义。只有这样去理解行动，才能够全面地理解人的各种选择。于是（3）人们在作出行动选择的“得失计算”上不存在**一致和统一的算法**。

得失的算法问题最为关键，它决定着整个的分析模型。我们知道，为整个现代社会普遍接受的经济学角度所理解的“得失”主要是物质利益，虽然它没有说人没有其他方面的得失，但它似乎想说，其他方面的得失是非常次要的，而且大概也都可以还原为物质利益，因此，只要计算物质利益的得失就基本上够了。这显然是荒谬和失真的。人们义无反顾地想要的东西，或者说在行动上的决定性因素，无疑是多样多彩的，除了利益，还要生动有趣的生活经验、政治权力、文化权力以至精神、人格和幸福等等，尤其是那些钱权换不来的幸福和生活意义。简单地说，人不仅贪财，而且什么都想要，假如仅仅需要物质，问题倒简单了，恐怕连历史都不存在了。当然，许多事情是难以计算的。为了能够超越主观性，找到某种能够客观地进行计算的统一单位，这是合理的想法。但问题是，物质利益并不是个最好的计算单位，至多是个最容易计算的单位，它缺乏严格的普遍性（对所有人有效），至多能够说“大多数人最想要的是物质利益”。而以“大多数”替代“所有人”在学理上是不合法的，甚至在政治上也不合法。① 因此，我们需要重新找到一个既是普遍的又可能计算的价值单位。显然，这个合适的计算单位恐怕仍然必须是数量型的，因为关于质量的标准永远有争议（尽管并非完全不可能证明某种质量型的价值标准，但是太过费力，我们没有足够多的时间用于争论纠缠）。

最现成的合法计算单位就是“时间”。每个人的生命都由有限的时间构成，有限的时间就是每个人的天然资源，而且，其他任何资源所以有意义，也必须以生命时间为前提。自然存在的时间由于无穷而没有意义，而由于生命如此有限，时间就具有了价值，人们用属于他们的时间去换取所想要的东西，或财富名声，或思想知识，或新奇经验，或爱情友谊，如此等等。除了必要的生理事务和生活琐事所不得不花掉的时间，**某人对他的时间的投放量意味着一件事情对于某人的魅力**。从这个角度来看，给定可以自由选择，如果一件事情对于一个人来说值得投放尽可能多的时间，那么它就是带来幸福的事情。这个“时间算法”表明，人们的时间投放方式大为不同，人们所热爱的事情不同，因此，不存在对某种东西的“正确”分配方式（比如物质利益）能够用来表明什么是公正。公正只能是任意两种东西之间的交换关系，相当于两个变元之间的不变的关系。

我们已经知道，如果没有公正的交换就会陷入所谓的“自然状态”，即无限制的争斗掠夺。尽管大多数人都相信无限制的争夺是不可取的，但尼采式的批判——把公正看成是弱者的伦理要求——看上去仍然是强有力的。在理论上说，我们无法由利益追求这一事实中必然推论出公正的必要性。如果一定要勉强进行这一推论，那么，我们根据同样的事实和同样的逻辑也可以推论出弱肉强食的必要性。另外，我们也无法以大多数人喜欢公正作为公正必要性的论据，因为很容易想像一种尼采式的反驳：大多数人只不过是些弱者，他们终将服从强者。很显然，公正的必要性只能根据目的论来证明。每个人都需要幸福，而每个人的幸福都需要他人的存在。如果没有他人，我就无法给予他人爱情或友谊，如果没有他人作为受惠者或者

---

① 现代的价值判断方法论基本上是“数量模式”而不是“质量模式”，即“多数等于好”。现代社会制度如民主制度、万物商品化制度以及生产标准化制度在本质上都是数量主义的。但“多即好”模式一直都没有得到学理上甚至政治上的合法证明。

受众，我所从事的任何创造性事业也将变得毫无意义。而且，我必须希望他人是有价值的人，因为我不可能给予一个无价值的人以爱情或友谊。我也不可能为了一些无价值的人进行创造，那样将是无聊的。更彻底地说，我必须希望他人是幸福的人，因为不幸的人是不值得给予爱或者为之进行创造的。我们会同情痛苦的人、贫穷的人、遭灾的人或失败者（苦难不等于不幸），但不会同情不幸的人。不幸的人就是对不起自己的人，他之所以不幸就在于他没有付出生活努力，在于他自己没有好好生活、好好做人——区分不幸的人和苦难的人是很重要的。一个人的幸福与周围人的幸福是密切相关的，如果周围都是不幸的人，生活在其中将非常可怕。因此，一个人即使只想着为了自己的幸福，他也必须希望他人幸福，也就必须允许他人有条件去创造幸福。公正就是保证每个人获得创造幸福生活所需的物质条件和社会条件的普遍必要的**生活制度**。而不公正的争夺损害着每个人创造幸福的机会和条件，从而损害着每个人（包括所谓胜利者）的部分甚至全部生活。以成败论英雄的强者道德，虽然比起弱者道德要神气一些，但仍然不是真正优越和高贵的道德。

一般说来，公正从其积极的方面来说是一种互相报答的收获方式，从其消极的方面来说又是一种报应式的惩罚方式。如果一种生活制度是公正的，那么它必须能够保证“做 X 则得到 X 的相应或同构结果 X′”，即所谓“善有善报，恶有恶报”。这其实是古今所有人的心灵直观，人们的心/思（heart/mind）本来就是这样长的，任何理论也不可以超越这种直观，否则就是反对人类心灵。这一公正结构在孔子的正名理论中已经被明确了，即“君君，臣臣，父父，子子”所蕴涵的那个抽象的对应性结构（孔子的具体方案未必正确，但其结构是优越的），如果把这一结构普遍化，就是“善善恶恶”。这个结构具有先验的合法性，也可以说，它是任何制度的合法性的先验证明。所以说它的合法性是先验的，是因为这一“果报结构”（repay/retribution）是唯一具有普遍性、稳定性和传递性秩序的社会关系，它的有序性与自然的因果关系或者逻辑的推理关系在结构上是映射着的（mapping），它们都是各自世界有序性的唯一保证。一旦破坏了这种关系，就等于向任何无序状态开放，就不再有理由和能力阻止任何混乱。简单地说，回报关系、因果关系和逻辑关系分别是社会、自然和思想的唯一有序性（order/kosmos），其他状态都是无序（disorder/choas）。

在“善报和恶报”中，前者是宜人的，而后者往往是暴力性的，于是许多人对恶报公正的合法性很是怀疑。暴力就其本身而言是可怕的，而且在不当使用时尤为危险，因此许多人从情感角度出发不假思索地把暴力本身看成是不公正的事情。这种感情用事的思路虽然令人感动，但也遮蔽了一些重要的问题。当然，我们几乎都会认为，假如回报性的分配公正总是得到维持，那么惩罚性的公正就是多余的，因此，回报性的分配公正是根本性的，而惩罚性公正是辅助性的并且是有条件的，甚至是有害的。不过这种假设从来都不是现实，真实世界从来不存在着那种处处都有回报性公正的理想状态。社会公正要得到维持，哪怕是某种程度上的维持，就至少需要惩罚性公正作为一种随时可以实施的威慑存在。于是，惩罚性公正在实际上和回报性公正同样是必要的，惩罚性公正是回报性公正所以有效的一个条件。放弃或忽视惩罚性公正，这种做法本身就是一种不公正，而且等于故意造成一种分配上的不公正，因为如果不以正义的暴力去对抗不正义的暴力，不去惩罚各种作恶，就意味着纵容不正义的暴力和帮助作恶，也就等于允许恶人谋取不成比例的利益和伤害好人。因此，回报性公正和惩罚性公正不能被看作是两种公正，并且认为一种是真正好的而另一种是本质上坏的不得已手段，而必须被理解为公正的两个互相支持着的、互相搭配着的方面，否则就没有足够的条件来确定或判断什么是公正（就像自由不能拆成两种自由，而只能看作是自由有两个互相成全的方面）。除非天然存在着“疏而不漏”的天网使得作恶必有报应，就像自然的因果关系那样必然，否则就必须由人类自己来建立一个人为的“报应系统”。正因为不存在天然的报应关系，所以人为的报应体系就是必要的。①

在当代社会中有着一种极度夸张的人道主义，它主张天赋人权，认为我们应该通过说服、教育、宣传和非常有限的“人道的”惩罚来改造恶人。且不说这些方式的改造力往往微不足道（这些方式其实只能改造本来就不太坏的人），即使的确有点效力，那也是以不成比例的代价损害了好人的利益和生活（许多人会白白地受到伤害），因而其公正性是极为可疑的。另外，那种夸张的人道主义还有着两

① 我们可以注意到，在佛教以及基督教中都有不同程度的关于天然报应关系的幻想，这表明了人们多么需要报应系统。当然，佛教和基督教所设想的报应关系假如成立，那么世界就完全变成另一个世界，现在人类社会的各种问题就会消失，因为它们改动了世界的存在论条件。可惜这是不可能的。

个理论上的错误：其一是以为一个人既然有着某些天赋人权，于是他将一直拥有这些人权而无论他做了什么事情，即使是一个无恶不作的坏人也似乎有权要求得到与好人同样的“人道”待遇；其二是以为道德意识是一种好像很专业的知识，所以一个人犯错误是因为无知。[①] 例如在中国有些制造假药或有毒食品的人只受到相当轻的惩罚，即使他们害死了许多人，毁坏了更多人的一生健康和幸福。[②] 这些往往被解释为他们“缺乏道德观念和法律观念”（没有比这更可怕的黑色幽默）。假如以为这些人甚至连可以直观的道德原则都不知道，这是无论如何难以想像的。这几乎等于说这些人只具有动物的心智水平，假如真是这样的话，又恰恰意味着不能以对待人的方式去对待他们。那种夸张的人道主义的这些错误都源于暗中以所谓的仁慈原则作为公理。这一点的确是个值得分析的问题。

仁慈是一种美德但却不是伦理学的一个公理。人们想到仁慈就像想到暴力一样带有明显的情感色彩，这种情感倾向使得仁慈或暴力这类本来是需要条件的行为方式变成好像是无条件的。其实无论是仁慈还是暴力是否是好的，这完全取决于特定语境，也就是说，它的道德性质并非其本身所有而是来自于应用它的方式。“善待他人”是一个意义既不充分又不明确的原则。我们有理由要求说明“因什么而善待什么人”。显然在其中“他人”不可能是任一变元，否则我们就应该善待最无耻、最卑鄙、最恶毒的人；同样，我们也不可能什么都不因为就去善待他人，人对待人总是有理由的。正如毛泽东所指出，没有无缘无故的爱和恨。假如因为我们需要幸福生活因而需要他人也拥有幸福生活，那么这种仁慈其实已经由幸福公理所说明；假如善待值得善待的人，那么这种仁慈可以由公正公理所说明；假如以超出正常标准的方式善待值得善待的人，在这种情况下仁慈称得上是一种美德，但仍然基于公正公理。可以说，在伦理学中只有幸福原则和公正原则才能充当基础公理，因为只有幸福和公正才能够获得普遍必然的合法性论证，其他原则都只能在特定

---

① 苏格拉底的理论声称道德与关于道德的知识是不可分的，因为“无人自愿犯错”。这个理论很深刻，但并非没有疑问。这个理论应该在高层次去理解才是合理的，即人们多半不知道生活的真谛和伟大德性的复杂道理，而显然不是说，在最普通的低水平上人们也没有道德直观。

② 在我开始写作《论可能生活》时，就已经有了大量这类案件，例如毒酒、假药、病鸡病猪食品、有毒蔬菜等，到今天更多，除了上述那些，还有各种有毒的食品和用品，从建材、装修、河流、鱼和各种加工食品，最近更有劣质奶粉在安徽害死数十儿童。

条件和语境中被解释，而且，其他原则如果能够获得正面的解释，就必定是它们有利于幸福和公正。

正如前面论证的，公正并不像许多哲学家所想像的那样可以有多种理解，在公正这样的基本原则上，人们不需要超过普遍直观的想像力。公正是一个关系性的概念，决不是关于某种事情的一个价值判断，或者说，公正属于任意某种事情 x 与 y 之间的一种特定关系 R，即 xRy，而不是属于 x 或 y 的某种性质 c，否则就不可能公正了——我们不可以随便站在某种事情的立场上认为别的事情是坏的。作为“果报关系”的公正概念与真理概念有一些相似之处，既然亚里士多德可以说，真理就是“把是说成是，把不是的说成不是”，那么，公正就可以说成“让善的得到善的，让恶的得到恶的”。**真理是命题与事实的对应性关系，而公正则是行动与结果的对应性关系**。而从另一个角度看，果报关系就是对自然的因果关系的模仿。自然之道本来就不偏不倚，因此显得“公正”，而社会公正却必须被创造出来，由“做什么”到“得什么”显然并不必然。所以，公正只能是一种制度设计，它是人为的秩序安排，具体地表现为生活制度、社会制度、政治制度、法律制度和文化制度的设计。我们在这里讨论的哲学意义上的公正原则不是制度本身，而是关于各种制度合法性的元定理。

2. 人际关系与事际关系

每个人都生活在众人之中，其间所形成的关系通常被含糊地说成“社会关系”。为了更清楚地说明问题，有必要更细致地划分为人际关系和事际关系。一个人代表着某些事务功能而出现，与他代表着特定人格而出现所造成的关系显然有所不同，前者看上去虽然也是人与人的交道往来，但实际上是一种事际关系。在生活中，人们常常以官员、商人、农民、艺术家等等身份出现，此时人表现为**人物**，而人物代表着某种职能，所以，当与某种人物打交道时实际上只不过是与某种职能在打交道。在这里，人与人的关系只是事际关系；后者则是以人对人的交往，这种交往不是人物间的职能性关系，而是人心之间的关系（当然也可以说，人际关系就是心际关系），在此，一个人是个什么人物，是什么身份，这是无所谓的，所以是人际关系。事际关系或者是赤裸裸的或者是虚伪粉饰着的利益关系。如果利益分配得当就有安定和平，否则就有反抗、革命、战争、阶级和民族斗争。人际关系则是相遇相处的关系，如果相待和谐就产生积极健康的情感，否则就产生敌意、冷漠和孤独。很显然，只有在这两种主体间关系中才会出现公正问题，事际关系和人际关系就成为公正的两种语境，于是，公正原理也就表现为分配原则和相待原则。

人际关系既然在本质上是心际关系，它就不是就事论事，而是以人对人，是心在打交道。现代思想对社会关系的理解主要集中在事际关系上，而比较忽视心际关系，这在很大程度上误导了社会关系的发展。事实上，对于任何一个人，事际关系和心际关系同样重要，前者决定了一个人的生存空间和物质利益，后者决定了他的生活空间和幸福。人际关系（心际关系）就其可能性而言表现为三种关系：我对我、我对你、我对他。

“我对我”这一关系在通常意义上是知识论中的自我反思关系，但这层意义决不是“我对我”的全部性质。除了知识论意义上的**反思性意识**之外，还有在存在论意义上的**反身性创造**。人的存在是一种创造性的存在，这意味着“我”是在生成着的，于是，存在就是一个选择做什么人的过程。这里的创造性“选择”在根本上区别于萨特式的自由选择。萨特的“存在先于本质”或“自由先于本质”之类的说法是哗众取宠的。没有人可以声称他的选择是如此地有责任感以至于是在代表人类在选择，这是存在主义式的虚幻的责任感、苦恼和孤独以及自以为是的伟大。① 没有什么个人可以规定或选择人的本质，人的本质已经存在于人的概念中了，没有人可以绝对自由地选择，尤其不能选择人的形而上学意义。而且，如果自由是有意义的和可识别的，那么，它必须实现在某种创造中，于是自由就是对虚无、任意和无限的反对。进一步说，创造既然是有约束条件的，那么，创造就只能是按照事物自身的目的去创造，就是说，创

① 存在主义虽然也有一些尖锐的哲学洞察，但存在主义基本上是文学性的，缺乏哲学的严肃性。具有文学性风格的思想或哲学一般都具有过于浪漫和夸张的倾向，对存在、苦难、自由、自我以及所谓终极关怀等等过于敏感并作出过激反应，要不就是在感伤中不能自拔，在幻觉中流连忘返，包括许多基督教思想、尼采哲学和存在主义等，都有这种倾向。尼采哲学是个典型例子，一方面，它揭示了非常深刻的问题，例如现代性所导致的人和文化的堕落；另一方面，它给出的解决却又是过激的。事实是朴素的，思想也应该是朴素的。

造只不过是实现事物本身的目的而不可能是创造事物。人对自身的创造就是实现人的给定理念。在这一意义上，“我对我”关系所展示的就不仅是“我知道我是什么”而且是“我决意把我做成什么”。在“我对我”关系中作为宾语的“我”并不是真实的我，而是我的某种可能存在，是我所推崇的人的形象或一般理念。所以“我对我”成了一种人际关系，我与人的概念之间的关系，这是一种最基本的人际关系。由于“我对我”这一关系是最直接的无障碍的关系，因此，我所真正尊重的人性价值在其中几乎不受影响地得以呈现。每个人都会希望自己成为一个在人性上尽可能优越的人，从而使自己实现人的存在目的，所以这一关系是揭示做人的道德的最根本层次。

“我对你”这一关系的发现和强调似乎应该归功于布伯特别是列维纳斯。布伯发现我与你的关系是两个人纯粹作为人的相遇，这暗示着一种互相免除压迫即自由的共处，一种人格对等的交往。从某种意义上说，孔子的“仁”包含着对“我对你”关系的更早觉悟，按叶秀山的解释，犹太—基督教思想中的“爱”的地位相当于中国思想中的“仁”的地位。这一类似性可由孔子主张的仁者爱人中见出。但实际上孔子和基督教在本质上的区别可能更重要。基督教宣称的普遍的爱不但在实际上做不到，而且在理论上是混乱的，正如前面论证过的，无差别的、不分层次的爱会产生一个对坏人比较有利的社会，因为坏人将有更多的机会和条件去获得利益，还有，那种不分层次的爱会削弱甚至破坏人际关系中所可能发生的最强烈、最壮丽的情感关系，人只有在能够**特别地**爱某些**特殊的**人时，才有可能进入忘我的激情，才会有无商量的亲情、爱情和友谊。孔子的爱是有差等的，孔子用来解释仁的爱显然不是一种对任意他人的态度，而是对特定的“你”的亲近。如果不能特别地爱某些人，就不可能指望他还能够一般地爱任意人。列维纳斯以非常理想主义的方式进一步强化了“你”的意义：我与你的关系是“面对面”的关系，这种感性的接近是直接的，因此先于理性的利益计较，“你”的脸直接地代表了人，进一步还代表了上帝，因此对于“我”就是不需要理由的责任感。比如说看到一个人就直接地感到“不许杀人”的责任感。这一理想主义的解释把作为任意陌生人的“他”强化为与我有亲密关系的“你”，这在理论上很优美，但似乎过于夸张，恐怕缺乏实际意义。当我们遇到一个疯狂的杀人犯，所引出的责任感更可能是“击毙杀人犯以阻止罪行”。把具体情景消除掉，可能会引出错误的结果。在真实生活中，没有人会对抽象的人感兴趣，人们对抽象的或者作为任意变元的人没有意见，不管是好的还是坏的意见。列维纳斯对优先于任何具体关系的“脸”的关注并非完全没有理由，但显然没有充分理由，这种无条件的“面对面”关系是“无知之幕”的另一个版本，一个“脱离了低级趣味”的版本，可是人们不可能在“无知”的情况下对别人有什么看法。由此看来，还是孔子的“我与你”关系理论比较可取，仁所意味的“二人”关系所以能够实现为爱人，是在于这样一个结构（假如我没有理解错的话）：（1）“我与你”这一关系模式意味着美好和谐的人际关系，因此它是人际关系的理想版本；（2）“我与你”关系的直接基础是自然形成的亲密关系，如果把它加以尽可能地推广，人们就将拥有尽可能多的“我与你”关系，也就是把“他人”尽量化为与我和谐的“你”，这就是“爱人”了。孔子方案只是**爱的最大化**，而不是**爱的普遍化**。这是更加合理的方案。以此为根据，“我与你”关系只能比较保守地给予理解。妥当地理解我与你的关系就是把这一关系比较保守地看作是对另一个人的人格尊重和自由存在的承认，首先假定任何一个他人都是“你”，但并不无条件地把他人看作是“你”。这是各种具有实质意义的美好人际关系的预先交往。

如果说“我与你”的关系是超越利益计较的纯粹的待人方式，那么“我与他”的关系则是在利益计较中的处世方式。假如一个人心灵不够美好自由，他就不可能进入“我与你”的关系。事实上在社会活动中“我与他”的关系更为常见。由于受利益所控制，“我”总是企图把他人当成某种对象、某种东西、某种手段来加以利用，而让自己充当所谓主体。企图把他人当成某种有利于自己的手段，这就是“我与他”关系的实质，也是现代社会对人际关系的定位。可是“我”企图在这种关系中获得的主体感从来就是一厢情愿的幻觉，因为在把他人当成东西时就注定了自己也被他人当成了东西，即使成功地使他人服从自己，他人仍然把“我”看成是东西，是个使人敢怒不敢言的东西。尽管“我与他”的关系是一种并不美好的人际关系，但却是一种无法消除的关系。只要存在着利益分配，就存在着我与他的关系。

只有分清这些人际关系才能够清楚地知道每种人际关系在目的论意义上分别意味着什么。于是有这样的原则：

（1）我对我原则：我将尽可能如此这般地做人，当且仅当，我的存在意味着能够如此这般地做人。在自由自主的状态中，一个人就有可能通过扪心自问去意识到他所真正尊重的价值，即在理想状态中我将自由选取的价值，比如说“我”可能希望更智慧、更勇敢、更正直。我对我原则意味着一个人对自己的公正原则。在此，公正表现为自重。也可以说表现为对得起自己。在此可以看出公正与幸福一致性，一个幸福的人至少是一个能够公正对待自己的人。这个我对我原则是公正的基础原则。假如一个人甚至不能公正地对待自己，我们又如何能够指望他能公正地对待别人？

（2）我对你原则：我将按你的自由和尊严来对待你，当且仅当，你也按照我的自由和尊严来对待我。这一原则可以看作是孔子和列维纳斯思路的混合改造型。我对你原则意味着一个人对另一个人在人格方面或者说以人对人方式上的公正原则。在这里，公正表现为人格对等。在此，同样可以看出公正与幸福的一致性：人只有生活在人之中才会有意义，假如一个人不能把生活中至少某些人看作是人格对等的人，那么他等于生活于一个完全物化的世界里。这无论如何是不幸的，他将不能在给予别人幸福的过程中获得幸福，也不会有人给他幸福。

（3）我对他原则：我将按照某种规范 N 对待他，当且仅当，他也按照 N 对待我。由于我与他的关系中包含着私心杂念，而单方面利己是不被接受的，必定导致两败俱伤，于是，要保证利己就必须认可互利，作出某种让步。我对他原则意味着一个人对另一个人在社会合作方面的公正原则。在此，公正体现为对规范的同等遵守。这一原则在实际操作中也有助于为幸福生活创造社会条件。

现在考虑另一个问题。人们对某种规范 N 的同等遵守固然是一种公正，但是，这一规范 N 本身却有可能是不公正的。这一点说明“程序正确”是个迷信，因为即使有了程序正确的政治制度和法律，仍然有可能是非常坏的政治和法律——这其实是个老问题，即形式不能解决内容的问题。事实表明，历史中有过许多不公正的规范、法律和制度，直到现在仍然如此。而且，人们也很容易制订不公正的规范。所以，规范本身什么也说明不了。其实，即使是程序方面也很难做到无懈可击，维特根斯坦在讨论如何遵循游戏规则时就已经指出了其中的难处。我们在这里指出的则是关于游戏的元问题，即一个游戏是不是个好游戏的问题。显然，在游戏和游戏规则的设计背后，人们有理由要求能够进行元判定的普遍原则。人们要问

"以什么为准"以及"以此为准是否是好的"。

通过比较价值选择和利益分配方式不难发现，对于价值选择，自由是一个必要条件，一种选择的方式只有当它是自由的，我们才有可能真心感受到什么是有价值的事情。但是有一部分有价值的东西——表现为利益——所面临的问题不是被选择而是被分配，很显然，并非所有东西都能被自由选择。于是，对于利益分配来说，其分配原则注定是反自由的，也就是说，分配原则不能以个人意志或欲望为准；同样不能以某一集体的意志或共同福利为准，因为一个集体的主观意志与个人意志同样是自私的和任意的；甚至不能以大多数人的意志或福利为准，否则就等于说总能迫害少数人，比如说消灭掉某个小国。事实上，集体的欲望并不比个人的欲望较为公正，甚至，集体的欲望总是不公正的——难免有一种合谋取利的倾向。至于以所有人的利益为准，则只在极少数问题上也许是可能的（这种情况如此之少以至于很难想像一个实例），而在大多数事情上显然是不可能的，否则就不会产生所谓分配问题。无论自由有多么重要，在分配问题上自由原则却不可行。

在分配问题上有一个久负盛名的原则是所谓平等原则。有些伦理学家支持平等原则，并且认为用经过恰当解释的平等可以用来定义公正。首先可以承认平等原则的优点在于它具有分配性公正所要求的反自由性质。这一点是显而易见的，但是多少令人惊讶的是现代人经常并列地提到"自由与平等"，就好像这两者很协调一样。这也许是人们曾经既缺乏自由又缺乏平等的心理后遗症，总希望两者可以兼得。其实，无论哪一种意义上的平等都是反自由的。因为如果不去比较多地损害和抑制一部分人的自由就不可能造成平等。平等总是人为的。既然可行的分配要求反自由性质，那么，平等原则在这一点上是合乎要求的。

但是，平等原则无论在理论上还是在实践上都有着严重的缺陷。抽象的平等是无法理解的，所以平等总是必须被解释为在什么事情上的平等。在这种具体解释中，平等的缺陷就暴露无遗了。解释平等的各种可能性，无论是机会均等还是财富均等，都必定造成不平等和平庸这两个坏的结果。第一个结果表明了平等主张是一个谎言，因为平等反而导致了不平等。由于人生来在能力上是不平等的，这一自然前提注定了平等本身的不平等。例如财富均等意味着对比较有能力的人进行某种剥夺。当然，现代比较稳健的平等主义者所主张的通常是机会均等和制度在程序方面的公正，这样就把含糊的平等化成了公平（fairness）。按照这种想法，由于每个人能力不同，所以所能获得的利益也就有多有少，但毕竟谋求发展的机会是均等的。尤其是当教育的机会均等，每个人的能力“都将得到发展”。这种想法涉及一些需要分析的较为复杂的问题。

首先，教育机会均等只能使每个人的能力按其潜能得到发展，并不能使每个人具有同等能力，所以这一均等不能对谋求发展的机会均等提供更多的均等意义。而所谓谋求发展的机会均等至多含糊而空洞地承认教育、就业、提升等等方面的机会均等，但却回避了根据什么准则对利益进行分配这一关键问题，更进一步说，甚至还回避了根据什么标准进行教育、审查、考试和提升的问题。这一理论环节的空缺在逻辑上蕴涵着不平等分配的可能性。对衡量价值的准则不经过元批判就等于允许随便某种准则，因而我们就可以想像某个社会认为贪污受贿是正当的并且为贪污受贿提供均等机会，或者想像某个社会认为歌星球星应该得到最高利益并且为人们争当歌星提供均等机会。

机会均等式的平等是现代民主制的基础原则之一。平等之所以很容易引出民主，是因为民主看上去是弥补上述那个理论空缺环节的一个办法。于是，平等主义者可以辩解说，实行平等所需的价值准则可以通过民主方式来选定，这样就能够表达出“大家所喜欢的”标准。如果这样的话，不难想像会有这样的一些结果：(1) 大多数人所喜欢的只是人类文明中在价值上很平庸的东西，因此，人类文明中优秀的人和事都不会受尊重而将被抑制。(2) 既然大多数人的兴趣规定了价值，那么凡是能够迎合大多数人的行为就是好的；只要能够迎合多数人，虚伪和欺骗甚至也是好的。比如说，能哭会笑的人比有能力的人更适合当总统。在这里可以发现民主与专制有一点惊人的相似：对当权者进行拍马溜须就像对公众进行拍马溜须。民主式的煽情手法并不比专制式的强权手法更能保证公正。(3) 大多数人为了使大多数人的利益最大化，就会倾向于使制度安排尤其不利于少数人。这就是经常说到的“多数对少数的暴政”。民主和普遍商业都以多数原则为其基本原则，这一原则注定了现代社会的许多基本特征，其中有两个结果是极其有害的：(1) 优秀的、高贵的和伟大的价值都将出局，而庸俗、无耻和卑琐的价值将胜出。这会导致人类文化的堕落和人类的集体堕落。(2) 一切东西都可以卖。

这会导致道德的彻底崩溃，只剩下一些规则在维持买卖的“正确程序”（可是假如没有了价值和尊严，买卖的正确程序又有多大意义呢?）。这些现象都已经司空见惯，尽管其无比的危害可能还要更长时间才显示出来。人们可能还不愿意承认人类正在退化，但总有一天人类会由经济人进一步退化为经济兽。

当谈论到现代民主和商业破坏人类优越价值时，显然会引入“主观价值”问题，比如说，人们可能认为，对于大多数人来说，平庸就是好。我们暂且回避价值观的纠纷。可是即使回避了价值观问题，民主仅就形式本身而言也仍然不可能是公正的，阿罗的“不可能定理”已经证明了不存在一种绝对公平的投票形式，而且不是技术原因，而是民主这一形式本身的先天缺陷。[①] 我们这里的论证不是为了说明民主是坏的——民主、平等、程序公正等等都有众所周知的好的一面——而是为了说明民主、平等和程序公正这些事情与“公正”或者是不相干的（例如民主），或者是有消极影响的（如平等），或者是非常不充分的（如程序公正）。

现代社会总是强调形式的或程序的公正，这并非完全没有道理，程序的公正是必要的，但它不能真正解决公正问题，尤其不能把公正削减为程序公正，或者说，公平是一个远远小于公正的概念，因此决不可以用公平来定义公正——显然一个制度完全可能以公平的程序推广最坏的事情或者最不公正的事情。假定（想像）有一个法律制度在程序方面无懈可击，但在内容上的规定完全不公正，那么它终究是不公正的。内容方面的公正所以特别困难，就在于人们在“什么是好的”这个问题上总有意见分歧。我们在讨论幸福问题时已经论证了存在着一些“本身就好”的事情（按照西方概念，大概相当于所谓具有“内在价值”的东西），于是，任何制度安排最终都必须以那些本身好的自足价值为准。不过问题还没有最后解决，按照现代价值观，人们可以有他们的个人权利不想要那些具有自足价值的东西，不管那些东西本身多么好，但人们可以不喜欢，人们可以说：“那些东西再好，我们不要，我们就要那些低俗的东西，因为我们就喜欢低俗的东西。”（想想维特根斯坦的例子：“我就愿意打臭球，你管得着吗?”）这样的话，确实没有理由强迫人们去选择真正好的东西，因为“强迫”是件本身坏的事情，用本身坏的事情去实

① 阿罗定理说明了，存在着许多种投票方式，它们在形式上或程序上都具有同等的合法性，在技术上同样好，但却得出完全不同甚至互相矛盾的选举结果。

现本身好的事情，这也说不上是好的（这就是为什么专制不好的原因）。关于这个难题的解决，也许没有绝对好的方法，但比较好的方法是：既然好的终究是好的，差的终究是差的，那么，一种制度安排就必须至少不至于让具有自足价值的好事物处于不利的地位，否则它就是对人类文明生活不公正的制度。具体一些说，一种社会生活制度不能使亲情、爱情和友谊这些本身好的可能生活处于相对不利的存在条件；不能使创造性的思想和艺术处于相对不利的竞争条件；不能使显示人性光辉的德性如仗义、慷慨、智慧、勇敢、无私和正直等等处于相对不利的生长环境。

可以看出，除了表现为人际关系的“人与人”的公正，公正更多地表现为事际关系的“事与事”之间的恰当性关系。这种恰当性表现为某种事情 A 就其目的论的意义即可必然蕴涵另一种事情 B，而且反过来 B 也必然蕴涵 A。这也就是相当于逻辑中的互蕴关系（等值关系），A if and only if B。人们在直观上所追求的公正就是满足逻辑的互蕴关系的价值对等。在处理利益分配问题上，事际关系中的两种事情并非都是未知项，显然，我们至少直接知道其中有一种事情是人们所希望获得的某种权益。那么，按照互蕴关系的格式可知，关于权益有两种不同方向的可能关系：（1）某种事情蕴涵权益：（2）权益蕴涵某种事情。于是分配性公正就表现为这样两个原则：

（1）授权原则：某种贡献蕴涵相应的权益，并且，贡献至少必须**等于而不能少于**权益。这意味着，如果要获得某种好的东西就必须贡献某种好的东西。这一原则可以这样来证明：公正分配的基础实质上是对等的交换，其原始形式是合理的互通有无。贡献和权益都是某种好的东西，贡献是我所能提供的好东西，而权益是我所想得到的却是由别人提供的好东西，这两者以互通有无的方式进行对等交换。这可以说是马克思主义“按劳分配”原则的改进型。这一改进的理由是“以劳动为准”这种衡量方式不够精确，并非所有劳动都意味着人类文明所必需的贡献，比如说某些纯属个人情趣的“劳动”就不能要求社会给予报酬。而且，付出的劳动未必就能够变成贡献而有可能是“徒劳”，因此还是应该以“产品”（广义的）对于社会和文明的意义为准，就是说，只能以某种有价值的成果而不是努力过程为准。如果一个人按贡献来索取相应的权益，他这一行为是公正的；如果他宁愿得到小于贡献的权益，那么其行为是慷慨的。慷慨之所以是一种美德就在于它是基于公正原则之上的权益出让。

（2）承诺原则：权益蕴涵义务，并且，由社会身份所能获得的权益必须**至多等于**所承担的义务。这意味着，如果能够获得某种好的东西就必须同意贡献某种好的东西。这一原则是孔子的“正名”原则的变形。它实际上可以看作是第一个原则的另一个角度。这一原则是职业道德的基础。如果一个人宁愿承担大于所获得权益的义务，那么其行为就表现出一种牺牲的美德。牺牲作为一种美德同样也基于公正原则。

3. 对等与估价

以上对公正的分析表明公正在形式意义上具有一种对等性（reciprocity）。人们早就意识到公正是一个“恰如其分”的概念，它意味着各得其所、各得所值。无论对于人际关系还是事际关系，公正的对等性首先表现为“等价交换原则”，即某人以某种方式对待他人，所以他人也以这种方式对他，或者某人以某种东西与他人交换与之等值的东西。这一原则虽然是最最容易直观理解的，但实际有效性却很有限，因为只有当双方在某种情境中具有几乎同等的自由和能力时，这一原则才能够被有效地执行。于是，公正的对等性通常又表现为一种比较复杂的对等形式，可以称作“豫让原则”，即某人以对待什么人的方式对待我，那么我就以什么人的方式回报他（如豫让所说“……以国士遇臣，臣故国士报之”）。还有“西季维克原则”，即给同样的事情以同样的待遇，而给不同的事情以不同的待遇。

然而，公正仅仅表现为对等性是不够的。怎样才真正算是对等的？这仍然是不够清楚的事情。对等原则并不能解决需要公正处理的所有问题。具体地说，等价交换原则，即 A 以 X 方式对 B，因此 B 有理由以 X 方式对 A，只能证明“B 以 X 方式对 A”是公正的，却无法证明“A 以 X 方式对 B”是公正的；而豫让原则，即 A 以（B＝X）的方式对 B，因此 B 有理由以 X 的方式对 A，只能证明“B 以 X 的方式对 A”的公正性，却不能证明（B＝X）这一方式的公正性；同样，西季维克原则，可以表述为“按照标准 X，A 和 B 是同样的，所以给予 A 和 B 同样待遇”，也只能说明对于给定标准 X，A 和 B 得到同等待遇是公正的，却无法证明设定标准 X 是不是公正的，我们也就无法真正知道 A 和 B 是否真的公正地被看成是同样的。

很显然，公正原则除了对等原则之外，还需要表现为一个估价原则，即一个关于价值尺度的尺度的元原则。可以说，对等原则只是公正的表面原则，它必须由估价原则来支撑它，否则没有实际意义。估价准则不能是某个人的观念或者某种意识形态的观念，否则在逻辑上每个人的观念或每种意识形态观念都将成为估价准则，这将使估价变得毫无意义。当然，人们通常知道这种主观主义是无效的，因此往往自觉或不自觉地倾向于接受一种市场估价方式。从广义上说，无论是商业价值还是文化价值，都通常表现为市场估价的结果。社会是一个市场，一个社会行为或一种社会分配方式的价值似乎取决于它在社会中受欢迎的程度。于是，价值好像成为不断演变中的规范、时尚、传统以及政治、经济实力等等所构成的某种组合状态的函项。这种不确定的相对价值实际上成了价格（马克思就不满意以价格去定义价值）。价值与价格在单纯经济领域中的区别是否具有决定性的意义在此并不重要，但在社会批判中，如果价值只不过表现为价格，则意味着公正的破产，一旦公正可以被相对地理解也就不再有意义。所以，即使价值的市场估价是一种实际上被大多数人所使用的估价方式，它仍然是一种错误的估价方式。

为了保证价值判定的公正性，我们可能需要一种形式上有效的估价方式。要理解形式估价，我们可以先回顾对等原则的遗留问题。我们已经知道，无论是 A 以某种方式对待 B 或者是根据某种标准对 A 和 B 进行同等分配，其中的“某种方式”或“某种标准”总是一个未经判断的 X。对此我们不能寄希望于某个看起来“更进一步的”但同样未经判断的理由 Y 来证明 X，因为这只能导致无穷倒退的论证。所以，我们只能仅就 A 和 B 的关系或者说在场各方的关系来证明 X 的公正性。这时，我们在理论上杜绝了各种借口和无穷倒退的理由。只要在场外或在背景中留出借口就不能确保公正，因为永远可以“还有理由”。在场外的任何因素都不被考虑，只有这样才能获得证明的彻底性。

这种在场各方的关系必须被看做一种普遍有效的关系，也就是说，虽然在处理某个具体问题时总是只涉及某些人，但在理论上却必须对每个人有效。关键之处在于，“我”作为评判者必须把自己看做理论上在场的，把“我”代入为 A 或 B。如果 A 和 B 只不过是两个他人，那么我的判断无非是一种事不关己的因而也就很可能不负责任的主观看法。在我看来是正当的未必能够保证对于 A 和 B 来说是正当的，所以“我”必须被卷入以保证我没有偏心而且的确有责任心，于是，在任意的 A 和 B 的关系中，永远使得 A 是任意一个试图参与价值判断的“我”，而 B 则是任意一个他人。为了使一个相互关系得到在场各方的绝对认可——排除了迫于条件的相对认可——就必须使在场各方在理论上首先认可“位置（角色）互换”原则，即能够这样设想：如果 A 以 X 方式对待 B 是正当的，当且仅当，A 认可“当 A 处于 B 的位置而 B 处于 A 的位置，并且 X 方式同样成立”，或者在 A 和 B 的位置互换时，X 方式不变，那么这一行为方式就是正当的。这种位置互换的原则在利益分配上同样有效，它表现为：如果 A 按照 X 准则把 A 和 B 看成是同等的，并且 A 和 B 得到同等的利益分配是正当的，当且仅当，A 认可“当 A 处于 B 的位置而 B 处于 A 的位置并且 B 按照 X 准则把 A 和 B 看成是同等的，并且得到同等利益分配是正当的”。

很显然，公正原则总是一个关于互相关系的形式原则，这也就暗示着公正性相当于一种形式必然性。当公正表现为对等性，它与数学的或者一般逻辑的必然性直接就是一致的。我愿意相信，所谓公正，就是逻辑或数学的等值关系在社会关系中的表现，不能与数学或逻辑的等值关系达成同构的任何一种关于公正的理解都是假的。当然，表现为互换性的公正却还涉及一个有些特殊的问题。一般逻辑的必然性与诸主体无关，对于逻辑，存在论意义上的各个主体是无意义的，它的“主体”是一个知识论意义上的一般“我思”（cogito），或者说，即使在实际思维中思想总是某个具体主体的思想，但各个主体只是以一般我思的身份起作用。因此各主体不具有各自的价值原则。然而伦理学中的主体却是具有存在论特殊性的主体，每个主体有可能各行其是，公正原则所要处理的不是命题间的关系必然性而是自由存在间的关系必然性，因此，这种必然性只能落实为主体间的地位互换性，以此避免价值偏心和不讲道理。通过这一互换性就可以达到相当于逻辑上的互蕴关系的力度。

现在我们可以比较合理地理解公正的意义了。首先，公正表现为对等性。这意味着允许存在着某种假设 X，然后在 X 的基础上要求对等。这样可以保证在给定价值标准下的公正分配。但这样仍然存在着关于标准 X 的问题；于是，公正需要进一步表现为互换性，以此消解任何价值标准 X 的偏心问题。这意味着任何一个假设 X，即使它能保证对等，也必须被证明为在互换方式中有效的，以加强对 X 的条件约束使得人们很难构造一个价值偏心的标准 X。这一互换原则可以消除属于在制定价值标准方面的不公正。比如说我是一个白人，我认为白人与黑人不一样，所以凡是白人都可得到较好待遇，而凡是黑人则都应该得到较差待遇。这类事情就仅仅具有基于给定标准的对等性，而不具有满足互换性的对等性，所以终究是不公正的。这个分析模型给定了“有知状态”，显然比罗尔斯式的“无知状态”要复杂得多，而且符合真实世界的要求。

当然，公正毕竟还不是建立合法的价值判断的充分方式，一种完全公正的事情仍然有可能是坏的，比如可以设想有一个人认为可以凡事都进行欺骗，同时他也认可凡事都受骗，他觉得这样很好玩。通过公正原则显然不能检测出这是不好的。所以，最终的价值判断依靠的不是公正原则而是幸福原则，公正原则只是一个必要的检测条件。确切地说，仅仅涉及一种存在的价值判断属于幸福原则，而涉及两种以上事情之间关系的价值判断则必须引入公正原则作为必要的补充。正因为公正原则所处理的是“关系”问题，所以公正注定是形式性原则。幸福原则表明的是一个人怎样做一个人，而公正原则表明一个人怎样对人。

4. 公正与人权

公正就其消极方面而言体现为惩罚。这一点是不容忽视的，然而许多伦理学家在情感上觉得惩罚（通常是暴力性的）天然已经是一种恶，因此总是尽可能贬低惩罚的必要性和有效性。尽管暴力属于“本身坏”的事情，但很不幸，正如前面所论证的，惩罚是公正自身的必要保护机制，如果缺乏这种自身保护机制，公正将是不堪一击甚至不攻自破的。可以说，**惩罚性公正直接要保护的不是人们的利益，而是要保护公正自身**。它保护的是“公正”本身的有效性。如果不理解这一点，就根本不理解公正。

公正的对等性和互换性在惩罚性方面同样有效。其中对等性所引起的问题可能更为复杂一些。惩罚性公正最容易被想像到的方式是所谓“以牙还牙”。但这种方式显然过于简单，对于许多事情来说，这一方式实际上是不可能的。比如说一个贪污犯已经把非法所得挥霍掉了，他根本不可能进行财物上的对等偿还，因此只能使他在监狱中损失许多年的自由时光来充当偿还。问题还不仅如此，即使一个贪污犯归还了所有非法所得，他仍然会被投入监狱，因为他还必须为其卑鄙行径付出代价。偿还与代价的性质有些不同，后者意味着真正的惩罚性公正，即某种缺德行为只能换取某种相应的痛苦，否则人们将不以为耻反以为荣。

痛苦——即使是自食其果——也可能引起人们的同情，于是人们盛赞宽容这种美德。宽容意味着减免缺德者本来必须承受的痛苦。但并非任何一种对缺德者痛苦的减免都是宽容。首先，宽容区别于忍让。宽容是强者对相对弱小的缺德者的痛苦减免，而忍让是弱者对强大的缺德者的不得已让步，所以忍让不具有道德价值，显然，一个懦夫的忍让不能说成宽容；其次，宽容区别于姑息或纵容。姑息等于纵容作恶，它是不负责任的行为，这本身也是一种恶。显然，就像慷慨和牺牲是以公正为前提的一样，宽容也必须以公正为前提才是有意义的。

在现代社会，人们倾向于提倡一种夸大的宽容（尽管在实践中并非如此，言行不一是这个时代的显著特征之一）——可以说是介于宽容和姑息之间的态度。这种态度往往表现为一种对人权的夸张爱好。人权是好的，但是正如列宁说的，真理往前多走一步就变成了谬误。这里涉及一个非常微妙的问题，惩罚则是引起这一微妙问题的微妙契机。我们知道，惩罚是暴力性的，它总要造成某种伤害，而伤害天然是痛苦的。趋乐避苦是人之天性，这一天性在现代特征性地表现为对痛苦的极度恐惧，以至于对避免痛苦的关注远远超过对创造幸福的关注。夸张的人道主义正是以专门避免痛苦和伤害为特征的。夸张的人道主义者发现了这样一个理由：由于每个人都有着某些“天赋人权”（nature rights），所以每个人（那当然也就包括恶人）都应该享有同等的对生命和人格的尊重和良好生活待遇。这种理论暗示着惩罚最终应该演变成教育，或者说，公正的消极方面最好也发展成另一个积极方面。毫无疑问，教育的确是好的，但它是另一种“好”，它代替不了惩罚。“替代品思维”是现代流行的一种牛头马嘴思维，就像用快乐替代幸福一样荒谬。不过这还不是问题的关键，在这里必须讨论的是人权这一理由似乎对公正原则造成一个直接的威胁。人道主义者当然也意识到公正的重要性，因此力图把公正说成是人权中的一种。这种掩盖问题的方式显然不是解决问题的方法。即使把公正看成一种人权，公正的普遍有效性与其他人权的普遍有效性是不可能无矛盾并存的。毫无疑问，在公正的普遍有效性（即对每个人有效）与人权的普遍有效性之中只能选择一种。

人权包含哪些方面，这是一直有争议的。就通常认可的主要项目而言无非是对生命、自由和私人财产的尊重。在前面的分析中我们已经知道，要在人际关系和事际关系中进行普遍有效的裁决，就已经注定了公正是反自由的。尽管自由是幸福的基础因此首先必须被尊重，但人之间的关系是两个自由存在之间的关系，这就蕴涵着冲突的可能性。自由是幸福原则所尊重的，而反自由却是公正原则所要求的，但这两者并不真正形成矛盾，因为各自生效的领域不同：幸福原则用于个体自决，而公正原则用于对关系的裁决。然而当引入人权的普遍有效要求，就等于是要求在人际关系和事际关系领域中既尊重自由又同时反对自由，这就是矛盾之所在。

假如取消公正原则的普遍有效性会有什么结果？这就是姑息养奸，就是纵容作恶。仅仅依靠同情和宽容解决不了问题，而且如果没有足够强有力的公正，连同情和宽容本身也得不到保护，在宽容获得胜利之前，好人就已经让坏人排挤出局了。坚持人权的普遍有效性就等于允许以损害一部分人（主要是好人）的人权为实际结果。既然无论是选择公正的普遍有效性还是选择人权的普遍有效性，其结果都是损害某些人的人权，那么显然选择公正更具道德价值。

无论如何，损害某些人的人权听上去耸人听闻，但问题出在人们对人权的理解上。“天赋人权”是一个很容易引向错误理解的概念，它有一个不良的暗示，即每个人作为人天生具有某些权利，于是也就终生拥有这些权利。这其中有两个错误：（1）在伦理学问题上，当我们想到一个人“作为人”时，并不是在生理学的意义中去理解“人”的概念（这一点在前面曾经讨论过），而是在目的论意义中去理解的人，即人指的是合目的的人。于是，从前者的角度与从后者的角度出发，“每个人”所指的对象并不完全重合；如果把这两者混为一谈就会导致（2），即认为既然每个人**本来**就拥有某些权利，也就没有理由在某个时候取消这些权利。在这种意义上，人权就像思维能力一样是被给予的，而且当然不应该被剥夺。但是，一个人的行为有可能侵犯损害另一个人的人权，其结果是，如果坚持保护每一个人的人权就意味着允许损害某些人的人权。

根据公正这一理由，人权的概念必须被重新理解。人生来只是一个自然事实，这一自然事实并不足够逻辑地蕴涵人权。但人生来有选择能力，根据这一点也许可以含糊地说人有着天生的自由权，但无论如何不能把自由权因此就看成是无条件具有的，而只能看成是一种**预付的**权利，即**预付人权**。准确地说，人生来拥有自由这一能力，但并不拥有自由这一永远的权利。自由权只是预付性的，是人类以“人”的名义“借”给每个人的权利。这是因为，人的选择有着多种可能性，一个人有可能选择去做一个好人，也可能选择去做一个坏人；有可能选择做一些好事也可能选择做一些坏事。既然存在着选择的不确定性，所以自由权的**有效期限**完全取决于一个人所选择的是什么。自由权显然领先于其他各种人权，因为只有预付了自由权才使得各种选择成为可能，才能进一步根据所选择的事情来决定是否具有享有各种人权的资格。各种人权意味着一些权益待遇。根据公正理论，要获得某种好的东西就必须提供某种好的东西，因此，各种人权都是**有偿人权**。正因为是有偿的，所以需要资格。这一点决定了自由权与其他人权的根本区别；自由权必须普遍地预付，而且是无须资格地预付，否则人们无法把思想上的选择付诸行动；其他各种人权却必须有偿地授予，否则就意味着一个不道德的人仅凭其生理人的身份即可享受道德人做出道德努力才获得的待遇。如果真是这样，那么道德就是毫无意义的、多余的或者说是不起任何作用的因素。除了预付人权和有偿人权，没有其他什么人权，或者说，没有所谓“天赋的”或无偿的人权。当然，在某些特殊的情况下，可以观察到某些人权是确实无偿的。例如儿童享有的人权。儿童之所以得到特殊的保护是因为他们尚未具备足够有效的选择和行动能力。然而人权的这种特例不是无偿性的证明，因为这种无偿性是有期限的，儿童总会成人。另外，有时候人们会给予某些人比其应得的更多的人权，但这也不是无偿性的证明，因为这只不过是施惠。而恩惠是可以被中止的，而且，出于同情和宽容的施惠必须是在不至于破坏公正的情况下才是道德的。

为了更清楚地说明“预付/有偿人权理论”（我认为这是比天赋人权理论要合理得多的理论），可以简单讨论一个最为极端和敏感的问题，即死刑问题。死刑本来是每种文化都有的现象，本来不构成问题，但是现在许多国家尤其是欧洲国家取消了死刑，于是死刑变成了一个有象征意义的伦理学/人权理论问题，它几乎代表着对生命问题的伦理学理解。在进入死刑问题的核心之前，我们首先可以排除一些在理论上肯定不合理的死刑判决理由，例如政治犯和经济犯。以意识形态作为死刑的理由肯定不成立，这一点人们有着共识。经济犯罪例如贪污受贿也没有死刑的道义理由，因为不管贪污了多大的数目，也不存在理由可以认为多少金钱就能够等于生命，否则就等于承认可以用钱买命。金钱等于生命，这样一条规则决不是道德的。如果这一可怕的规则成立的话，就等于说人们也可以“合法地”用金钱去买自己的或别人的生命，其社会/文化后果可想而知（杀贪官似乎是人们喜闻乐见的节目，但这是非常令人担心的心理）。即使在特殊的社会背景下，人们不得不需要“杀贪官”来稳定社会大局，我们也不能够在道德上承认“金钱等于生命”这样的规则。这就是为什么法律需要以道德原则作为它的元定理。尽管道德原则不能直接规定法律，但却是法律的最后解释即元解释。因此，虽然法律可以根据特殊的社会需要去制订各种在管理社会上有效率的法规，但必须始终以道德原则作为理想标准，以此不断去改进法律。当否定了政治犯和经济犯的死刑合法性，就只剩下严重刑事犯和战犯的死刑问题了。这样问题就比较清楚一些了。

其实，死刑只能看作是个极端惩罚的符号，死刑本身并不是关键问题，比如说，一种法律完全可以规定别的极端惩罚方式让人“生不如死”，这样就完全可以取消死刑而没有任何失控之弊。在这个意义上，是否取消死刑实际上是个不得要领的问题，真正的问题是，是否可以实行足以使人的生命或生活失去意义的极端惩罚？法律背后显然有许多的元定理，因为有许多道德原则，它们构成了法律的绝对道德意图以保证法律不至于成为恶法。法律的道德元定理有许多，就像“意识形态不能被看作是定罪的理由”和“金钱和生命不可以存在等值关系”等等，都是法律的道德元定理，同样可以发现，“不可以有任何一种判决导致不公正”显然也是一条元定理，那么，恶意的杀人犯必须被处以极端惩罚（是不是死刑是无所谓的，也许是比死刑更难受的特殊监禁），这就是逻辑的必然结论和直观的明显结论。很显然，杀人犯已经（1）无端毁掉了某人的生命，于是，维持公正的对等性的正确方式就或者是死刑（以生命来“赔偿”）或者是别的极端惩罚（剥夺一生的意义去“赔偿”），比如永不减刑、永不赦免、终身不能享受生活乐趣、终生苦役的无期徒刑；而且（2）杀人犯还连带毁掉了被害人亲人的一生幸福，这同样也是无法弥补的，所谓死有余辜。① 我们必须注意到，一个人不仅生活在物质世界中，而且还活在心理世界中，导致心理损失同样是巨大犯罪，因为“一生的幸福”甚至比“生命”更重要。我们不能只看见生命问题而看不见幸福问题。只看见生命而看不见幸福的法律和伦理是对不起人的。总之，毁掉别人的生命和生活，自己的生命或生活也只能被毁掉，否则没有任何办法能够对得起受害者。如果破坏这种对等性，公正就不再存在，而假如不公正的反而可以成为合法的，那么就逻辑地蕴涵一切坏事都是合法的。显然，如果作恶，那么其相应的人权就必须赔偿出去。假如把人权搞成无论罪行滔天也可以不赔出去的“特权”，那么，恶人将在社会中占据比好人更有利的地位。因为按照天赋人权理论所定义的社会，作恶的收益很大而成本很低，而且无论如何作恶，无论受到什么惩罚，至少还能够保有生命和生活，这样作恶就等于有了特权保障和优惠条件，人权就变成保护坏人的特权，一个社会就变成了一个更有利于坏人的环境。假如一个社会更有利于坏人胜出而不是有利于好人胜出，它必定是个不公正的、没有合法性的社会。可以看出，流行的人权理论的根本错误就在于把**人权**变成了**特权**。把人权变成特权的天赋人权理论不仅是虚伪的，而且是邪恶的。而我所强调的“预付/有偿人权理论”则以公正原则作为唯一根据，这才是好的人权理论。

可以看出，在理论上我们无法指望以人权来解释公正的合理性，相反，只能由公正来解释人权。这意味着公正只能是形式上有效的原则而不可能被解释为具体意义上的某种人权。从本质上说，人权其实就是人类感兴趣的各种权益，这一概念不可能暗示着更多的意义。人权既可以公正地给予分配也可以公正地加以取消。一个极其缺德的“人”是一个丧失了道德资格的人，在伦理学意义上，他就“不是人”（日常语言中的类似表述证明了人们其实有着这种伦理学意识）。一个人仅凭其生理人身份无法证明或推出其道德价值和作为人的资格，因为生理人身份只表明了一个自然事实，别的什么也不是。我们准备与之共同生活、工作、交往的人是个伦理学意义上的人，而不仅仅是个有着生理学身份的人。

① 古代酷刑的理由正是在于试图找到与“余辜”对等的惩罚。当然，酷刑是坏的，应该取消，但可以理解背后的理由。

Ⅵ. 选择与道德情感

1. 无法回避的遗留问题

在讨论有关选择的一些棘手问题之前，首先有必要回顾上述理论所取得的主要结果。通过建立一种对真理的重新理解，伦理学原则就可被看成是一种特殊类型的真理，而不至于被排挤在真理之外（不过当然是广义理解中的真理）。在诸种可能的伦理学真理中，应该把“幸福”和“公正”看做最基本的或者说绝对领先的真理，也就是公理，主要理由是，如果不首先考虑幸福，生活就没有意义，在生活中可能涉及的其他事情也就更加没有意义，所以幸福原则是第一个绝对原则；另一方面，幸福需要以必要的权益为条件，为了分配和保护权益，公正原则就显然是另一个绝对原则。现在的问题是，按照这两个绝对原则，人们是否就肯定能在任何一件生活事情上做出恰当的选择？

在前面讨论规范系统时，我们已经讨论到任何一个规范系统都不足以决定选择的恰当性，因为任何一个规范系统或者不够丰富从而缺乏决定选择的能力，或者蕴涵矛盾解释。现在的问题是，当我们不是按照某一个规范系统而按照绝对原则去行动时，仍然面临着类似的选择困难，即仍然会遇到两难选择的困境。但我们毕竟取得一个关键性的进展：按规范行事所遇到的选择困难是由随意性解释所导致的，而当按原则行事时，这一困难不再存在了。伦理学的绝对原则是由目的论所决定的显然真理，它不再需要解释。只有在思想混乱的时候，思想才总是需要越说越乱的解释。当消除了随意性解释之后所遗留的选择困难也就不再是道德意识混乱所造成的，而必定是客观条件的有限性所造成的在客观上难以逾越的困难，也就是说，所遗留的困难不再表现为好坏不分，而是表现为虽然知好知歹却仍然难以抉择。

这显然是一些非常特殊的情况。这种情况的存在暗示着，良好的道德意识只能使生活更美好，却不能使生活完美，或者说，好的道德意识并不蕴涵着同等好的行动能力。在伦理学有一条通常被称作“康德原则”的规则声称“应该蕴涵着能够”。这一原则纯属幻想，因为，如果“能够”指的是逻辑上的可能性则是废话；如果“能够”指的是事实上的可能性，则在许多情况下只是一厢情愿。好的意愿有时难免受到客观条件的自然限制。

那么，那种不可逾越的选择困难是如何产生的？首先我们知道人都有自由意志，这是一个既定事实。于是，我们不能指望以某种自然的方式来操纵每个人的选择，而只能以价值的方式去应付各种可能的选择。伦理选择在这里实际上变成了“选择的选择”。选择表现为有所不取，哪怕有些东西是我们按照自然欲望想要的。在好坏之间作出选择是简单的和初步的，并不构成严重问题，但在**两种好的事情**之间再次选择则需要依靠着一套价值的等级标准，所谓价值“排序”。因此，我们不仅要在事情上做出选择，而且还必须对选择方式（价值排序方式）进行选择。这种“选择的选择”的根据仍然只能是目的论的。这里有两个问题：（1）在有价值的东西中凡是属于利益的都是有价的（有价格的），在这一方面不存在选择困难，人们总会按照“价格”去正确选择。另一类则是无价的，这种无价的价值——由于其无价性——是不可替代、无法转换和还原的，而且相对于有价的东西来说，无价的东西更难获得（例如人们念念不忘的亲情、爱情和友谊等等），它们对整个生活的影响也更大，因此在价值上高于有价的东西。按照中国式的精明说法是，利益只不过是“身外之物”。（2）看来真正的选择困难只与无价的价值有关。无价的价值之所以是无价的，因为它是人的存在本身的目的，这是不可让渡的东西，除非迫不得已。因为这种价值一旦出让就等于否定自己、出卖自己，或者说，等于证明自己是无价值的。这种出让是自己无法承受的自我缺失。没有一个人需要否定自己。然而，问题就出在这类无价的价值不止一种。既然存在着多种并列重要的价值，选择困难就无法避免。

选择的困难有时被描述为在某种情况下存在着两种以上不可比的价值却不可兼得。这种“鱼和熊掌”式的描述有些肤浅。如果仅仅考虑到“不可兼得”这一方面，选择的困难就好像只不过是总要吃点亏。伦理学问题决不是一个“吃亏还是占便宜”的市侩问题。真正严重的事情是无论做出什么选择都必定损害其中一种价值，而只要损害其中一种价值就等于损害了整个生活的意义；而如果不做出选择（即听其自然）也等于做出了选择，因而同样必定损害其中一种价值。人们可以理想主义地想像，一旦每个人具有合格的道德意识，这类选择困难将大大减少。即使如此，仍然存在着许多并非人为故意造成的而是由于无知无意或自然原因所造成的选择困难。因此，我们必须设计某种损害最小的对策。但是由于无论什么样的对策都无法阻止价值损害，所以这种“相对合理”的对策并不是另一条价值原则而只是一种斤斤计较的技术。

2. 合理犯罪的技术

应付选择困难的“相对合理”技术是一种合理犯罪技术，因为即使是“合理的”解决也已经构成了道德犯罪。

真正严重的选择困难一般是以生命和情感为主题的，主要表现为“去死还是去活”和“为情还是为理”。多数经典的选择难题都分属这两个主题。首先分析“生死”难题。这是所说的生死问题是一个道德问题而不是个人情绪问题。属于个人情绪的生死问题（悲观厌世要死要活）其实是一个带有自恋倾向而且被现代没落心理所强化的伪问题（对于个人也许是真问题），它表现为对生活意义的怀疑，并且采取了一种自欺欺人的不知该死该活的态度。悲观主义作为生活中的事实是可以理解的，但是对于哲学却不是个问题，因为如果肯定了悲观主义，也就**再也没有**什么值得讨论的了，去自杀就是了。只有乐观的问题才有未来，才值得研究，所以哲学只能是乐观主义的，并非因为乐观主义比悲观主义深刻，而是因为乐观主义才有问题可说。生活意义是绝对无可怀疑的存在前提。如果可能有一种对生活意义的怀疑也只能是对某种具体生活的意义的怀疑，这种具体的怀疑实际上意味着对另一种可能生活的向往；如果怀疑**任何一种**生活的意义，则这种怀疑本身是无意义的，这种毫无参照系的怀疑无法被理解。就像维特根斯坦式论证所揭示的：一个人甚至有可能对天空是灰色的或是蓝色的感到惊讶，但如果他对天空**无论**是什么颜色都感到“惊讶”则是荒谬的。显然只有对某种生活的具体怀疑才有意义。但这种怀疑并不能真正引起生死难题，因为如果一个人真的绝望，那么他将清清楚楚地去自杀；而如果一个人只是好像想死而实际不去死，那么他所作的选择是生活。可见这其中除了文学性渲染之外并不构成有分量的生死难题。真正的生死难题之所以有分量，是因为无论做出什么选择都牵涉着责任而不是自由。苟且偷生或意气用事的一了百了是毫无道德价值的。考虑这样的情况：当一支部队陷入绝境，将军是应当为了自己和士兵无价的生命而投降还是应当为了自己的无价人格和军队的无价荣誉而自杀或战至一兵一卒？如果选择前者则可避免无谓的牺牲，但却使自己成为一个无耻之徒同时也玷污了已经牺牲的士兵的英名；如果选择后者则有相反的好处和坏处。对于这种情况，显然没有完美的解决，也许可以如此分析：即使将军决心去死，这一点也不能蕴涵他有权让士兵去死，所以他应当允许士兵投降，但他也无权提倡士兵投降，士兵的事情应由士兵自决。这样就首先把他自己的责任与士兵的责任分清楚；其次，如果将军自己去死，则比较能够维持光荣，因为做一个无耻的人等于否定了自己的价值，所以将军自杀是相对合理的解决。假如士兵也不愿投降，那么一直战到一兵一卒则是相对合理的解决。

人所以“有异于禽兽”，就在于人需要追求比个人生命更高的价值，那些“从永恒角度”而得以理解的价值，正是因为那些伟大的价值才使得个人生命具有了比生理生命更多的意义。现代人权理论把个人的生理生命看作是无条件的绝对价值，这是非常危险的，它直接威胁到人类文明的基本价值，很显然，假如把人类性的各种文明价值看作是低于个人生命的，那么，其逻辑结论就是，一旦与个人生命和个人利益发生冲突，人类文明的各种价值都可以牺牲掉。这是反人类行为，也是“经济人”或者“利益最大化者”的逻辑(可以想像，支持个人利益最大化者的理论总会找到反驳的“理由”，比如说，重新定义为“在不损害哪些哪些价值的条件下”的最大化者，但是这样就等于自我否定，有条件的最大化者是自相矛盾的)。“利益最大化者”是这个世界的万恶之源，它与动物的生存逻辑是同构的，唯一区别只是“讲究理性策略”。必须有高于个人利益的价值，世界和生活才会有魅力，才会有壮丽的和美丽的生活，才会有戏剧性和故事性，才会有历史，才会有动人的时刻，生活才是值得一过的。

不过，生死难题毕竟都具有悖论性质：一方面，世界上各种有价值的东西之所以对我有价值，是以我的生命存在为前提的；另一方面，我的生命存在之所以有价值，是因为世界上那些有价值的东西而具有价值的。就是说，在个人生命/生活的价值与人类性的价值之间存在着循环的解释。因此，对这些悖论性的难题的所谓“解决”只能是似乎解决，而绝谈不上是完美的。在某些道德关头，一个人只能去死，因为去死这一行为本身的确实实在在地承担起一种责任，它有效地维护了一种无价的价值。而偷生虽然保护了生命，但却又同时使继续存在的生命变成了有罪的存在。

情理难题同样没有完美的解决。情理难题是生活中更具普遍性的难题，例如一个人是否可以为拯救父母（或妻子、朋友）而去偷钱之类。孔子关于正直的例子就是一个典型情况：某人认为“其父攘羊而子证之”是正直的，而孔子则认为“父为子隐，子为父隐”是正直的。显而易见，一方面，儿子揭发父亲的偷盗行为是正义的，但也是无情无义的；另一方面，为亲人的非正义行为作伪证虽然有情有义，但也是犯罪。无论哪一种选择都是良心难以容忍的。孔子的选择的确有着其强大的理由，可以这样理解：人之间的美好关系表现为爱人，根据自然情感，爱人又首先表现为爱亲人。如果一个人对亲人都很残忍，那么他也不太可能真正公正地对待别人，更不可能爱别人。揭发亲人的不道德行为虽然是合法的，但其动机或者是变态的或者是很可疑的——比如说只不过是害怕自己被连累；再者，人心比物质要重要得多，伤害人心也就比非法占有物质要更缺德一些。总之结论是，相比之下更应该避免伤害人心情感的行为。但是，假如我们想像另一些两种选择都同样伤害人心或同样都涉及物质利益的事情，而且情节同样严重，又应当怎样选择呢？在实际生活中，可能有更多的人仍然按照孔子式理由进行选择，比如说按照爱有差等原则。如上所述，自然情感是一个强大的理由，而且爱亲近的人的确是爱其他人的自然基础。大多数人会对不去看护自己生病的子女而去看护某个生病的领导这类事例不以为然。当然，另一种选择，即出于社会公正的选择，也有着几乎同样强大的理由。它根据着理性的价值排序而不是自然情感的排序去解决问题，比如说救更多的人比救比较少的人要重要。当然，更加困难的事情是某些根本无法进行价值排序的难题，比如被典型化为流俗版本的“救妻子还是救母亲”难题。仅仅根据自然情感或仅仅根据社会理性都不能解决这种矛盾，也许只能说，这种困境从根本上说是无法解决的。

看起来，人们在解决选择难题时所犯的错误并不是价值上的错误而是技术上的错误，这就是说，既然无论怎样选择在价值上都是一个错误，那么所谓价值上的错误就不再是一个需要争论的错误。但是在技术上的不谨慎却很可能扩大在价值上的错误，以致造成某种不可容忍的结果。所以，即使是不得已进行“合理犯罪”，也必须在技术上是合理的，否则有可能变成不合理的犯罪。“合理犯罪”作为解决道德困境的方法，它至少有这样三个技术原则：

（1）如果在选择两难中，其中一个选择所导致的罪过是不可弥补的，而另一种选择所导致的罪过是有可能弥补的，那么应当选择那种可弥补的罪过而避免那种不可弥补的罪过。例如一个人为了拯救亲人去偷钱，而且他愿意并且的确有能力日后通过工作挣钱去还钱，那么这一选择是相对合理的犯罪。

（2）如果两种选择所导致的罪过都是不可弥补的，那么应当选择比较有积极结果的一方。例如在危难时刻应当先救护儿童而不是老人，因为儿童尚未开始生活而老人已经有过生活；同样，应该先救妇女而不是男人，因为妇女是母亲或者是未来的母亲，而且男人有更多的责任去面对危险。

（3）最后还需要一种可以称为“美学解决”的解决方式，即我们必须把人类的美学形象考虑在内，当不得已需要选择牺牲什么和保护什么时，在其他条件相同的情况下，就更应该选择比较有美感的事情，尤其是那些能够显示人性光辉的德性的行动，以便给后人留下感人的故事和永远的纪念。能够显示人性光辉德性的事情总是最感人的经验和故事，它将成为人类文明的精神财富。关于典型的“美学解决”例子，我愿意举出泰坦尼克事件这一已经过于经典的故事：把有限生机留给妇女和儿童，乐师从容奏乐直到没顶；船长负责到底与船俱沉，等等，这些就是美感。

最后，假如两种选择所导致的罪过不仅都是不可弥补的，而且都没有比较积极的结果以及美学解决的条件，那么就只好承认根本没有什么比较合理的办法。人类无论在思想上还是在实践上都会有局限。

3. 宗教作为邪思

尽管道德情感在伦理学中非常重要，但现代伦理学往往对那种高于自然情感的道德情感没有认真严肃的兴趣，道德情感是精神性的，它更多地与精神境界或人类理想联系在一起，而与属于肉身的情感没有太多关系。道德情感虽然也是“感性的”，但却不低于理性，相反，道德情感与理性平起平坐，如果不是更高的话。理性高于感性，这是西方哲学的基本假定，但这个基本分析框架不足以分析和解释许多问题，随着各种问题在更深入的层次展开，“理性做主”这一框架的局限性就越来越明显。我们可以发现，各种问题其实都有着非常复杂的决定因素，并非可以由理性说了算，尤其是在问题的深处，甚至可以发现，最终的决定因素是一种“高级的”感性。于是，我们就需要建立一种更为广阔的分析框架，而中国传统思想就成为一个最重要的资源。中国哲学是以“心”（heart）而不是“思”（mind）为基本问题和分析框架的，这个“心”就是与理性平起平坐的那种大感性，它虽然在身体中，但却也是和理性一样是高于身体的，可以说，除了与感性经验密切相关（就像理性是与逻辑密切相关）这一点上与理性大有区别，在其他重要性质上是同等的，即同样具有普遍性、恒定性和人类性，同样不能还原为普通感性经验。于是，作为心而存在的大感性就是人类性的宏大普遍情感。前面所讨论的幸福问题以及幸福原则就属于“心”或大感性的范围。

与中国的“心”的哲学不同①，西方哲学是“思”的哲学，所以西方更重视理性和知识问题。当然这绝不是说西方根本不理会心，而是西方把心排除在思想问题之外，因为西方把心的事情交给了宗教，也就不成问题了——在宗教里没有严格意义上的“问题”，因为一切都以信仰为前提并以信仰为准，于是最后的答案是事先准备好了的，问题就被消解了（至多有些由于理解的分歧所导致的解释学问题）。在某种意义上说，西方宗教也发现了心的问题，却又在宗教的处理方式中消解了心的问题。

---

① 这里所说的“心”的哲学并不是中国哲学的心学流派，而是整个中国哲学。中国哲学都是从“心”的角度去理解问题的，所谓心学只是其中一个流派，而且还是不太好的流派。

西方正是在宗教中去关注道德情感的。为什么宗教更关注那些深刻的情感？原因之一是，宗教的意义总是与追求绝对完满相关。虽然我们在理性中设想绝对完满性，但在实践中追求绝对完满性却不是以理性为动力而是以情感为动力，而且，理性虽然是自身完满的，但却只能看护着自身，它与世界和生活的完满之间有着距离，而情感则对世界和生活的完满性有着亲近的倾向。可以看出，虽然哲学和宗教都思考绝对完满性，却以不同的方式去思考。

但有一个问题：宗教把作为观念的绝对完满性夸张为实在化的绝对完满存在（这样才有情感效果和号召力，并不像现代哲学家所认为的那样是在思想上不成熟的），这在思想上造成某些不良后果。无论哲学对宗教的介入是否有积极意义，宗教对哲学的介入却肯定是消极的。按照信仰的设想，无论神到底以什么形态存在（这当然是不可思议的神秘状态），神总是意味着另一种存在方式，它实实在在地——尽管高不可及——体现着绝对完满。这种宗教信仰反而使绝对完满性失去了真正的理想性。显然，理想一旦成为存在就不可能真正理想了，它一定会在解释中漏洞百出。理想只能是柏拉图的概念性“理念”，而且，它还不能是有界的无限而只能是无界的无限，这样才更加能够自圆其说（所以柏拉图的理念需要改进）。也许从宗教的角度去看，理想必须确切地体现为神。如果这样的话，这种宗教就与伦理学无法兼容了。很显然，假如人的生活意义取决于超越人的另一种存在方式，那么，逻辑的结论只能是人的生活恰恰是无意义的，而只不过是体现神的生活意义的手段，人成为手段，这就失去了道德意义。只要把意义或价值最终归于超越人和人的生活的“更高者”——绝对处于人的生活之外的另一种存在方式，把理想交付另一种实在，那么人的生活必定是无聊的过程。无论神学家如何声称神将如何如何好地看管人的生活，都是在取消人的生活意义，只要人的生活取决于神，人的生活本身就没有意义，而只有作为手段的意义。既然人肯定不会成为神，任何拯救也不能把人变成有意义的存在。有趣的是，仅仅以宇宙论的方式设想上帝并不能使宗教具有力量，宗教必须同时成为一种伦理观点才能够对人产生影响。可是，宗教却又适得其反地使人类的深刻情感变质。如果人不是因为人自身而具有价值的话，人对神的爱和赎罪也是无价值的。而且如果真正的价值终归落在人的可能生活之外，人也不可能知道对神的爱究竟爱的是什么，不知道要赎的罪究竟是什么。也许在一种宗教看来，其他的意识形态可能会被认为是**邪教**，可是对于思想来说，宗教和其他意识形态一概都是**邪思**。

人的意义恰恰在于人不是神，在于人是一种有限的存在。正因为这种有限性，所以才有着值得珍惜的事情。假如以真正超越的神目去看问题，还能有什么值得一想一说一做的事情？对于无限的神来说，显然一切都是无所谓的，神想怎么样就怎么样，什么都无须付出努力，什么都不会遇到困难，也不需要什么原则，也无所谓什么责任，于是，一切都不太重要。因此，我们必须用人的眼光来理解人，尽管是不完美的，但至少是有意义的。如果人的生活是有意义的，这种意义必定在于生活本身。对于这一点，中国思想家即使没有确切地给予表述也至少有着这种思想倾向。中国思想家讨论任何有价值的东西都是局限在人的画面中去讨论的。即使神的价值体系在逻辑上可能高于人的价值体系，但那种属于更高者的价值对于人来说是不适用的，甚至是有害的，正像人的价值对于动物是无意义的和有害的（假如动物按照人的价值观去行动，一定死得更快）。在人的可能性之外谈论价值是毫无价值的。就人思人，就事论事，这才是**正思**，才是思无邪。

人必须而且只能去承担人的责任。无论是回归自然还是企图超越都是以软弱的态度去放弃人的责任和回避人的问题。维特根斯坦曾谈到，在其他问题都被解决的时候，生活问题却尚未触及。这一说法典型地暴露出西方一般哲学思路的症结。大多数西方思想家（包括维特根斯坦这样的怪才在内）都把价值或生活意义之源想像得过于遥远，好像是一种遥遥在外的东西（这无疑是受宗教背景所误导）——所以往往被认为是神秘的东西。设想价值或生活意义的在外神秘性是一种典型的知识论谬误。首先，在我们的世界和生活中找不到任何证据表明生活意义必须归于生活之外的更高者。假如我们相信在生活中能找到这样的证据，那么这只能证明人类生活没有意义，而既然没有意义，就根本不值得过；其次，即使我们能够设想存在着神秘的在外更高者，既然它是神秘的，我们就不可能知道它是否真的是完满的（千万别自己骗自己），或者说，我们如果对它在知识论上是无知的，那么在价值论上也只能存疑（人和神之间更加不需要无知之幕）。事实上，如果我们在生活本身中不能揭示价值和意义，那在生活之外也不可能揭示它，甚至不可能设想它（这类设想只有文学价值但毫无思想价值），因为我们不可能存在于生活之外，也不可能通过一种无价值的存在去证明另一种有价值的存在。这里是一个存在论问题而不是一个知识论难题了。

所以，不可能给出关于更高者的价值判断。我们只能承认更高者的存在以及它对生活的限制。到底更高者是什么是无所谓的，总之它的存在造成了对生活的限制（对可能生活和生命的限制）。这一限制恰恰使生活能够产生意义——只有当生活是有限的才有值得追求的东西——但造成这一限制的更高存在却不能决定什么是生活的意义或者什么是有意义的生活。事实上，正因为更高者限制着生活，所以人们不可能为更高者而生活，与此相反，人们只能为了限制之下的余地而生活。换句话说，更高者的存在论作用，即它的存在以及它的存在对生活的限制，对于生活的意义来说是必不可少的，但更高者的价值论情况，即它的善恶性质和完满程度，对于生活的意义来说却是无意义的。

只有当以一种隐含着宗教观点的方式去看问题才会造成无论怎样讨论都在本质上尚未触及生活的问题这一困境。因此，要真正理解人的问题，首先就必须悬搁关于更高者或更高世界的价值判断。只有这样才能形成纯粹的伦理学思考，才能真正理解深刻的道德情感。

Ⅶ. 从人类的角度

1. 主题的变型

前面所讨论的主题是生活的意义，与此相应的思考角度是**每一个人**的角度，因此，关于生活意义的价值原则所要求的真理性表现为落实在每一个人身上的那种普遍有效性。现在我们要讨论表现为总体有效性的另一种普遍性原理。

普遍性（universality）是哲学问题和哲学论断所必需的，但“普遍性”到底要求什么，要求到什么程度，其实并不那么清楚。按照我的理解，如果说某个原则是普遍的，它的普遍性至少在这样几个意义上有效：（1）在所有可能世界中的同等有效性，这是莱布尼兹原则，也是最苛刻的普遍性，能够符合这一标准的原则非常少，似乎只有逻辑和数学原理，连科学原理都达不到这一标准；（2）在给定的某个可能世界中，或者在给定的某个集合和系统中，对于其中的所有存在都同样有效，按照数学的说法，则是所谓“走遍一切元”而有效，这是大多数知识（科学和哲学）的普遍性目标；以上是严格的或标准意义上的普遍性，但我们还似乎需要某些比较宽松但比较复杂的普遍性，于是有（3）对于给定的某个可能世界，这个世界所注定或所必需的某些总体性或整体性原则的有效性，但它未必对“一切元”同样有效。逻辑和科学不会对这种不严格的普遍性感兴趣，但它却是哲学和社会科学喜欢的或默许的；这种总体性的普遍性通常相当含糊，但它相对严格一些的意义可以表现为（4）在给定的某个可能世界中所存在的某种一贯性，即总是如此如此。无论是（3）或（4），所以不够严格，所以有别于（1）和（2），就在于引入了时间维度，而（1）和（2）都是“空间性”的，只考虑已经存在的情况，而没有把变化计算在内。当然，本来我们可以把普遍性仅仅归属于空间性，而把人们在时间性中所追求的那种性质仅仅称作“一贯性”。但这样区分虽然清楚，却多少影响了关于人文社会的知识性质。人文社会科学所思考的事实和问题不仅要把过去而且还要把未来考虑在内，时间性和历史性就是必要的维度，也就是中国思想一直强调的“势”或者“形势”——所谓“势”就是将在时间/历史中展开发展成为普遍力量的那种未来性。而且，人文社会科学所重视的“一贯性”并不仅仅在于一贯性本身，而在于“一贯性”是“普遍性”的理由，就是说，在时间上被认为一贯有效的原则就会被认为有理由被推广为普遍原则。所以，在社会事实方面，一贯性和普遍性之间不存在截然分界。人们喜欢说的“普遍的”历史规律或模式，经济学的各种规律或模式，以及哲学的许多原理，都属于这种特殊意义上的“普遍原理”，它们并非没有个别例外或反例之类的东西，但是那些例外影响不了总体的或整体的“势”，因此可以忽略不计而已。融“一贯性”和“普遍性”于一身的“势”是生活和社会的特殊性质，其地位应该类似逻辑和自然的必然性，如果不理解“势”，就不理解社会和历史事实。“势”是有弹性的，因此不受所谓的“反例”的影响（除非是能够构成严重问题的反例）。为什么分析哲学在关于社会和价值问题上很难有所建树，就是因为分析哲学太喜欢“举个反例”，殊不知“反例”虽然对逻辑和科学原理可以势如破竹，但对于人文理论却无着力处。

对于伦理学问题来说，我们也需要发现有关“大势”的原理。仅仅有了关于每个人的道德原理仍然不足以说明道德问题，还需要关于生活和社会的总体性道德原理，否则就不理解道德的总体之势。人创造了一种“新实在”，这就是文化或文明（这两个概念有所不同，但其中差别对于我们这里的问题并不重要，因此就暂时把它们“混为一谈”）。文明作为一种新实在，它是人在自然之外的另一种生存环境。文明环境甚至比自然环境对人的生活有着更大的影响。人的生活意义主要在于建设文明这一生存环境，正因为文明，才有了“生活问题”（problems of life），否则就只有“生存问题”（problems of survival）。很显然，文明自身的正当性必须成为伦理学的另一个主题，它是人类对于人类生活/社会的总体性的道德反思。也许，按照通常的伦理学框架，文明的总体性质已经出界了，但这个伦理学框架太狭隘了，必须改造以适应大规模的问题。

人类思想的确有一些“界限”，它们决定了人类的思想和行动只能是什么样的，至于为什么“就是这样的”，这被认为是不可思议的，因此不可能进行研究。维特根斯坦分析界限问题最为深入，他发现逻辑、最后价值以及生活意义这些东西都是不可说的界限。这一理解格式是“宗教性”的，就像中世纪神甫们指出神**对于人类理性来说**是不可思议的，因此显得是荒谬的，人类不可能反思那些最后的根据（这也是他们认为信仰先于知识的理由）。某些界限是有的，但界限是哪些？又是什么样的？这才是问题。逻辑的确是个界限，因为一个不合逻辑的世界是做不出来的。可是那些神学的解释显然没有这样的必然力量，假如可以树立某个神，也就可以树立无数个神，如果可以随便解释，也就等于什么也没有得到解释。宗教始终依赖的是政治力量而不是思想力量。如果一种东西确实是个界限，那么它必须满足（1）不可能解释它为什么是这样的；但是（2）能够通过反思分析清楚它是什么样的；并且（3）它必须是直接限制着人类存在方式的力量。

伦理学是一种关于价值的思考，而文明的存在状态却是一个存在论问题。不过，文明存在论问题与价值问题有着特殊的关系，文明的存在状况在很大程度上决定了人的生活是否有意义。不仅有意义生活表现为对文明的创造，而且只有具备文明精神的生活才是有意义的。可以说，虽然文明的存在状况本身是一个存在论问题，但由于文明的存在状况对于生活的价值来说是有价值的，因此，我们可以把文明的存在论问题看作是生活价值问题的变型。

在以文明为主题的伦理学思考中，其思考角度不再是每个人的角度，而是人类文明的整体角度。在这里我们不考虑任意一个或每个人的个体存在意义，而只考虑作为整体的人类存在性质，也就是不再为个人着想，而只为人类整体存在着想。在这种思考中，具有特殊性质的“我”退出了画面，“我”以缺席的状态、不在场的状态或者说纯粹旁观者的身份去思考文明的存在状况。

文明有着自身的存在/发展要求。文明的目的论意义与人类整体的目的论意义是完全一致的，但与人类中的某个人或某个集团的生活意义却不一定一致。这意味着，一种良好的文明状况肯定有利于人类整体的存在，但却有可能——事实上往往如此——不利于某些人的生活。这里产生一个非常严重的伦理学问题：一方面，伦理原则必须有利于每一个人的生活意义；另一方面又必须有利于文明的优化发展。这两方面很可能出现矛盾。

然而，这样一个事实是无可置疑的：文明实际上是人的生活的一个必不可少的存在论条件，没有文明就没有人真正**作为人**的生活。文明的各种形式，诸如科学、技术、工艺、法律、伦理、艺术、数学和哲学等，已经构成生活价值的存在论前提。如果没有这些文明形式，每一个人将缺乏实现自由所需的行动和思想空间。这些文明形式表面上看似乎是把人的自由限制在某些空间中，但事实上假如没有这些文明形式，人将甚至连这些空间都没有。因为这些空间并非天然存在的，而是由文明额外开拓出来的，是人类创造出来的新空间。人的自由能力如果不转化为创造性的活动就其实并没有自由，仅仅"不受限制"只不过是无所事事，而无所事事就无所谓自由，所以，文明不是对自由限制，而是为自由提供了实质化的机会。因此，虽然文明并非为个体着想而只为人类整体着想，但文明本身也并非被设计为专门对某些人不利的一种存在。文明只是在客观上为人类提供了生活的种种条件，这些条件**在原则上**对每一个人都有着客观的好处，除非有的人在主观上对它不满。很显然，我们只能从人类的角度去批评文明的存在状况，而不能从个人角度去这样做。

作为一个存在论事实，文明本身不是一个伦理学问题。但文明的存在论问题映射着生活的价值问题，也就是说，文明的存在状况**是否健康**的问题映射着人的生活**是否有意义**的问题。既然文明的存在是生活意义的存在论前提，因此，文明的生死对生活有着决定性的意义。我们可以把文明自身理解为一种特殊的生命。文明的存在论问题——健康或病态——就成为一个伦理学问题。在这个意义上，好的文明意味着健康的文明状况，坏的文明则意味着病态的文明。我们只能从"健康/病态"作为分析性指标去理解文明，而不能以"好/坏"作为指标，因为所谓"好/坏"往往是由各种文明各自所定义的。我选择"健康/病态"作为分析文明的框架，是从中国传统的社会历史分析法中获得的灵感，中国的历史哲学以"治/乱"作为基本分析框架，这种分析法具有超越了任何意识形态立场的优势，因此明显优于西方的"进步/落后"的分析框架，显然，"进步/落后"是以现代意识形态为根据的，并无普遍说明力。

2. 历史的参照与分析的诊断

人们经常从历史的角度去判断某种文明状况的好坏。这种判断通常以现时状况为依据去批评过去的状况，或相反，以过去状况为依据来批评现时状况。前者属于进步论者、现代化论者和激进主义，后者属于传统论者和保守主义。无论是激进的批评还是保守的批评，其目的都是为了对未来的文明状况进行决策，都是为了证明如此这般的文明状况是好的所以应该被选择为未来的文明方向。毫无疑问，历史考察必须有助于决定未来的行动，否则就只是关于“故事”的知识，而几乎没有思想性的意义。未来是历史的一种可能发展，是历史的“势”。

在参照历史时首先引出一个一般被认为属于“解释学”的问题，即我们所理解的历史实际上是我们以现时观点所解释过的历史——对此有一种有所夸张的说法是“一切历史都是现代史”；另一方面，我们所用来解释历史的观点又似乎只能是历史的产物。不过，在卷入这种问题之前，我们有理由认为这一“历史问题”的提出方式是可疑的。首先，虽然可以肯定人们难免以现时观点解释历史，但却不能肯定这一解释与历史的“本来面目”之间有着“间距”还是没有“间距”，而且，所谓“本来面目”也很是含糊，因为事实上的“本来面目”也是不同角度、不同眼光中的许多种“本来面目”，即使是当下人看当下事，也是各见仁智。对于人类生活事实，本来就很难有单纯的事实，社会事实与观点是分不开的，因为**生活事实本来就是由人们根据观念做成的**。因此，以不同的观点去理解事实也就更加不足为奇了。所以，事实上我们并没有遇到了难以解决的解释困难，而是根本不知道在什么意义上存在着这样一种困难，不知道这种困难到底是什么。其次，即使有绝对的“本来面目”，我们对纯粹的历史知识也并不真正感兴趣。比如说，我们可以使用科学的方法去寻找对历史事实的“中立的”也就是客观的知识，但这样获得的“事实”必定只有科学意义，却没有人文意义。“历史上某某时刻北京下了80毫升的大雨”，这可以是科学意义上的历史事实，但人们所需要的“历史事实”显然要比这些多出来些什么来。在解释历史时，我们真正关心的是历史（当然是以现时观点所解释的历史）对现时和未来的意义，也就是说，历史经过解释之后并不是以历史这一身份起作用，而是转化为一些与历史有关的问题在起作用。既然我们准备处理的是这些被当前化的问题，就不需要进入所谓的历史解释问题。除非我们糊涂到了甚至不知道当前的问题是什么。

很显然，在把历史转化为问题之后，我们的任务是解决问题而不是扮演或叙述历史。于是，所谓传统就不只是属于过去的观念，而是被保留至今而且仍然在起作用的观念，也就是有着悠久历史的现时观念。传统绝不是某种已经死去的观念。那种已经不起作用的观念只不过是被遗忘的文献。传统的“扬弃”是一个很容易引入歧途的概念。我们不可能在传统之中反对这一传统，不可能在某一传统的支配下，放弃这一传统，另外，我们也不可能在某一传统中对另一传统进行有效并且公正的批评，因为任何一个立场都弱于怀疑态度。因此，无论接受或反对某一传统，如果有着强于怀疑态度的理由，那么这一理由必定落在传统之外。这意味着，任何有效的批评最终都依靠着一个不属于任何一个传统却又足够容纳任何一个传统的思维空间或者说一种思维的操作方式。无立场的思想操作还需要区别于所谓的“中立”。“中立”概念有时候并不清楚，它可以是政治性或价值观上的中立，但这其实也是一种立场；它还可以是科学意义上的中立，这时就几乎是“客观的”。我不打算声称无立场是客观的和科学的，这样一方面要求太高（要像科学一样是困难的），另一方面又要求太低，因为科学方法再好也不适合社会历史问题，它们不匹配。我所谓的无立场是把所有“主观的”立场都考虑在内，把它们都看作是同样有道理的并且在不同的地方各自有道理，因为（1）它们都是历史和社会事实的构成部分；（2）不同的问题和不同的解决时机决定了它们分别在不同的地方有道理。这样，无立场也就是“全立场”，即在不同的问题上使用不同的立场，而永远不把某种立场当作是普遍有效的。可以看出，无立场思想方式就是永远“动态”的思想方式，它追随的是老子推崇的像“水”一样的道。因此，思想本身的责任不是纠缠着传统（无论是接受还是反抗），而是首先去旁置传统，把传统当成对象，将传统转化为无立场的思维空间中的某个问题，然后试图解决问题。总之，真正的思想不是立场间的争端，不是对话或交换意见，这些都是思想的外交性方面。思想本身只是问题间的关系以及其逻辑解决。

解释学的哲学思路有意或无意地暗示着，那些涉及价值的问题由于不是科学和逻辑问题因此应该以历史的、相对的、辩证的甚至主观态度的方式去理解，这就把价值性的问题变成了一种文学活动，一项表现性的措词（修辞）工作。然而，任何一个思想问题所期待的都是某种解决而不是某种表现。价值性问题并不比其他思想问题更为特殊，它同样需要真理。比如说，艺术活动是价值的表现性活动，但艺术理论却不是表现性活动，而是阐明性的。在价值上人们所需要的不是显示某种心理姿态，而是需要作出行动上的选择，即“去做A而不做B”。这种行动所担负的责任是实实在在的，它比理解和解释要严重得多。很显然，当行动上的选择问题映射为思想的价值问题时，对价值问题的思考也必须使用一种与其行动上的严重性相匹配的严格思想方式，否则就是在糊弄问题，就是在做一些对实际行动毫无意义的事情。

由此可以看出，基于历史解释所作出的关于文明状况的价值评价不能构成真正有效的价值判断，而只能提供参考性材料。为了作出有效的文明决策，我们就不能去对文明状况作仅仅表明态度的价值评价，而只能从文明存在的目的论意义去考察文明自身的要求。任何一种意识形态立场都联系着私心私利。马克思相信意识形态只不过是经济基础的反映，这虽然是夸张的（经济远远不能证明一切），但仍然是一种尖锐的见识。

我们可以根据一种文明状况是否有利于人类幸福和开展可能生活来判断它是否是好的。既然“好”这一价值判断可以转换为文明存在论意义上的“健康”这一存在论判断，那么，文明的问题实际上就表现为：“如果一种文明状况是健康的，那么它需要满足什么条件?”于是，一个价值问题就被等价地替换为一个存在论问题，我们就能够有效地避免意识形态的影响而就文明存在本身去看文明的状况。很显然，一种文明状况是否是健康的，这与观察者的主观态度无关，就像一个人的身体是否健康并不取决于观察者的评价。

文明的存在论问题有两个方面可供分析：（1）文明的存在条件；（2）文明的健康状况的条件。前者是一个简单的问题。文明是因人而存在的，所以，文明的存在是以人类存在以及人类存在的必要自然环境和必要社会环境为条件的。显而易见，一切直接危害人类存在或人类存在所需条件的行为或可能因素都必须制止和消除。这一方面无须详论。事实上当代人对此有着足够清醒的危机意识，人们在反对毁灭性战争、限制核武器以及保护自然环境的和生态平衡等等方面所做出的努力已经证明了这一点。但关于文明的健康状况问题，人们却难有一致的认识。这是因为这一问题所涉及的事情不像前一个问题所涉及的事情那样显而易见。在这种情况下人们更倾向于按照各自所属的意识形态信念去看问题。意识形态之间的互相批评总有着说不完的“理由”。只要一个人相信某种意识形态观念，那么与之对立的另一种意识形态的每一个方面都可以被看作是错误的，而所相信的这种意识形态的每一个方面都可以看作是反对另一种意识形态的“理由”。所以说，借口总是无穷多的。但是这些借口在分析性诊断中都失去了作用。凡是弱于怀疑态度的价值观念都必须给予拒绝。

有一个容易被忽视的问题是：对于自然事实，我们其实只能获得关于它的高效知识而绝不可能获得关于它的彻底真理（这与一般的想像有所不同），因为自然毕竟不是人所创造的，这就造成了一个绝对的存在论障碍，而存在论障碍会导致知识论上的障碍，就是说，如果一个东西不是我们自己创造的，那么我们永远只能获得在“看”的意义上的所谓真理，而无论“看”得多么清楚和真切，毕竟所看到的只是我们眼中的画面而不是事物本身的道理。因此，严格意义上的真理恰恰只能属于人所创造的观念和生活方式。那些对自然的知识无论多么逼真都不够严格。然而对于人自己所创造的存在（观念和社会），由于不存在存在论上的障碍，人就可能按其本身去认识它，所以能够真正的“看”清楚它就是因为我们“做”了它。只有当“看”和“做”成为一体，才能够到达真理。在此，知识论与存在论是一致的。人类对自己的各种产品（观念和各类社会存在）的认识不仅仅是知道它是什么样的，而尤其是知道如何使得它能够成为这样的。可以说，人类的全部自身认识问题最终都基于这个“使之能够”（enableness）的问题。

现在回到文明这一主题上。既然我们有理由拒绝使用某种意识形态观念，就只能从文明本身去理解文明。文明是人类所创造的，这一点决定了它的存在功能与它的存在目的（意义）是完全一致的。这是任何人类产品的特性。人类制造一个产品的**目的**正好体现在对这一产品**功能设计**上，反过来说，对一个产品功能的如此这般的设计正好意味着某种目的。这里不存在任何存在论上的障碍。毫无疑问，文明的存在目的是维护并促进人类生活的幸福。于是，一种健康的文明就必须具有足以体现这种存在目的之功能。

如果我的理解正确的话，文明的基本功能要求是：（1）一种文明必须具有足以保持自身活力的动力机制。这意味着，一种文明必须具有创造力，并且为了维持创造力就必须建立一个能够促进创造力的社会/生活制度和文化系统。（2）这种文明还必须具有足以进行自身监护的免疫机制。这就需要一个能够保证公正的社会/生活制度和文化系统。这两种基本的文明功能要求与人类生活的价值要求（幸福和公正）是完全一致的。在前面讨论正义问题时我们仅仅分析了作为人类公正关系的正义（justice）而没有讨论作为人类整体性大义的正义（Justice），现在可以说，作为大义的正义就是保护和促进幸福和公正的社会/生活/文化制度。或者更简单地说，人类整体意义上的正义就是对人类公正关系的保护。

3. 社会理想与文化理想

按照上述分析，一种健康的文明要求建立有创造力并且公正的社会和文化系统。这说明了，人类对文明的要求最终落实为社会理想和文化理想。

人们在讨论社会理想时更多的是从政治学或社会学的角度去讨论的。这就很容易带入某种意识形态观念。这种局限性充分体现在通常被设想的各种社会模式中，无论是民主社会、专政社会还是贵族社会。我们知道，一个社会中各种权利和利益的分配是通过某种权力机构来实施的，于是就产生两个根本问题：（1）权力的归属，也就是权力落实在什么地方；（2）根据什么来决定权力的归属。

权力或者归属于某种政治制度或者归属于法律。单就这一问题来看，显然权力属于法律比权力属于政治制度要公正得多。虽然法律和政治制度都在实际上有利于一部分人而不利于某些人，但法律是在人们作出行为选择后才采取有利或不利于某些人的措施，而政治制度却是预先专门为了有利于某些人并且不利于某些人而建立的，它不容选择地事先造成某种压迫。例如专政制度以不可抗拒的强权压迫不属于专政集团的人；而民主制度则以温和的然而同样不可抗拒的压力去约束那些大多数人不喜欢的人和事。人们有时候会陷入这样一种思想错觉，即认为既然民主制度比专政制度要好，所以民主制度是最好的社会制度。诚然，由于民主制度具有比较温和宽松这一优点，所以它比专政制度要好一些。但却没有理由推论说它是最好的。显然，社会并非仅仅有着这两种选择（或者仅仅有三种甚至四种选择），就如人不仅仅有着去偷、去抢、去杀人放火这几种选择。把思路固执于很有限的几种选择，这是常见的一种思想情结。

可以肯定，法治社会比政治社会要好得多。不过实际社会情况并不是如此简单，一个单纯的法治社会是不可想像的，法律不像逻辑那样是“形式的”，而是有着内容的。这就意味着必须有某种观念来决定法律是什么样的。

法治社会经常同时表现为政治社会，也就是说是一个政治/法治社会。这种社会或者是少数专制的或者是多数民主制的。专制社会的法治性质总是很含糊的，实际上，它的政治性质几乎总要压倒法治性质。从表面上看，这种社会的权力似乎属于它的政治制度，但由于这种社会的权贵官僚不仅仅是权力的实际行使者，而且是政策的制定和解释者，尤其当法律也由权贵官僚来解释——为了迎合这种解释权，法律条文通常是含糊有弹性的，从而留出很大的解释余地——权贵官僚就彻底地拥有权力。这些都使得一个专制性的法治社会不可能是一个公正的社会。

另外，在一个专制性的法治社会里，权力是最高价值（因为它意味着最终的决定权和解释权），获取权力就成了最有吸引力的活动。为了往上爬而获取权力，一个人就必须具有忍受自己人格低下的特强能力，而且需要不择手段，因此，卑鄙的人更容易成为官僚，当官僚已经权力在手，剩下来唯一有趣的事情就是利用权力压制文明创造并且破坏他人的幸福，因为卑鄙的人不懂创造和幸福。这样的社会比较适合权贵官僚和小人：官僚通过妨碍他人幸福而享受权力；小人一方面拍马溜须以自保，另一方面幸灾乐祸而享受他人的不幸，可以观察得到，小人由于不懂幸福而总是不幸的，因此他的唯一安慰就是别人的不幸。

相比之下，一个民主的法治社会则是一个相当不错的社会，至少表面上如此。由于这种社会是一个温和宽松的社会，这一点保证了人们能够普遍地享有正常的快乐，而且过分的坏事比较不容易发生。不过，这样的社会也并不能保证分配的公正，尤其不利于发展最优越的价值。主要原因是，在这种社会中，价值是由市场价格所解释的。因此，为了取得市场效果，人们虽然不需要去迎合权贵官僚和官僚化的意识形态，但却不得不去迎合大多数人的喜好和时尚化的意识形态，于是，价值好像成了有效的欺骗和宣传的函项。如果说专制社会主要靠“压”，那么民主社会主要靠“骗”。可以说，在民主社会里，虽然最坏的事情不受欢迎，但最好的事情同样不受欢迎。这种社会适合于投机欺骗和寻欢作乐。民主和市场生产了许多平庸的快乐，并且鼓励人们用快乐糊弄自己，以便忘记幸福，忘记激情，忘记理想。

当然，一个理想社会无须是“样样都好”的社会，那样不仅在实践上不可能，甚至在理论上也不可能。理想社会只是指一个足够健康的社会。我们可以肯定了一个健康的社会必须是法治性的，不过却没有真正强大的理由来肯定它必须是民主制的。在现代背景来看，民主是个关键问题，民主制的最主要的理由是“大多数人的权利和偏好”，这是一个“数量优先于质量”的原则，但我们其实没有严格的理由可以证明“数量应该优先于质量”，显然，“质量优先于数量”这一古典原则在理由上并不弱于“数量优先于质量”。真正的关键之处其实不在于民主制度好不好，而在于“什么样的民主制度”，就是说，或许我们能够发现可以有某种制度创新使得有一个新型的民主制度能够尽量照顾“质量优先于数量”原则。这似乎有些自相矛盾，但只要放弃纯种民主制的想法就会在很大程度上消除矛盾。尽管有许多复杂的问题至今不明朗，因此还很难明确什么是最好的社会制度，但现代所主张的那种纯种民主制恐怕有着很坏的社会/文化后果，一种慢性的人性退化和人类集体堕落。也许某种尊重古典精神的混合民主制是比较好的也未可知。民主是可疑的，但法治却是必要的。只有当权力落实在法律上才能够实现公正，包括对好事的支持和对坏事的制约。另外，我们又知道法律的内容不能取决于某种政治观念。很明显，一个开明的社会可以根据某种政治观念去制订法律并且严格按照法律办事，在这种社会中，虽然权力公正地落实在法律上，权力行使者也变成了技术官僚而不再是权贵官僚，但这种法律本身仍然有可能是不公正的，尤其是非常可能与人类存在的绝对价值相悖，所以，法律的内容最终必须取决于道德，这意味着，一个健康社会必须由道德来决定价值而由法律来把由道德所决定的价值实现为权力。只有这两者的一致才能保证文明的创造力和免疫力的一致。于是，健康社会只能是一个道德/法治社会。不过，当要求以道德价值（德性或卓越人性）作为法律的最后根据，也就又不可能是严格得像机器一样的法治了，因为优越德性有时候会要求突破机械的“正确程序”。社会制度问题的底牌是个文化制度问题。

健康的文明不仅必须具有一个健康社会而且还必须拥有健康的文化。在文化理想的问题上，所谓文化冲突——应该尊重传统还是应该反传统（典型问题是现代与古代之争）；应该选择这种文化还是应该选择那种文化（典型问题是东方与西方之争）——并不是一个伦理学问题，甚至不是一个有意义的问题。有两点值得注意：（1）我们选择某种文化并不是去选择某种风格的文化，而是去选择好的文化，也就是说，价值的选择才是真正重要的；（2）健康的文明需要包含着足够丰富的文化类型，因此，对文化的选择并不表现为选取某种文化并且拒斥另一种文化，而是表现为给各种文化恰如其分的位置。如果我们对这两个问题有着清楚的意识，就可以避免许多无聊的文化争论。

判定某种文化具有较高价值或较低价值，这是一个首要的问题。在文化价值的判定上最大的错误是把人们的偏好当成价值判断的根据。这种判定方式本身就是一种低级的思想方式，可以说是“生理式的思考”。它只适合于用来判定感官刺激方面的可接受性，但假如把它用来判定精神方面的价值，则是非常消极的。精神领域的一切进展都是创造性的，对于消极的判断原则来说，任何创造恰恰都是不可接受的。因此，无论是个人所喜闻乐见还是大众所喜闻乐见都不是文化价值的判定根据（大众文化是低级的，但是从个人偏好去批评大众文化则是可笑的）。在文化价值的判定上的另一个主要错误是把某种意识形态观念当成价值判断的根据。任何一种意识形态观念本来就是文化中的一个产品，显然不可能以它为标准来评判其他文化产品，更不可能以它为根据去说明文化整体的价值。

文化的价值判定根据只能表现为一种文化对于人类文明的意义，或者说，表现为一种文化在促进文明健康发展上的能量。在此可以清楚地看出，所谓具有较高价值的文化就是一种蕴涵着较大创造余地的、为人类创造精神准备了广阔的自由空间的，也就是更能激发并保持人类创造性的文化。这种文化最具特征性的一个现象是，它的传统所起的作用只是为进一步的创造提供了基础而不是把进一步的工作限制为派生性的注解。与此相反，具有较低价值的文化就是具有工业化倾向的，即可以按某种模式批量生产和再生产的文化。这种文化本质上是对自身模式的不断重复、复制，或者说是在不断地自身抄袭（“对自身的抄袭”这一生动的说法源于我的朋友吴伯凡的一个表述）。这种低级文化的模式化生产造成习以为常的刺激从而导致感性和精神麻木。这种文化就其功能而言是一种消遣，而不是一项精神事业，这就从根本上丧失了文化的本性。在这个意义上，我们有理由认为，现代文化是文化的一种典型的退化。当然，人类生活中需要某些消遣。但是，问题在于假如把消遣当成文化，或者给予低级文化较高的精神地位和社会待遇，这种低级文化就会无限度地扩张侵蚀掉人类精神，使人类精神失去创造力而萎缩成自然反应。所以说，虽然人类既需要高级文化也需要低级文化——就像人既需要幸福也需要快乐一样——但是它们必须被安排在与它们的价值相配的位置上。要做到这一点显然不能依靠市场而只能依靠一个健康的社会/文化制度。因此，健康的文化（即能够保持创造力的文化）必须通过健康的社会去获得保障，也就是说，健康的社会必须能够通过社会权力去使健康的文化具有“文化权力”。这具体地表现为社会必须具有消解“抵制文明的文明方式”的能力。

抵制文明的文明方式指那些在形式上表现为某种文化形式，但在实质意义上却又是反文化的方式。具体表现为伪文学、伪哲学、伪艺术、伪学术等等。我们知道，任何一种文明形式都意味着一个精神领域，它有着一系列独特的问题和处理这些问题的方法。正是这些特殊的问题和方法使一个精神领域具有不可替代的意义和价值，从而使一个精神领域成为一项事业，使其中的工作成为值得一做的事情。人们面对这一精神领域就像面对自然存在，而解决精神性的问题就像解决自然问题一样严肃客观。于是，任何文明成就都是创造性的并且具有实际意义，无论是创造性地提出问题还是解决问题，都实实在在地扩大了人类的精神领地。与此相反，任何一种伪文化都在回避本来必须面对的精神领域和问题，也就不可能对精神领域有所开拓，不可能有什么创造。伪文化的标志就是它更关心它自身的“体制利益”，推行标准化或规范化，以便能够按照范式进行无须智慧和艰苦劳动的简单生产和“数字化”管理，更关心如何使它自身成为能够不断自我复制、自我抄袭的模式，更关心如何把人搞成精神上的死人。显然，伪文化比较符合平庸的人的利益，他们没有智慧和创造力，所以反对智慧和创造。伪文化的危害已经在当代文化状况中显示出来。当代文化制度就是一个仅仅按照体制自身的逻辑行事的制度，而不是按照文化自身的生长逻辑行事的制度。当文化制度变成“为体制而体制”，文化就死了，因为人们通过文化而创造出来的价值被替换成体制标准。人们本来能够纯粹地或直观地根据某个文化作品的魅力（使人激动和感动的因素、使人信服的论证和分析、使人开拓思路的思想创新，等等）而尊重这个作品，但是这些都被替换成各种出于方便管理而设立的标准，尤其是可以量化的标准和文化政治标准。

随着伦理学问题的扩展和深入，文化制度问题将会成为一个基本问题。在政治制度、经济制度和社会制度问题的背后，文化制度才是最后的基础问题，因为什么样的文化制度将决定人类有什么样的精神和价值观。对于人类生活的自由和幸福来说，如果政治自由主义和经济自由主义是有意义的，那么，我们似乎有理由说，**文化自由主义**可能更加重要。文化自由主义首先反对思想、学术和文化的一统的体制化、标准化和规范化，也就是反对把工业制度引入到文化制度中去。当把文化制度问题考虑在内，我们就可以发现，现代社会制度根本就不是一条自由之路，现代社会虽然反对专制和暴力，但似乎主要是反对硬专制和硬暴力，而比较忽视“软暴力”和“软专制”。硬专制和硬暴力可以理解为“用强制性手段剥夺选择的自由”，而软专制和软暴力则可以理解为“承认选择的自由，但是取消了许多可供选择的东西，或者，承认选择的自由，但是使许多选择处于非常不利的处境，从而使自由报废”。如果忽视软专制和软暴力，就不能深入地理解生活问题的复杂性，我们必须注意到万物皆商的商业、代议制民主、只考虑程序正确的法律、技术和数字至上的管理方式以及大众意识形态是如何通过软专制和软暴力去破坏自由、德性和伟大价值的。如果要真正地理解自由问题，政治自由主义和经济自由主义是不够的，至少还需要文化自由主义的分析维度。

伦理学不仅仅需要关心生活，而且需要关心文明，这样伦理学才能够成为完整的研究。正如前面所指出的，文明问题实际上是生活问题的变型，这两者本质上是一致的。如果没有健康的社会和健康的文化，人类将失去幸福公正的生活。因此，伦理学必须扩大它的思维单位，不能局限于“行为”和“规范”，而要进一步成为以“生活”、“文化”和“命运”等作为思考单位的**大模样伦理学**。

Ⅷ. 几点简单结论

维特根斯坦曾说，不可说的应当沉默。这是一个很不恰当的观念。“可说不可说”这一知识论问题其实不是一个重要的问题，“能不能够做”这一存在论问题才是一个重要的问题。我们必须这样理解：并非“可说不可说”而是“可做不可做”表明了哲学的界限，凡是不可做的都不是哲学问题；而且，“可做不可做”不仅是思想的界限，它同时也是价值的界限，凡是不可做的都没有价值。马克思曾指出，以往的哲学家只不过是不同地解释了世界，可是问题在于改变世界。尽管这一看法只涉及“做”的问题的一个方面，但肯定是一个意味深长的见解。

人的生存是一个直接的存在论事实，是一个无须经过反思就一清二楚的事实，所以，人的生存不是一个问题。但是，由生存这一事实却引出了生活这一问题，或者说，人如何有意义地去生存的问题。生活的价值只能由生活的目的论的真理来说明。

伦理学的原则只能在生活中被阐明，凡是不可能实现为生活的东西对于生活来说都是无意义的。我们可以追求某种更好的生活，却不能追求另一个更高的世界。伦理学的原则也必定能够在生活中被阐明。生活的意义就是好生活。对于生活来说，我们想像不出比好生活更重要的事情。

好生活是生活的一种状态，即幸福。幸福是每个人都可以亲身经验、不言而喻的事情。所以伦理学力图揭示的不是“什么是幸福”，而是“怎样才能获得幸福”。所有伦理学的问题都由幸福问题开始。幸福问题就是伦理学中首先遇到的实实在在的问题。为了保证幸福就必须有公正，于是，公正是另一个实实在在的问题。可以说，全部伦理学问题都以这两个问题为基础。如果有了幸福和公正，那么随便哪一种社会形态都能够提供值得一过的生活。但绝不能反过来说，只有某种社会才能提供好生活。现代伦理学的一个主要错误是，它不是把幸福和公正当作绝对先行的问题来分析，而是把幸福和公正肢解为七零八落的含糊的小问题来讨论，诸如利益、平等、民主、人权、义务以及爱心、仁慈等等。可是这些问题恰恰需要在幸福和公正原则中被说明，否则我们不可能知道那些东西有什么意义或价值。现代思想总是在一些小问题上铺张浪费地大作文章从而掩盖在根本性问题上的糊涂或虚伪。具有讽刺意味的是，许多人严肃认真地思考了许多并不严肃认真的所谓哲学问题，而且以严肃认真的态度鼓吹或接受了许多并不严肃认真的偏见。

伦理学命题必须是一种真理。以往的真理概念是有缺陷的，它不能反映所有类型的真理，而且不能反映真理的根本性质。所以，我们需要一个真理的新概念：真理性不再体现为一个判断的取值（真假好坏），而是体现在判断的判定形式上（是或不是）。对于“X是真的”或“X是好的”，我们所要证明的并非其中的“真的”或“好的”这类取值谓词，而是其中“是”或“不是”这类判定性谓词的合法性。不难看出，取值谓词只不过是一个判断的类型表现，是一种形容的方式；判定性谓词则是判断的本质结构，它表明一个判断的必然合法性。

当然，伦理学真理不是自然事实的真理，也不是纯粹思想上的真理，而是关于人的真理，确切地说是生活的真理。按照真理的新概念，“X是好的”这类语句并不一定都是主观表态，只要“是”这一断定是必然的，就是一种真理。诸如“幸福的一生是好的”、“冠军比亚军好”、“有创造力的文明比平庸停滞的文明好”这类价值命题都是显然的真理。

伦理学真理只能在目的论维度中找到根据。在这里有一个特殊的理由：如果不从目的论维度去理解每一个人以及每种事物的存在意义，就不可能从任意一个人的角度去理解这个人的价值，也就不可能公正地对待人——这种结果恰好违背了伦理学的公正要求。在理解每一个人时，我们必须理解到“对于他来说，他可以是怎样的”。在这一基础上才有公正可言。如果只想到对于我（我们）来说，他应该是怎样的，那么就根本没有公正可言——因为我们只不过是根据我们所喜欢的规范企图去安排别人的命运。愿意使某条规范成为普遍规范（像康德所说的）并不是真正的公正原则——难道“我”（或“我们”）有什么特殊权力决定哪一条规范可以成为普遍规范？主体性原则是个无视他人的原则。

实际上，一旦意识到目的论维度对于伦理学是决定性的，就不难理解我为什么只承认有两个基本的伦理真理——幸福公理和公正公理——其他伦理真理都以这两个原则为前提。很明显，对于任意一个人来说，他有着自己的生活目的；对于任意一种人与人之间的关系来说，这种关系有着这种关系的存在目的。生活中的一切事情都分属于这两个基本事实，前者所要求的是幸福，后者所要求的是公正。值得强调的是，这两者之间有着极为密切的联系：一个人的所有幸福都与他人的存在有关，因此，虽然幸福总是个人的，但却必须以人际关系为保证，所以可以说，幸福蕴涵着对公正的要求而公正又服务于幸福。幸福原则和公正原则都不以规范为准，真理高于一切规范，任何规范都必须由幸福和公正原则来进行最后裁决。

不难看出，本书试图阐明的伦理学与一般意义上的伦理学有着根本性的不同，这种不同首先表现在对伦理学命题的不同要求上。一种追求真理性的伦理学与追求劝导性的伦理学几乎是背道而驰的。追求真理性的伦理学不是基于对软弱与不幸的同情，而是基于对光辉人性的热爱的希望；不是鼓吹普遍拯救，而是支持创造幸福和维护公正。如果一个人成为一个人性优越的人就能够消除由自己造成的不幸；如果一个社会是一个公正的社会就能够消除由他人造成的不幸。自己造成的不幸由自己负责；社会造成的不幸由社会负责。

民主体制比起专制来说似乎是一种进步，但仍然远不是治理生活的最好道路，因为这种进步仅仅表现为，专制可能做很坏的事，也可能做很好的事，而民主社会通常不做很坏的事（但这一点并不可靠），但也不做很好的事（这却是肯定的），它主要做的是庸俗、无聊、乏善可陈的事情，庸俗的事情虽然不是最坏的，但却否定了人性的光辉和伟大的价值。规范在本质上是民主性的，它意味着折中、调和、让步和平庸。如果说专制在本质上是“通向奴役之路”，那么，民主在本质上就是“通向卑微之路”。在专制社会中有伟大的好人和伟大的坏人，而在民主社会里几乎只有小人，卑微人性的人，他们或者是好小人或者是坏小人。在这里我并不是反对民主而支持专制，事实上，专制社会更要反对，但问题是，我们不能随便地认为哪个制度是普遍必要的。人类社会如此复杂，如此多层次，以至于一个社会非常可能需要的是一个**混合性质的制度**，其中包括民主和专制的各种调和的性质，这样才是一个具有灵活性的制度，才能对付社会中的不同问题和不同层次。在这里不能多加讨论了。

附录一
两种罪行和闭着一只眼的伦理学*

据说疯狂的犯罪已经成为现代社会的一个引起人们共同关注的严重问题，社会学家、心理学家和伦理学家对这个问题又尤其感兴趣。最主要的分析角度一个是心理角度，一个是道德角度，就是说，人们或者相信疯狂犯罪是因为心理变态，或者相信是因为道德堕落。我在这里感兴趣的主要不是对据说作为现代病的疯狂犯罪的批评，而是想分析与此有关的伦理学问题，特别是这样一个问题：什么样的罪行最需要伦理学的关注？

如果把滔天大罪都看作是疯狂犯罪，这当然说得通，但这样太笼统，就没有办法分析出比较深入有意义的结果了，所以，似乎应该在狭义上去定义疯狂的犯罪。这样的话，有一些"滔天大罪"就不一定算是疯狂的，而应该说是极端的，"极端犯罪"虽然穷凶极恶，但却不是为恶而恶。例如抢银行，抢银行实际上接近非法暴利行为，不管多么凶恶，显然这种行为的目的不是为了行凶，而是为了巨款，如果行凶，就已经意味着行动的失败了。甚至令所有人都感到无比愤慨的恐怖活动也不算疯狂犯罪，因为恐怖活动总是政治性的或者是民族冲突的结果。毫无疑问，恐怖活动往往杀伤无辜，但这和在政治性的或民族性的战争中杀伤平民没有什么两样。无论是恐怖活动还是战争还是贩毒，当然都是人类最大的罪恶，但这些罪恶一点都不疯，而是有明确清醒头脑的犯罪。既然对于人总存在着巨大的诱惑，那么罪恶就是人类命运的一部分。我的意思是，人类存在，就会有一些由人类存在方式所注定的罪恶，就像人生注定有生老病死这样一些痛苦一样，只要存在着利益，就存在罪恶。这

---

* 这里收录的是一些与《论可能生活》一书论题相关的文章，大多曾经收入在论文集《人之常情》中。在这里仅作为补充。其中附录一—附录七为修订版附录，附录八—附录十是本版新增文章。

种罪恶几乎是人类生活免不了的，即使消灭了某些花样的罪恶，又可能有另一些花样的罪恶。在这方面，人类所能够做的就只是在某种程度上控制罪恶使得不至于危及人类的存在和整体的生活。

但是还有另一种类型的罪恶，看上去是额外的、过分的罪恶，这种罪恶特别令人恶心，它有一个基本特点：这种罪恶与实际利益无关或基本无关，几乎可以说是“为罪恶而作恶”，有时候就算与利益有一点关系，但犯罪的程度远远超过所需。这才是真正疯狂的、无耻的罪恶。

例如做坏事还不讲歹徒的“职业道德”的情况，绑票者在取得赎金后却撕票，或者为了抢劫很小的一点财产就把人杀了；例如现在报纸上不断能够看到的国内外各种虐待残害妇女和儿童的事情；例如联合国部队在非洲执行和平任务时，有的士兵无聊因此抓来黑人在火上烤着玩等等。这些算是比较显而易见的。

也有一些事情通常不会被算作是犯罪，至少不会被认为是值得认真对待的罪行。例如现在时而在街上可以看见这样的现象：自己在一边吃烧鸡，却把自己的子女（通常非常小）搞得肮脏无比，让他们在路旁苦苦乞讨。我认为这是比抢银行更大的犯罪，大概可以算是“反人类罪”。每当我看见这样的景象，我就觉得，这些所谓的父母根本不是人，应该把他们像畜生一样强迫劳动，劳动所得归他们的子女。还有这样的一些真实报道：有的人遇到了歹徒的暴力侵犯，别人过来见义勇为，他自己却跑了，结果害死了见义勇为的人；或者有人被车撞伤，肇事者跑了，别的司机救了他，他却“抓住机会”诬陷救人的司机是肇事者来讹诈赔偿，他考虑的不是将来想办法找到肇事者，而是既然肇事者跑了不好找，那么就讹诈随便什么人；还有一群记者穷追黛安娜，到出了车祸还不赶紧救助，反而“抓住机会”拍了一些企图卖钱的照片；还有一次在电视上看到执法人员问一个用病鸡病猪之类东西做成食品出售的人“知道不知道这些东西不能吃”，回答是“知道不能吃”，那么“为什么知道不能吃还出售”，“因为买进病鸡比较便宜”。人们对这些好像够不上犯罪的事情太宽容了，往往就只会愤怒声讨，而且声讨往往不到位。

人类社会现在的法律和伦理观念实在弊病很多，在我看来主要有两个根本问题：（1）对坏人坏事相对太宽容，或者说，坏人坏事所得到的惩罚小于应该得到的惩罚，因此犯罪成为一种代价相对较小的冒险，这等于鼓励了放肆，可是还被认为是仁慈的或者是表现了人权的要求；（2）法律和伦理规范主要是为社会服务的，而很少为生活感受服务，因此往往只考虑到维持社会秩序，而没有考虑人类的生活感觉和意义。这两个问题其实是密切相关的。结果，这种有缺陷的伦理思维主要考虑的是如何约定一些规范，而不是保护真正的价值。

战争和抢银行之类在破坏规模上当然是更大的，但像前面提到的那些好像规模小得多的日常无耻行为其实表现出人的更大道德缺陷，或者说，战争之类表面上危害更大，但是那些“小小的”无耻行为可能更败坏人类的生活景观，像苍蝇败坏食品一样败坏生活的感觉和意义，像蚂蚁啃掉树心一样啃掉人们的灵魂，像垃圾破坏环境一样破坏生活的美感。战争只是毁掉一些生命，无耻丑恶的行为却毁掉整个生活，使整个生活画面变得无比恶心。或者说，战犯虽然该死，但不见得每个战犯都是人渣，而那些卑鄙无耻小人也许因为罪行不大而不该死，但却每一个都是人渣。坏人和人渣是很不一样的，通常可以按照伦理规范去理解什么是坏人（值得注意的是伦理规范总是带有政治、阶级和民族色彩），而说一个人是人渣，则是在道德意义上去说的，基本上是说他没有人品，根本不像人。我们不应该只从行为结果去考虑道德评价，还更应该从人品去思考。可以想象，那些小人们只不过因为他们还不够强大所以作恶有限，假如他们有充分的权力，恐怕就会搞出各种不可思议的罪行。

对于小人们的丑恶行为，不用说，所有伦理学家都会觉得是丑恶的，然后通常认为这些是堕落的行为，然后又抱怨人们越来越不尊重伦理规范，人们的道德自觉意识越来越低，于是又认为应该恢复各种一直被看作是金科玉律的伦理规范，应该教育人们以提高他们的道德意识。这就是一般伦理学的思路。把丑恶的东西说成丑恶的，这当然是正确的，但也算不上有头脑，至于说那些丑恶的行为是堕落的，这也不是错误的诊断，但却是等于什么也没说的诊断。后面的思路就完全是错误的了。心理学有时候还给伦理学提供了更坏的说法，认为许多犯罪（比如某些虐待残害妇女儿童的行为）是因为在某种意义上可原谅的心理变态。这一点特别可疑。

其实，心理变态还需要区分，例如由早年恐怖经验或者别的消极经验造成的心理变态通常只会是消极的、退避的过敏反应而不至于犯罪，而那种可能进行犯罪的变态者是相当积极的，不是因为变态才犯罪，而是因为本来就自私、自恋，然后被强化为变态，除非天生胆小，否则就会犯罪。其实只要与真正的器质性精神病略作比较就可以看清问题，真正的精神病人一旦犯罪，往往谁也不怕，但是心理变态者并没有这么勇敢，他们只敢对弱小的人撒泼，但估计不敢跟拳击手或者武装警察叫板，可见并没有变态到真正糊涂的地步，如果他还知道什么是强大的，就不可能不知道什么是道德。德性是心理是一部分，而且是关键部分，不能把一些丑恶心理划分为好像可原谅的变态。

可以看出，我在这里主要不是要讨论如何谴责那些疯狂的、无耻的犯罪，而是在谴责伦理学的愚昧和失职。按照通常伦理学的思路去理解伦理问题，往往是文不对题的，甚至是非常幼稚可笑的，我相信伦理学的这种不成熟的姿态至少会让歹徒和艺术家发笑。当然不是所有伦理学都是可笑的——古代的许多思想家如老子、孔子、柏拉图、亚里士多德等以及现代的一些思想家如维特根斯坦、列维纳斯的伦理学就很深刻——可笑的只是通常的、主流的伦理学。

伦理学家现在好像只知道一些小学生的道德错误，或者只知道一些违反了公民社会义务的错误，我认为没有比这更可笑的事情了。伦理学家为什么喜欢讨论一些鸡毛蒜皮的、仅仅危及规范的小错误，为什么很少讨论真正严重的、危及心灵的罪行？恐怕是因为通常的伦理学没有能力对付那些大问题，至少是处理起来没有把握。这样的伦理学有什么用？伦理学家往往只知道规范以及规范所定义的“好坏”，而不懂道德——“道德”和“规范”是完全不同的事情——规范是为特定的社会关系着想的，而道德为人着想。或者说，规范只表达了一些或然的、要依特定情况而定的行为标准，而道德表达了人类存在所必需的美好的生活感觉。令人震惊的是，许多伦理学家对伦理学一窍不通。不懂什么是美的生活，就不懂什么是好的生活。只懂规范不懂道德，就是不懂人。维特根斯坦很天才，他发现“伦理学和美学是一回事”。

道德为人着想，所以，不道德的行为应该以“反人类罪”来定义，而不是以违反伦理规范来定义。有个现象一直让我觉得意味深长：古代思想家，无论中西，在思考伦理学问题时，都更多地听从道德直观，而且主要关心的是道德，或者说关心“人品”；后来的思想家则听从规范，或者说，在思考伦理学问题时，规范总是作为先入之见，并且主要是对规范进行价值证明，就好像真的有些规范是天经地义一样。也许有一个原因是，古代人们的生活和思想在机会而言要自由得多，独立得多，因此更容易关注到人本身，而现代生活和思想已经形成了强大的惯性和相互钳制，因此比较关心“普遍的”规范。

且按照通常的说法，现代流行的伦理学思维是“低要求的”、“最低限度的”，换句话说，现代伦理学只关心那些据说能够“普遍一致”的规范，而不关心人类可能达到的优秀品性。这在表面上看，现代伦理学好像也没有错误，因为很容易给人一个错觉：现代伦理学讨论了道德的最低要求或最低标准，这些原则是最基本的，而那些更好的、更高要求的道德好像可以由此发展出来。完全是错觉！我相信这是通常伦理学的一个最根本的思维障碍。

事实上，由低要求的价值是不可能推出或者发展出高要求的价值的，在价值上，如果把低要求规定为基本要求，低要求马上就变成了最高要求。通常人们在价值上总是就低不就高，因为低标准比较容易做到，比较省心。可以观察到这样的事实：假如在制造一个产品时，要求无论如何也要达到“第一流”水平，那么人们有可能真的做到这一点，但通常更可能只是做到第二流水平，可是如果要求做到符合最低标准，当然不反对做得更好，那么人们多半把这个产品做得很糟糕，即使算作合格也都勉强。最低限度的东西就是勉强可以凑合的东西，而绝不是好东西。

根本不用出于坏心眼，仅仅因为人类偷懒的天性，如果要求比较稀松，人在价值上就会滑向低处。不是说人们不想要尽可能好的东西，但人们更愿意偷懒，谁都知道这一点。假如把“不许说谎”、“说话算数”、“同情弱者”等等规范定义为基本伦理要求，这些规范很快就会变成行为的最高要求。这是事实。正如人们现在经常抱怨的那样：见不到几个说实话的人，见不到几个关心别人的人，于是，那些低要求的规范已经变成高标准了。

我所以罗列这样一些规范，就是考虑到这些规范正是我们事实上试图遵守的通行规范，而事实表明，我们一直奉行或者试图奉行的这种规范体系并没有能够塑造出令人满意的道德生活，似乎人人都不满，似乎很少有人能够做到。由于伦理学家没有真正深入地去思考，结果就会只抱怨人们不够自觉，没有好好遵守那些规范，还以为只要进一步语重心长地讲解这些规范就能解决问题，但除了把那些规范讲得很肉麻之外，似乎也没有什么效果。其实不是现在的人堕落了，而是伦理学把问题给想错了，不是人们不够自觉，而是规范是远远不够的。且不说那些规范假如真的是“普遍必然”的就实际上是守不住的，就算有了那些规范，又怎么样？远远还不能构成美好的生活。假如伦理学的建议只是一些教训人的规范而不是指向一种有魅力的生活，那又有什么意义？又怎么能够让人们感兴趣？人们不感兴趣的事情又怎么会去做？如果用某种压力迫使人们去做，又怎么能够说得上是道德的？

想想这样一个问题。伦理规范本身并不是生活的价值和意义，人们总要为了些什么才去遵守规范。如果一种生活是没有意义的，或者说，如果一种生活是不值得一过的，一个人为什么还要去遵守什么规范呢？比如说这样极端的例子：一个人觉得生活完全失去了意义，不想活了，他还会遵守什么规范、坚守什么义务、承担什么责任吗？当然，大多数人是想活的，但是如果哪一方面失去了意义，就会在哪一方面不顾规范。这意味着，如果没有一些体现着生命的价值的、比伦理规范更高更根本的生活意义，如果没有一些表现着生活美感的、值得用生命去追求的事情，如果在规范之上没有一些当我们能够自由行事时愿意去做的事情，那么，规范就变成无所谓的了——我们必须意识到，伦理规范就其本身而言没有价值，我们不可能为规范而规范，不可能因为仅仅遵守了规范而乐不可支。如果真的因为遵守了规范而快乐的话，那一定是因为这种规范有利于建设我们心中美好的生活，也可以说，如果一种伦理规范显得好像是一种价值的话，那么它一定是服务于某种构成生活美感的价值。伦理规范作为价值的票面是不自足的，它必须有更深刻的自足的价值在支撑着它。所以说，伦理规范本身不可能构成生活的意义，我们不可能为伦理规范而生活，规范是为了维持合作的，只有在人们愿意一起建设生活时，规范才变得有用。只有在生活有意义时，伦理规范才变得有意义。我相信这个问题抓住了伦理学的要害。

要恰当理解整个道德生活，就必须理解其中其实是有两条线索（而不是一条）：伦理规范和道德。这两者的目的非常不同，伦理规范的目的是建立并维持社会的合作，而道德的目的则是创造并维护美好的生活意义和感觉。我想举一个实例，许多年以前有过一个著名的案件，细节已经记不清楚了，大概的故事是：有个女子无端地受到几个小官僚不断的无耻陷害而且由于小官僚们的联合压制而没有申诉可能，最后感觉活不下去了，于是搞了一支枪把他们给干掉了。假如按照流俗伦理学家的伦理规范去看，这种行为显然是非常错误的，伦理学家喜欢宣布说不能杀任何一个人，而杀了好几个人，似乎应该说是不得了的错误。这种事情在法律上也被认为是过当的，但结果并没有给以特别严重的处罚（尽管有过争论）。这个结果表明那些办案的法官的道德感觉很不错。从道德角度去看，那几个无耻官僚可以说已经犯了差不多该死的道德罪了。是那几个小官僚在疯狂犯罪而不是那个女子在疯狂犯罪。看在必须尊重法律的分上，我认为那个女子的做法算是过火的，但我又认为她在道德上一点错误都没有。

我们在生活中还可以看到这样一种人，他们不能说是坏人，因为他们基本上遵守规范，既没有贪污诈骗，又从来没有占过别人的便宜，通常还说话算数，见到别人的困难处境也会表示象征性的同情，等等，但是他们机械地、没有感情地遵守规范，不能通融，不考虑别人有什么特殊需要，不会跟老婆离婚，当然也不会去嫖娼，跟任何女人都说不上好不好，诸如此类，总之活得跟规范一样。这样的人活得沉闷，搞得别人也没有兴致——人类的生活是一个共同的生活场面，如果许多人都活得没有意思，大家就都活得意思不大。自己绝不可能过一种自己有意思的生活。共同的生活场面决定了人类的共同命运。当然，过一种无趣冷漠的生活绝不是犯罪，但多少是有一点缺德。不过从整个人类生活上说，如果一种文化制造无聊麻木的生活场面，那么这种文化就不仅是缺德了，而是犯罪。

如果一种伦理学闭上一只眼睛，只看到规范，而不去看生活需要什么样的意义，甚至拿规范冒充价值，把规范当成人生第一重要的事情，使任何价值都变得模糊，使人的心灵变得麻木，心中不再有热情和激情，不再有灵感和灵性，就无疑是想毁掉生活。假如这种麻木伦理学统治了人的心灵，这种文化犯罪就是在鼓励那些生性自私无情的人利用规范压迫别人，同时鼓励那些生性怯懦的人变成沉闷无聊的人。从社会学的角度看，一个规范压倒一切的无聊社会反而最容易产生残酷的犯罪。中国的传统礼教规范不知道害死多少人、毁掉多少人的幸福，到现在还有一些伦理学家想把那套规范改造为比较好的“现代化”的规范，实在令人怀疑。

说到底人活着是为了活得有意思，每个人都首先需要真情、需要充满机会而有趣的生活，需要生活中有一些值得认真追求并且追求起来充满欢乐的事情。如果有了这些事情，有了有意义的生活，伦理规范才是有意义的。假如一种生活被搞得非常缺乏意义，那么伦理规范是为了什么呢？

伦理规范只能使人循规蹈矩（而且通常是假装的循规蹈矩），而不能使生活变得美好，所以，规范问题是伦理学中非常次要的问题——严格地说是属于社会学的问题，伦理学的基本和中心问题应该是生活的意义，或者说，是如何使生活变得有意义这样一个问题。康德式的哲学觉悟“头上是天海繁星，心中有伦理律令”只说对了前一半，和星空同样不可思议的、无条件的东西其实是生活的意义。这里确实涉及对伦理学的不同理解，我只想说，如果伦理学要表达出某种真正的价值的话，那么它必须研究生活的意义，研究生活之美，至于伦理规范，只不过是伦理学研究中的技术性的细枝末节。

没有美，善就没有意义；没有感动人的生活，规范就没有意义。

附录二
人之常情

生活中有许多事情是坏的，至少是人们不喜欢的，各种痛苦、烦恼、不幸、挫折、麻烦以及各种不良行为，都是人们不喜欢的。这方面佛家已经有了最完备的概括，据说可以概括为“八苦”，实际上就是说生活的一切总是苦的，即使有些事情显得是甜的，那也要先吃许多苦头，而且甜的很快就过去，再说，那种甜的感觉往往还很容易动摇。由于“惑”所以“苦”，这差不多是说，想要生活就一定苦。佛家的见识很高明，似乎不能更高明了。假如我们什么都不想要，当然就没有痛苦。这是绝对真理。但是，更多的人在更多的时候听从欲望而不是听从真理，这又是另一条真理。只要在生活中，就一定“惑”，因为过生活就不能什么都不要。假如有人在生活中，但是他声称什么都不求，什么都不贪，那么最好别相信他，因为一个真正清心无欲的人不会去说出他的清高，他做就是了，他所以说出他的“清高”就是想让别人觉得他了不起。

佛门僧侣虽然在世界中，却不在生活中。在生活外才比较容易有觉悟。寺院就是一个生活外世界，当然，如果有足够的修为和悟性，也能够身在生活中而心在生活外，而不必身心都关在寺院里。总之，心在生活外就等于在生活外了。

在这里我并不想讨论佛家，而是想利用佛家的一个高明见识，这就是：永远也别指望能够把那些坏的或苦的事情从生活中消除掉而后还有生活，或者说，生活所以是生活，就必定是包括各种我们不满意的事情的生活，如果把那些不太满意的事情去掉，所剩下的并不是纯粹的好生活，而是不再有生活。于是，要么放弃生活，像佛家那样获得特别的觉悟；要么接受生活，像赌徒那样成功或者失败。想让人类过上“净是好人好事”的生活，是一种思想的投机，是一种反而有害的实践。尽管我不是佛教徒，但还是觉得佛家的

"反生活思想"是无比深刻的，比基督教"拯救生活"的思想不知深刻多少倍。佛教思想是相当高明的哲学，但它也有一个它不能说明的事情，这就是，绝大多数人还是热爱生活的，而佛家的反生活思想对于生活来说没有什么用处。尽管如此，相比之下，基督教思想仅仅相当于满足大众某方面心理要求的大众哲学，而佛教思想则是深刻的哲学（佛祖原是个意识到浮华俗世之无聊的王子，基督原是个有理想的平民）。

西方大多数伦理思想都是基督教伦理的直接或间接的表现，因此往往也就带有基督教伦理的那种不合理的苛刻，这种"不合理的苛刻"是指，从某个社会集体的立场出发，提出某种特定的伦理，然后认为这种伦理是普遍必然的，要求所有人无论何时何地任何条件都要接受并遵守这种伦理。为什么说这是苛刻的？因为这种做法实际上是在要求所有人向一部分人看齐，要求所有人的生活价值观向一部分人的价值观看齐，要求所有人的行为方式向一部分人的行为方式看齐。可以说，在行为规范上，所谓"普遍必然"是不可能的（普遍必然的东西可以是思想的原则却不可能是行为规范），它只不过是"向……看齐"这种伦理独裁的冠冕堂皇的说法。

不妨想想日常所谓"看不惯"的感觉，可能有助于理解"看齐"的这种思维要求。在生活中我们会遇到一些卑琐、僵化、庸俗的人（通常说的"小市民"就是其中一个类型），他们并无大的恶行，但他们好像什么都看不惯，他们总是要求别人都像自己一样生活和思考，如果不一样，就看不惯。假如你遇到这样的人，就会发现他平白无故就觉得你不怎么样（即使你做了好事，仍然觉得你不怎么样），还会以各种方式想把你规范成他那样。记得有一个真实故事，20 年前有个负责"思想教育"工作的干部经常找"另类"的职工谈心，告诉他们这也不合适那也不合适，结果有个职工跟他说别谈了，"心都已经被你谈碎了，没有心了，现在谈来谈去都只是你的心，那还叫什么谈心"。这种事情说起来只是很小的事。

但是，这种"向……看齐"的规范化思想却有很大的作恶潜力，假如一个强大的社会集体行使起这种思考方式，就会变成严重的迫害。例如基督教相信它的那些伦理规范是天下共理，因此其他宗教和文化就都被认为是不可接受、无法宽容的异教（尽管基督教本来是犹太教派生出来的"异教"，尽管基督教主张宽容），因此也就似乎有了理由去压迫"异教"甚至侵略"异教"地区（好像是印第安人说的：西方人来时，他们手里有《圣经》，我们有土地，后来我们手里有了《圣经》，他们有了土地），而且不假思索地压制其他文化，一直到现在还是这样。（有时候人们会以为现在情况有了很大不同，似乎进入了一个“全球化”的对话—融合时代，“全球化”无疑是一个趋势，但是，目前的这种“全球化”实际上并非各种文化的平等综合，而是试图通过“看齐”达到齐一。就像前面说到的那种谈心其实不算谈心，目前的这种全球对话也不算真正的对话，因为是向一方看齐的对话。这样的全球化绝非好事，真正好的全球化恐怕需要等待某种由各种文化共同创造出来的全新的思想基础。）

“看齐”的这种思想方式恰恰不是以思想为基础的，而是以信仰为基础的，所以这种思想方式是一种不良的思想方式。只要一种观念的势力足够大，就很容易要求抛弃思想而服从信仰，即使是中国的儒家，尽管不是宗教，也有“看齐”的这种思维倾向。抛开佛家的反生活内容不谈，仅就其思想方式而言，佛家思想方式是一种真正宽容合理的思想方式，这就是，一方面推荐某些价值观，同时另一方面允许自由选择。正如我们所看到的，佛家虽然宣扬它的价值观，但从来不勉强人人相信那些观点。

生活不是文章，不是想怎么写都可以。理论家喜欢鼓吹用一些“普遍必然的”规范或理想来规划生活，来把那些坏的事情“删掉”，只剩下好的事情，这首先是不可能的，即使在某种程度上可能，首先被删掉的恐怕是生活的意义。可以这样理解，生活的意义就在于生活有许多激动人心的诱惑和需要创造性解决的问题。假如不再有诱惑，心就死了，假如不再有需要创造的事情，思就歇了，而当心和思都死了，就无所谓意义了。所以，如果用普遍必然的规范把生活的一切规范化、齐一化、平等化，大家做的事情都一样，人人都像一个模子里造出来的，生活就差不多不值得一过了。又如果要让生活不再有坏人坏事，就不得不让生活没有诱惑，很显然，只有当没有诱惑，人才不做坏事，可是如果生活没有了诱惑，就完全不值得一过了。从佛家的天才洞察似乎可以引申出：不是恶的本性或者坏心眼诱惑人们做坏事，而是生活诱惑人们做坏事，所以只能或者不要生活，或者要包含诱惑的生活。

其实不是因为有坏人坏事所以生活不太完美，而是生活注定有坏人坏事，这一点是由生活本身所决定的。显然，生活制造了各种各样的欲望和诱惑，而各种各样的人都会按照自己的条件去过各种似乎对自己有利的生活。不需要特别的关注，就可以发现，无论中外古今，无论什么样的社会环境，无论有什么样的伦理规范，一个有一定规模的人群中总有恶毒的人、友善的人、奸诈的人、厚道的人、自私的人、慷慨的人、好人坏人、君子小人，诸如此类。比如一个村子里，通常总有两三个所谓的“二赖子”，一两个所谓的“破鞋”或流氓，三两家恶霸，一些“马屁精”，也许还有几个骗子，当然有许多好人。一片街区或一个单位的情况也大概类似。哪儿都一样。当然，假如一个社会礼崩乐坏，伦理规范乱了套，坏人就会显得很多，好像突然变多了，但其实在事实上一样多，只不过在社会秩序稳定良好时，坏人做坏事要相对难一些，条件差一些，因此有一些胆小的坏人就显不出来。这说明，伦理规范只是一种控制社会秩序的技术，它只能维护某种生活方式的稳定性，却不能决定一种生活是好生活，也不能决定一个人成为好人还是坏人。或者说，一个人是好是坏，与他是否遵守伦理规范根本无关。

当伦理学家把伦理规范和道德价值混为一谈时，问题就完全乱了。一个特别荒谬的想法是以为用伦理规范可以把坏人教育成为好人——也许坏人有可能被教育成好人，但不可能是通过伦理规范来取得这种成功——用伦理规范教育出来的好人仅仅是在不碰到大事时的好人，一旦遇到大的利害冲突，人们将按照他自己的价值观去决定做一个可耻的人还是做一个光辉的人。

可以说，人本来就有各种各样的人，也可以说，生活必然制造了各种各样的人。显然，生活画面中有着各种利益、欲望、成功、失败，生活画面如此复杂，与之相配，人也一定非常复杂，这意味着行为一定是非常复杂的而且不可能不复杂。即使能够想像出一套最好的伦理规范，它对于生活来说永远是过于简单的，它只能是生活所需要的各种技术中的一种，而不可能是用来判决所有行为的原则。

各种各样的“人之常情”都是生活的必然构成部分。爱是人之常情，恨也是，贪婪是人之常情，可慷慨也是，热情、冷漠、忠诚、虚伪、同情、嫉妒都是人之常情，说谎和战争也是人之常情，如此等等。这些人之常情如果不是人的本性所注定的，那也是生活本性自然而然所造成的，其中有一些是人们对生活的自然反应，有一些是生存技术或手段。从特定的伦理规范去看人之常情，往往反而失去了对人的理解。如果一个伦理学家主要只是在什么什么“书斋”

里诵读着书里写的各种伦理金科玉律，而不去体会理解各种人的要求和感觉，那么他就不容易理解生活和活生生的人（有一次读到这样的说法：这个时代就只剩下一些有人文精神的知识分子在支撑着人类的良知。真不知道说这种话的人是如何知道并且证明这一点的，我猜想一定很难）。而如果不理解生活和人，就很难知道人们实际上到底是因为什么才去做好人——不管因为什么，恐怕不是仅仅因为学习了伦理规范。没有什么伦理规范能够像山川日月那样万古不移，不是生活应该迎合伦理规范的意义，而是伦理规范必须迎合生活的意义。理解生活，然后才能理解伦理。

许多事情都不得不考虑实际处境。比如按照规范，虚伪和说谎显然是坏的（按照我私下的观点，我认为虚伪是最坏的，比什么都坏），但是我们都知道人们有时候不得不虚伪和说谎，因为生活非常复杂而且一定有许多坏的环境，在不良的环境中，我们就不得不虚伪和说谎，否则可能活不下去，或者会面临直接的危险，或者会被人群所排斥、嫉恨因此在事实上失去各种机会。有时候我们为了真诚的合作而不得不有些虚伪，这件事情当然可笑，但事实如此。同样按照规范，浪费也是坏的，但是实际上还要看是什么意义上的浪费，如果把钱浪费在一些荒淫无耻的事情上，当然是坏的浪费，但如果是对工作有利的事情，恐怕就只能另外解释，尽管现在有人在保护资源的伦理要求下反对各种“多余的”浪费，可就是有一点像是在反对社会生产和运作的效率，某种意义上说，有一些浪费恰恰促进生产和发展，而且，假如把通常可能被认为是奢侈的产品都停产了，就会有无数的人失业。有一点是明显的，如果仅仅去满足所谓基本的合理的需要，那么人类的文明早就不需要发展了，可是一种没有发展、没有创造的生活恐怕是很没有意思的。所以我强调，规范所定义的根本不是在价值上好的和坏的行为，而是在一个社会和社会集体中被支持或被反对的行为，就是说，规范定义的不是价值，而是社会秩序。

老子最早看出价值和规范的根本区别，按照老子的理论，就是道德和伦理的区别，而道德和价值才是一致的。老子相信，只有在那种自然而然的道德被破坏的情况下，伦理规范才有意义，例如在人与人之间的自然亲密关系被破坏时，才有忠孝之类的规范。这个看法虽然深刻，但也有些可疑之处。显然只有在一个非常落后的社会里，才会好像没有什么可争夺的，只有当没什么可争夺的人们才会自然而然地和谐友好，不仅如此，事实上无论一个社会多么朴实简单，总还是不可能真的完全没有可争夺的东西（即使是动物世界，也还是要争夺领地、食物和配偶），所以，道德不足以保证正常社会秩序。应该说，老子和孔子各自说对了一个方面，孔子强调伦理规范，是因为他更多考虑的是管理社会的问题。但是孟子却完全错了，孟子以为能够把人心和伦理规范统一起来（康德也有同样徒劳的努力），孟儒（不是孔儒）的教育所期待的是僵化的好人或者自觉的奴性，以及一点浪漫、一点例外、一点艺术性、一点美感都没有的社会生活。而这恰恰是不道德的生活。

老子和孔子分别的发现是我关于伦理学的思考的一个最重要思想背景。以现代的方式表达，老子的问题是：什么是无须扭曲人性的好生活？孔子的问题则是：什么是管理社会的好办法？而孟子却提出了一个错误的问题：如何使人心认同伦理规范？或者说，如何使人性和规范变成一回事？像孟子这种思路是规范崇拜造成的妄想，这是伦理学中非常普遍的一种妄想。

中国文人阶层通常所理解的儒家其实不是孔儒而是孟儒。孟儒后来发展为所谓新儒家（宋明），新儒家希望人们不怕别扭使劲练一直把人性练成规范，把人心练成儒心——“文化大革命”要求人人把心练成“红心”、基督教要求人人通过忏悔洗涤灵魂、康德要求人人“伦理律令在心中”、现在美国要求处处向美国民主和人权看齐等等都是同样的思维格式（当然各自要求练成的心却很不一样）。且不说某种规范是不是好的，我们只要考虑到人心要被压缩为某种规范，就知道至少这种做法是坏的。很显然，人心是一个广阔的空间，有着无数可能性，单就美好的一面而言，其可能性就超过特定规范多多。贫乏的心再好也是坏的，同样，贫乏的人类生活再好也是坏的（一个人自己当然可以选择一种贫乏的心和生活，这算不上坏，因为这仅仅是他自己的事情，但是决不可以自以为有权利为人类选择一种贫乏的心和生活）。

可以考虑一个具体生活问题。例如一个人在寻找配偶时，是不是就只是在寻找一个规范意义上的好人呢？虽然我们经常可能听到“只要是个好人就行”这种说法，但是我们肯定不会对这种话当真，因为事实上一个人对配偶的要求非常复杂微妙，简直无法说清楚，甚至对于大多数人来说，“好人”只是一个虽然必要但不是最重要的要求，人们首先要的是有魅力的人（当然魅力的理解因人而异）。这个问题应该是有代表性的，配偶关系显然是最有代表性的人际关系。我们对人和生活都有着复杂的要求，而且其中有一些要求比规范的要求深刻得多，也重要得多。

如果不是想当然而是从历史事实去看，就很容易发现，一个社会的伦理规范总是有着相当明显的意识形态色彩，尤其是政治性的和宗教性的，或者说，实际上被强调和被推广的伦理规范背后总有着政治或宗教的力量，这说明伦理规范从来都很偏心。不偏心的伦理规范是不可能的，原因很简单：一个社会必定有处于统治地位的社会集团，而这个集团不可能要求一种对它不利的伦理规范。偏心的规范并非不好，更严格地说，规范本身谈不上好不好，我只想说，规范的偏心是一个事实。只要我们不让自己盲目地把已经习惯了的伦理规范看成衡量价值的标准，就会发现许多真正的伦理学问题都被掩盖了。老子和孔子分别都是非常清楚的，分别知道某个真正的伦理学问题是什么。也许有人会觉得我所表述的孔子和老子的问题与他们本来的思想有些不同，当然，我重新提出的孔子和老子的问题确实是经过发挥的，但仍然是原本思想能够生长得出来的。为了推进思想，就必须把孔子和老子的思想在一个能够把它们都容纳进去的思想框架中去重新理解，这个框架当然在很大程度上是新的。

在新的框架里去看，孔子的思想和老子的思想并没有真正的矛盾，显然，在一个比较复杂的社会里，孔子理论就有了合理性。老子更像一个哲学家，他发现伦理规范和道德价值是两种东西，而且伦理规范本身不包含价值，甚至不是价值的代表；孔子则像社会学家，他不见得会否定老子的理论，但他更强调作为社会秩序的保证的伦理规范的重要性——这一点必须被正确理解，在孔子的时代，并没有真正意义上的法律，甚至没有完备的政府和社会制度，孔子所强调的伦理规范在实践功能上把现在的法律和社会制度的功能都包括在内了，如果当时的伦理规范没有这样广泛的功能，孔子就一定不至于把伦理规范抬高为治国安邦的最高原则。我相信孔子如果现在复活，肯定会笑话他的那些现代解释者们是一些不懂社会历史实践的教条主义者。哲学家在思考问题时必须把社会历史的条件和变化考虑在内，必须知道社会历史事实才是真正的本文和上下文，如果一门心思钻在理论典籍里，所读到无非是一些真正意义已经被掩盖了的话语。

假如把老子和孔子分别的发现合起来看，我们可以看出，伦理学所思考的问题确实应该重新理解。这里首先涉及一个伦理学的前提问题（因此似乎可以说是一个元伦理学问题）。大多数伦理学理论都有一个错误的假设，这就是，伦理规范是道德价值的反映或代表，或者说是道德价值的实践形式。这个假设使伦理学描写了各种在理论上最完美但是在实践上最错误的理想生活。为什么这样说？显然有这样一个事实：尽管人类有过许多伦理规范，但在实践上所取得的成绩却非常可怜，基本上只有“防君子不防小人”的效果，而这根本不算是效果，因为好人本来就很好，不需要规范。而且，尽管伦理规范的设计好像越来越精致，但人却并没有因此变得好一些，甚至没准倒是变得坏了一些。如果说伦理规范毕竟也反映了一点真正的道德价值，那也是非常少的，主要的部分是反映了统治阶级或者社会主流人群的利益。

这意味着，伦理规范真正的功能是社会管理和控制的技术，和我们管理控制自然界或者管理生产和市场的技术是很接近的，或者说和游戏、比赛规则也是非常相似的，我们需要这样一些规则或者技术，这没有错，但这和道德价值基本无关。老子以及庄子把道德价值和伦理规范分开看待，这是伦理学中最重要的见识之一。尽管我们可以反对老子尤其是庄子所推荐的那种反社会的生活方式，但却不能否认他们的伟大见识。

伦理学需要去思考人们如何过好各种各样的可能生活，而不是要求人们只能按照一套规范过一种生活。假如人类只有一种生活可过，即使这种生活据说净是好人好事，那也变成坏的，因为只有一种生活的好生活虽然没有坏事，但却是无聊的，不会有故事，不会有历史，不会有激动人心的诱惑，不会有运气，不会有心灵的自由，这样的生活没有活头，没有活头的生活是坏的。

与一厢情愿的理想相反，我们所需要的社会生活不可能像许多伦理学家所期望的那样是一团和气、简单整齐的，而恰恰是丰富而矛盾的，矛盾正是生活所需要的，尽管思想的逻辑愿望要求一致性，但是生活不听话，生活不可能也不需要使某种生活方式成为统一和普遍的生活方式——在这其中，“不可能”比较容易理解，但是“不需要”则要解释，我们如果自以为有了一种理想，就往往会以为它是最好的生活方式，然后又会认为应该推广为普遍的规范（就像康德所认为的，能够被看作是合理的规范就是可以希望人人都奉行的规范），可是这种想法大有毛病——那种想推广的生活方式只不过是我们的想法，而不等于是生活本身的要求。

想想看，假如生活被统一了，就会变得非常单调无聊，一模一样的人，一模一样的行为方式，生活实际上就结束了，换个角度说，生活的意义很大程度上表现为生活的“故事性”或者戏剧性，而这就需要价值的冲突、生活场面的丰富、生活水平的等级、例外和奇迹等等，即使我们自己只能是普通人，一辈子只能过普通的生活，我们仍然需要人类生活场面中有不同寻常的事情和伟大的人，否则整个生活画面就没有什么看头，也就没有什么奔头，那些伟大的事情和人物，那些不一般的或辉煌的生活，也许不是我们的生活，但它是人类的生活，它就意味着生活中存在着这样的机会，正因为生活有着各种选择和可能性，各种事情才有了意义。比如说，如果没有人能够成为富翁，那么挣钱这件事情就失去意义；假如比赛无所谓输赢，比赛就失去意义；如果当领导只有苦头吃而得不到什么利益或荣誉，当领导这件事情又失去意义，诸如此类，如果事情一件一件都失去意义，生活就不再有意义。同样，假如行为只有一样的规范，一样的标准，行为就失去道德意义，而且失去创造性，生活就没有意义。

事实上，伟大人物、伟大的事情和伟大的思想都是在某种程度上、在某些方面上是犯规的，不犯规就没有任何辉煌，人类生活里就没有任何值得一提的事情。在生活这件事情上，普遍的一致性、平等、大同之类的要求就是对生活意义的否定，或者说，一致、平等这些东西只能限定在非常有必要的某些事情上（例如法律），但不能用来规范整个生活。

虽然法律是由规范发展出来的，但法律已经不是一般意义上的规范，而是一种充分成熟了的规范，就是说，当规范成熟为法律，就变性了，其中一个根本的变化是，法律是一种非常保守收敛的规则，规范的所有那些过分的要求都被消除掉，结果，法律只是规定了什么是允许的和什么是不允许的界限，它留出了很大的自由判断空间，而伦理规范则是非常积极的，它试图判断所有行为，即使在法律留出来的自由空间里，伦理规范也试图把它管理起来，伦理规范想取消一切自由，只留下把规范“内化”为自觉要求的自由（伦理学总是要求所谓的自觉性，其中奥妙就在于此）。

法律是规范的主要合理出路，规范统治的社会变成法律统治的社会是社会成熟的一个标志。如果说规范还有什么合理的遗留形式的话，大概将剩下维持人之间礼貌关系的礼仪，比如见面握握手、衣服穿得整齐一些、举止文明一些等等。如果一个社会是比较健康有活力的话，那么，关于行为“内容上”的价值判断就不会由伦理规范说了算，而会听从朴实的、有创造性的道德直观。事实上，传统伦理规范体系已经越来越退化为书本里的存在，现代社会的“时尚”是消解规范的最有力的方式之一（在某种意义上可以说，时尚是一种非伦理性的规范），尽管时尚总是低俗的，但由于它不断迅速变化，过时得特别快，因此特别有力，它在实际效果上强迫性地规定了什么行为是傻帽（不合时宜就是傻帽），于是，在日常生活中，大多数人宁愿以时尚作为行为标准，因为大多数人不愿意被人认为是傻帽因此失去新的利益和别人的重视。只有在一个没有严格法律，又没有市场所造成的时尚的稳定的、变化缓慢的社会里，伦理规范才有比较大的意义，可是这样的社会不再有了。

像伦理学这样应该非常有用、非常有现实感的哲学为什么往往也搞得像形而上学那样没有意义？我们知道，形而上学所说的是一些永远不能证明的，而且可以随便替换的东西，所以没有意义。哲学家们现在虽然都知道形而上学作为知识是不可能的，但是却仍然相信有一部分形而上学的假设能够作为行为的原理。其实这一点也是同样错误的，如果我们不能用假设虚构出某种知识，同样也不能够把假设虚构为价值——价值虽然不等于事实，但也不能不顾事实。任何一种思想，哪怕是非常有创造性的，也只能首先承认事实，然后狡猾地利用事实。就伦理学的问题而言，人们只对诱惑感兴趣，这是一个基本事实，如果不顺着这个事实，不管宣布什么样的金科玉律都是无意义的，因为人们实际上可以不理会（除非那些规范正好合乎人们的需要），因此，伦理学必须思考如何使好的事情或者说对人类真正有价值的事情成为挡不住的诱惑，而主要不是想像一些抵制诱惑的规范，也可以说，伦理学必须思考如何把好的事情变成美的事情，这才是关键。假如一种所谓好的事情无法同时成为美的事情，即成为有魅力有诱惑力的事情，那么它就不是真正好的事情。

无论我们怀有多么美好的理想，在进行思想时都必须在事实的余地里去思想，否则，即使把某种伦理理想说得让人读来涕泗滂沱，那仍然是在犯傻。思想首先要求不能犯傻，然后才能够论及其他方面。如果我们需要的是生活而不是不打算生活，那么，就必定是一个由人之常情（有好的、有坏的常情）所决定的生活。只有在这样的事实上，伦理学才能去思考价值问题。消除人之各种常情等于消除生活，把人之常情看作是理所当然的，然后能够客观地理解生活。无论是所谓好的还是坏的事情，都以人之常情为真正的理由：人们为什么挣钱，为什么工作？是为了生存和成就；人们为什么说谎，为什么战争？是为了利益和有利地位；又为什么合作，为什么建立规范？是为了安全和共同发展，而共同发展是对各方最有利的发展，等等；这一切同样都出于人之常情。毫无疑问，这绝不是在鼓励说谎、战争以及其他各种坏事，不是要把坏的说成好的——这一点需要强调，因为有的人可能会过敏——而是想降低伦理规范的地位，消除规范对价值的解释权，是想说明规范不能规定什么是生活意义和美好生活，规范仅仅说明了我们必须接受的生活或者不得不凑合的生活，它仅仅是规则，不好也不坏，一句话，我们不能用伦理规范去判断价值和生活。如果有人还是不能理解的话，不妨想像随便一种游戏，然后不难发现，一个游戏必须有规则，这是一回事，这个游戏有没有意思，又是一回事，而且归根到底规则也是为了使游戏有意思，否则规则就变得没有意义。生活也一样。

我愿意提一个可能很值得思考的问题：为什么在事实上大多数人不能真正理解生活中美好的事情？反过来说，为什么只有很少的人能够理解生活中真正美好的事情？不妨想想一个侧面的证据：为什么无论是在电影还是文学作品里，表演或描写坏人和小人都非常生动精彩？为什么表演或描写伟大的人和好人都相当费力、虚假生硬？同样，假如要描写丑恶的事情，一个文学水平很一般的人也能够写得天花乱坠、传神如画，而假如要描写美好的事情，即使一个相当出众的职业作家也不见得能够把握分寸。这或多或少说明了人们对美好事物的感觉比较含糊不真切，甚至不善于理解它和不关心它。对美好事物缺少感动，就意味着对美好事物缺少真正的追求，进一步就意味着不理解生活的意义。很显然，假如对美好的、伟大的事物缺少无条件的敬意和尊重，就意味着感觉不到有什么是比一个人的可怜的自我和生命更重要的东西，也就不会去为什么事情而献身或者义无反顾地投入，这样就谈不上值得一提的道德了。所以康德把伦理规范的命令当成是心中无上的绝对价值是非常肤浅的，应该是“美好感情在心中”而不是“伦理律令在心中”。

我相信那些比较敏感、对生活有着深入感觉的人肯定也发现了这个问题，因为这是一个事实。生活中真正美好的事情显然是有些不一般的，它有着很重的精神分量和高度，因此也可以说是伟大的，正因为它也是一种伟大的事情，所以像其他伟大的事情（比如伟大的艺术和真理）一样不容易被理解，其中的道理都是一样的：人们通常按照规范和行为常模以及一般的观念去理解和解释所有事情，于是，那些伟大的和真正美好的事情和感情往往被认为是例外的、奇怪的或者与“一般正常”生活无关的。

虽然美好或伟大的事情相对比较少见，但假如把它看作是与一般生活无关的则非常危险。尽管我们有可能只能过一般庸俗的生活，但美好或伟大的生活却是生活的意义，美好或伟大的生活无论怎样稀少，都必须是生活中可能的生活，如果生活场面和环境里不可能有美好或伟大的事情，生活就不再有意义，而如果生活没有意义，那么一切东西包括所有伦理规范在内都没有意义。

我在前面强调过，就具体某个人来说，他有可能一辈子没有过上美好或伟大的生活，但他必须理解并且尊重人类生活场面中属于别人的美好或伟大生活，这样的话，他仍然能够感受到生活的意义，甚至，假如一个人能够理解和尊重美好或伟大的生活，他就几乎总会有机会获得美好生活——这一点可能听起来不太合乎逻辑，但生活的道理不见得合乎逻辑。比如说，如果一个人因为遵守“爱情”的规范而拒绝外遇，或者因此决定关心照顾配偶，那么他其实恰恰没有什么真正的爱情。爱情的忠诚和关怀不是由于遵守规范，而是一种深厚的、代替不了的感情决定了一个人对外遇不感兴趣，决定了一个人把情人的生命和需要看得比自己重要，或者说，真正的爱情由于感情如此集中强烈，以至于根本不需要规范来提醒什么，假如一种所谓的爱情还需要规范来保证，就根本不是爱情了。显然，假如一个人不懂得真正的爱情，那么他不管遇到了多么好的人，都不可能有爱情。不懂爱情才会觉得规范对保证爱情有意义。更糟糕的是，还有许多人甚至连对子女的亲情都不懂，我们经常可以听到许多父母抱怨子女不孝，没有好好报答父母，其实只有恶待或者势利地对待父母才真正是不孝，可是人们最经常听到的所谓不孝往往只不过是和父母想的不一样，价值观有所不同，或者不愿意按照父母过时的想法去生活。假如一个人对子女怀有真正的亲情，那么肯定是无条件的、不要求报答的奉献。父母的奉献不是投资，父母从来就没有吃过亏，假如不懂这一点，才真正吃了亏，因为错误的理解使得连亲情都没有了，别的就更不用提起。

有时候我觉得艺术家反而敏感到并且在作品提出许多真正重要的伦理学问题（当然艺术家的见解却不见得更高明）。记得有一个电影写了一个英国军官在第二次世界大战结束德军宣布投降后仍然决定私自把一艘血债累累的德军潜艇炸沉，这无疑是违反规范的，不过是不是违反道德就很难说了。其实大多数的文学作品或电影都描写了情理冲突或者各种价值观的冲突，而且往往写成“都有情有理”的状况，其中妙处在于都发现“情”共通而“理”分别，这正是事实。这说明伦理规范往往是生活价值的歪曲反映，人们只能谋求在特定社会情况下相对合适的规范，而不可能有什么普遍必然的永恒的伦理规范——只有一些伦理学家才会以为可以有那种事实不可能的最最合理的规范，即使是巴不得一统天下的独裁者也不至于这样想像。

在生活的事情上，不能被感情所接受的东西终归无效。伦理学研究感人的事情。伦理规范虽然是伦理学眼界中的事情，但却不是伦理学问题，至多是个边缘问题，因为伦理规范在道德意义上没有什么可研究的，一说就无非是一些劝世良言，这不算研究。当规范需要研究时，就只能是政治、经济、社会学等方面的问题。比如说，儒家伦理对于历代统治者来说其实就是一套政治统治方案，只有在这个意义上才可能有一些问题需要研究。儒家伦理在伦理学上毛病很多，但作为一种古代社会的政治方案却有许多优势，这两者并不矛盾，由此也可以看出价值和规范分别有着不同的意义。我们不能把各种问题混同起来讨论。

不过儒家伦理学有个独到思想很值得分析。孔子和孟子都希望能够把伦理规范和人情统一起来，这个思路无疑很有力度，显然，假如这两者真的能够一体化，就可能会有真正颠扑不破的伦理规范或者说真正的金科玉律。从情感处找规范的基础，这种中国式的伦理学思路比从理性处找规范的基础那种西方思路更平易近人（总的来说中国喜欢按照情感去思想而西方宁愿按照理性去思想，就伦理学而言可能是情感比理性更基本，但别的问题就不见得）。不过这种思路虽然有趣，但要考虑得恰当却很难，主要原因是，人之常情的成分太复杂，其中或高贵或卑鄙，或无私或自私，或美好或丑恶，显然无论如何不可能建立反映全部人之常情的规范，而只能选择其中一部分，往往还只是一小部分。于是就有了问题，像孟子那样振振有词地宣称恻隐之心、羞恶之心“人皆有之”实在算不上是讲道理，这什么也证明不了，因为显然还有许多许多情感（包括丑恶的情感）也都“人皆有之”。如果我们要挑选出真正最好的情感来作为伦理基础，就需要进一步的思想，假如只是停留在孟子级别的论证上，也许有伦理，但是还没有伦理学——直到现在，大多数所谓伦理学还是建立在孟子级别的水平上，不能不说也太糊弄事了。

还有一个可能更严重的问题。尽管儒家伦理所选择的情感基础有一些是很恰当的，如“亲亲”，但一旦把基本情感固定为某些永远的规范，再好的东西也变质了，至少变得非常苍白贫乏、偏激扭曲，本来自然的也变得不自然了，情感如果化为规范就不再具有自然的魅力和活力，而变成机械的狭隘的习惯，即使往好处说，特定规范也至多是情感的一种可能性的表达，是不可能恰当全面地反映情感的。后来的儒家就这样变得令人厌烦起来，它要求人们使劲反省，把丰富多彩的心灵反省成干巴巴的规范，还以为那就是良知，其实连活生生的心都没有了，哪还有什么良知?

随便说一句，由于我拿孟子以来的儒家作为例子对规范主义进行了严厉的批评，结果有的人会误以为我批评的仅仅就是儒家，其实儒家对于我只是一个例子而已。现在也许儒家规范已经衰落，但现在流行的仍然是规范主义的要求，只不过所主张的东西变成了从西方抄来的什么民主、平等、博爱、人权等等所谓人道主义的规范。我批评的是追求规范的伦理学。规范主义提倡的东西都不是坏事情，但都想把人心缩小成一个人人一样的软件。这种做法是坏的。规范主义背后的心理是要求人人一样，这样按部就班的生活也许是最稳当的，可是也最无聊。

可是，人性人情中毕竟有着一些很坏的倾向，所以我们不得不选择人性的一部分去强调、去发展人性，那么到底应该选择哪些人性作为道德基础?这是个难题也是个真正的伦理学问题。上面已经说过，儒家实际上非常精明地意识到了这个问题，但给出的解决却很糟：一方面，把人心化成规范在实践上会慢慢毁掉真正美好、伟大和优秀的事情以及对这些事情的追求，因为把规范当成道德以及其他价值的标准，那些比规范更伟大更优秀更美好感人的事情就变成模糊一片，就虚掉了，既然只要遵守规范就足够道德，那么就不需要追求更好的事情了；另一方面，在选择道德的情感基础上有严重失误，例如“同情心”，同情心是面向弱者的，这有一种就低不就高的伦理倾向，同样会促成漠视伟大、优秀和美好事情的习惯。这两个错误也是其他规范主义的错误。

在我们选择道德基础时，必须很仔细地看清楚事实和想清楚生活的价值。很显然，伦理规范是用来控制社会生活的，与之相配的是安全感之类的情感，由这类情感远远不能发展出美好生活。有道德价值的事情只能是一些感人的事情，是一些引起崇敬、使人神往、令人羡慕的事情，或者说，是一些能够让人觉得生命没有虚度的事情，是一些能够使生命变得辉煌的事情，是一些能够体现人类存在价值的事情而不是仅仅体现个人生命价值的事情，总之，道德不是用来收敛人性、抑制行为的伦理规范，而是把人性和生命引向辉煌的召唤。可以看出，道德对应的是人类情感中指向伟大和优秀的那些情感，是对伟大优秀事物的敬意。真正崇高的人性不是去同情不如自己的人和事，而是能够被比自己伟大的人和事所感动，只有这样，人性才有可能不断被塑造、被开拓成更加美好的人性。美的就是感人的，美的就是好的，而通常所谓好的如果不美，就无非是不得不遵守的规则，不好也不坏而已。

伦理学的根本原则其实是一个美学原则，或者说是一个关于生活和生命之美的原则，而不是什么善良或仁慈或同情原则。这是伦理学真正的秘密。

把美的原则看作是伦理学的原则有一个明显的理论优势：对生活和生命之美的敬意能够包容并且能够推出所谓善良、仁慈或同情之类的善的原则，可是反过来却不可能由那些善的原则推出美的原则，显然，仅仅是善的东西不够迷人。一种东西如果不是一种强大的生命诱惑，如果没有令人叹服的魅力，又怎么能够成为生活的意义？如果关于生活的原则不能表现出生活的意义，又怎么能够是基本的原则？

至于规范问题，从主要的性质来说其实是政治、经济方面的问题，如果不懂这一点，就既不懂政治学也不懂伦理学。很遗憾，伦理学长期以来走的是一条弯路，只摸到与伦理学有关的一些边缘问题就以为摸到了根本问题。不过，生活中的人们已经以实际行动讥讽了那种规范主义伦理学——如果遇到鸡毛蒜皮的小事，人们就按照伦理规范办事；如果遇到要紧要命的大事，人们就分别按照丑恶或者美好的情感办事。

附录三
法律的道德余地

既然法律是从伦理规范里发展出来的，既然伦理规范需要道德基础，法律也就同样需要道德基础。法律的道德基础一直是法学和伦理学的共同问题，不过法律有着伦理规范所没有的一种独立性，于是，法律的道德基础问题似乎比伦理规范的道德基础问题更需要小心对待，在这个问题上，无论是法学还是伦理学都不可以从各自角度痛痛快快地去思考，都不得不在对方“留出来的余地”里去思考：一方面，伦理学必须考虑法律的技术性要求，不可能一味以道德标准为准；另一方面，法律必须是一种把道德考虑在内的法律，法律的技术性要求也不应该超越道德要求。正是因为这种“无法痛快”的局面，所以这个问题有一种特别的挑战性。

法律所以不同于伦理规范，其中一个重要特点是，法律比伦理规范更明确而且更保守，换句话说，法律不像伦理规范那样企图把所有事情都管起来，法律只想管那些真正必须管的事情，于是，法律给人们留出比较多的自由，当然，在法律决心要管的事情上，法律又比伦理规范要严格得多。不过，什么是法律“真正必须管”的事情，这是个问题。毫无疑问，法律总是一个国家或一个政府的法律，因此，不管法律在社会生活方面怎么管法，它总是首先要维护国家和政府的政治、经济利益，这个方面虽然与道德问题仍然有关系，但必须放到一个相当大的思想空间里去讨论，在这里显然无法做到。因此我只准备把讨论限制在日常生活范围内的事情上。

从表面上看，法律有相当严格的技术性，它应该显得比较公正，但是有时候会遇到一种有些奇怪的现象：法律最有利于建立公正，但有时候为了保证我们用来维护公正的法律的有效性又恰恰不得不牺牲公正。或者这样说：一方面，如果要保证法律能够有效有力地服务于道德，那么就必须尊重法律的技术要求；另一方面，如果尊重法律的技术要求，就不得不在某种程度上牺牲道德要求。

法律的宽严问题就是一个例子。就我国目前一般的生活水平而言，10万、20万元以上的财产是一笔很大的财产，按照公正的道德要求，抢劫如此大的财产是一种很大的罪行，因此应该得到相应严厉的惩罚（比如坐许多年的牢）。可是与罪行相当的严厉惩罚的实际效果却并不好，罪犯们考虑到惩罚如此严重，想到坐如此多年的牢，日子没法过了，便干脆把受害人杀掉。这样做虽然冒死罪的危险，却使案件很难侦破，似乎反而保险，至少罪犯在主观上是这样考虑的（目前抢汽车或相当财产时，杀人灭口的做法是相当普遍的）。因此，那种按照公正所规定的相应惩罚反而减弱了法律的有效性。为了保证人们的生命安全，就似乎应该技术性地要求把对抢劫本身的惩罚大大减轻，使罪犯觉得犯不着杀人。这样等于是在要求不要严格考虑惩罚的公正。至于减少这类犯罪的方法，可以变成是加强警力的问题，财产损失则是保险公司的问题。

同样，按照仁慈要求，伦理学家往往会认为死刑是坏的，应该取消死刑。但是实际上要不要取消死刑也并不是一个由伦理学说了算的事情，而几乎完全是一个法律的技术性要求。比如说，如果治安状况很糟糕，犯罪非常猖獗而且性质严重，那么就技术地需要死刑；而如果徒刑就足以震慑罪犯，使他们感到强大心理威胁，那么死刑就技术地成为多余的。就是说，即使死刑这件事情在伦理学上确实有理由认为是坏的，法律也不一定要听从伦理学要求。不过是否可以肯定死刑是坏的，即使在伦理学上也是很有一些问题的，整个现代思想，不管是国外的还是国内的，总的来说是仁慈原则压倒公正原则，这其中有所谓人权的考虑，但通常的那种无条件人权在理论上是非常可疑的（可以参见我专门关于人权的理论，在此不详论）。按照我的人权理论，人权只能是有条件的。比如说，如果一个人犯下惨无人道的罪行，那么他就在逻辑上失去人道对待的权利，假如给他人道待遇，只能说是人类的宽容和恩赐，而不能说成是他仍然并且永远拥有那种权利。

法律的一个根本性质是把原来对犯罪的民间或私人的处理变成由国家和政府机构来执行的处理，就是说，国家代理了对犯罪的处理。这样有利于更加公正地解决问题。但是这里又有个问题：人们交出代理权不仅是看中法律能够建立起程序上的形式性公正，而且希望法律能够保持判决结果的实质性公正。显然，人们事实上对法律的程序公正方面比较满意（当然不是绝对满意），而对判决结果方面则往往不满意。这意味着现代法律或多或少忘记了反映人类的道德直观。

从现代的观点看，古代法律一般来说显得比现代法律狠心残酷得多，但我不相信是因为古代人心肠比较坏，相反，很可能是因为古代法律比较多地反映道德直观，当然可能只是试图更多地反映道德直观，而不见得反映得准确。虽然现在我们在实践上必须尊重现代法律，但是我相信有些人心里也许会认为，有一些毫无人性的罪犯（比如传媒经常报道的一些恶毒残害儿童的人）就算是斩首吊死也不为过。或者，有些人也许会想，假如说贪污诈骗100万的人就应该被枪毙的话，那么，制造假药、有毒食品尤其是拐骗妇女儿童的人就应该被枪毙好几遍——事实上后者往往只得到相对很轻微的惩罚，就好像那只是一些小错误一样。

当然，我们对法律的要求不能太苛刻，正如前面讲到的，法律有它的技术性要求，法律不得不为它自身着想，就是说，法律要使它自身充分有效，就不得不在道德水平上作一些让步，过于公正的法律总是相当严厉的，反而可能引起过激的反抗，法律并不打算做到让罪犯狗急跳墙。无论如何，法律必须考虑国家和政府的稳定统治局面这样一种政治性要求而不是处处按照道德标准，所以法律只能尽量反映道德。进一步说，人类的道德观念里本来就存在着一些混乱观念和一直没有能够搞清楚的真正难题，如果道德观念不很清楚的话，法律也不知道应该反映哪些道德观念。在这个意义上，如果法律有毛病，首先是因为伦理学有毛病。

有时候道德观念很清楚，而且法律也愿意反映道德观念，但事实上却又因为法律本身的情况而做不到，这就很可能是法律本身有漏洞，当然，再好的法律也不可能没有漏洞，这是绝对做不到的事情，所以，真正有意义的问题是，一旦发现漏洞应该如何处理？

费孝通的《乡土中国》一书中有一个例子，有一位兼司法官的县长遇到这样的难题："有个人因妻子偷了汉子打伤了奸夫，在乡里这是理直气壮的，但是通奸没有罪，何况又没有证据，殴伤却有罪。那位县长问我：他怎么判好呢？他更明白，如果是善良的乡下人，自己知道做了坏事决不会到衙门里来的。这些凭借一点法律知识的败类，却会在乡间为非作恶起来，法律还要去保护他。"类似的事情是屡见不鲜的，例如大家都知道，只要有一个高水平的律师，没准三分理就能搅成七分理。如果法律是比较严格的，那么就有漏洞，甚至，法律越严格，漏洞就越多。这听起来好像没有道理，但事实如此，说破了其实还是有这样一个道理：越严格的事情就越难以满足。假如一种法律好像没有漏洞，那么就是它很不严格而允许灵活解释。可是灵活解释又可能会破坏法律。这好像是一个两难：假如法律是严格的，那么就有漏洞可钻；假如法律不严格因此没有漏洞，那么就可以舞弊。

如果说古代法律唯恐漏掉一个坏人，那么现代法律就是唯恐错判一个好人。于是现代法律在断案时要求“科学性”，要求“充分的证据”。不过这个习惯说法有一点不太准确，应该说是“足以保证必然推断的证据”，简单地说就是“必然的证据”。这里有个问题，人类只有在数学和逻辑那种纯形式运算上有可能确实知道什么是必然的，但在所有经验的事情上都没有这种把握。因此，有没有把握，或者说，什么算是必然的或“充分的”证据，在很大程度上是人为规定的。于是，有时候人们会觉得某某明明是罪犯，但是缺少一点点证据，结果没有办法。不过这还不算是很严重的问题。

真正重要的问题是，当遇到法律难题时，道德解释（灵活解释的主要类型）是否是一种可接受的做法？或者说，道德原则是否能够作为一种更高的原则去插手法律解释？

德沃金的《法律帝国》一书中有一个非常典型的例子。埃尔默谋杀了祖父被判徒刑，祖父的遗嘱写明有一大笔财产留给埃尔默，那么埃尔默还有权利继承这笔财产吗？格雷法官支持埃尔默，理由是：法院无权更改遗嘱，不能用道德原则取代法律，显然，根据遗嘱，遗嘱没有说明如果埃尔默杀人就不能继承财产，而且，在逻辑上有这样的可能性（尽管好像有些荒唐），即祖父有可能认为即使埃尔默杀了人，仍然可以是继承人。另外，假如埃尔默杀人就失去继承权，等于是在相应的徒刑之外加上了额外的惩罚。厄尔法官则有相反的解释，他认为必须考虑立法意图，一种法律也许在法规文本上有漏洞，但在立法意图上不应该是坏的（除非一个坏政府故意制定坏法律），法律的意图是一些没有写出来的道德原则，比如“任何人不得从其错误行为中获得好处”，因此，想像法律有想让杀人犯得到遗产这样的坏意图是不可以的。结果，厄尔法官胜利了。

我也觉得厄尔法官是更有道理的，但格雷法官其实仍然可以有同样有力的说法，比如这样说，法律的意图里肯定应该有一条自我保护原则："在修改法律之前，不得随便解释现成法规。"假如由我作最后解释，那么我会按照当前法律判埃尔默获得遗产，但是允许以后重新审理，同时提议立法机构修改有关法规使得在重新审理时让埃尔默败诉。我这种解释也可以说是根据法律的意图，即法律意图里肯定也应该有一条事后修正原则要求"如果现成法规导致错误结果，那么必须重新修正法规以便纠正错误结果"。

立法意图是一个很能够揭示问题的概念。如果说立法意图表达为一些关于法律的"元定理"的话，可以想像，其中有相当一部分元定理是道德原则，可能还有一些政治原则或法律本身的纯粹原则。上面讲到的那些元定理中，第一条和第三条显然是道德原则，第二条是纯粹法律本身的原则。毫无疑问，各种元定理都必须得到尊重，但执行这种尊重的方面应该不同，一般地说，在程序操作方面应该尊重法律本身的要求，否则就是有技术缺陷的法律；在观念方面应该尊重道德要求，否则是坏的法律。

我有一个主张认为应该建立法律和道德的联盟，看起来这个想法很容易引起误解。其实这个想法的线条是很简单的。法律不可能完全反映道德，但这不算是真正的缺陷，法律的优点正在于它是非常保守的，它只管住那些不管就无法建立正常社会合作的事情，而给生活留出很大的自由空间，使人们能够自由地发展人类的各种优点。法律的意义就是使犯罪处于不利条件（不利的环境），而道德的意义在于使真理和真情处于有利发展的条件，这就是一种非常好的配合。这种配合比通常所谓的法律和法律外的伦理规范的配合好得多。法律只是一种相当单纯的游戏规则，伦理规范则是一种试图统治所有价值领域的游戏规则，打个比方说，大家都来写小说，法律相当于关于不许剽窃抄袭的规定，伦理规范则相当于规定只能写成某种风格而不许写成别的样子。千篇一律的小说又有什么意思？

附录四
价值在哪里？意义在哪里？幸福在哪里？

关于生活，只有两种真理，一种是佛所说的，另一种是我要说的。

佛所说的是反生活的真理，我要说的是生活的真理。佛的真理是伟大的发明，我要说的真理只不过是正确的发现，只不过是人们的生活事实。

1. 从人道主义到做人主义

现代各种伦理学理论不管按照各自的特点称作什么主义，其共同倾向都是人道主义，至少可以说都在基本假设里包含着人道主义的观点。人道主义者们相信，我们应该从人的价值观点去理解一切事情；并且，人的价值观点是属于人的存在本身的，或者说人这个概念意味着一些不可替换的价值观点。这些看法都建立在人能够通过反思人自身而认识人自身这个假设上。这种理论有一个致命的知识论缺点，就是这类看法永远也不可能有理由和证据来证明这类看法。我们不可能知道人应该有什么样的价值观点，而只能知道生活要求人有什么样的价值观点。生活被搞成什么样，人就是什么样，当然，生活又有很大的创造性余地，人通过“可能生活”在生活中进行创造，把生活进一步搞成某种样子，从而把人进一步塑造成某种样子。这是一个“测不准”的循环过程，人在生活就像人在下棋、在研究科学、在创作艺术品一样，虽然棋局、自然、艺术空间给我们许多余地，但却要求我们必须按照棋局、自然、艺术空间的道理去创作。所以，“人”这个概念不是概括地认识出来的，而是一步一步做出来的，人并非本来就是（is），而是做成的（to be made）。

人道主义观点得到如此普遍的认可，以至于人们甚至不好意思去怀疑它。例如人道主义的一个典型成果是人权观念，人们异口同声地赞同人权观念，这种压力使得一些感觉到人权观念其实有问题的国家或政府也最多是在哪些项目算是人权这样的问题上作一些不同的解释和理解，而没有去讨论人权观念本身的问题。事实上人权观念包含着一些在理论上根本无法成立的原则，必须有实质性的修改（详见我的相关论文）。人道主义作为一种与“神的观点”不同的“人的观点”应该说是有一定道理的，但是却不是一种恰当的“人的观点”。

神的旨意完全是多余的假设，所以上帝死了并没有什么损失，但却有个问题，人的责任是什么呢？生活的意义又在哪里？人道主义实际上不可能有什么漂亮的解释。这里有个原因。上帝的假设有着一种理论上的优势：上帝是一个完美的假设（不管是不是真的完美，只要感觉好像完美就可以了），从一个完美的东西去理解和解释不完美的东西是相当容易的，简直比胡说还容易，但是当放弃使用完美的假设而使用“人”这个一点都不完美的东西来理解人自身却有些难。

不妨考虑这样一个问题：由于人是不完美的，所以，当我们试图以伦理学的方式去理解人时，这种理解当然不是科学的理解，也就是说，我们不满足于搞清楚人是什么样的，而是想指出人应该是什么样的。“人应该是什么样的”按理说是一种价值主张，可是，假如这种价值主张是一个有道理的、可接受的观念，它却又必须是一种知识，即一种我们能够肯定它比别的价值主张更好的知识，如果它不是知识，我们至少就在思想上有理由拒绝它。虽然哲学一般愿意把知识和价值看作是分别的两个问题，但是由于上述的这个特殊境况，使得这两个问题拆也拆不开。尽管一般哲学家有意无意地不去想一个价值判断同时不得不是个知识判断，但宣布起一个价值判断时就像在肯定一种知识，因为这恰恰是必需的。康德在这一点上要明白得多，他在宣布那些伦理原则时确实把它们看作是先验命题。然而，问题就在这里，我们又怎么能够知道关于人的伦理知识呢？“应该”恰恰是我们没有这种知识的表现，显然，“应该”在思想上根本没有强制力。

存在主义关于存在和自由之类的觉悟更是无聊的感慨，而且不明不白，可笑的是，这种不明不白居然诱导人们使劲想理解那些观念的意义，越不明白就越以为有些什么深刻的东西，其实没有什么，而我们以为有什么，这就已经上当了。我们应该思考的不是那些糊涂观念是什么，就算搞不懂那些观念是什么，至少总能够知道结果要我们去做什么，而我们按照那些糊涂想法看不出到底要我们做什么，可以想像，那些观念即使有什么深刻意义，结果还是什么问题都解决不了，说了跟没说一个样，听不听也一个样，反正我们的生活不会因为那些觉悟而有什么不同的结果。列维纳斯曾经嘲笑海德格尔把人的存在想像成一种基于生存忧虑和“向死的”意义领会的过程，列维纳斯指出，真实的生活并不是在那种冒充英雄的紧张体验中度过的，生活就是去工作、去晒太阳、去爱、去吃饭。列维纳斯还指出，摆脱了空虚的虔诚，躲避虚伪的说教，这正是马克思的贡献。

我虽然反对有伦理知识，但却相信有价值真理，这并不矛盾，关键在于，我相信，虽然人有这样和那样的特性，但不可能把人性事实推论成伦理原则。只要想把人性归结为伦理规范，就一定是歪曲的反映。例如，“诚实”是一种人人都知道的优良品质，但假如把它归结为任何情况下必须遵守的规范“不说谎”、“守诺言”之类，就一定导致坏结果。人们心里的“诚实”是有灵活性的，实际上意味着对值得诚实相待的人才诚实相待。这才是人而不是机器人。由假定的人的概念推论生活，这种思考角度或方向是错误的。我们只能由生活推论人，因为不是人制造了生活，而是生活制造了人，人的事实只不过是生活事实的现象。如果说单就人本身的事实而论，人就只不过是一些欲望，非常空洞的欲望。生活事实是运动，运动就有操作性的道理。换句话说，关于人本身或者人的欲望的描述即使是非常准确的也只是事实真理，决计不足以推出价值真理。但是生活这一事实却很特殊，它既是事实又包含价值，它天生没有所谓的 to be 和 ought to be 的分界，于是，关于生活的断言如果是真理，那么必定表达了真正的价值；如果表达出真正的价值，就必定是真理。

可以说，生活的价值并不由人决定（当然更不由神决定），而是由生活运动的需要所决定。生活运动的需要决定了什么是生活中的价值、什么是生活的意义和什么是幸福的生活等等。也许有人会说，难道生活不是人做出来的吗？难道不应该最后由人是什么来说明吗？这是一种还原主义的错误，显然并非什么东西都可以还原。假如生活问题可以还原为人的问题，那么人就应该可以进一步还原为物理事实。这种愚蠢的做法已经屡见不鲜。

即使一个哲学家聪明如康德，从人性或人心里也只能“推出”几条非常贫乏的原则，而且是错误的，根本不能说明生活的价值。例如“人是目的”原则，康德本人的论述并不很充分，但按照这条原则的逻辑容量可以看出主要是要求普遍必然地尊重每个人的尊严和人权。这种原则只是纯粹逻辑上的好，在生活中却甚是无用或有害。比如，一个人在某些时候假如一味要求个人尊严，可能连饭都没得吃。尊严不是一个抽象的逻辑概念，它与一个人的自我感觉有关，确实有个人自视很高，他觉得只有当领导才有尊严，于是在找工作时总是打听缺不缺经理，可是各个单位都不缺领导只缺人才，结果那个人找不到工作；或者，假如我们在任何时候都不把任何一个人当作手段，那么很可能什么事情（不管好事坏事）也不要做了，因为人类生活中纯粹与自然做斗争只是一小部分，大部分的生活是由人间矛盾冲突构成的，如果想消除其中的副作用，恐怕连生活一起也消除了。假如要做到无欲无争尊重和满足一切人的尊严，大家都只好去做和尚（所以说佛家思想是另一种真理）。可以考虑一个激烈一点的例子，比如妓女问题，假如一个国家出于社会治安之类的需要去限制妓女，这当然是正确的，但假如作为一个单纯的伦理学问题，事情就没有那么简单，好像没有什么先验原则可以认为提供性服务比提供其他甚至更低级的物质服务和精神服务更无耻一些。许多人都靠出卖某种东西过活，不知道有什么理由可以断定出卖肉体比出卖灵魂更坏，无论如何妓女总比汉奸好一些（可笑现在不少人想为一些汉奸翻案，却没有人为妓女说句话）。当然我不是在论证通常认为坏的东西反而是好的，只是想说有许多通常认为好得不得了的东西其实没有什么道理，而真正优秀的东西却往往被忽略。

儒家也有类似康德的毛病，总想从人心里寻找原则。把某些心理倾向提拔为伦理原则实际上无济于事。例如同情心，说人都有同情心，基本上没有错（只是略有夸张，心理学认为智商相当低的人同情心也比较弱），就算同情心是普遍的，也推不出一条普遍的伦理原则，因为一个人虽然可能见到别人的痛苦就觉得同情，但同情远远不足以决定是否就去帮助那个痛苦的别人，见义“勇为”、慷慨“解囊”才是真格的。而且具体对谁好对谁坏与同情关系不大，更主要地取决于其他价值，或者说，一个人做好事有着复杂的原因，同情只是其中很不重要的一个原因。比如说，同样从心理和感情去着眼，幸福感更容易促使一个人去做好事去帮助别人。我们有把握说，一个幸福的人总会做好事，但却没有把握说一个有同情心的人总会做好事。伦理学喜欢为伦理原则寻找一种最普遍的心理感情作为根据，这是非常错误的思路，毫无疑问，最普遍的东西尽管肯定不是很坏的，但也肯定不是很光辉的。

生活当然是人一点一点做出来的，但这个过程是创造性的，人虽然用人心创造出生活，事实上是创造出了比人心更伟大的事情，生活以及生活中的价值不是人心本来所能料想的，所谓“自我”本身什么也不是，自我一钱不值，自我什么也说了不算，价值都在生活里而不是在自我里，人心本来是卑微的，是因为创造了生活和生活的各种价值才变得伟大。在心灵里根本不可能先验地安排下关于生活的必然目标和价值，心灵只是抽象的渴望状态，根本不知道实际上的生活价值会是什么样的，生活的价值在生活的创造性过程中产生并且生长着，人类的生活并没有固定的、早就明确了的目标，人类生活所真正所能追求的只能是去保持文化的良好生长状态。所以说，不能由人心或人性去理解生活，而必须由生活去理解人。既然先知是不可能的，那么，关于人的观点就不可能真的是“人的观点”，而只能是“人的生活的观点”。当从生活的角度去理解价值，就不再是人道主义，而是做人主义（humanizationism）——在这里，人变成了逻辑上的宾语，生活是一个潜在的主语。我们只有理解了什么是生活，才能理解什么是人，只有理解了生活的要求，才能理解什么是有价值的行为。

那么，我们如何理解生活？这里又遇到那个特殊的思想境况：生活既是一个存在论问题同时又是个价值论问题，准确地说，我们只有当能够把这样两个问题思考成一个问题，才是一个真正有意义的问题。以往的存在论和价值论都是错误的，因为或者仅仅描述了一个事实，或者仅仅宣布了一种价值观点。仅就人类存在或生活而言，虽然事实和价值不是同样的东西，但它们必须是相通的：价值是生活事实能够生长出来的东西。这个问题需要在这样一个基本形式中去讨论：“……意味着要这样生长……”（to mean to be ，或者味道客观一些，to be meant to be）。

单就事实方面而言，生活有可能生长出好的或坏的事情，可是生活又是一个包含着价值的事实，因此，我们不可能按照纯粹观念替生活规定什么是好的什么是坏的，我们必须理解到，生活为自身定义了什么是好是坏。既然所谓好坏的标准不属于观念而属于生活事实，那么，好的生活就是值得一过的生活，就是有魅力和诱惑力的生活方式。

这个问题确实稍微有些复杂，要理解这一点，恐怕首先要放弃我们通常已经习惯了的“主体的”思维方式。我们事实上很少很少真正客观地思考过问题，即使在鼓吹客观主义时也往往忍不住主观地去思考，就是说，我们太看重我们作为“主体”的判断权力，总以为事情最后由我们的观念、态度和趣味说了算。可是这只不过是非常表面的现象，就是说，表面上是我们在做事情，其实是我们按照生活的价值在做事情。就像下棋，当然是我们在下棋，但我们又是按照棋的布局可能性和棋局的变化在下棋，棋的布局和变化的可能性相当于生活的价值。当然，有人可以耍无赖，坚决认为他自己觉得有价值的生活才是有价值的——据说这种主观主义思考在逻辑上是驳不倒的，但这却是一种坚持不下去的自欺欺人。还是像下棋，一个人当然可以愿意胡下，可以故意走臭棋，但是这样的游戏方式决计坚持不下去，因为这种下法客观上一点意思都没有，乏味无聊，没有诱惑也没有刺激，连一点基本的复杂性、技术性和创造性都没有了，根本不需要思考和想像力，所以客观上不好玩。如果价值标准是主观的，那么这种标准本身恰恰没有价值。驳倒主观主义不靠逻辑证明它是错误的，而是靠事实证明它没有价值。一种游戏的价值或者说它的趣味性是已经由这种游戏的性质决定了的，例如围棋，做活、绞杀、打劫等等方式构成了它的趣味，生活也一样，亲情、爱情、友谊、荣誉、成功、欢乐等等构成了生活的意思。我们或者玩这种游戏或者不玩，但不可能又胡玩又有价值。

生活自身决定了什么是生活里有价值的事情，就是说，生活的“道”决定了生活的“德”。这些事情并不是一些作为目的地的理想和纲领，而只是一些使生活成为健康生活的状态或操作方式。

存在就是在谋求幸福中存在着。

2. 伦理是服务性行业

伦理学家往往反而不清楚伦理规范的性质和意义，最主要的表现就是以为伦理本身是一种独立的价值，而且，伦理学家出于对

“伦理价值”的偏爱，又总是以为“伦理价值”甚至是人类生活各种价值中最重要的价值，与伦理价值相比，其他价值被认为在必要的情况下是可以牺牲的，而“伦理价值”则无论如何不可以牺牲，好像人活着就是奔着伦理来的，好像生活的意义就在于有机会遵守伦理规范。如果我们不被伦理热情冲昏脑袋蒙住了心，就应该能够发现所谓的伦理价值有一点什么地方不大对头。金庸小说中经常有半正不邪的另类人物以各种方式质问正人君子伦理规范有什么好，为什么好，正人君子总是语塞。我想，伦理学家多半也会语塞。当然，语塞也并不意味着伦理规范是不好的，并不能反过来证明歪门邪道是好的，语塞仅仅证明通常的伦理学是浅薄的和糊涂的，是经不起质问的。伦理学没有想到，伦理规范表面上像价值，但试图把握它时就会发现它本身是空的，价值在规范之外而不是在规范中。

伦理规范的作用是要管住人的行为。那么，我们需要想一想，为什么要管人呢？为什么不能想干什么就干什么呢？显然，我们不会是不嫌累，不会平白无故地瞎操心，所以不让人随便胡来，是因为随便胡来就很可能会破坏人类社会所需要的美好生活以及生活中的各种美好价值。可见，我们是先知道了什么是美好价值和生活，然后才需要保护美好生活的，是先有了道德判断，然后才有可能试图建立与道德判断一致的伦理规范的，决不能反过来以为先有了伦理规范然后才知道什么是好什么是坏。以伦理规范为根据去判断好坏是不会思想的表现。进一步还可以发现，既然价值是事先知道了的，那么，伦理规范本身就不能构成所谓的伦理价值。可是为什么伦理规范看起来好像包含着价值？其实，这种价值感觉只不过是价值的影子，是价值的效果，而不是价值本身。显然，只有当存在着有价值的东西可争，才需要规范来调节。例如财富是一种大家都想要想争的价值，所以才有一些关于财富分配的规范，假如没人想争，规范又有什么价值？所以，规范是因为有价值的东西才变成有价值的。就是说，规范的价值仅仅是效果性的，而不是存在性的。

假如按照习惯，把伦理价值概括为善，那么就可以说，善这种“价值”本身是空的，是依附性的，它必须有服务对象才变得有意义，必须有利于发展和保护美、真理、欢乐、爱情、友谊等等本身直接就是人们想要的东西才是有价值的，就像服务行业必须提供人们想要的服务才有意义一样。通常把真、善、美并称，这个思维结构是错误的，它混淆了价值层次。善只有在为了真、美和其他生活价值时才有意义，但是反过来则说不通。

由此我们可以解释为什么伦理规范从来都不是道德的纯粹反映，从来都没有准确地服从道德（道德就是生活之道的德，也就是真、美、幸福和欢乐等等）。事实是，伦理规范从来主要反映的是社会集团的利益或者人之间的让步方式，只有一小部分规范反映了道德。而既然伦理规范主要反映利益，就往往难免成为一种价值舞弊方式，某种占优势的社会势力就会把对它有利的观念当成价值观念塞到规范里去。同样可以解释为什么一种伦理规范从来不是人人欢迎的规范，也可以解释为什么伦理规范从来没有把人变成真正的好人，因为伦理规范从来都不是真正"天人合一"的价值——尽管有些伦理学家最感兴趣的事情就是企图论证伦理规范是天人合一的东西，但是论证没有用，没有实际作用就已经是证明。

说规范没有意义，指的是规范不可能变成人们心中的意愿欲望，并非说规范没有约束力。规范的背后是集体的威胁，所以人们在一般情况下不得不服从规范，即使人们习惯了规范，不再感受到压力，好像很自觉，规范也不可能变成一种令人神往的价值。规范和价值是两种可以无关的东西。不妨考虑一些小小的例子。我观察过排队现象并做过多次实验，由于某些原因，排队的人们很焦躁，使劲往前靠，几乎贴到前面的人的身上，这种感觉令人厌烦无比，每当我故意走慢一些，和前面的人拉开适当的距离，后面总有一两个人挤到我旁边并行，甚至稍微超过我，但毕竟不敢抢先办事，这说明了他们努力在遵守规范，但是又对规范不感兴趣；还有，例如爱情的忠诚问题，据说爱情需要忠诚这样一条规范，否则就会破坏爱情。如果真是这样的话，规范就很像是一种价值了。可惜这个事情完全搞颠倒了，事实是，如果有爱情，自然就有忠诚，这种忠诚是由于爱情而对别人不感兴趣，而不是由于遵守忠诚规范所以保证了爱情。

伦理学的意义在于搞清楚生活的美感或者有美感的生活。

于是我们的思路就改变了：伦理学的真正问题是，如何做一个幸福的人，或者，如何使生活有意义。也可以说，伦理学研究的是价值观，而不是规范，价值观不等于规范，因为我们从规范——哪怕是我们确实非常需要的规范——里也不能推出或者断言什么是好坏等等价值。规范反映的是社会势力和利益，所以规范是社会学、经济学和历史学的描述对象。

伦理学的思想框架也必须修改。如果说伦理学需要研究"有所不为”的问题，那么我想，“有所不为”只是伦理学的一半，“有所为”的问题则是另一半，而且是真正的基础问题。这里有一个逻辑顺序：我们必须先有感兴趣的东西，必须先试图建设美好的生活，然后才会有保护美好事物的问题，或者说，生活必须是有意义的，然后才需要保护这种意义。如果美好的事情和生活的意义被忽视，生活变得不值一过或者非常缺乏意义，那么“有所不为”的问题作为道德问题就不存在了，它再也没有它所针对的事情可言。就像假如一个人生活完全失去意义，伦理对他来说就是个笑话，当然，如果他违反法律，我们理所当然要惩罚他，但却无法跟他讨论道德，因为他连道都没得走了，哪来什么德？“有所不为”的伦理学问题对他失去意义，顶多剩下“不准为”的法律问题了。

给人们美好生活的机会，然后才有别的问题。给人以道，而后有德。这才是完整的伦理学问题。如果像原来的伦理学那样没有很好地把前半截问题考虑进去并且作为问题的重心，后半截问题就会失去控制。中国古人所说的，温饱而后知荣辱，马克思所强调的生计先于意识形态，列维纳斯讲到的，救人于饥寒交迫之中才是真正走近人，等等，这些都说明不少人意识到了更广阔的伦理学问题。当然，这些说法好像有些太“物质”了，所以恰当的想法是把生活的意义看作是一个完整的意义，物质的和精神的都在里面。

有一种流行感觉认为现在人们的伦理道德水平降低了，这恐怕一方面是一种缺乏历史比较研究所导致的错觉，另一方面是怀恋过去规范所产生的错觉。应该说，现在产生了许多新的问题，产生了许多新需要。总的来看，人类生活的各个方面，无论是政治、经济、社会秩序还是消费、娱乐甚至思想观念，都已经非常规范化了，将来可能还要进一步规范化，现在的根本问题不是什么地方不够规范（也许有一些非常局部的问题），而是生活越来越缺乏意义和美感。生活意义问题是一个老问题了，但是对这个问题的解释从来都没有很好地进入问题。宗教性的解释是无济于事的，因为如果人的生活意义由上帝说了算，那么，生活的意义就变成了上帝的一项事业而不是人的事业，那和人有什么关系？人文主义的解释甚至更差，把生活的意义归结为主观性、自我、主观经验方式或者自我心中的什么精神家园，这样对个人来说也许有一种价值的感觉，但是由于价值过于主观化，就整个人类社会生活而言反而在价值的分散中取消了价值——上帝的价值只是一种和我们无关的价值，而主观决定的价值根本就不是价值，因为它没有标准而且太廉价。问题在于，哲学家们没有意识到生活意义是一个很平常、很不纯粹、很俗世的问题，而总想把问题提高到一个远离生活、高于生活的“深刻的”层面上去思考，显然结果都与生活无关。

3. 什么是价值？

为了理解什么是价值，不妨先去思考如何搞垮价值，即把有价值的东西搞成没有价值的东西，或者说使价值贬值，使好东西变成垃圾。

一种方法是使某种有价值的东西成为大量的、普及的东西。这是一种众所周知的方法。现代社会已经把从物质到精神的大部分产品变成大量普及的了，一方面，各种产品当然是好东西，所以人人都想要，从表面上看，普遍的满足应该皆大欢喜；另一方面，这种普及的满足又是廉价的满足，它的价值在普及中贬值了，尽管那些产品仍然是人们所需要的，但却不再是生命的渴望。什么都还需要，但什么都变得没劲，这是现代生活的一个特点。现代人的心灵昏昏欲睡，大工业使产品失去特色，也使劳动失去特定的意义，至少可以说，现代工作本身的意义是若有若无的，工作所带来的意义是钱，干什么工作是次要的，挣多少钱是关键。现代生活的各个方面似乎都可以兑换为钱来理解，各种事情本身的意义模糊了，或者说由于都可以兑换为钱而变得抽象起来。甚至现代的文化也主要为商业所左右。读到过一篇文章指出，所谓大众文化其实不是大众制造出来的文化，而是知识分子为了钱制造出来骗取大众欢心的大量文化。总之，一种东西成为可批量生产的产品，其价值就贬值。在现代工商社会里，生活的许多方面都贬值了。

尽管现代工商社会使生活的意义受到一定的损害，但我并不打算像人文主义者那样过分批评现代社会，因为社会一定要发展成这样的现代社会，否则人类很可能养活不了自己，或者说，假如不让社会发展的话，人类就更没有什么有意义的事情可做了。完美的事情是没有的。人文主义者对现代社会的批评往往过火可笑，他们虽然似乎没有能力思考什么是有意义的生活，但却靠批评生活无意义而获得意义。海德格尔在批评了现代工商科技社会后所开出来的药方——艺术加纯思（或者说诗加思）——完全是一种不着边际的纯粹知识分子想法，诗加思毕竟只是生活中很小的一部分，生活的意义必须能够实现在日常生活中才是广泛有意义的、才是实实在在的。用一种特定的眼光（比如知识分子眼光）看问题肯定是不准确的，所以我主张哲学家要用“无立场”的眼光看问题，可惜现在的哲学家往往太像个知识分子了（这一点和古代哲学家有些不一样），好像生活只不过是知识分子的生活。总之，现代工商社会是个事实，尽管我们不太喜欢，那也没有办法。

进一步说，现代工商社会也并非一点贡献都没有，首先它使得人们在物质生活上比过去好得多，其次，它虽然破坏了许多好东西，但也破坏了一些坏东西，比如说，市场化无疑使一些在过去仅仅由知识分子说了算的但是已经腐朽了的思想观念失去了意义。而且，也绝不能说现代社会产生的文化就没有精彩的艺术和思想。现代社会的确损害了生活的意义，但远远不是彻底的，无非是把许多事情的价值归结为名和利——不过，名和利一直就是人类生活价值的最重要部分，现代社会只不过夸张地强调了它们。这两种价值是无法通过普及的方式来解构的，因为，尽管人们的生活水平可能普遍得到了提高，但永远不可能人人都有钱，也不可能人人都有名。假如一个社会只有名和利这两种价值，其他所有价值都被消解掉了（当然人类社会从来还没有、将来也不至于糟到这种地步），生活也只是比较丑恶的生活，但仍然不能说是一场不值得一玩的游戏。一种低级游戏会有人玩，但是一种没劲的游戏就干脆没人愿意玩，这是生活的一个可能算是“冷酷”的道理。

其实，名和利这些丑恶的东西永远也不太可能彻底统治生活，一旦某种价值过于泛滥，自然就会有一些人希望追求另一些比较新鲜的价值，何况永远有不同的人，不同的人本来就有不同的需要。记得70年代那个贫困的年代，我是个穷少年，有一个可能比我更穷的少年对我说，如果让他一辈子过上锦衣美食的生活，割了他的生殖器都可以。我很不同情这种惊心动魄的说法，但却让我发现人的需要有多么根本的不同。假如一定让一个对思想、文化、爱情和友谊没有心灵冲动的人去追求这些东西，他一定很不快乐；同样，假如让一个对这些事情特别感兴趣的人去拼命挣钱，他也不快乐。某些人的需要是一回事，生活的需要是另一回事，每个人只需要某些东西，而生活需要所有东西。

真正使生活贬值为无聊游戏的办法是另外两种：

一种是把生活中人们凭本心就感兴趣的各种价值贬低为次要的、俗世的价值，同时把一些伦理和文化规范看成是首要的、理想的尤其是普遍必然的价值。这样，那些伦理和文化规范就构成了一种意识形态压迫——现在虽然人们普遍已经很反感意识形态了，但是通常对意识形态的反感却是很肤浅的，无非是对政治意识形态的反感。其实，政治意识形态只是意识形态中的一种，而且只不过是在某种特殊需要下比较夸张的意识形态，它的影响力远不如伦理和文化意识形态。事实上一种政治意识形态不可能真正搞垮文化和生活的价值，只有当文化自身变成僵死的意识形态才能搞垮文化——要搞垮某种东西最后要靠那种东西自身。

只要某种伦理和文化规范被当成普遍必然的最高价值原则，那么就会使各种价值慢慢贬值，使生活慢慢变成无聊干枯的喜剧（不是悲剧，而是笑不出来的喜剧），这种方式没有把各种价值兑换为一种价值那样的缺点，各种价值好像都还存在，但都以无聊的方式表现出来，或者说，那些价值虽然名义上都存在，但是生活行为如此死板压抑，以至于生活没有什么故事，就像一篇情节十分无趣的小说，也许里面写到了生活的各种价值，但由于写得太没意思，那些价值有也跟没有一样。或者像把足球赛变成只是点球的游戏，一切按部就班，可也就不值得一看了。假如规范被当成精神，学习和遵守规范被当成精神生活，这样的社会如果不是同时暗中允许和鼓励行尸走肉式的快乐就很难长期维持下去，中国的礼教社会就是一个例子，尽管作为主流的礼教生活非常压抑严格，但是却又暗中睁一眼闭一眼地允许无耻、腐败和放荡，官员可以腐败；财主可以纳许多妾；文人可以到妓院半真半假地操练爱情；穷小子可以学好礼教原理以便将来有机会腐败、纳妾和到妓院操练爱情，所谓书中有“黄金屋”和“颜如玉”就是这个意思。另外，难道把思想仅仅看成是学习、把精神生活仅仅看成是修身守规，这不是导致中国思想文化停滞的一个原因吗？这些都意味着，规范主义如果贯彻为生活和思想原则，往往有两个方面的坏处：不仅破坏高级的自由精神而且不得不暗中鼓励低级趣味。

几乎可以说，任何一条伦理和文化规范在某种特定情况下都是好的，但是再好的东西把它变成普遍必然的原则或者绝对最高原则就变成坏的了。

这一点应该是明显的，可以考虑一些例子，例如伦理学家们特别喜欢把“不许说谎”宣布为普遍必然规范。可是假如歹徒追杀好人，而你不骗他反而实话实说好人藏在哪里，你就变成比歹徒更坏的人；假如别人说你妻子特土，你回家就实话说了，你就是个愚蠢的丈夫；假如你的商业对手打听你的机密，你就实说，你就成了傻帽。可见，“不许说谎”本来是一条有条件的好规范，如果提拔为普遍必然规范，就等于鼓励你变成坏人和失败的人。还有“守诺言”也是伦理学家喜欢的普遍规范，同样，那个在桥下等人一直等到被淹死的人肯定是个白痴；假如坏人诱骗你许了一个对好人有害的诺，你知道后还非要守诺，你就也不是好东西；还有一个真实例子可以讨论，瑞士银行一直享有特殊的信誉，但是现在人们觉得它的信誉里包含着不道德的成分，例如由于无法确认具体继承人身份而拒绝归还第二次世界大战受害犹太人的存款，问题是，不管那些钱具体应该归在谁的名下，但总是犹太人的钱，在搞不清最后分给谁的情况下，也应该移交犹太人的银行而不应该实际上归瑞士银行所有。据说瑞士银行里还有诸如此类的一些存款。在这里我也不是认为应该从伦理学上去解决瑞士银行这种问题（这种问题很复杂），只是想证明，把某些伦理规范宣布为普遍必然的、绝对的规范或原理恰恰是一种坏的做法。伦理学家的“普遍绝对”野心和形而上学的妄想差不多。事实上，由于生活不断在变化，所需要的规范也必定不断变化，我们现在基本上抛弃了儒家三纲五常的规范，而且显然并不希望回到过去的生活里去。这也不是说过去的生活不如现在的生活，而是仅仅因为现在的生活不是过去的生活。

我在《一个或所有问题》一书中试图证明这样一个道理：至少在思想、文化和生活这些事情上，我们不可能知道我们所能想到的原理是不是基本原理，因为我们不可能知道未来思想、文化和生活所需要的基础是什么样的；而且，进一步说，思想、文化和生活永远在变化，而真正的变化总是基础性的变化，所以，即使我们能够发现某些绝对真理，也不可能是永远的基本原理，而只能是未来能够接受的一些非基本定理。打个比方说，思想、文化和生活不像建筑那样先有个固定的地基，然后就剩下一些细节工作，相反，是因为细节工作不断搞出问题来，于是需要不断修改地基，所以“地基”是随着细节的变化而变化的，或者说，思想文化的所谓基本原理只不过是具体问题和需要的函项。我们原来想颠倒了。

如果一种东西是有价值的，那么必定是人主动感兴趣的事情。但是不能说一个人自己感兴趣的事情就是有价值的。认为一个人自己的兴趣和体验决定什么是价值，这种态度正是破坏生活的价值和意义的另一种方式。确实有一些事情的价值由个人感觉决定，比如食物、消闲方式和配偶的选择等等，在这里不难看出，能够由个人决定价值的事情都是个人的事务。假如把这种个人感觉扩大化，以为所有事情的价值都可以个人地理解，这种主观主义必定破坏生活的整体性意义。每个人的生活都以人类整体生活为意义背景，这个整体生活背景包括人类的各种共同事业和各种集体事业，在很大程度上，每个人的生活或者生活中的细节是因为人类整体生活背景有意义而变得有意义的，如果没有这种比每个人更重要的整体生活背景，那么，每个人的生活意义马上变得非常单薄、琐碎、卑微、不值一提。

也许会有人说，世界和万物的客观存在虽然伟大，可是对于个人来说，个人的生命和体验才是价值的真正所在。这种想法忽略了一个问题：自我所体验的到底是什么东西？表面上就是自己的感觉，那么，在自己的经验感觉里有什么东西？当然是“某种事情”。假如这种事情是有价值的，那么，它为什么显得有价值？当然是根据某种标准和观念。这些标准和观念虽然出现在自我中，但实际上存在于文化中，即使是自己创造出来的观念，那也是一种文化的存在，是作为文化的一部分而被设计创造出来的，这种观念所以有意义，是因为它在文化中才有意义。假如我的观念的“意义”与外在的文化完全无关，就不会有意义，因为如果它没有着落，就无法在比较中给它定位，甚至我们不可能知道它是什么东西。一个人所创造出来的思想或艺术当然是以人类的文化作为背景才有意义，即使一个人创造出来的观念是对传统的彻底背叛，它的意义也在于它是一种背叛，总之它不可能与一切没有关系而有意义。因此，如果自我的任何一个判断是有意义的，就等于事先认可了人类文化的意义；如果个人的生命和感觉是有价值的，就等于以人类的存在和事业的价值为前提。

顺便谈谈胡塞尔。胡塞尔有一个绝对主观主义理论认为，外在世界以及关于事物的一切知识的和价值的判断都可以“悬搁”起来，也就是封存起来，这样就可以看到真正的意义，就是说，纯粹的自我内在地拥有纯粹的思的意义。那个纯粹的自我虽然是抽象的，也就是“人类性”的，但由于它与实际世界和集体性文化无关，这个自我实际上相当于一个单独存在。按照我前面所讲的道理，如果不考虑到由世界和文化的特殊模样所决定的价值判断，那么，自我就没有能力在纯粹的思中构造出任何一个价值判断，因此，胡塞尔式的所谓“主体性的凯旋”（有人用来表扬胡塞尔思想的说法）就是价值的失落，而一个没有任何价值判断的纯粹“所思”也就甚至不可能成为一种思想，因为没有价值判断，我们就不可能知道一个思想有什么用，一个思想没有任何用处和文化价值，就只不过是完全糊涂的意识流——假如牛顿想到苹果落地时悬搁了一切价值判断，那么一定和一个白痴想到的没有什么两样。价值的失落最后导致思想的失落，又有什么“凯旋”?

通过这个例子我想说，主观主义所提倡的不仅是一种自己跟自己玩的游戏，而且是一种自己玩自己的游戏。可是当玩的仅仅是自己而不是人类的事情，这个自己恰恰没有什么好玩的，因为是个白痴。所以，主观主义不可能带来自我的觉悟和价值的多元，相反，只能是没有价值也没有意义。当然，事实上那种白痴般的主观境界还很不容易做到，所以，主观主义的实际结果是鼓励了偏见和价值的错觉。

到这里我们已经有可能比较恰当地理解价值了。价值是在生活中的，有什么样的生活就有什么样的价值，首先，生活是变化的，我们不可能为生活规定一些普遍必然的伦理规范来强行规定什么是价值，这件事情只能由生活说了算。伦理学家不能自以为是教师或领导，而只能是参谋或技术工人，就是说，不能去规定价值，只能去发明实现既定价值的方法，因为人们不需要看法而需要做法；其次，既然价值由生活的运动所决定，那么，个人的主观经验不能兑换成价值判断，价值的所在不是经验而是事情，而事情总是人类文化的一个部分，所以，价值是一件事情在人类文化中的意义，或者，价值是一件小事情相对于大事情的意义。

我把决定价值的根据从人或者个人手里搬到社会存在和文化存在中去，这种“后”人文主义可能会令人文主义者不以为然，但是我相信这种理解是符合事实的。有什么样的生活，就有什么样的价值，给我们什么样的生活，就等于给我们什么样的价值。当然，生活形式和社会存在是人创造出来的，但是它比人强大，它在很大程度上决定了人的意义。如果按照人文主义的看法，这是异化。可是我想说，没有异化就没有价值。

想想这样一个道理：假如人不去创造出比人更伟大的东西，人又恰恰会感到不满，因为那样就没有什么值得努力的事情了，也就没有什么值得敬畏的事情了。只有当人感到人的渺小而又感到某种与人有关但又比人伟大的东西时，人才会感到生命不是一种消费而是一种投资，这样才会有真正的价值，才会有值得心灵去追求的价值，否则就只不过吃吃喝喝然后再使劲体会自己的自我，这实在不好意思说成是价值，就算是，那价值这个概念也就失去研究意义。比人强大的东西才值得追求，这一点其实是非常明显的，真理高于人，所以特别有意义；美使人自愧不如，所以令人倾倒；金钱能使鬼推磨，而人不能，所以特别有价值；权力能使人推磨，所以人为它拼命；爱情使个人生命失色，所谓生命诚可贵，爱情价更高，否则爱情就只不过像一笔生意，赔了就赔了，犯不着拼命，也就没有什么魅力了；即使是自由，也不是一种属于自我感觉的东西而是属于人类文化的客观性质。自由总是被误解，自由是什么？不是一种抽象的无拘无束的自我感觉，而是一种由文化所赋予的实实在在的权力。这些东西无论好坏都比人强大，都是人真正感兴趣的价值。

只有能使自我显得渺小的东西才有价值，或者说，只有能够发现比自我更有价值的东西，生命才有意义。生活的困惑不是个人存在的问题，而是一个文化存在的问题，不是个人生命有没有意义的问题，而是一种文化或者生活方式有没有魅力的问题。如果从一个狭隘的、主观的角度去看价值，反而难以理解价值。人们总觉得价值毕竟是一种主观的理解，可就是没有意识到，所谓客观才是最丰富、最宽阔的主观。

既然价值是由生活方式决定的，我们就不可能从种类上很全面准确地描述价值，而只能谨慎地把价值种类看作是变量。比如说，假如有一个社会特别尊重荣誉，那么金钱的地位就可能下降；假如一个社会里的人特别温和，欲望很少又特别懒惰，做官可能就是吃亏而不是占便宜等等。既然把价值种类看作是变量，就不难发现，所谓有价值的东西就是：

（1）许多人希望得到但事实上只能有相对少数人能够得到的东西。所谓物以稀为贵，差不多接近这个意思，这里的“物”应该广义理解，不仅包括财富，还应该包括社会地位、名声、职位、美貌、健康、天赋等等。当然这些种类只是反映现在的情况，不是永远固定的，比如说按照生物学的狂想，将来人人都可以变得非常漂亮，那么漂亮的价值就会大大降低，甚至恐怕都不再是一种性吸引力，那时候人们可能会觉得性格和谈吐更性感。

（2）在人们有可能得到的某一类可比较的东西里，具有比较高的品级的东西，就是有价值的。这一点也是显然的，冠军就是比亚军好，高级轿车就是比破车强。当然，有人会说，有些东西（例如冠军）本身没有什么意义，这样说没有错，可是那些东西事实上有意义，因为它们的确使人感兴趣了。社会就是这样，许多事情本来没有意义，但是一旦造成了攀比效果就变得有意义。攀比是价值的一个来源，人类生活的很大部分只是为了攀比。

（3）在与社会评价和与他人无关的个人事务里，自己特别喜欢的东西就是有价值的。只有这种价值几乎算是主观的，但这种价值肯定不多，因为人们受社会的影响如此之大，以至于在今天这个应该说相当自由的社会里，人们的所谓自由选择的结果实际上非常一致，而不像理论上想像的那样是非常“多元的”——现代社会选择的机会虽然多，但思想和精神的机会并不多，结果是“可怜的脑袋所见略同”。

不难看出，价值的存在是一个文化事实而不是个人事实，或者说，价值属于人创造出来的但又比人伟大的东西，正是这些东西才使人的生活有了超越生物性存在的意义，才使人有了值得一想、值得一做的事情，甚至说，正是因为有了超越了自我和个人生命的事情，所谓的自我和生命才有意义。很显然，自我是因为思想了比自我伟大的事情，所以才有所谓的思想；生命是因为投入到比生命伟大的事情中去，才不至于变成一个无聊的流程。假如想来想去只不过是自我和自己的生命，就会发现自我完全是空的，因为没有什么可想的。自己玩自我有点像这样的情况：有的人活着主要是为了保养和锻炼身体，而保养和锻炼身体又是为了活着。这想起来总有些不大对头。

价值首先是属于人类或者某个集体的共同事业的，在这个背景下，个人的事情才变得有价值。而价值在性质上主要取决于“不可多得”和“差等”。孔子说，君子有三畏。尽管孔子所说的三畏在内容上有些问题，但确实表达了尊重伟大事情的重要性。我则想说，如果一个人不会尊重伟大的、美的、优秀的事情和人，就是不理解人——理解丑恶和平庸的东西是很容易的，而只有理解了伟大和美好的事情才算理解了人，而如果不理解人，就是（孔子意义上的）小人，也就不可能是一个有道德的人，这样的小人也许会遵守伦理规范甚至把规范内化为心性，但是由于他不理解美好的事情，所以也别指望他做出美好的事情。一个人首先要能够意识到自我不值钱，才有可能成为不凡的人，才能创造出美好的生活。

有一点需要正确理解，我所说的“伟大”和“优秀”应该平常地去理解，伟大和优秀虽然包括那些在名利事业上超群出众的事情，但更主要包括那些构成日常生活美感的事情，一种真正的爱情、友谊，一种坦诚的关系，一种互相尊重和理解等等，这些都是伟大优秀的事情。

4. 生活的意义和幸福生活

我的伦理学分析是非常现实主义的，但其分析结果却可以说是唯美主义的，不过这其实没有矛盾。美正是生活的要求。

前面我在分析价值时，现实到了几乎“庸俗”的地步，但这对于看清楚价值的事实是非常必要的，而且我想说，价值的事实虽然好像有些庸俗，但是生活的最优状态（the optimal）、真正美好的东西却只能是这种庸俗事实能够生长出来的，而不像通常想像的那样，是一种与事实对立的理想（the ideal）。我们通常所说的“理想的”生活实际上有两个意思，一种是指事实上可能的“最优”（the optimal），另一种是逻辑上可能的“最好”（the ideal）。哲学家（特别是那些有先知或导师感觉的哲学家）往往致力于思考后者，而我却深感怀疑。现代和当代的理想主义者们完全不顾希腊怀疑主义的一条定理：理想的东西就是我们一无所知的东西，我们不知道它是什么样也不知道它在哪里，即使给我们瞎蒙遇上了，我们也不可能知道那就是我们不知道而想知道的东西。既然我们不可能有普遍必然的绝对的经验知识，也就不可能有雷打不动的普遍必然的伦理规范，因为我们不可能知道是不是应该永远遵守那些规范。所以我说，价值不是由伦理学家而是由生活规定的，生活不是在追求某些主观想像的最后目标，而是在追求好的存在状态。

当搞清楚价值的性质就差不多可以明白生活的意义。可以先考虑两个生活意义的标志。

一个人愿意继续生活而不至于觉得活不活无所谓，首先表现为他仍然有“弱点”，就是说，他仍然有些“在乎的事情”，在这些事情上他仍然有可能心灵受伤害。一个人在事实上为了保护“弱点”或者“在乎的事情”而活着，这些事情就是他生活的意义。假如没有在乎的事情，一个人就非常可能肆无忌惮，成为亡命之徒。由此也可以看出，伦理规范根本不是生活的意义，人们遵守规范是因为还有在乎的事情，假如没有了在乎的事情，命都可以不要，还要规范干什么？人们为了在乎的事情而不是为了规范活着。所以，想把规范内化为心灵的追求是不可能的或者是虚假的，规范应该进一步外化为法律和社会制度才是正路。

生活意义的另一个表现是一个人的生命的支出方式。生命并非无价，所谓“无价”这种文学描述给人以理论上的错误想像。生命当然是有价的，它值一定有限的时间，通常值六七十年或者七八十年，或更多，或更少。一个人活着相当于有数十年的时间可以用来支出，生命就像钞票，只不过是限期使用的钞票。所以，即使从一个尽量主观化的角度去理解价值，价值也不可能是主观态度的结果，而只能说，价值相当于一定时间，也就是，一个人愿意为某种事情投入多少时间，这种事情对于这个人来说就有了多大价值。但是，这种主观性仍然是表面的，由于所做的事情本身的价值最终是由生活和文化所决定的，所以，价值主要还是客观地决定的。把生命理解为钞票有助于理解什么是生活，生命不等于生活，仅仅是活着当然可以说体现了生命的意义，但却没有体现生活的意义。我曾经说，存在就是做事，就是在生活的意义上讲的。生命这种钞票本身还不是生活，而且不用就作废，很显然，如果生命不用来做在生活里有价值的事情，就不会有生活的意义，生活的意义取决于一个人做什么样的事情。

这里有个好像很平常但又很值得考虑的道理：时间是留不住的，所以支出一定的时间就要求有一定的收获，所以生活必须是建设性的活动，否则越活越吃亏。通常人们是懂这个道理的，比如说当一个人为了挣一大笔钱而花了十年时间，结果没挣着或者生意全赔了，他就会觉得这十年白活了，白忙活了。但是有些人也会糊涂，把时间用于消磨生命，或者找茬生闲气，或者为一点蝇头小利投入大量时间去争夺，或者把时间都投入到一些相对不重要的事情上去，等等。

也许有人会觉得这好像已经不像伦理学问题了，但我想说，这不仅是一个伦理学问题，而且是个大问题。它表面上有些鸡毛蒜皮，但其实很严重。假如人们对生活有着比较建设性和创造性的感觉，怀着真情实意去生活，分别按照自己的特点去追求那些有价值的事情，无论是爱情、友谊还是各种人类的共同事业，总之是追求幸福和欢乐，那么，伦理学根本不会遇到很多困难的问题。说得更明白些，如果人们拥有许多值得在乎的美好事情，那么一般不会去做坏事。而如果人们过得没意思，生活的整个场面缺乏意义，那么，即使宣布各种各样的伦理标准、规范和纲领又有什么意义？

原来伦理学的思考重心落点太浅了，现在我们必须意识到伦理学的真正对象是一个比社会规范和义务之类规模大得多的东西，是整个生活的意义和文化的存在状况。至于规范和义务之类的问题只不过是一些相关的小问题。无论是伦理的最高还是最低纲领（国内外都流行这样的肤浅观念）都不能对生活意义有什么说明，所以我们根本不知道那些纲领是什么意思，因为它们都是无根的。当然这不仅仅是伦理学的问题，整个哲学现在都有类似的困难，这就是，人类的生活和文化已经有了很大的发展，它的规模和模样已经很有些不同，我们思想原来所依靠的那些所谓“基础”现在已经变成了不堪重负的地基，甚至变成文化的一个很小的部分而不再是基础，所以思想已经到了需要革新基础设施的时候了。就伦理学而言，比较具体地说，应该由讲“有所不为”的伦理学深化为讲“有所为”的伦理学；由批评个体的伦理学深化为批评文化和社会制度行为的伦理学；由以人的个别行为作为研究单位的伦理学深化为以整个人为研究单位的伦理学。总之由研究“一个行为怎样是好的”深化为“一个人、一种生活和一种文化怎样是好的”，显然，前者的答案在后者问题中。

现在回到生活意义问题上来。有一个人们担心的老问题，人们似乎担心欢乐和伦理是矛盾的，因此伦理学一直比较忌讳幸福和欢乐，就好像幸福和欢乐是坏事一样，即使讲到幸福也一定要说成是一种克制的、求得心安的感觉（心安的感觉当然是好的，但恐怕离幸福还有很大距离）。事实上并非幸福和欢乐是坏的，而是确实有许多人不知道什么是真正的幸福和欢乐。伦理学一直建立在一种知识错误之上。其实，所有真正的幸福和欢乐几乎都是分享性的——不是说能够把我的幸福感觉分给别人或者把别人的欢乐感觉分给我，而是说，幸福和欢乐总是由一些相关的人一起获得或者连锁地获得。这种分享性或者同乐性是幸福和欢乐的一个先天性质或原理，假如反对这种先天性质，就反而找不到幸福和欢乐。不用说那些比较复杂的幸福，就拿最普通的幸福和欢乐来说，这种幸福先天原理都是非常明显的，例如，许多人凭经验就能发现一桌好菜、一瓶好酒，如果独自享用，不但没有好气氛，而且连好味道都没有与朋友共享时那么带劲；一个笑话，一个幽默，主要也是用来与人同乐，只是自己乐，就会觉得欠缺，甚至有些傻乎乎；至于亲情、爱情、友谊更是双方的欢乐；即使是个人的成功，假如这种成功不是与人类的或者某个集体的共同事业联系在一起，那么那种所谓的成功与其说是幸福还不如说是无聊和孤独。所以，按照幸福的先天原理，真正幸福的事情一定是好事情。如果人们真正理解什么是幸福，就一定会做好人，除非人们把幸福错误地理解为占各种大便宜和小便宜，并且把给人幸福理解为给人小恩小惠，那就没有办法了。错误理解了幸福的人不管占了多少便宜和搞了多少小恩小惠的慈善都不可能感觉到那种由衷的、像天地一样宽阔的幸福感。

敌视幸福和欢乐，就是敌视真正的道德。生活的逻辑不是“或者做好人，或者去谋求幸福”这样二择一的情况，而是“做好人就是谋求幸福”并且“谋求幸福就是好人”。如果把道德的行为看作是吃亏和牺牲的一种类型，就根本不懂任何美好的生活。

许多人都有过帮助他人的行为，比如赞助穷人，或者见义勇为，或者在地铁上给老人儿童让座位之类，这些行为表面上都是一样的，但是做好事的原因却不太一样。康德曾经区分出两种类型：一种是有条件的做好事，比如说帮助别人是为了别人在别的时候帮助自己或者是为了得到赞扬。这种类型的动机不纯，不能说明真的对人好。另一种是无条件的，完全是出于义务。但是，这种理解更可能是按照概念和逻辑推出来的，即使它在概念和逻辑上看上去很完美，却不能因此认为它表达的是生活之美。当然，做好事出于义务，这无论如何不是坏的，但却仍然不够美好。我相信另有一些能够敏感到生活的意义和生活之美的人在做好事时不是出于义务，而是出于比义务更深入的理由，即做好事是为了创造和维护生活的美感，或者说，做好事是因为这种行为构成了人类生活的美丽画面。

创造生活之美和尊重义务并不对立，但比义务更纯更高，它与生活的意义在一个层次上，它和幸福是一回事，这才是真正完美的道德。显然可以看出，一个人即使处处按照义务行为，这当然好，但他自己不见得能够因此成为一个幸福的人，而且，他所做的好事也不见得有助于别人成为幸福的人。这一点是关键的，想想看，仅仅尽了义务，难道这就是人们所渴望的吗？人们在需要帮助时，比如在需要经济援助时，或者汽车坏在路边需要推一把时，难道需要的仅仅就是一点金钱或者推那一把吗？这些帮助当然是需要的，但如果仅仅是这些，就远远不够，在某种意义上，那些帮助只是人之间真情意的表达方式，是人心之间的一种交往方式（就像语言是思想的表达方式和交流方式）。如果用那些帮助表达了真情实意，那么人们就得到了真正想得到的东西。人们在需要帮助时，需要的是“表达着真情的物质”，而决不仅仅是物质。所以，当我们提供帮助时，道德重心必须落实在真情而不是义务上。

建立在真情之上的道德才能给人幸福，才能给人真正需要的东西，只有能够提供人们真正需要、真正感兴趣的东西才是有意义的行为，而建立在义务之上的伦理只不过是生活的一种政策，就像是在完成任务，就算把义务锁定在心里，完全成为绝对命令，那也无非是在自觉完成任务。义务虽然是必需的，但离道德还很有距离，这两者貌似神不似。其实人们很容易分辨义务和真情。真情可以通过假话来表达，真话也可以用来表达恶意，人们当然选择了表达真情的假话而不是表达恶意的真话；如果你只是尽义务地帮助别人，那么别人多半很快就忘掉了；如果是尽心地帮助别人，那么别人非常可能会记一辈子；同样，一个被社会忽视的穷人通常不会因为到慈善机构领取了救济金就改变怨毒的心情，但是他的穷朋友对他的支持却会带来生活的意义；一个人还完全可以不动感情地、机械地、冷漠地尽各种义务。

道德要给人幸福，远远不止是给人好处。

道德追求的是人的真情“相通”，而义务和规范要求的是人的理智“相处”。伦理学花了好大力气在讨论应该这样应该那样，怎么想都觉得无聊可笑，因为“应该这样而不应该那样”这件事情恰恰说不上“应该不应该”这个问题。哪些要求算是规范和义务，完全由特定社会情况说了算，社会需要什么样的规范，自然就有那样的规范，社会抛弃什么样的规范，它就不再是规范。一种规范让人不喜欢，人们一有机会就会背弃它，如果让人喜欢，人们自然就自觉遵守。这件事情没有商量，只不过是个市场性和技术性的问题，根本不是一种心灵的追求。按照流行的伦理学来看，像我所讨论的问题可能会被认为是高要求的道德问题。可是道德怎么能够有什么低标准的和高标准之分？是道德的就是道德的，不是就不是，把一件简单的事情搞得很复杂没有什么好处。从表面上看，通常的伦理学和我心目中真正的伦理学所推荐的各种行为要求大同小异（尽管我没有不厌其烦地去罗列各种义务），这就是说，人们所要求的行为类型不会有太大的差别，但我想说，其中推荐给人的心灵却不一样。

通常伦理学强调的心灵是理智（据说是与“知识理性”平行的所谓“实践理性”），我心目中的伦理学强调的心灵是情意。在前面我们已经讨论过，那些控制行为的理性规范是社会生活所需要的，但它实际上是社会中的合作和让步的技术性问题，甚至是市场性和政治性问题，而并不是真正的价值问题（尽管冒充为价值问题），因为克己的要求不是人的本心欲望。伦理学有一点完全搞错了，它误以为人类的基本价值选择是在“放纵”和“克己”中选择，这好像是想让人在两种无意义的生活中进行选择。事实生活中人们感到困惑的是另一种选择，是一种类似“鱼和熊掌”的选择，即在各种可能冲突的渴望和诱惑中的选择。

某种程度上的克己是一个人在社会中生活的前提（例如要遵守法律和各种职业规则），这没有什么好说的，这根本不是一个价值问题中的一个方面。当伦理学要求人们应该遵守某些规范时，在逻辑上就好像是说人们也可以不遵守规范一样。我们知道，事实上除非一个人利令智昏，就不会违反规范，因为违反规范恰恰使他不能在认可这些规范的集体中分一份利益。我看不出有谁不知道需要某种程度的克己，这用不着伦理学家把它当成问题。伦理学家为了使规范变成一个问题，就不得不把规范夸张为普遍必然的价值标准，结果损害了人们的心灵。

伦理学只谈克己，不谈人心中忍不住的真情，确实已经造成很坏的影响。有一个最近的例子（如果传媒报道没有失真的话）：某人的妻子因为事故失去精神交流能力和性能力，多年治疗无效，丈夫要求离婚，但准备终身供养她。这简直是道德模范了，结果许多人认为是不道德的，真是奇怪。为什么希望别人过一种没有意义的生活？假如周围的人都过着没有意义的生活，自己也绝对不可能有好日子过。现在人类生活的危险不在于规范的欠缺，而在于真情和幸福的欠缺。

人类思想中糊涂想法很多（所以哲学不会消失而是忙不过来）。伦理学的错误可能与一个糊涂哲学假设有关，这就是以为人的感性低于理性，而且感性是人的动物性方面而理性则真正是人的精神方面。于是就往往不讲道理地把坏的特点都归给感性，比如自私利己之类。其实不见得动物都比理性的人自私，例如母兽几乎都会无条件地爱护子女，人反而难说，很多人为了所谓的自我价值而忽视子女；许多动物还会为了集体的利益无私地拼命，而人则只有少数英雄能够这样做。当然并非所有方面都是动物比人无私，我只是想说，那种区分是荒谬的。还有一种更加错误的假设以为人的理性能够提拔人的感性，能够把人的自然性给“人化”为人性。比如说认为爱情就是人化了的性爱。这就是一个典型的误解，现代人的性爱水平比自然性爱水平高得多也复杂得多，这一点确实是人化的结果，但是我们只能说现代的性爱是自然性爱的人化，却万万不能说爱情是性爱的人化，显然，虽然爱情可以有助于性爱的感受，但性爱却可以与爱情无关，爱情是非自然的一种另类感情，是人类生活另外发展出来的一种感情。类似的例子还很多，人的艺术感觉也绝不是自然感觉的升华，艺术品所创造的表达也不是我们一般经验体会的概括或集中表现，而完全是另一种全新的感觉。如果不理解这一点就永远不能理解艺术尤其是前卫艺术，不能理解艺术为什么要有前卫的努力。

在这里不可能仔细分析人的各种感性或感情，但是我们必须纠正由进化论暗示所造成的一些误解。文化环境与自然环境的区别非常大，文化对于人类不仅仅是影响，而是创造，文化创造性地改变着人，所以人类有一些感性或感情完全是创造出来的（不仅仅是理性），这些由文化创造出来的感情也是纯粹人性的一部分，与理性是平行的、同水平的。我在十年前的一本书里曾经把那种非自然发展出来的、而是文化地创造出来的感性称为“精神本能”（当然这个说法不知道是否妥当）。我们原来通常只把理性看作是精神的根本，而把感情看成是低于精神水平的“冲动”，而当有时候感受到感情的强大力量时，又会有人错误地把自然本能过于夸大，这两种错误是同源的，它们使我们不能正确理解人，不能正确理解整个价值领域的事情——不能正确理解人的真情意，就不能理解生活的意义，也就不能理解道德；不能正确理解纯粹感性的创造，就不能理解艺术。

结果，由于对人类的纯粹精神感性缺乏理解，就当然会有价值失落的感觉，就会麻木。生活是什么样的感觉？不要赶紧归结为好呀坏呀甜呀苦呀雅呀俗呀什么什么的，而要一直想到毛骨悚然。

现在的道德问题不在于感性的泛滥、缺乏实践理性或者规范和义务之类（这些坏现象都是表面的），真正的问题是我们根本就缺乏与我们的理性水平相配的感性和感情，我们没心没肺，不能理解真正动人的真情和美丽的感性世界，不再敬佩英雄和伟人，不再为爱和友谊所感动，不再愿意同甘共苦，除了业务和别人的笑话，就好像再没有什么可交谈的了。那么还剩下什么？还剩下不得不遵守的规范和空虚，于是就无动于衷地进行各种合作、尽各种义务，偶尔抱怨自我得不到他人的同情和理解，至于自我里有什么内容可以理解则很难说，令人担心的是根本就没有什么内容可以理解。那么多人担心未来世界里充满电脑、机器人和其他各种技术，可是机器人到底可怕不可怕还不一定，可怕的是人自己变成了机器人。

关于生活的意义，现在似乎可以有一个比较明确的说法——但只是一条线索，不是概括，因为我们不可能对生活有完全的觉悟，否则就反而不是生活了。这条线索是从真情投入开始的。在前面我们发现了生活有意义的一个标志是有一些在乎的事情，那么它的实质呢？就是真情的投入。那么，什么样的事情能够使人真情投入？这里同样无法罗列事情的类型（因为生活变化多端），但却有可能发现它们的一些性质，可以说至少有两个性质：

（1）如果一种事情值得一个人去真情投入，那么，对于这个人来说，这件事情必定比他的生命更重要、比他的自我更伟大，简单地说，只有能够使人忘我的事情才能够使他的生活获得意义。显然，生命的意义在于支出而有所获，所谓生活就是生命的支出方式，假如世界上没有什么比个人生命更重要的事情，也没有比自我更高的价值标准，那么就意味着没有什么值得拿生命去追求、没有什么值得拿生命去换而又不吃亏的事情，其逻辑结论就是活了也白活，活着就是白白支出生命。所以，假如一个人以为自己的生命和自我是最重要的东西，他就不可能感觉到生活的意义，因为自己的生命和自我被当成价值的顶点，那么不管做什么事情都会好像是在吃亏上当。以自我为准的人心灵是如此的狭隘，所能领会的天地如此之小，永远都会觉得自我得不到安慰，永远只能玩弄自我而没有什么别的好玩的。不能忘我的人是不幸的，他不会有感人的亲情和爱情，不会有伟大的成就，理解不了伟大的艺术，因为这些事情都需要忘我；不会贬低自我的价值的人是没劲的人，是没有道德的人，因为他不可能是勇敢的，不可能是无私的，不可能是公正的。所以，这条原理也可以说成：如果一个人的生活是有意义的，他必定热爱一些人和事情超过爱自己。

（2）如果一种事情值得用一生或者用一生中很大部分时间去追求，那么，这种事情必定是可以无限追求的事情。或者反过来说，有了值得无限追求的事情，生活才会成为事业——不是在生活中有了事业，而是生活本身就变成事业。这一点微妙的区别其实很重要，一个人想当上一家公司的经理，或想有一家自己的工厂，或想当个教授什么的，这些当然可以算是“生活中的事业”，但是人毕竟还不是为了这样一些东西而生活，只不过是希望生活中有这么一些东西而已。只有当某种事情的出现和存在使得生活本身有了“生活即事业”的效果，生活才真正有了不可替换的意义。那些可以无限追求的、好像很特殊的事情说破了其实很“经典”，无非是美、真理、爱情等等标志着人类的能力、智慧和成就的事情。这些事情在现在这个年代说起来似乎有些平常，但实际上人类生活不管怎么变化，还没有能够制造出比这些事情更有价值、更有魅力的东西，人们最终所追求的各种各样的东西只不过是这些价值的不同表现，所以，尽管我们不能说这些价值就是最好的，但也不可能想像出比它们更好的价值。看来生活就是这个样子，生活的本性如此。这些可以无限追求的事情构成了生活的精神支柱。只有当人类有一些可以无限追求的事情，人类的存在才有历史感，人类的存在没有一个所谓的最后目标或终极目的，那种无限进行着的历史感就是人类存在的意义。每个人的生活意义都是以人类性的意义为背景的，如果没有那些人类性的意义作为背景，每个人的个人生活的意义肯定是不清楚的，无法定位的。由此也可以理解为什么说那些特定的、可以完成的行为目标不能构成生活的精神支柱，一种地位或名声，一种规范或理想，都太狭隘了，太小了，只不过是生活中的一些琐事。

现在可以进一步来理解幸福。

首先可以比较“庸俗”地来理解幸福。如果真情投入地去追求某些事情，并且把生活过成一个激动心情的故事，那么就算是幸福。当然不见得是一个离奇夸张的故事（一个人要生活就不能上小说、电影的当，小说、电影是给人看的，不是给人过的）。既然生活要过成故事，就必须有意想不到的“运气”或者说“幸运”。幸运是“幸福”这个概念的一半，当然是比较庸俗的一半。毫无疑问，实际生活通常不像期望的那么好，偶尔的幸运会使人乐不可支。不过我要强调的还不是那种属于一个人自己的好运气，而是想强调人类共享的生活场面里必须是能够有好运气的，就是说，我们在这里讨论的生活指的是“人类整个生活场面”，这个生活场面不能一点灵活性都没有，假如一切都是常规，一切都按部就班，一点投机的机会都没有，一点想像的余地都没有，这样的生活场面是没有意义的。所以，这里讨论的好运气到底落在谁的头上是一个次要问题（当然落在自己头上最好），关键是生活的可能性里必须有一些诱惑和机会，如果没有一些特别“出头”的可能性，生活就没有奔头。比如说，并不是人人都能够成为亿万富翁，但是假如一个社会根本就不允许人有钱，那么，金钱就不是一个奔头，同样，假如一个社会不允许少数人出名，那么，名声就不是一个奔头。等等，而假如一种生活方式里什么奔头都没有，也就不会有什么引人入胜的故事，那么每个人的生活都没有意义。因此，人类生活场面是不是有意义，这一点的重要性甚至超过自己的生活是不是有意义。不要只想到自己，要想到客观的生活场面。任何一种生活都必须制造一些好运气（不管属于谁），否则没有意义可言。或者说，存在着一些难得的东西，所以才有幸福。

前面讲的是“低级的”幸福，但也是必要的幸福。现在来讨论“高级的”幸福（显然，只有低级的幸福是不够的）。低级的幸福，或者说幸运，永远是偶然的，假如一种生活只有低级的幸福，那么意味着生活的大部分，甚至对于某些人来说是生活的全部，都有可能是不幸的。因此人们希望有一种几乎是必然的幸福。这种必然的或者高级的幸福在《论可能生活》一书中已经有过讨论，现在我仍然相信那种看法是正确的，简单地说，一个人如果让他的生活成为一个创造性的过程，就会是幸福的。而使生活成为创造性的，就必须满足以下要求：

（1）生活的创造性主要表现在日常生活的普通细节中，而不是表现为创造出伟大的艺术品或者思想。伟大的成就不一定足够使人幸福，但生活细节的创造性一定会使人幸福，因为生活从根本上说是一系列细节。细节就是存在。如果没有激动人心的细节，即使你像比尔·盖茨一样有钱或者像爱因斯坦一样伟大，生活仍然有可能不幸福。

（2）创造性在于“给予”而不是“接受”。“给予”意味着你愿意做一件事情，并且你做了，这本身就已经满足了你的意愿，所以幸福。这里有一个“绝对盈余原则”：如果你特别想做某件事情，不管这件事情实际上是否给你带来什么收获，做这件事情本身就已经是收获，假如另外还有收获，显然已经是额外的了。例如人类早就发现，爱别人比得到别人的爱情更重要一些，这绝对是生活经验的结果。不过，这个说法似乎需要一点改进，似乎应该说，只有爱别人才有爱情，只是得到别人的爱仍然还没有过爱情。真正的爱情只想到别人而想不起自己，它是勇往直前的、毫不计较的，它与犹豫、缠绵、等待理解、怜爱和安慰之类的情感根本无关。爱情只是给予性行为的一个例子。进一步说，不会给予的人永远孤独无聊，因为如果不会给予，心灵就与别人的心灵没有关系，所以孤独无聊，而最不能忍受的生活就是永远的孤独无聊。由此也可以看出为什么爱情和友谊之类的心灵关系是艺术的永恒主题。

这些讨论都是想说明，伦理学必须研究的是幸福之路，而不是任何一种规范体系。或者说，人们应该做什么不应该做什么，这是由历史情况、政治、经济、法律等社会事实所规定的，如果想要说明规范，那么需要的是历史学、社会学、政治学等方面的研究，而不是伦理学。价值是由生活事实决定的，伦理学只能按照生活的价值去思考如何实现这些价值，而不可能去规定生活应该追求什么价值，所以，伦理学只能按照生活的要求思考什么是最好的可能生活，而不能按照观念的要求去规范生活。为生活宣布一些普遍必然的规范完全是削足适履的思维。而且，就实际效果而言，把人搞成规范人不一定能够使人成为有道德的人，规范是治标不治本的，即使规范变成了心中自觉的“绝对命令”，仍然有可能只不过是冷漠地、机械的遵守了规范，这又有什么意义？幸福的人才往往会做道德的事情，事实如此，一个人在心情愉快时，在感受到某种美好情谊时，在发现生活之美时，就自然而然地喜欢做好事。而一个处处遵守规范的人却不见得愿意做好事。生活经验表明，那些有些不太规范但心有真情的人往往会见义勇为，会在国家和民族有需要时挺身而出，会有热烈的爱情，会为朋友两肋插刀，会为穷人一掷千金，至少不会是一个特别没劲的人。

道德的基础是美好的情感而不是理性规范，道德是为了追求人类的美好生活场面，是为了让生活变得有利于生长一些感人和动人的事情，而不是为了生产规范。这就像文章是为了写得好，而不是为了有机会使用格式。我所主张的伦理学和通常的伦理学在一些行为要求上可能是一样的（例如要求能够帮助别人），但境界大不相同。就以最普通的情况为例，可能有的人在地铁里给妇女儿童让座位是出于规范，也有的人却是出于生活的美感，他可能想到的是，假如不让座位，自己感觉就很丢份，形象很差，一点男人气度和魅力都没有了；或者，可能有的人给人经济赞助是出于规范，有的人则因为是个具有慷慨德性的人，或者是因为那些需要赞助的人是一些值得赞助的像样的人。我相信后一种境界才真正是道德境界。美，然后好。

附录五
伦理规范的真相

1. 好人和坏人

维特根斯坦说：不要想，而要看。这句话很有些道理。我们在生活中常常说到的“好人”和“坏人”是什么意思？先别像伦理学家那样去下一些愚蠢的定义，不妨看看真实生活中的实际用法。

人们在得到别人的帮助时，就会认为他是个好人，得到许多人的帮助时，就会认为天下毕竟还是好人多，如果情况相反，就会认为坏人多。这是常见的用法。另外，如果一个人比较听话，更多地顺从自己的意志，人们就往往说他是个好人。还有一种可能是最普通的用法，我们把那些让别人得到好处，让自己吃亏的人叫做好人。诸如此类。由此可见，“好人”的通常意思就是：

如果我们与一个好人相处，我们会得到比较多的便宜，至少不吃亏。

这种意思看起来有些见不得人。因为这样想我们就似乎是把自己摆在几乎是“坏人”的位置上去定义什么是“好人”的。不过与这种感觉配套的那种常见的伦理规范则好像堂皇得多，假如是“高标准”的规范，就表现为要求自己去做一个上述意义的好人，例如要求自己“专门利人”；假如是“低标准”的规范，则要求去做一个不好也不坏的人，例如“同情他人”和“不做损害他人的事情”。

高标准的要求显然是不现实的，而且，如果真的有人这么做（这样的人确实有，尽管不多），结果并不能产生一般所想像的“完全绝对的好人”，因为那种高标准本身包含着逻辑上的缺陷。完全考虑他人的利益意味着放弃自己对自己生命的责任以及对自己最亲密的人的责任，这等于害了一些人。前几年读到一个报道说，有个大家心目中最好的人的妻子要和他离婚，因为他只想到别人，甚至在自己的妻儿病得要死的时候还在助人为乐，大家都谴责这个妻子，认为丈夫是如此的好人居然还要离婚。其实这个人对于他的妻儿来说无疑是个很坏的人。

当我们在要求那种高标准的好人时，我们自己的心理是非常可疑的。有一个例子可以说明这一点。不久前有个报道描述了某市一个为人民做了无数好事的警察就要升迁了，他的管区的许多人担心因此会失去良好的照顾而去反对他的升迁。这些人的自私也太明显了，居然认为那个警察应该放弃前途来满足他们那些鸡毛蒜皮的利益。

我一直搞不清楚对好人的过分要求的理论来源。即使是墨家，也只是要求平等普遍的爱，还不至于要求他人至上。而墨家的主张在长期作为主流意识形态的儒家看来显然就已经是过分的了，儒家的爱是差等的，毫无疑问，孔子是不爱小人和不仁之人的。我有一个不敢肯定的猜测：对好人的过分要求可能是个民间的幻想，就是说，不太高尚的大多数人总希望有些特别高尚、专门为大家作出牺牲的人。看起来，过高要求的伦理反而是来自一种很不道德的愿望。

再来看“低标准”的伦理要求。现代伦理学有着暧昧的、疲软的风格，往往回避那些根本的、尖锐的问题。现代伦理学的那种司空见惯的、流俗的体例就是喜欢讨论那些大概可以叫做“最低标准”或“最低限度”的伦理规范。当我们找出那些最低标准的规范时，我们不难发现它们甚至比法律的要求更低，至多和法律的要求差不多，这样的话，生活就完全看不出道德生活的风格了。这就像说，生活总要吃饭，这完全显示不出生活的风格。满足低标准规范的人与其说是好人，不如说是基本上还算规矩的人，根本谈不上有什么道德光彩。低标准的规范说明不了生活中真正重要的道德问题。几乎可以说所有人都知道那些最低限度的伦理规范，就算退一步大胆假设居然有某些人不懂最起码的伦理规范（这样假设其实已经很不礼貌），于是需要伦理启蒙或扫盲，那么这件事情恐怕只是一件社区教育宣传工作而不是理论研究。要求太低，就与道德没有什么关系了。

概括地说，关于“好人”的伦理规范主要是要求一个人让自己吃亏，假如做不到，至少就不去占别人的便宜。这种概括虽然有些简单化，但可以说是一个基本风貌。应该注意到，这种“好”定义的其实不是“人”而是“事”，确切地说，定义的是人之间的一种关系。什么样的关系呢？利害关系。我们愿意互相不害人，是为了获得必要的安全，愿意互相帮助，是为了得到各自所没有的好处。伦理规范其实是斤斤计较的，是互惠，是市恩。

2. 只不过是游戏规则

真实的人在生活的许多方面是斤斤计较的。互惠只不过是比较精明的、由长期经验总结出来的、能够被广泛接受的原则。由于人类必须在合作中过活，所以必须互惠，这就是全部理由，再也没有别的什么“光辉的”理由了。伦理规范是必需的，但是离生活的意义和价值以及生活中一切感人的、动人的事情恐怕还很远。吹捧伦理规范的至上光辉就像吹捧吃饭是人生至乐一样可笑。吃饭是必要的，但不是生活的意义；同样，规范是必要的，也不是生活的意义。有些伦理学家动了大感情语重心长地谈论伦理规范如何感人、如何体现了道德价值，怎么想怎么是件不可信的事情。伦理学一直有一点没有搞清楚，这就是，规范是一回事，价值是另一回事，而且规范甚至不是价值的反映。这个基本问题的含糊导致了各种各样的胡说。

我们已经看出，通常意义上所谓的“好人”和“坏人”所描述的其实是利益关系而不是人本身，也就不难看出伦理规范只不过是游戏规则。社会生活是最大的游戏，尽管它无比复杂，但是在需要规则这一点上和一般意义上的游戏并没有什么区别。在足球赛中，“手球”和“越位”是不允许的，但是我们似乎不能说遵守了“不能手球和越位”的规则就算是有了道德水平。同样，一个社会也有一些必须遵守的规则，例如“借钱必须还钱”，我们恐怕也不能说遵守这些规则就算是有了道德（当然，违背这些规则一定没有道德）。

想想看，假如我们居然欢呼说：“他借我们的钱还回来了！他可是个好人!”可以想像，这个社会肯定是个非常可怕的社会。显然，如果借钱还钱就是值得赞美的道德行为，那么可以推论“借钱还钱”

不是这个社会的必要规则。不过这样坏的社会到目前好像还没有，但在理论上是可能的。人类可能有各种各样的社会，也就会有不同的社会必要规则，或者说，社会在不同的情况下有不同的规则。无论如何，不管那些规则具体来说是什么样的，总是表达了在一个社会中哪些情况和事情是“大体上”或“基本上”可以信赖的。规则，是合作和共同生活的信用系统。

我们不可能无节制地疑神疑鬼，不可能怀疑一切合作和信用，否则无法生活。尽管有的人有时候忍不住会捣鬼，有的人有时候会受骗，但事实上大多数人在大多数时候还是相当克制的（霍利菲尔德的耳朵并没有老被咬掉），所以生活能够基本上正常进行。除了一些特殊时刻的特殊场合，一个社会不可能完全“礼崩乐坏”。似乎每一代人都乐意抱怨下一代人的“礼崩乐坏”，按照这种看法的逻辑，人类生活早就完全没有规则和责任，早就不堪忍受了。事实并非如此。实际上是有些我们习惯了的规则被改变了，因此我们按照老规则的行为就会被认为不合时宜，既然变成不合时宜的，也就因此往往有可能不被人认真对待，所以会有一种礼崩乐坏的错觉，其实只不过是礼改乐换而已。当然，决不是说规则越新越好，而是说，不管新规则还是旧规则，规则就是规则，都只不过表达了某种特定社会生活的“存在条件”。至于一个社会需要什么样的规则，这要看实际情况的需要。如果一个社会更适合于集权统治，那么它就不适合民主制；如果一个社会适合私有制，它就不适合公有制；如果“红灯区”有利于社会秩序和管理，那么就需要“红灯区”，诸如此类。这就像有的场合不适合开玩笑就不能开玩笑，有的场合必须开玩笑才有意思就必须开玩笑。

规则是为了保证一个社会基本稳定的秩序，减少无谓的纠纷。规则是一个社会的“技术性”存在条件，所以规则主要照顾社会的要求，而不是照顾某些人的道德要求。因此，从道德情感的角度去看规则，或批评社会规则越来越坏，或夸大某些规则的道德光辉，是完全错误的。这种错误的眼光毫无思想的感觉和训练，既缺乏社会学、政治学、经济学、历史学等相关的思想训练，也缺乏哲学的基本感觉，可以说完全不知道思想是怎么一回事。那种服从特定观念立场趣味的伦理学只不过是表达为知识分子话语的市井观点。当然，并不是说我们在生活中不能有立场地批评或赞美某些规则，但是，生活和立场是一回事，思想和道理是另一回事。我们可以愤愤不平地批评生活，但不可以愤愤不平地思考生活。

尽管由于今日世界的伦理问题变得非常复杂因此伦理学成为哲学的中心，但伦理学的这种突然“发迹”并不意味着伦理学的发达，事实上通常的伦理学眼光和思想技巧是比较落后的，往往只是某种阶级立场或意识形态观点的附庸。例如现在的西方伦理学主要来说无非是民主制的解释或者是基督教的推广，现在中国的伦理学除了模仿这两种做法，还有就是想恢复儒家观念。这些观念可能都有独到之处，但伦理学作为一种哲学思想却不是为了鼓吹哪一种观念。从属于某种立场趣味的思想是非常单薄的，而且肯定不可能解决什么问题——因为恰恰是各种不同立场共同造成了伦理学难题，每一个立场正是导致问题的症结之一，怎么能指望靠其中某种观念来解决问题？可以说，伦理学还没有真正学会独立思考，还没有学会不被立场和趣味所左右。所以连“规则”这样的基本事实都不能恰当理解。

伦理规范是社会规则的一部分，是社会运转的一种技术性措施。伦理着重考虑的是，像这样一些规则是否有利于一个社会的合作和秩序。所以说，伦理规范首先是为社会着想的，而不是为所有人或者每个人着想的。在某种意义上，伦理规范相当于一种社会管理技术，它首先考虑如何把社会中的人和事情管理起来，而不是考虑如何让社会中的人和事情变得更有价值、更有意思。

我很乐意强调伦理规范的社会学性质。相比之下，通常的伦理学喜欢强调伦理规范的人学甚至神学性质，我相信是非常错误的。伦理规范虽然不很坏（它是为了合作的，所以不会很坏），但也不很高尚（它为了合作的普遍性，所以不得不牺牲一些伟大的、不凡的德性）。其实，伦理规范和时尚是非常相似的东西，时尚是没有能够变成传统的规范，伦理规范是变成传统了的持久时尚。如果看到规范和时尚内在的一致性，就可以看出规范并不怎么神圣，伦理规范和时尚一样都在迎合着某种东西，当然，时尚可能是在迎合着一些比较“浅薄的”、不成熟的欲望，伦理规范所迎合的则是某种深思熟虑的、老奸巨猾的、世故审慎的东西——那么，那是什么东西呢？

3. 规则背后

伦理规范迎合的是利益。

或者说，与通常的伦理学所想像的不同，伦理规范实际上代表的是利益而不是道德价值。其实，这个事实并非特别隐晦，政治家们大概都能清楚地看到这一点，社会学家多半也能够，甚至大众也可能或多或少地意识到了，伦理学家们却往往不理解，这似乎有点奇怪。我曾经想，是不是伦理学家装蒜，想想也不是，可能是伦理学家不喜欢这个事实。伦理学家喜欢批评世界和生活，但并不见得喜欢事实。

哲学家喜欢进行超越了事实的理想主义思考，这是个坏习惯，因为它并不能证明哲学家的思考更高明，相反，它证明哲学家想错了。除了纯形式的思想（数学和逻辑），任何思想都只能在事实的余地里去思想。哲学一向自以为能够使人们重新理解事实，其实不如说是在歪曲事实，使事实变得更加难以理解（想想哲学那些荒谬的假设和不可理解的概念，我们真的需要这么费劲吗？累）。哲学完全把哲学搞错了。哲学要做的事情是提出一些事实回避不了的问题，促使我们能够重新采取行动，进行实实在在的建设。哲学是寻找有缝的鸡蛋的苍蝇。关于哲学，我在别的地方有许多论述，在此不多说。

还是来讨论伦理规范。我说连大众也多少知道伦理规范是利益而不是道德价值的面值，这是大有理由的。多数人总是当流行的伦理规范实际上对他比较有利时就热情地鼓吹这种伦理规范，而假如流行的伦理规范对他相对不利，那么他就很可能会批评这种规范，并且同时鼓吹另一种规范，比如说古代的规范，还会抱怨那种真正好的规范已经被抛弃；（例如现在有些人抱怨失去了真正好的“精神家园”。可是他们有什么权力判断过去的“精神家园”就比现在的精神家园好呢？他们可能会认为现在没有精神家园，可是他们又怎么知道现在的精神不算是家园呢？进一步说，又怎么知道精神需要的是家园而不是过程呢？）或者还会有另一种做法，人们会按照自己的利益对规范作出各种“临时性”的解释，总之，人们在实际行动时总会按照自己的利益把规范解释为对自己比较有利的“规范”。

人们按照利益去选择和解释规范，结果就是我们都能够观测到的事实：伦理规范从来都不是“普适的”——伦理学家喜欢幻想一些“普适的”规范，可是从来都是不现实的——而是一群人有一群人的规范，有着共同利益的人们就有共同的规范。一旦利益发生冲突，或者是规范被修改，或者是群体发生分化。只要人们在实际行动时按照利益去寻找与之相配的规范，即使在头脑里“并非”那样想，至少也应该说，人们在“行动中”是知道规范代表利益的。

头脑里怎样想，不能真的证明什么。一个人真心地狠狠反省或者忏悔自己的罪行，只能证明他在理智上认为自己是错误的，但不能证明他在行动上真的不再做坏事。维特根斯坦说：要知道一个人实际上在追求什么，就要看他选择做什么，而不要看他想什么（所谓“how”定义“what”。这是很深刻的一个原则）。维特根斯坦有个例子，是关于穿衣服的，他说，要知道一个人实际上最喜欢哪几件衣服，就看她经常穿什么，当然她可以声称其实喜欢的是另外几件从来不穿的衣服，但这不算什么证明。这是个很有意思的问题，我想它事实上可能比维特根斯坦想像的要稍微复杂一些。人们的确有可能真的喜欢某种从来不做的事情，比如说有人喜欢超脱的、隐居的生活，不喜欢争权夺利。这完全有可能是真的，但是这并不能证明他就不去争权夺利。想是一回事，做是一回事，都是真的，关键在于这两者不能互相证明。

伦理学家所设想的伦理规范中有一些实际上是给人想的，不是给人做的。绝大多数伦理学家都喜欢进行过火的理想主义思考，总希望至少有一些“普遍必然的”规范，就是说“无论何时何地，任何人都应该……”。康德是这方面的典型。其实根本不用详细论证就可以看出那种普遍必然的规范是不可行的，因为“人们不愿意”。注意，不是“不可能”，而是“不愿意”。康德想到了“应该的事情必须是可能的事情”，然而，并非可能的事情就是人们愿意做的，如果不愿意，那种自觉的“应该”就失去意义。于是，康德要求伦理成为一种“无条件的”规范，也就是要求一条伦理规范只要“可能”就成为“应该”、只要“应该”就成为“愿意”的绝对规范。

我想把这种设想叫做“康德设想”，它很值得讨论，它的有趣之处在于：这个设想虽然非常严密，但还是错了。可以说，除了有那么一点，康德几乎什么都想到了（康德通常是个滴水不漏的人）。他其实一眼就看到了实际上的伦理规范是斤斤计较的，是讲条件的（所谓“假言的”，即“假如有什么什么好处，就会做什么什么好事”）。他不相信结果是好事就算是个好行为，因为这个行为是一个讨价还价的结果，于是，康德别出心裁地认为必须有一些不讲条件就愿意遵守的规范，显然，这样的规范看上去有着充分道德光辉。可是这种设想只是在逻辑上是合理的，但在事实上却不合理（逻辑和事实并非总是一致的）。

什么是无条件愿意的事情？就是自由地愿意的事情，而自由意愿的东西当然是我们感兴趣的东西。按照我们一般的理解，人们自由意愿的东西当然是利益和快乐。不过康德把这种肉身的欲望也说成是自由的桎梏——这种看法其实很不合理，因为总不能说肉身的欲望是不合理的、不应该的，如果一定要这样想，最后就只好认为生命也是不合理的，显然，生命首先是肉身的存在——权且按照康德的看法，就算肉身欲望限制了自由，那么，我们精神自由向往的东西能够是什么呢？大概首先是幸福，也许还有真理和美，这些就是自由心灵最直接的追求。糟糕的是，无论如何，在想都不想就自由去追求的东西里不会有伦理规范，不会有那种抑制自由的东西。在谈到事实时，逻辑管不了事实——我们只能用逻辑去分析事实，但却不能代替事实。人的事实就是这样的：对于人来说，自由地追求的生活不可能是抑制自由的生活，当然，人只能过有限自由的生活，这也是事实。荀子说得清楚："从人之欲则势不能容、物不能赡也"，因此"制礼义以分之"（《荀子·荣辱》）。即使我们以哲学的名义去更自由、更深刻地讨论人，那也不能浪漫到违背人类学、社会学、历史学所发现的事实的地步。

哲学家往往只是在宣布某种伦理规范理想，而回避事实以及事实所造成的问题。这恰恰把哲学搞错了，哲学首先必须承认事实和问题，然后才有资格发挥想像力。哲学家所以经常看不到伦理规范是功利性的，很可能是因为在思考问题时有一种"技术性犯规"，这就是，只按照某种理想在实际规范中挑选出很小一部分规范作为规范，这种"挑选"就是犯规，因为一个社会的实际规范是一个系统，里面的各个规范都是搭配好的，怎么能随便挑选呢？更明白一些说，哲学家所挑出来说事的规范只是规范系统中比较冠冕堂皇的一部分，而那些必定与之搭配在一起的、但似乎有一点"见不得人"的规范则隐去，好像本来就没有一样，哪有这么好的事情？

那些被故意或无意隐去的规范就是"民间规范"，还有一些似乎可以称作"暗处规范"。

4. 关于民间规范

民间规范实际上比标准规范重要得多，通过民间规范，我们能够看到更多问题。伦理学拿出来说事的标准规范大多数其实也来源于民间规范，但显然经过了理想化的处理，就是说，规范本来只是一套，但是经过伦理学的提纯，我们就好像有了两套规范：一套是理想的；一套是民间的。可是人们毕竟不能理想地生活，于是，在事实上，伦理学的理想规范主要是充当“标准”，是用来“说事”的，而民间规范则用来“做事”。

理想化了的规范是被搞得不真实了的民间规范，尽管理想化的规范变得不切实际，但它与民间规范仍然暗中一致，因为毕竟源于民间规范。理想规范的真实面目只有在民间规范中才能被显示出来，只有在民间规范中，我们才能清楚地看到人们在事实上是怎样理解规范的。不过，也许哲学家们会说，民间规范只不过是一些生活习惯，或者叫做民俗，并不是严格的规范，当然，大部分民间规范确实更像是生活经验和机智，但仔细想想就会发现，民间规范只不过是比较直率地表达了人之间关系的分寸，而严格的规范只不过比较隐晦地表达了那些分寸。而且，严格的规范在实际执行中几乎都需要转化为民间规范才会被接受。可以说，民间规范有一部分是理想化规范的真正解释；另一部分是理想化规范的必要补充，如果没有这种灵活解释和补充，规范系统将是很不够用的，而且缺乏可行性。

以中国传统社会规范为例，“和为贵”是理想化规范，在实际生活中由民间规范解释为“和气生财”、“和气修条路，惹人筑堵墙”等。“和”作为规范仍然有些不充分，于是，就有了与之匹配的民间规范“忍”——众所周知，“忍”是一条最普遍的民间规范，尽管它不太光彩所以不算是理想化规范——诸如“忍得一时忿，终身无烦恼”、“大丈夫能屈能伸”之类。虽然理想化的规范可能表达了相对比较高尚的要求，但是假如没有比较低俗的灵活解释和补充，是很难实行的，就是说，实行总会走样。例如，虽然理想化规范通常要求“刚正”和“大义凛然”，但实际上也允许在“不得已”的情况下作出让步，像“好汉不吃眼前亏”、“小不忍则乱大谋”。又如，尽管要求“亲亲”、“父慈子孝兄良弟悌”，但也允许“人亲财不亲”、“亲兄弟明算账”之类的补充。

另外还有一些规范算是暗处规范，比如在一般日常生活里要求老实规矩，但在政治、军事等方面就另外要求“兵不厌诈”、不能为“妇人之仁”所误，等等，或者，一方面主张“得饶人处且饶人”，同时又鼓吹“无毒不丈夫”。甚至有一些暗处规范真的没有表达出来，但大家心领神会，例如中国古代的礼教社会表面上要求很严格，人人表面上都要行为端正，但是恰恰是这种表面的严格要求使得在暗地里允许奢华腐败、滥饮狂歌、三妻四妾外加忘情青楼，还有，一般人不能无耻放荡，但假如是个有才华的诗人或画家，就似乎可以另当别论。事实上假如拿规范去冒充成精神价值或者当成最高的价值，那么就必定在另一个方面暗中鼓励了行尸走肉式的快乐——道理很简单：人们需要激动人心的事情，假如精神生活只有规范而没有什么有意思的事情，就只好追求行尸走肉的快乐。

我不是想批评民间规范和暗处规范，而是想指出，民间规范、暗处规范和理想规范是不可分的一体，是搭配着存在的。一般伦理学为了维护规范的纯洁，就总是宁可认为那些民间规范是规范中坏的部分。也许民间规范在道德意义上确实是比较坏一些，但关键是，标准的伦理规范也不怎么样，在道德意义上最多只能说是稳妥的——当然也可以有一些看上去很高尚的规范（比如康德式的绝对律令），但又肯定是不稳妥的。问题是，从伦理规范的角度是没有理由批评民间规范的，因为它们都代表着利益的思考，而不是真正道德的思考。

5. 价值归价值，规范只是规范

看来，要更好地理解规范和生活，在这里就需要讨论一点“价值”问题。这个问题像其他哲学问题一样，不想的时候不成问题，一想就心思紊乱，当然，心思紊乱的人主要还是哲学家。说起来这一点有些不合情理，因为哲学家不应该太糊涂，至少当人们感到有些糊涂时，总希望哲学家不至于糊涂。可是哲学家使人们失望了，我们一定感觉到，现在的哲学家不如过去的哲学家那么有威信，原因很简单，过去的哲学家往往没有现在的哲学家这么糊涂。哲学必须做的事情是提出一些人们想不到的问题，而不是把本来已经清楚的事情反而搞成糊涂问题。哲学家往往错误地选择了后者，好像不把事情说糊涂了就不算深刻。奇怪。难怪维特根斯坦抱怨哲学不得不花好大力气去把被搞糊涂的问题倒回去成为清楚的事实。

事实上像“价值”这类基本问题是不可能不清楚的，除非故意把它搞乱，因为，那些所谓的“基本问题”（包括“价值”、“世界”、“生活”等等）本来就必须是清楚的，否则人们生活不下去——那些基本问题和存在的基本感觉是一致的。总不能说我们连生活的基本感觉都没有。就拿“世界”来说，我们可能不知道世界中的某个物理或化学现象，就是说，对世界中的某个细节可能不了解，但我们不可能不知道“世界”是什么意思，按照通常的感觉，世界就是各种事物的时空存在整体。即使小学生可能不能这样表达出来，但心里的感觉大概也差不多；还有“存在”，当然说的是有某种东西而不是没有这种东西。哲学有许多应该研究的问题，不应该去把原来清楚的简单事实搞乱。如果我们保持自然而然的简单感觉，就会发现哲学家特有病。

按照我们的基本感觉，所谓有价值的东西就是我们需要的东西。这一点是没有问题的。问题在于其中好像细微的差别，一系列东西之间的差别往往比关于这一系列东西的概括重要得多。在广告中时常可以看到“这是你的真正的需要”这类说法，广告鼓吹的东西是不是“真正的需要”是无所谓的，不过这个说法却表达出人们对价值的敏感。什么算是真正的需要？这是个重要问题。显然，有些东西我们虽然也想要，但并不在乎，如果没有就没有，没什么了不起。但有些东西就非要不可，假如没有，就会觉得很难受或者无聊，生活就缺乏意义。不过，通常的观念仅仅把所谓的“基本需要”（生理需要、基本的物质需要和安全需要之类以及一些基本的社会权利）看作是真正的需要。不用说，这些东西当然是无比重要的，它们决定了人们能不能正常生活，但是仍然还没有说明人们能不能过上有意义的生活，而这一点同样是无比重要的，人不仅仅想活着，而且不想白活，如果仅仅得到基本的利益和权利，别的就什么也没有了，人还是会觉得“这辈子白活”。作为基本需要的那些价值是废话，能让人不白活的价值才是真正需要的东西中真正需要讨论的东西。

通常所谓基本的东西就是明摆着的东西，早就不是思想的问题。把不成问题的东西搞成“问题”，是非常糊涂的怪事。例如某些伦理学家喜欢谈论的伦理学“最低限度的”规范要求如果不是废话就是胡说。想想看，假如有最低限度的伦理要求，那一定没有什么好说的，就像说“做生意的第一条原理是不能赔本”一样是废话，把废话当成问题就是糊弄人。像“不许说谎”大概是一条最低限度规范，假如这条规范的意思是“在一般情况下不许说谎”，那么就是一种人人都早已知道并且认可了的废话；假如意思是“在任何情况下对任何人都不许说谎”，那么却又变成是胡说。因为，首先，“任何情况”和“对任何人”这样的要求岂止是“最低的”，简直是最高的了，显然是几乎做不到的；其次，假如不顾一切做到了，那么这个人肯定反而是个坏人——我曾经举例说明：当有坏人追杀好人，为了坚持“任何情况下对任何人都不说谎”，就只好告诉坏人，那个好人藏在哪里。这决不是遵守了规范，而是同流合污。每当我看到有人模仿康德去主张一条“无论何时何地”的规范，就觉得好笑，因为这种要求恰恰是精明的康德思想中很难得的根本性错误。同样，在伦理学讨论到价值时，也应该意识到，问题不在那些基本价值，而在那些构成诱惑的价值，或者说，伦理学要研究的不是凑凑合合“活得下去的生活”，而是“值得生活的生活”。

这是一个关键问题。通常伦理学的生活图景充满压抑的、平庸的、齐一的、沉闷的感觉。生活无论如何不是为了过一种压抑的生活。不过这里问题有些复杂，从表面上看，伦理规范都是抑制欲望的，但事实上，伦理规范又很关心利益，只不过它是一种非常老练的、精明的、稳妥的策略，在某种意义上伦理规范表现的是商业水平的或政治水平的考虑，就是说，人们虽然很想获得尽可能大的利益，但是从现实可能性和保险性着想，在冲突中为了避免各方蒙受损失，人们决定分别获得大体上可接受的利益份额。所以，伦理规范实际上只抑制过分的欲望，同时想确保“应该得的”利益。伦理规范不算坏也不算好，这没有什么好说的，问题在于：伦理规范并不是伦理学的中心问题，因为即使是一套非常合理的伦理规范也只不过合理地规划了“凑合活得下去的生活”。可是人生活不是为了仅仅活得下去的生活，人需要“值得生活的生活”。“活得下去的生活”和“值得生活的生活”这两者之间有着奇妙的关系：从存在论的角度看，“活得下去的生活”当然在逻辑上优先于“值得生活的生活”；

但从价值论的角度看，则优先的次序相反，就是说，如果过不上“值得生活的生活”，那么连“活得下去的生活”也失去意义。所谓百无聊赖、行尸走肉、了无生趣，大概就是这个意思。

价值的次序和逻辑的次序往往不同，哲学家如果不清楚这一点，就会犯错误。通常的伦理学只关心所谓基本的价值和维护基本价值的规范，而没有注意到，对于人的生活来说，那些基本的价值恰恰依赖着那些好像不太基本的价值才变成有价值的。不难想像，假如人们永远只能凑合活着，什么都没劲，没有什么精神支柱，还会讲什么规范？如果一个对生活完全失去感觉和指望的人仍然显得在遵守规范，那么多半是出于已经培养起来的习惯，是一种想都不想的惯性（好习惯和坏习惯同样是盲目的惯性），这种出于习惯的遵守规范算不上是在精神上尊重规范，假如某个时候突然急了或者烦了，就会毫不在乎地破坏规范（所谓狗急跳墙）。这种现象意味着，只有生活的意义才是全部价值的支点，一种价值如果最后不能归结为生活意义的所需，那么就不是真正的价值。

不难看出，规范本身不是生活的意义，更不能用规范来规定生活的意义，相反，应该说，一种规范是否是好的，要取决于它是否有利于有意义的生活，因此，任何一条规范都不可能是天经地义，即使有一条规范一直被所有人所认可，也只能说我们的社会生活一直碰巧需要这样一条规范。规范在“本性”上不是恒定的。有一个维特根斯坦的故事：有一次，维特根斯坦讲到他不相信有哪一条伦理规范是天经地义（当然他为什么这样想不太清楚，维特根斯坦没有很完整的伦理学理论），波普不以为然（在此之前还没有谁敢反驳维特根斯坦这个“绝对权威”），于是维特根斯坦很不高兴，拿着火钳指着波普要求他举一个反例，波普说：“永远不能拿火钳教训人”就是一条永恒的规范。这样的回答算得上机智，但其实根本没有道理（尽管据说当时把维特根斯坦气走了）。凭什么不能在“某个时刻”拿火钳教训人？当然不是说那个“维特根斯坦时刻”，而是说总会有某个恰当的时刻。人类至少在忍无可忍时还可以发动战争，哪有什么任何时候都不能做的事情？“任何时刻都怎样怎样”是上帝的规范，不是人的规范。只有上帝才能无条件地做事情。

理想主义思维就是喜欢弄虚作假，所以理想主义思维总是错误的。为什么不能要求地球是另一个样子？为什么不能要求宇宙是另一个样子？因为它们就是这个样子而不是别的样子。这没有什么道理。事实上就是有许多事情是没有道理的。如果不能按照理想的要求把人类的社会生活变成另一个样子，那种普遍必然的“应该”就是废话和傻话。理论家说了许多傻话，在实践上是不可行的，在逻辑上也是不通的。

“价值”这个观念被塞进去不少互相不能兼容的东西，所以混乱，特别是在伦理学里，规范的功能总是和生活的价值分不清楚。现在我想进行一种可能有助于看清楚问题的分析。前面我们说过，社会生活相当于一种游戏。游戏都有规则，其中有一些规则相当于语法，它们规定了一种游戏合法玩法（例如象棋中士、象不能过河），另一些规则相当于规范，它们表现了好的玩法或者技术性玩法（例如当头炮、马后炮）。如果一种游戏仅仅有规则，肯定是不够的，因为有了规则还是不一定好玩。有一种儿童五子棋，俗称井字棋，只要按照“先取中心，其次占角，再次占边”的顺序，不管先走还是后走都是平局，根本没有什么可争的，没有彩头也没有荣誉，甚至没有智力较量，这样没劲的游戏连非常小的儿童也是很快就腻了。不难看出，一种游戏不但要有规则，而且必须有意义，否则这个游戏连同它的规则都会被回避、漠视或者不严肃地对待。社会生活这个游戏也一样，如果一种生活方式没有意义，相关的规范就会被想方设法加以嘲弄、破坏或解构。典型的情况就是当一种生活的规范显得僵化没有生气或者教条假正经，许多人就会采取泼皮无赖的行为，搞出各种解构性的文化艺术，进行各种不合作的事情。其实每个时代都有所谓解构或者消解的做法，解构和消解是一种暂时终止各种虚假意义和价值的手法，过后必定是对真正的意义的渴望和建设。

如果我们在广义上谈论价值，当然可以说规范是一种价值，但这种价值其实就是一些必要的技术性功能。它和构成生活的意义的那些价值是很不一样的。为了准确地理解问题，我们可以把构成生活意义的那些价值看作是价值，把规范看作是维持社会稳定和发展的技术。我相信把规范理解为社会管理技术是唯一恰当的理解，当然可以想像有一些伦理学家对这种理解会很不满意，因为他们不愿意承认规范只不过是一种非常功利的东西，在他们心目中伦理规范不仅应该把社会管理起来，而且还应该充当精神价值和生活意义，然后把精神也管理起来，还美其名曰“精神家园”。只要一种规范企图把生活意义和精神价值管理起来，就无疑是想建个文化监狱，这种规范就是完全的道德败坏。如果破坏了文化、精神和思想的灵活性和创造性，就是最坏的文化。

当我们正确地把规范限制为社会管理技术，就会发现规范其实不是伦理学的主题而只是一个与伦理学有关的问题而已。确切地说，规范是社会学、经济学和政治学方面的问题。一个社会需要什么样的规范取决于特定社会情况的需要，包括社会秩序、政治和经济操作的需要，所以说规范主要考虑的是一个社会的稳定和发展。例如需要考虑的是什么样的规范对于解决温饱问题、财富分配问题、就业失业问题等等问题比较有利方便。这种思考是非常功利的，然而只有这样去看规范，才能把规范放到一个恰当的位置上，也就是把规范限制为由政治、经济和社会管理的利益和需要所决定的规则，就是把规范的价值要求减弱为规则的技术性要求，更明白一些，就是要剥夺规范作为价值解释者的权力。从另一个角度看，假如规范超出了社会管理的技术性要求而变成一种文化和精神上的统治要求就是不道德的规范。

我相信这是一个关键性的问题。把伦理规范搞成文化导师、精神领导和思想独裁者，这一点正是那些主张普遍必然的、永恒的、无条件的规范的伦理观点的阴暗面。要求爱一切人（当然包括无恶不作的人）、要求对任何人不说谎（当然包括坏人和敌人），这种观点表面温柔其实十分可怕，危险程度甚至超过古代“饿死事小，失节事大”的规范。当然，那些伦理学家一定不敢承认这种阴暗面，但是不承认没有用，因为逻辑结果就是这样的。那种表面上特别负责任、特别热爱绝对义务的伦理观点必定是极其不负责任的，因为这种观点想给人类生活一锤定音，给一个固定格式，这是绝对不可能的，而且是非常有害的。不妨回想前面我给规范主义制造的一个难题：一方面，假如那些最低限度或者最高要求的伦理规范是有条件的、可以灵活解释的，那么就完全失去力量，那些规范就变成人人知道的废话，就根本不是什么思想，也就用不着伦理学家絮絮叨叨把我们知道的事情告诉我们；另一方面，假如那些规范是普遍必然的，那么就意味着要我们在一些时候做坏事，并且还等于要求生活和文化固定为某种格式不再发展，这样就又变成了无耻的规范。这恐怕是规范主义者越不过去的难题。

有一点我一直觉得纳闷，我不知道伦理学家一本正经宣布的那些普遍必然的伦理规范是打算给谁用的。我是真的不知道，而且我怀疑那些伦理学家自己是否知道。一种东西如果有意义，当然有理由要求知道对谁有意义。出版一本儿童书，当然要儿童喜欢；制造一种衣服，当然要考虑给谁穿；假如你制造出一种人人想要的东西，那你发财了。那么那些普遍必然的规范是为了谁的呢？好像是应该为所有人，可是想想又不对，是给政治家用的吗？政治家要搞政治，搞政治不能那么死板，政治家不能那样想事情，例如就业失业问题，按照规范，人人都应该有工作并且有好工作，可是首先不可能人人有好工作，因为好工作没有那么多，其次，在必要时就需要故意保持一定的失业率，这往往是保持整个社会正常心态和秩序的一个必要因素；那是给商人用的吗？商人也不能那么死板，所谓好商人其实就是比较讲规矩和义气而已，假如商人像规范那么死板，早就破产了；那么是给艺术家用的？这更加不可能，那一定能把艺术家给烦死；也许是专门用来教育少年人的？少年人一时相信是可能的，长大了就恐怕不相信了，因为生活事实将会证明，那些伦理规范对于克服丑恶的事情来说太没有力量，而对于建设美好的事情来说又差得太远。

总之，不管把伦理规范搞得多么冠冕堂皇，规范就是规范，它不能用来说明和解释任何一种价值。价值是什么样的？我曾经证明，价值表现为两种形式：

(1) 一种是“本身好”的事情，就是那些由人类生活的可能性所规定了的优越的事情，诸如美、真理、健康、财富、荣誉、地位、爱情、友谊、成功等等，这些事情都是人无条件希望拥有的（尽管可能有人并非希望拥有所有种类）；

(2) 一种是“比较而好”的事情，即由以上价值所具体展开的等级，或者说是由于“攀比”而造成的价值。

更简单一些说，有价值的东西就是人们争着想要的东西。

有些主观主义者会声称只有他自己认为好的东西就是好的。这种著名的主观主义观点在逻辑上是驳不倒的，但在事实上却无法坚持（所以是自己驳倒自己）——显然，这种单人游戏是玩不下去的，假如根本没有别人对同类事情感兴趣，自己老是做一种只有自己才做的事情，很快就变得无聊无趣。

有两种对人类生活和文化最有害的价值观，一种就是彻底的主观主义，它要把价值决定权落实到个人心里，这不只是“多元”了，而是每人一“元”。没有共同事业就无所谓价值。另一种有害的价值观是相信有某一种伦理理想和价值观有理由把生活整个管理起来、整个给规范化。这是希望把每个人和每个人的生活搞成一个模样，所有人只是一元，同样无聊。只有一个事业也无所谓价值。

想把每个人和每个人的生活搞成一个模样的一个典型观念就是中国的儒家伦理观念。作为古代的主流意识形态的儒家伦理已经把中国搞得如此衰弱阴暗，现在居然还有些伦理学家鼓吹这种不道德的伦理规范，据说有所修改，但是越修改越平庸越缺乏想像力。尽管在私人立场上我是个民族主义者（私人立场不能进入理论，所以我不论证它），那我也绝对不好意思吹捧如此不道德的伦理体系。是儒家意识形态而不是别的思想把中国统治成如此落后的社会，这是个驳不倒的事实。想用那种腐朽过时的伦理来改善现在的生活，是绝对不可能的。是古人对不起我们，而不是我们对不起古人。我的民族主义只是表现为希望并且相信中国人和中国文化有可能重新开始，重新获得思想的创造力，对于中国来说，伟大的事情和思想不是已经做完了，而是刚刚开始。

6. 关于伦理的道德

按照前面的分析，我们把合理的规范限定为管理社会的技术性要求，消除了规范对文化和精神的管理权力，这样就比较容易看清楚“伦理”和“道德”的区别，伦理是一个社会性问题，而道德则是一个文化性问题。但是这两个问题不能各自独立，因为它们都在生活这一事实里出现。如果说规范是技术要求，那么道德就是价值观，归根到底规范要服从道德，要由道德来进行价值解释。我曾经证明规范本身不具有价值，规范不能用来说明价值，相反必须由价值去说明规范。如果伦理学家们不至于被规范所迷惑的话，应该能够同意这一点。这样的话，规范的争论就变得非常肤浅表面了，真正应该争论的是价值观。

为了看清楚各种价值观，首先可以来分析那些代表着价值观的、用来作为规范总纲领的伦理基本原则。

最普通的一个伦理基本原则是“由己推人”。它是儒家、基督教还有康德等伦理学的一个最基本的原则。不管是“己所欲必施于人”还是“己所不欲勿施于人”或者“己欲立而立人，己欲达而达人”，还有“普遍立法”和“人是目的”之类，都是“由己推人”原则的不同表现，尽管侧重面不同，但基本精神一致。这个原则的基本感觉是由同情而生仁爱，它希望一个人能够由自己的欲望而推知别人也有类似的欲望，从而理解别人并且尊重别人的利益。

另一个重要的伦理基本原则是“人我互惠”。这是一个比较现代的原则，大概可以算作是个人主义的原则。这个原则在结果上有一点和“由己推人”原则差不多，即都要求尊重别人的利益，但根本味道却大不相同。“人我互惠”原则不去假设先验的善良意志或者性善，不管人的本性是好是坏，总是要合作，于是，这个原则不是基于同情，而是基于合作和对话。要合作就需要有比较合理的、都可以接受的利益分配，需要互相尊重。这个原则很有些商业感觉。不过商业感觉不能算是坏的，而且这个原则还有一个特别的优点，这就是它不打算基于自己的偏见去理解别人的欲望，显然，人的欲望可能很不一样，“己所欲必施于人”和“己所不欲勿施于人”其实都有可能搞错，都有可能令人不满。把别人的欲望看成是不可推知的而是要在对话中了解的，这一点显然要先进一些，所以这个原则在现代成为主要原则。

我相信这两个原则都是基于民间原则，而且我还相信这两个原则当它们作为民间原则出现时肯定不是所谓的“普遍必然”原则，而是有条件的，要考虑具体情况的，就是说，对合得来的人、对能够合作的人、对还不知道好坏的陌生人才给予理解和尊重，而对敌人和坏人则不加考虑。如果是这样的话，那么这两个原则都还是说得通的。但是伦理学家通过把它们提拔为普遍必然的原则而把它们搞坏了，变成在实际上行不通、在理论上漏洞百出的原则。很少有实事求是的伦理学家，因为伦理学家总想把不可能理想的东西变成理想的。

即使我们把这两个原则按照比较合理的相对主义去理解（即比较接近民间原则的理解），它们所暗含的价值观仍然有一个很大的问题。这两个原则实际上都把价值局限地理解为利益。毫无疑问，利益是一种价值，但是远远不是生活的全部价值，甚至不是根本的价值。就算人人都遵守规范，人人都获得应该得到的利益，又怎么样呢？生活仅仅因为这一点就有意义了吗？我们就满意了吗？如果一个人光有钱，但不懂钱的用处，还是无聊得很。索罗斯说得有趣：挣钱不是个问题，花钱才是个问题。这是真正有了钱的人的领悟。我有个有钱的朋友也有类似的感觉：现在有钱了，自由了，想玩什么就可以玩什么，可是这个世界上怎么没几样好玩的东西呢？这确实是个问题。

如果在价值上稀里糊涂，或者很狭隘，或者很庸俗，那么，这样的价值观怎么能够用来批评生活？所以我说通常的伦理学所宣布的那些规范以及作为规范基础的伦理基本原则都是不好也不坏的，都根本没有说明伦理学必须思考的问题，简单地说就是根本不知道什么是生活的意义和价值，这样的伦理学其实还在伦理学的门外。

规范是为利益说话的。按照马克思的思路，社会生活的规则最后由经济和政治说了算。这是很深刻的。伦理规范也不例外，它由特定时期、特定社会情况所决定，根本不可能有什么永远的普遍必然的规范。永远普遍必然的伦理理想（不管是最低限度的还是高标准的伦理）都只是既不懂社会也不懂生活的想法。伦理学家没有权力宣布哪怕是最低限度的规范，因为需要什么样的规范要由社会事实来决定。如果要对规范提出技术性的建议，那么所需要的是社会学、经济学和政治学的研究；如果要对规范进行价值性的批评，那么先要研究生活的意义和价值。

与一般的想法相反，伦理学的对象不是伦理规范，而是关于伦理规范的道德，不是研究行为应该遵守哪些规范，而是研究什么样的生活才是有意义的。我相信没有谁好意思说他活在世上连必须遵守什么样的规范都不知道，还需要伦理学家去给他洗洗脑。

附录六
大模样伦理学

在这本书里我试图提出一种新型的伦理学，或者说是伦理学的一个新的思维层次，可以称为“大模样伦理学”。“大模样”这个说法多少是受到围棋术语的启发。我提出大模样伦理学是为了更好地理解和解决我们在伦理学中遇到的各种似乎难以解释和讨论的问题，即希望在一个大空间里理解各种伦理学问题的那些不容易看清楚的大背景和意义。

1. 伦理学必须在其他学科的“余地”里去思考。

毫无疑问，伦理问题不是人类行为的全部问题。每一种事情的“重心”都是倾斜的，如果是一种政治的事情，当然就向政治的要求倾斜；如果是战争，就首先要遵守战争的规律；如果是经济，无疑着重考虑的是经济发展的机会和技术操作，等等，真正能够完全由伦理学说了算的事情一定很少。

假如伦理学不懂得尊重其他学科所揭示的事实和规律，不懂得一种事情总要服从那种事情本身的特定要求，那么伦理学就只会去宣布一些一厢情愿的“普遍”规范。当然，在实际事情上几乎没有人会按照那些“普遍必然”的规范去做事，因为谁也不傻，削足适履、缘木求鱼的人毕竟很少，但是，伦理学那种“无论何时何地何事都应该……”的观念要求很可能会鼓励某种文化专制主义，会让人利用来压迫一些真正美好的生活，至少也是鼓励了一种亵渎真理和事实的思想习惯。既然在生活中各种事情都同时“在场”，伦理学就不可以忽视各种学科的存在和它们对伦理问题的限制。

从所谓“最低限度”的普遍伦理规范到“先验的”绝对伦理命令之类的规范主义即使在纯粹技术上也是不成立的。不难看出，所谓最低限度的或者先验绝对的要求是想以一种最谨慎的态度去建立一些最少量但是最重要而且最可靠的规范，可惜这完全是纯粹概念上的要求，与生活事实的要求相差甚远。从概念的技术要求来讲，关于小事情的规范当然最有可能说成是普遍必然的，果然，这类伦理学最重视的规范就是对任何人不说谎、守诺之类。小事情上的道德要求就是“小节”，大事情上的道德要求就是“大节”，在真实生活中，大事情当然比小事情重要得多，所以守大节比守小节重要得多。那么，现代规范伦理学为什么宁愿弃大节求小节？为什么不把大节也说成是普遍必然规范？很显然，有一些大节的道德要求要落实到非常具体的国家、民族和政治的利益上，因此无法一概而论，于是，现代规范伦理学在“普遍必然”、“全球化”、“国际接轨”等冠冕堂皇的说法下回避了道德大节，而把小节提拔成最重要、最基本的要求，就好像道德大节反而不够基本，想尊重就尊重，不想尊重就可以算了一样。如果这样的话，当国家、民族有难时，谁去牺牲呢？当需要见义勇为时，谁去“勇为”呢？当国家需要你欺骗敌人甚至消灭敌人，你难道还认为那些小规范是更基本的？我们不能让一种抹杀是非的“国际意识形态”冒充道德。我们会发现，事实上哪一条道德原则都不能说不够基本或比较次要，结果只好认为所有道德原则都同样重要，这样，区分所谓最低或最高的各种伦理纲领就完全失去意义而只是一些华而不实的说法。

普遍伦理规范主义是“小伦理学”的一个典型，它要求那种对任何事情都有效的规范就是在要求把丰富立体的生活变成单薄平面的生活。我所要求的大模样伦理学就是要恢复思想的复杂感觉，不要把事情想得太简单，要像一个成熟的思考者，在思考伦理学问题的同时，要考虑到政治家会怎么想，企业家和商人会怎么想，艺术家和科学家会怎么想，各个阶层和阶级的人会怎么想，等等，而不能主观地想像所有事情、所有人都应该怎么怎么。举一个例子：包括“克隆”在内的一系列生物学技术正在迅速发展，伦理学家和人文知识分子纷纷批评，据说人将会失去尊严。人会不会因此失去尊严，这件事情难说，而且可能不会，因为“人”这个概念和人的感觉本来就在变化着。相反，为什么不去想想生物学将给人类带来的无比大利益？生物学将会使农业产量大增，使现在吃不饱饭的人吃上饭，使大海里重新生长着大量的鱼，将拯救所有的残废人，拯救无数生命。相比之下人文主义的批评多么渺小、多么心胸狭隘。且不说这些，就算生物学将破坏经典意义上的人的尊严，那么我们也必须看到，生物学和其他技术的发展是挡不住的，因为科学家对那些真理和知识感兴趣，因为商业对那些发展所可能带来的利润感兴趣。难道我们还能把历史的车轮扳沟里去？思想家的任务不是反对必定出现的新问题，而是去思考如何对付新问题。

2. 对于哲学思考来说，不懂文化的各个方面就任何一方面都不懂。哲学（当然包括伦理学）的思想只能是一种服从细节的整体思维。

显然，人类的每一件事情、每个人的几乎每一件事情都不仅仅考虑到某一方面的要求，都不仅仅有一个单一的意图。不仅建立一种政治或经济制度的考虑是复杂的，维持或拒绝一种文化传统的考虑是复杂的，而且，帮助别人、支持别人的观点或者建立一个家庭的考虑也往往是复杂的，甚至那些最简单的行为比如说选择到某个饭馆吃饭的考虑都是复杂的，一个人可能考虑到它比较方便和便宜，或者安静和有气氛，或者有面子和卫生，或者朋友喜欢，或者想帮老板拉生意，等等。而且，人类的各种事情还互相牵连，文化和生活当然是由各种事情构成的，但是各种事情的互相牵连几乎应该说是“粘连”，我们只不过在理论上假装分开地思考它们，却不能真的分开思考，分开思考只能是表面的，因此必须发展出一种能把被分开的思考收敛回去的思维。可以这样理解，生活事实本来是以整体的方式存在着的，思想把它分析为各种东西，但这样显然不够，因为既不准确也不能很好地发挥思想的创造性，所以，如何把各种思想收敛回去成为整体就是一个问题——按理说，哲学就是做这件事情的，但是，虽然哲学一直有整体地理解事情的要求，却错误地以为这种整体的思维是单独的一种思维，就好像我们可以分析地看到事情的各种“现象”，然后又另外有一种整体的观点用来看总的“本质”。这种错误的感觉使哲学错误地以为在现象后面另有总的本质，其实哪里有什么本质？各种现象绝不能生长出另一种叫做本质的东西，只不过构成了现象的整体效果。而哲学想思考的就是那种“整体效果”。如果没有整体效果，就没有各种事情的存在，所以，没有一种事情能够单独思考而又思考得正确。

对事情进行“整体效果”的思考首先是把文化和生活的事情看成“活物”，看成“生物性”的（也许科学有理由把自然事物看成“死物”，看成“物理性”的，但对文化不能）。于是，我们就不能把事情看成是“现象”，而把我们的观点看成是“本质”，显然，在文化中，我们的各种观点恰恰也是文化中的现象，有什么样的理由把

其中某种现象提拔为本质？例如有些学者可能会把生活庸俗的一面看成是现象，而把比较超越的、高雅的一面看成是本质，于是好像便构成了批评庸俗现象的理由。其实对于生活来说，它们不都是同深度的现象么？文化和生活是活物，所以不可能想像把其中某种“坏的”部分砍掉，都砍掉了就不再有文化和生活了。要活的理解文化和生活，这个说法表面上并不新鲜，恐怕有无数人有过类似说法，在这里需要进一步的思考，否则就会衰变为类似所谓“有机的”或“辩证的”理解。

一种整体效果并不是某种概括性的观点，不是用来解释或者批评万物百事的总的观点，而是服从着各种细节的、由各种细节构成的分不开相关性。所以我说，细节就是存在，或者，存在永远是细节的。于是，整体总是服从细节的整体。

我所想到的最好的类比就是围棋的情况：基本的布局以及由布局生长出来的大形势虽然绝不是一盘棋的概括，但却是一盘棋的整体效果。很显然，用来布局的那些棋子也只不过是细节，尽管是重要细节。另外，布局也并不能完全决定全局的发展，事实上在细节的发展中可能会造成完全不同的格局，细节的变化所产生的新需要可能使原来的形势变成另一种样子，就是说，出现了不同的整体效果（随便说一句，中国哲学的精华恐怕更多地在中医、围棋、兵法甚至武术里，而不在四书五经里）。这就是说，整体效果是一种事实而不是一种观点或原理，而且整体效果本身也是一种细节，是一种由各种细节的生长所决定的生长着的事实。经典的整体论的错误就在于以为虽然事物是变化的，但是我们能够有某种不变的原理概括着并且解释着各种事物的变化。这种黑格尔式的观点用来解释自然就已经不妥当，如果用来解释文化和生活就是绝对错误，因为任何一个观点只不过是文化的一个细节。

到这里，我们似乎可以看到一个多少有些可笑的结果：无论是分析地还是概括地理解事物，这两种典型的哲学思维的错误其实是非常相似的——分析的哲学思维无非是相信可以不顾文化的全局而理解某种细节，甚至相信各种细节的问题能够还原为某一种细节；概括性的哲学思维无非是认为能够有某种总的观点用来解释所有细节——显然，某种细节的观点和某种总的观点都只不过是文化中的某个细节，文化中的任何一个细节的意义就在于它对其他细节有意义（就像围棋的每一个棋子的意义在于它对棋局的意义），又怎么能够以某种细节的观点去批评其他细节？通俗地说，我们怎么能够用文化的某个方面的道理去批评其他方面的道理？这种批评恰恰是没有道理的。

可以说，思维到了哲学的地步，就不再有批评了，如果要批评，那么每一个观点和立场都恰恰是批评对象，所以哲学不再是批评。希腊人给哲学的命名确实很有意思，这种思想是爱智慧，而显然永远达不到完全的智慧。这个意思非常准确，我理解的意思是，完全的智慧是不可能的，因为文化和生活永远变化，但是我们仍然有可能跟随智慧（这就算有智慧了），跟随智慧虽然不可能达到完全智慧，但是却能够正确地跟随智慧，这就是说，我们不能固执在某种观点上去批评，而只能去跟随文化各种方面的各种道理，没有哪一种道理是可以藐视的，跟随任何一种道理就是去懂各种道理，所以不懂文化的各方面就不懂其中任何一方面，就不可能是一个哲学家。我猜想希腊人可能是懂这个道理的，因为在古希腊所谓去学哲学其实主要是去学其他各种知识。而现在所谓学哲学主要是学哲学史，学好了也只是半个哲学家——去赞成某种观点，去批评某种观点。难道人们所期待的智慧就是用一种观点批评另一种观点吗？这样的智慧不是太愚蠢了吗？既然不可能取消理解和趣味的主观性，那么，没有一种观点能够被另一种观点驳倒。

如果去跟随道理就不是在批评，只能去证明某种观点在文化整体中是没有道理的（就像证明某一步棋是无理的），证明就是证明，不是批评。例如我在本书中证明那种要求普遍必然规范的伦理学是无理的，主要是两个证据：普遍必然的规范要求破坏生活所需要的其他道理从而破坏生活；普遍必然规范的理论在技术上导致它自身不可能接受的结果。这证明了普遍必然的规范这样一步棋在文化和生活中是不可行的，至于这种规范伦理学是否表达了某种良好愿望和好心，在理论上是无所谓的，用不着去批评，所以我这是证明而不是批评。以某种观点立场为根据去批评其他观点和现象，这是小伦理学，因为它的可能想法已经被限定了、教条化了。就像一个艺术家、军事家、棋手或武术家如果手法受制于某一门派，功夫便不是上乘。一个哲学家也许不可能把握好各种道理，但必须是在试图把握各种道理。例如在思考伦理学问题时，就必须考虑到政治、经济、法律、社会制度等等方面的道理和要求；当试图对科学的发展、经济的变化、社会制度的设置或者前卫艺术和通俗文化进行批评时，就必须考虑是否懂得属于这些事情的道理。

3. 智慧是无立场的

即使是比较温和的批评者也认为我提出的所谓“无立场”思想方法有些过火，这使我感到要改变一种习惯确实很难。其实“无立场”方法并不像顾名思义那么惊世骇俗，我的意思是，思想在大多数情况下是有立场的，因为我们的所作所为是有立场的，但是我们的思想的一部分是无立场的。例如战争，为什么而战，是有立场的，怎样打得漂亮，是无立场的；艺术暗示着什么观点，是有立场的，如何使作品有魅力，是无立场的。这种普通的无立场思维差不多相当于所谓讲究技术和艺术性。当然，这种无立场不会有人反对，因为这种局部性的无立场毕竟被认为要服从于一些更高的观点和立场。不过，当说到作为思想的最后层次的哲学必须是无立场的，显然就有一点点惊世骇俗了，人们不敢相信，思想最后是无立场的。

关于思想的最后层次是无立场的，简单地说，可以这样证明：各种观点立场本来就只是用来支配某种特定的、与之相配的事情的，或者说，每种观点立场的思想能力或能量都是有限的、有针对性的，所以，没有一种观点立场有能力去批评和规范所有事情，因此，用来思考所有观点立场的思想必定是无立场的。还可以这样证明：人类的文化和生活必定由多种观念和价值来构成，这些观念和价值是同样基本的、同样重要的，当我们去思考所有这些基本观念时，我们再也没有更基本的观念可以用来批评它们，我们唯一能够思考的事情是各种观念构成的整体效果。

文化的存在是一种整体效果，某种观念就好像是整个文化布局中的一个棋子，怎么能够成为价值的权威？或者像一幅画的一个局部，怎么能够把一个局部看成是最重要的？因此，我不是在反对每一种观点立场的意义，而是说，当去思考各种观点立场时，某一种观点和立场恰恰派不上用场了。所以当去思考整体时就需要智慧——如果仅仅是要坚持某个立场，根本用不着智慧——智慧是一种思想方式，是一种能够尊重各种道理的思想方式，而不是观点。老子大概是知道什么是智慧的，他试图描述道的各种运行方式，或者说各种道理；佛家也是知道智慧的，佛家反对“知见障”，就是反对知道一种道理就以为只有一种道理；维特根斯坦可能也知道智慧，他要求看清楚各种各样的生活形式，而不要假设某个理论然后就去解释一切。

在日常生活中，一个人愿意坚持某种价值观点，愿意用这种观点去解释和批评一切行为，这当然是可以的，事实上我们每个人几乎都是这样做的。但我们必须知道这样做不是思想，尤其不是智慧，或者说，一个人自己的生活可能只要一种观点，但是生活需要各种道理，所以，我们做事情时都是有立场的，而进行哲学思考时却只能是无立场的，这就是智慧。假如反过来，做事情时不要立场，思想时却陷在立场里，那就是愚蠢。

假如我们能够无立场地思考，那么就会看清楚各种各样的道理，但是，假如我们仅仅是看清楚各种各样的道理，还只是一种日常水平的智慧（就像我们有时候称赞一个人头脑清楚，每件事情都办得漂亮），却还没有构成思想。维特根斯坦要求哲学去看清楚各种各样的生活形式，这是一个漂亮的开头，可是维特根斯坦却又要求仅仅看清楚这一切，然后哲学就算结束了，这又给了哲学一个糟糕的结果——我的哲学在很大程度上是由于不满意这个糟糕的结果而开始的。我发现了一个突破口：

道理是创造出来的。

对于自然来说，思想的结果确实就是看清楚事实，而对于文化的存在和生活来说，当然需要看清楚既定事实，但是下一步事实永远是不清楚的，换句话说，文化和生活里的道理永远是半截道理，永远是前途未定的道理，所以，看清楚事实就是为了制造事实，看清楚道理就是为了创造道理。

文化和生活有着与自然不同的存在方式，就文化和生活的整体上去看，文化和生活是最大的艺术存在——但是人不是艺术地存在着的，文化和生活才是，或者说，文化和生活才有可能是艺术，而人不可能活得跟诗一般（海德格尔说到人诗意地存在，完全是文学抒情和幻想，而不是思想），如果人想生活，那么只能复杂地活着；如果想过一种反生活，那么像佛教徒那样纯粹地活着。

在这里不难看出“无立场”思维的深层意义：认清事实、看清道理是为了创造可能的道理（就像人尊重事实而后创造可能生活）。无立场思维最后落实为文化和生活的创作。毫无疑问，真正的创作都是创造先于道理，当然更先于观点——真正的艺术都是这样的，作品完成后才真正产生出这个作品里的道理和观点。无立场思维是一种创作方法，而立场是这种创作的一项结果。

文化的创作总是很具体的，总是在某种学科中进行的，但是这种具体的创作必须以各种学科的道理为创作背景，就像前面说过的，研究一种道理就不得不尊重所有道理。这样就等于摧毁了经典的“哲学”这一概念——生活事实这个整体虽然被分析为各个学科中的道理，但是这些道理却不再需要通过所谓“哲学的概括”来恢复为一个思想整体，所谓哲学的概括只不过产生了某种无用的本质。如果说生活事实是一个无法直接说清楚的现象整体，所以需要分析，那么哲学的概括恰恰又把分析清楚的细节重新变成和现象整体一样不清楚的本质。

当然，放弃概括性的哲学不是要放弃哲学。如果我们在研究一种道理的同时尊重所有道理，难道不是建立了一种整体性吗？就是说，我们不是要把各种学科细节概括为哲学的总概念，而是让每个学科都成为一个整体思想。我有一个关于哲学和所有社会科学的预言：将来的每个社会科学学科都将具有哲学的功能，同时哲学将变成一种与所有社会科学问题不可分的研究，而不再是一种可以独立的学科。原来意义上的哲学将消失，但是又作为一种思想方法在所有学科中复活。

在这里有必要与法兰克福学派的一个理论略作比较。法兰克福学派建议打破学科界限，把学术变成交叉学科，从而形成综合研究。表面上这种主张和我的设想似乎有一点相似，但是，假如看起来有什么好像相似的地方，这种相似只不过是某些语词的相似，而在理论意义上则非常不同，甚至是冲突的。首先，我相信那种有能力去思考文化整体的思想只能是无立场的，否则就不可能看到并且尊重各种各样的道理或真理，而法兰克福学派是非常有立场的，而且特别强调立场；其次，我强调的各种学科的合作不是综合，尤其不是在某种立场的普遍支配下所造成的所谓综合，各种学科的真正合作必须考虑各种学科的“余地”，也就是考虑到各种各样的道理和真理是同样有力的，是同样无法回避的。显然，在理解整体的问题上，法兰克福学派以为可以把一种批判立场滥用到各种学科中去，从而造成对社会和文化的全面、整体的理解，这似乎是想把一种小错误或局部错误扩大为一种大错误或普遍错误。这种有立场的综合研究虽然强行获得了某种整体性的理解，但却是被完全错误理解了的整体（似乎并没有超过黑格尔的水平）。法兰克福学派对现代社会和文化的批判无疑是非常不公正的，完全没有考虑到一个社会和文化必须有各种各样的道理和真理。法兰克福学派所追求的那种没有学科界限的综合研究实际上只不过等于把某种有毛病的立场推行到各种学科中去，这根本不是与事实一致的整体。

在这个意义上，我关于哲学落实到各种社会科学中去，同时各种社会科学具有哲学功能的想法与法兰克福学派的理论不仅不相似，而且完全相反。哲学或任何一种社会科学真正需要做的事情不是有立场地对各种现象进行综合的批判，而是要去思考，要求非常不同的各种各样的道理是如何造成一个社会或文化整体的；（某个学科的）一种道理在各种道理中的位置和功能是什么样的。这有一点类似于去思考整个棋局的形势要求着什么样的每一步棋，以及一步棋在整个棋局中的意义。这才是有意义的整体感觉。

4. 文化生态问题

无立场的思维对于伦理学尤其重要，因为伦理学是个研究价值的学科，人们在伦理学上更容易感情用事，把自己的价值观看成理所当然。如果看问题局限于某种价值观，即使这种价值观本来有一定的道理，但是由于看不到其他价值观的道理，基于那种价值观的理论就变得没有道理了——无立场的思维的真理性在于：如果拒绝其他道理，那么就一个道理也不存在了。显然，我们不可以想像某种价值观或某一套规范成为普遍的统治。于是，我们需要在更大的空间里去理解一种价值观的价值，就是说，当用某种价值观去看待事情，这是小伦理学空间；当从整个文化的需要去看待某种价值观，把某种价值观放在整个文化中去估价，这是大伦理学空间。我们要彻底知道一种事情好不好，就必须知道用来评价这种事情的那种价值观好不好，所以，小伦理学空间必须在大伦理学空间中被解释。可以说，伦理学一直几乎只是在小伦理学空间中思考问题，所以伦理学的问题从来都不是清清楚楚的。

当进入大伦理学空间，伦理学的问题就有明显的变化。可以看出，我对某种伦理观点的分析并不是站在另一个观点的立场上去批评它（我当然也有立场，但是我不去论证它，因为它不是论据），而是想分析那种伦理观点在文化中是不是一步“好棋”，是不是合乎文化的客观需要。在大伦理学空间里所进行的价值估价完全是另一种事情，是一种按照文化客观需要进行的客观估价，是对一种价值观的思想功能的估价，所考虑的是以文化整体为单位的价值要求，而不再是以个人为单位的价值理想。比较简单地说，小伦理学考虑的是一个人或一种行为是不是“善良的”，而大伦理学考虑的是一种文化或生活是不是“健康的”。

毫无疑问，假如没有大伦理学的问题作为基础，小伦理学的问题就失去意义，因为我们将不知道那些小伦理学的问题到底是什么意思。例如有的人可能会批评庸俗流行文化坏得很，可是我们到底在什么意义上知道流行文化很坏呢？如果我们不是根据文化整体的需要而是根据某种价值观，这种批评就失去理论意义。其实在有的情况下庸俗文化是合乎文化整体的发展需要的，比如庸俗文化很善于丑化和解构教条主义。而且，当庸俗文化确实起不到一点好作用时，我们也不可能指望小伦理学能够在灵魂小环境里去清除庸俗文化，这是一个文化或生活的大环境问题。

伦理学常常意识不到伦理问题最后都必须在文化和生活大环境中去解决，这无疑是伦理学最大的一个缺点。正如我们可以看到的，伦理学通常把道德赌注压在个人灵魂“小环境”里，总是希望个人去把一些不知道好不好的伦理规范“内化”为人性和自觉的良心之类的东西。对于人类道德来说，良心不仅是不够用的，而且往往靠不住。心理学家曾经做过一个“监狱实验”（大概是美国的实验）：让一些品质优良的大学生充当监狱看守，以观察他们的心理变化，结果几天内这些大学生都变得冷酷、残忍、不通人情，但是实验结束后又变得正常。显然，环境比理想更有力量，良好严格的法律和制度比那些用来呼唤良心的伦理规范要重要得多。

不过人们可能会发现有一个重要的难题：如果哲学是无立场的，那么，文化和生活整体的价值又如何判断呢？或者说，文化环境是我们生活的另一个生态环境，但是我们又不能用文化中的某一个观念去批评文化整体，那么，我们怎么才能知道文化这个生态环境好不好？正是这个问题真正使伦理学必须成为一种大模样伦理学。当然，这个问题是一个非常困难的问题，我们不得不“自相关”地去理解它，即文化不得不自己显示出关于文化自身的价值判断。

文化和生活当然是文化的事实，但是我们把它整体地看待时，它就好像是一个自然事实，或者说，只有当我们以一种看待自然事实的方式去看文化的存在，才能有机会理解文化自身所显示出来的关于文化的价值要求，也就是文化和生活“意味着”（mean to be or to be meant to be ）什么样的存在状态。很显然，既然不能按照某种观点，而只能按照文化和生活自身的需要去看文化和生活的价值，那么，文化和生活的价值就在于它自身的健康状态——文化也是一种生命，就像人一样，生命的自身价值标准当然就是健康存在而不是别的。进一步说，文化和生活的健康状态无非是充满活力和诱惑，也就是有着鼓励创造性的倾向、有着鼓励各种优越价值的倾向、能够提供丰富的多种可能生活，同时能够保持文化各方面的平衡。总之，文化和生活场面恰恰就是文化和生活自身的生态环境，所谓好的文化和生活就是有利于文化和生活自身的创造性发展的存在状态。所以，大模样伦理学所思考的问题是：一种关于文化和生活的设想能够提供什么样的生活？是否能够提供各种有创造性的、有着各种诱惑的可能生活？显然，当且仅当，生活是有意思的，伦理才是有意义的。

当然，这里关于大模样伦理学问题的描述仍然太抽象了，可是我不可能真正仔细地描述它，因为这种伦理学问题必须具体化为关于社会制度、政治和经济制度、法律、艺术和思想等等方面以及相关效果的研究，这需要许多人去研究。我仅仅试图指出一种新的哲学。

附录七 关于金规则的一个新版本

在伦理规范体系中，“金规则”的地位极其特殊，它超越了其他所有规范，而几乎成为所有规范的总纲，它所以被认为是“金的”，大概因为：（1）久经考验而被相信是万世不移的永恒规则；（2）不同文化体系皆有类似规则因此被认为是放之四海而皆准的普遍规则。在历史中自发生成的许多种金规则在意思上大同小异，其中最有名的也可能是最典型的是基督教的金规则和孔子的“一贯之道”。基督教金规则的正面表述是：“你若愿意别人对你这样做，你就应当对别人也这样做”；其反面表述则是：“你若不愿意别人对你这样做，你就不应当对别人这样做”。孔子的正面说法是：“己欲立而立人，己欲达而达人”，其反面说法是：“己所不欲，勿施于人”。后世哲学家对这些具有民间风格的表述不太满意，于是就有了一些学术版的表述，如康德版、西季维克版等等。尽管这些哲学家相信他们的学术版比民间版严格得多（这多少是实情），但在我看来仍然有严重问题——问题不出在表述是否严格上，而在于在出发点上就错了，而这一错误是那些民间金规则本来就有的，学术版只不过继承了错误。民间错误是不应该批评的，因为民间金规则建立在经验之谈上，而经验总是有限的。学术分析的优势就在于能够在逻辑空间里检查比实际经验更多的各种可能因素。

不管那些学术版的金规则如何改进表述的逻辑性，但各种金规则的基本精神是一致的，即强调互相对待的对等性（reciprocity）。可以说，所谓金规则，基本上是关于公正关系的一条规则。在《论可能生活》（1994 年版）中我也是以“对等性”作为其中一个重要因素来分析和定义公正的。通常，在定义公正时，一部分哲学家主要强调“对等性”，另一些哲学家则主要强调“公平性”（fairness），这是两个众望所归的基础，不过公平比较含糊，其学术品质较差，对等性则比较清楚。“对等性”固然不错，但事情没有那么简单，我们还需要警惕某些可能被漏掉的因素。

我曾经对金规则进行过一个大胆的修改，我的分析大概如此：

从思想语法上看，人们在思考“我与他人”的关系时一直使用的是**主体观点**（subjectivity），即以“我”（或特定统一群体“我们”）作为中心，作为“眼睛”，作为决定者，试图以我为准，按照我的知识、话语、规则把“与我异者”组织为、理解为、归化为“与我同者”。列维纳斯已经指出，这种传统观点的基本态度是对他人不公正，一切以我的观点为准，实际上是对他人的否定，是实施了一种无形的暴力，把这种态度作为我与他人关系的道德基础在逻辑上是无效的。我们必须以把他人尊称为“您”的**他人观点**（otherness）来代替传统的主体观点，只有以他人观点为准的理解才能尊重他人存在的“超越性”，即不会被“我”随便“化”掉的绝对性，才能避免把他人的超越性消灭在我的万物一体化的企图中。尊重他人的超越性就是尊重他人的那种不能被规划、不能被封闭起来的无限性。而尊重他人同时等于让自己得到尊重，因为对于别的主体，自己也是个必须被尊重的超越者。显然，只有从他人观点出发才能演绎出真正公正的互相关系，即“面对面”的“我与你”关系（“我与你”的关系是平等的，而“我与他人”的关系是不平等的，按照康德的说法，它是把人当作“手段”的关系）。列维纳斯这一“他人为尊”思想在思想语法上看是非常重要的。如果从主体观点入手，心中始终以我为准，我把你贬低为我的知识和权力范围里的他人，你当然也把我当成他人，这种似乎对等的关系导致了实际上的互相否定，这是一种互相拆台的对等。即使好像有互相尊重的良好意愿（良好意愿有时只不过是欺骗自己说自己是个好人），只要思维方式是主体观点，那种意愿就无从实现。

根据列维纳斯的批判，我们可以有进一步的发现：所谓各种文化都认可的、据说可以作为第一普遍原则的金规则“己所不欲勿施于人”（以及所有意思相同的其他表述）表面上似乎表达了对他人的善意，其实隐藏着非常典型的主体观点，它的思维出发点仍然是“己”，它只考虑到我不想要的东西就不要强加于人，根本没有去想他人想要的是什么，这意味着，我才有权利判断什么东西是

（普遍）可欲的，我的心灵才算是个有资格的心灵，而他人的心灵和思想根本不需要在场。把决定权和解释权归给自己（我），而同时取消他人在价值问题上的决定权和解释权，这是非常严重的学理错误（同时也是政治错误）。许多人际冲突和文化冲突都与此有关。

可以分析一下，为什么主体观点在伦理学中是不合法的？我们知道，主体观点首先是一种知识论观点，是关于如何“看”世界的方法。在“看”事物时，不需要征求事物的同意，我想怎么看就怎么看，至多有“看对了”（真理）和“看错了”（谬误）的问题。在知识论里，主体观点虽然不见得是最优的（它所欠缺的视角太多，因此也不利于产生全面知识），但却是一种合法的看法。但是在其他地方，主体观点就失去了合法性。例如在交往（communication）问题中，我就不可以想怎么就怎么随便“看”别人，问题已经由“看”变成了“说”和“听”，而其中关键还落在“听”上（因为如果“说”了没有人“听”就白说了），我们不得不去听别人说什么。在这里，主体观点的合法性即使不是可疑的也被大大削弱，因为他人已经变得很重要，我不得不希望他人愿意听，还不得不去听他人的。而当进入到“做”的问题，即共处或合作的问题，主体观点就完全不合法了，不管做任何事情都涉及他人，都需要他人的合作、配合和承认，他人就变得至少和我一样重要。生活问题的基础是存在论而不是知识论，把知识论的原则推广到存在论中显然是不合法的。他人不可以被处理成像物那样的“对象”，他人也是“活”的，他也做事情，而且我要做任何事情都不得不与他人一起做（至少是间接地与他人一起做事情）。因此，他者性（otherness）就突出成为替换主体性（subjectivity）的原则。

当把他人观点这一新的变量计算在内，道德原则就不得不发生巨大的变化。考虑到“他人”这一必须计算在内的新变量，于是我就认为应该把金规则修改为**“人所不欲勿施于人”**。虽然只一字之差，但其中境界却天上地下。在“由己及人”的模式中，可能眼界只有一个，即“我”的眼界，而“由人至人”的模式则包含所有的可能眼界（人人都有看法），我们所能够思考的价值问题范围和价值眼界自然变得宽阔丰富得多，这样才有可能尊重**每个人**。这个把每个人的心思考虑在内的方法也可以称为**“无人被排挤”**原则（exclusion of no body）。这一修改可以根本改变我们思考价值问题的思路和角度。在这里它意味着一条关于如何选择任何共同伦理规范的元规则，这个元规则蕴涵着彻底的公正，可以表述为：(1) 以你同意的方式对待你，当且仅当，你以我同意的方式对待我；(2) 任何一种文化都有建立自己的文化目标、生活目的和价值系统的权利，即建立自己的关于优越性（virtues）的概念的权利，并且，如果文化间存在分歧，则以（1）为准。我的观点大概如此。①

对于这一观点，自然有一些不同看法。目前最具学术深度的挑战是王庆节先生提出的。我们曾经就许多相关问题进行过有益的讨论，这里我准备引述的是他在即将出版的书《解释学，海德格尔和儒道今释》中正式表述的富有启发性的批评。王庆节指出："赵汀阳以'他人观点'建构起来的道德金律固然可能帮助我们克服'主体观点'，但这种以'他人观点'为准的道德金律是否能胜任作为'普世伦理'的'元规则'呢？我想我们恐怕不能得出这一结论。为什么呢？让我们来看下面的例子。假设你我都是腐败的官员，而且你我都不以贿赂为耻，反而以之为荣。当我贿赂你时，我知道你想让我以'贿赂'的方式对待你，并且假设你也会同意以同样的方式回报我。但是，我们知道，按这种方式进行的行为，无论是出于'主体观点'还是'他人观点'，都不能改变'贿赂'的不道德性。这也就是说，即便我对某一他人对我行为的所欲所求与此人想要得到的对待是相同的，遵循这一原则行事也不能保证永远是道德的。"

这一批评的挑战是严重的，而且是正确的。它所指出的是任何可能设想的形式化道德原则的弱点。类似的例子曾经被用来批评康德的形式化的"普遍律令"（糟糕的是，我自己也这样去批评过康德）。这是一个值得深思的问题。其实，康德非常可能意识到了这个弱点，这也许就是康德为什么除了形式化的"普遍律令"之外还给出了另一条基本原则的理由。另一条原则就是甚至更为知名的"人是目的"。这条原则的困难是它的要求太高，人们实际上不可能不在某些场合把某些人当成"手段"，否则生活不可能进行（假如无论何时何地都把任何人当成目的而非手段，那么其必然结果就是几乎做不成任何一件事，尤其是生活中必定有一些"不纯的"事情，比如

① 我对金规则的修改可以参见《我们与你们》，载《哲学研究》，2000 (1)；Understanding and Acceptance，in *Les Assises de la Connaissance Reciproque*，Le Robert，2003.

政治和经济活动[①])，正如我在《论可能生活》里论证过的，除了单纯美好的人际关系之外，人际关系在许多必要的情况下实质上表现为“事际关系”，所谓“手段”问题就必然出现，这里不多论。无论如何，“人是目的”原则不是纯形式的，而是有价值内容的了——主要是人道主义的价值观。尽管康德所选择的基本原则可能有疑问，但他构造的道德原则框架确实不同凡响，难怪他可以声称他的道德基本原则比流行的金规则要好得多，而且金规则必须按照他的原则进行校正。且不管人类道德体系所最需要的内容原则是什么，至少我们可以肯定，仅仅表现为形式原则的金规则是不充分的，显然还需要内容方面的约束条件。就是说，金规则不可能只是一条，而是至少需要两条，而且这两条原则是互相约束着的。

在某种意义上，康德方案既不现实又有自相矛盾之处。假定“人是目的”原则普遍成立，那么就会有一个完美到不可能存在的社会，现在我们观察到的绝大多数“社会规律”和“社会规则”以及绝大多数的人文社会科学知识就没有意义了，尤其是经济学、社会学和政治学的几乎全部前提就不存在了。如果“人是目的”，人人自然而然就能够公正地互相对待，那条用来表达公正的形式原则就是多余一举的了。而既然需要公正原则，就是因为人们只能指望“策略性”的对等公正，而不能指望无论何时何地都“人人成目的”的绝对公正。因此，我们有理由认为，康德的框架是伟大的，但其内在构造并不妥当，两条原则并不能很好匹配。要选择两条良好匹配的、同时又足够普遍以至于能够覆盖各种伦理学问题的“道德基本原则”确实不容易。我相信在《论可能生活》中我提出的方案是更加合理的（是不是还有漏洞，欢迎批评），我采取的也是“两条原则”的模式，但与康德所选择的原则有所不同，解释也很不同，而且，与康德的排序也不同，康德首推形式原则，然后是价值原则，我的排序正好相反。

目前我的方案是（希望以后能够改进）：（1）幸福原则。大概保持《论可能生活》的观点：如果一个人的某个行动是**自成目的**的(autotelic)，那么这是一个必然产生个人幸福的行动，而如果这个行动的目标也同时是一个**自成目的**的事情，那么就不仅是必然产生个

---

① 实际上康德很难找到关于能够普遍实行“人是目的”原则的条件，就是因为这太不现实。中国的“雷锋”可能是难得一见的例子（是不是完全符合康德原则还是个问题），不过，雷锋模式显然不适用于大多数的事情，特别是政治、经济和军事。

人幸福的行动，而且是促进人类幸福的行动。幸福既是人们的最大欲望，又是唯一对己对人都有益的行动。“幸福的帕累托改进”是唯一具有全方位正面效果的帕累托改进，就是说，某人的幸福不仅对自己有益，而且在**任何意义上**都对他人无损。相比之下，福利的帕累托改进（即经济学意义上的帕累托改进）虽然无损于任何他人的物质利益，但却非常可能损害他人的社会地位、政治影响力、话语权力、心理情感和精神世界。经济学不计算这些事情，伦理学却不可视而不见。因此我首推幸福原则。（2）公正原则。在《论可能生活》里，我的表述比较复杂，在此不论。但它与后来简单地说成金规则改进版的“**人所不欲勿施于人**”在精神上是一致的。其实，任何版本的金规则都是关于公正的一种理解和表达。

现在可以部分回答王庆节先生的挑战了，由于我的金规则改进版仍然只是关于公正的原理，当然不能覆盖所有伦理学问题，就像其他金规则一样，肯定是片面的，不过我相信，“**人所不欲勿施于人**”仍然是缺点最少的金规则版本。假如把另一条基本原则考虑在内，我相信就能够解决许多问题（尽管未必能够解决所有问题）。所以，金规则可能至少需要两条，而不是传统的一条。为什么说这只是部分地回答了王庆节的批评？因为他关于“贿赂”的例子表面上似乎简单，其实是个牵涉面非常广、相关问题非常多的难题。我认为“幸福原则”可以部分减弱这个问题的挑战，但还不敢断然认为可以完全解决。我们甚至可以增加“贿赂问题”的挑战力度：把王庆节设想的“腐败官员共同体”夸张为“所有人”这样一个最大集合，这种人类性的集体堕落并非不可能，至少在逻辑上是可能的，这样怎么办？显然，假如一种堕落变成“人人同意的”，那我们就不可能有关于这种事情的任何反面评价了。我愿意提出这样一个有些古怪的问题：**一件没有人反对的坏事是否就变成了好事**？这值得深思。

随便可以考虑一个相关问题。人类全体堕落的例子也许没有，但“集体堕落”的例子已经不少，现代社会最善于领导“集体堕落”。现代大多数人都已经变成无情无义的利益最大化者，大多数人喜欢利益超过德性，喜欢庸俗超过伟大价值。也许我们需要在人类走到无可救药的地步之前深入思考“集体堕落”的问题。我关于伦理学的思考的一个重要背景就是“集体堕落”问题。在理论上虽然可以证明幸福原则和公正原则是人类命运的正道，但是，仍然存在一个悖论性的技术难题：一个幸福而公正的社会如果是可能的，就需要权力的正面支持；而权力更容易发挥其负面作用，即它更容易被用来破坏幸福和公正。这是关于人类任何制度的哲学问题。如果不能解决这个问题，任何金规则终究是纸上谈兵。

附录八
论道德金规则的最佳可能方案

1. 问题背景

首先需要提及为什么要讨论道德金规则的问题背景。

一般地说，金规则指的是能够概括地表达一个伦理体系的总精神的一条道德原则，也就是能够“一以贯之”的普遍原则；如果在学术意义上说，它就是伦理体系的一个元定理，它是对伦理体系中各种具体规则的总指导和解释。金规则总是非常稳定的，除非社会发生巨大变化，否则它不会变化，而现在正是一个巨变的时代。

全球化把以前不明显的许多问题变成了明显的问题，其中一个典型问题就是各种文化/知识体系之间的关系。亨廷顿关于文明冲突的论点虽然有着根本性的错误，但它却揭开了“对话/交往”问题的真正底牌。自苏格拉底以来，理性对话就被认为是通向普遍承认的真理之路，到今天，哈贝马斯还坚持认为，完全合乎理性标准的正确对话必定能够产生一致认可的理解。但是哈贝马斯忽略了一个关键性的问题底牌，这就是，**理解不能保证接受**。[①] 理性对话有可能达到一致的理解，但是人们想要的不仅仅是被理解，而是被接受。接受才是“对话/交往”问题的终点，这一危险的底牌在以前的哲学分析中被有意无意地回避了。达成共识和合作的充分理由不是互相理解，而是互相接受。可是互相接受的问题超出了知识论和理性所能够处理的范围。显然，“接受问题”迫使知识论上的“主体间”问题深化为实践或价值理论上的“人际”问题，如果扩大计

① 我曾经提出这个“接受问题”去批评哈贝马斯。参见赵汀阳：Understanding & Acceptance，In *Les Assises de la Connaissance Reciproque*，Le Robert，Paris，2003。

算单位，则成为“文化间”问题。人们在考虑知识时必定同时考虑价值，知识问题和价值问题是共轭的。这样就回到了哲学的正宗模式上了，无论希腊还是中国先秦，知识问题都是从属于伦理/政治问题的。

当把“接受问题”计算在内，“对话”就变成了“对待”，伦理学就成为第一哲学的一个部分（列维纳斯甚至相信第一哲学只能是伦理学①），另一个部分非常可能是政治哲学（施米特相信政治生活是最基本的生活形式，而政治问题就是区分敌友②）。伦理学和政治哲学的一个最基本问题就是“如何对待他人”。列维纳斯非常正确地论证了他人的绝对性，他人是一个无论如何无法被“我”的主观性所消化的外在绝对存在，主观性（subjectivity）化不掉他者性（otherness），所以他人超越了我的主观性，是我的生存条件和外在环境。他人会反抗，他可以不合作，所以超越了我，所以他人是我需要对待的最严肃的问题。今天人们特别感兴趣的全球合作、全球共识、全球价值之类，在学理上都依赖着关于“他人”的理论。对待他人的总原则在伦理体系中就表现为所谓的“金规则”。

各种文化的伦理体系中都有着至少一个被认为在理论上无懈可击、在实践上历久常新因此非常可能是万世不移的道德原则，它被当作是一个伦理体系的基石。通常人们把这类据信为“绝对无疑的”道德原则按照基督教伦理的习惯称为“金规则”（the golden rule）。根据孔汉思和库舍尔的研究③，据说不仅各种文化中都有金规则，而且这些在历史中各自独立地自发生成并且以不同方式表述出来的金规则在含义上“都惊人地相似”，几乎可以说其逻辑语义是完全一致的。于是他们认为，这种一致性表明了金规则是放之四海而皆准的普遍必然原则。

可是由经验巧合去推论普遍必然性，这在理论上说（根据休谟定理），是不可以接受的，因为不存在这样一种逻辑，或者说不存在这样一个必然有效的推论模式。在理论上，道德金规则一直没有被

① 参见 Levinas：Ethics as First Philosophy，in *The Levinas Reader*，ed. S. Hand，Blackwell，1989。

② 参见 Carl Schmitt：*The Concept of Political*，The Univ. of Chicago Pr.，1996。

③ 孔汉思、库舍尔：《全球伦理：世界宗教议会宣言》，成都，四川人民出版社，1997。

成功地证明。而在实践上，虽然金规则一直在伦理体系中有着最重要的意义，但也一直存在着一些根本性的困难，这些困难在古代社会里也许不很明显，可是在当代社会里就变成了严重挑战，比如说，在多文化共享的社会空间里，各种文化（各种文明、宗教、传统和政治理想）甚至各种亚文化（女性主义、环保主义、同性共同体等）都拥有不同的价值观，这意味着它们在“想要的和不想要的”东西上有着不可通约的需要和评价标准，“己所不欲勿施于人”这样的金规则在这里已经没有能力处理那些价值问题了，至少可以说，在许多事情上都会遇到严重挑战。在这个意义上，基于目前被普遍承认的金规则的所谓“全球伦理”是不可能成功的，因为这一全球伦理运动仅仅考虑到金规则在“空间”中的普遍存在，而没有考虑到社会关系在“时间”中的变化。从空间的角度去看，人们似乎都承认有那么一种古老而普遍的金规则，但是，问题已经在时间中发生了巨变，问题变了，答案自然也应该有所变化，传统金规则格式不再是无懈可击的了。

2. 人际共识和价值共识

如上所述，金规则表达的是如何对待他人的**人际共识**。传统金规则有许多版本（在后面我们再作分析），但无论什么版本，其根本精神是完全一致的，或者说，它们的逻辑语义是同样的。传统金规则的基本假定是所有人（或至少大多数人）具有价值共识，也就是所谓“人同此心，心同此理”。与这个基本假定相配合，其方法论则是“推己及人”。以此假定和方法论就必然得出传统金规则。

问题正在于此：诸如“己所不欲勿施于人”这样的**人际共识**是有效的，当且仅当（iff），一个社会具有共同价值观，也就是具有关于“想要的/不想要的”的**价值共识**。这两个共识必须**同时存在**，否则传统金规则就不可能成立。为什么古典的金规则在今天遇到困难了？其秘密就在于现代社会失去了价值共识，因此原来的人际共识就失去了得以成立的必要条件。

这个问题在古代社会所以没有出现，是因为任何一个古代社会都还没有发展出许多互相冲突又几乎同样有力的价值观，即使人们在价值问题上有某些不同意见，也还没有形成各种同样有影响的权力话语，就是说，在古代社会，人们想要的和不想要的基本一致或者说大同小异，即使有些另类人物的奇谈怪论，也只是一些学术性的观点而没有成为有社会影响力的话语，没有成为主流，因此不影响社会的总体价值选择。比较粗略地说，古代社会的冲突的主要原因是利益问题而不是价值观问题。尽管古代也有价值观冲突，但基本上只是学术现象。价值观冲突成为社会现象是现代社会的产物，是所谓启蒙的产物，是自由和平等的结果。很容易想像，在价值观基本一致的社会条件下，就有了“人同此心，心同此理”的普遍现象，于是“推己及人”的方法论就能够适用，金规则的古典版本就是顺理成章的了。可是今天不再如此。

当然，必须承认，即使在价值观基本一致的古代社会里，例外情况总是有的。但是，更应该强调的是，例外的社会现象对于社会一般知识不能构成挑战。这是个有趣的知识论问题，可以称作“例外”的知识论问题。对于自然科学尤其是逻辑知识来说，如果万一出现了“例外”，就是无比严重的问题，因为“例外”构成了挑战普遍必然性的“反例”。可是对于社会生活来说，“例外”是软弱无力的，因为“例外”无法构成对主流价值或者统治性话语的挑战，往往可以忽略不计，“反例”对于社会知识来说是非常可笑的。在古代社会里虽然总有某些例外的价值观点，但被主流价值观所淹没。所以可以说，古代社会具有价值共识。

作为传统金规则的必要条件的价值共识是在现代被破坏的。事实上，从现代开始以来，传统金规则就注定要出现问题了。从价值观念方面去看，现代开始于“平民”反对“贵族”的价值观以及相应的制度安排，自由和平等的要求注定了价值观的多元化和冲突。现代社会的产生当然有着各种各样的重要原因，不过其中的价值观革命可能是最深刻的。尼采可能最早意识到现代性意味着一种彻底革命的价值观，他指出现代就是奴隶反对主人的运动，当然也就要用属于奴隶的“低贱的”价值观去反对主人的“高贵的”价值观。后来，列奥·斯特劳斯又指出现代性的另一个相关的基本精神是“青年反对老年”，也就是今天反对古代——青年被用作隐喻指示现代，因此，他认为“古今之争”是最大的价值观冲突。“青年”这一隐喻意味深长，它不仅可以说明现代以“进步/落后”的技术指标替代了传统的“好/坏”人性标准，以“新/旧”的时尚指标替代了传统的“卓越/拙劣”的品质标准，而且还因此导致了无法止步永不停息的“推陈出新”运动，从积极的方面看，这是过不完的青春期，从消极的方面看，这又使得精神积累不再可能。这就是现代性。

在这里我们关心的不是关于现代性的批判，而是想说，现代性这种“新/旧”和“进步/落后”的价值指标必然形成各种各样价值观的大量生产和互相冲突，因为各种价值观都有理由以“新”和“进步”作为其合法性根据。这样来看，现代性就是没有一致价值观的时代。人的解放导致思想解放，思想解放导致价值多元。正如前面所分析的，一旦失去“价值共识”这个基础，传统金规则就会失去普遍有效性。其实不仅仅是金规则，几乎所有古典的标准都因为现代社会的各种新价值（平等、个人主义、进步、新奇、数量化、多元化等等）而失去效力。金规则问题可以看作是现代问题的一个典型案例，它表明在这个彻底现代化的时代，各种原来认为的普遍原则也都不得不更新换代。

3. 对等性结构和互换性结构

道德金规则，无论什么样的版本，都意味着伦理体系的一个元定理。我们知道，任何一个规则系统（哥德尔意义上的严格系统），如果其内容足够丰富的话，就必定是不完备的。而伦理系统本来就是而且只能是很不严格的系统，而且其系统内容必定极其丰富，因此漏洞百出就不足为奇。按照我在《论可能生活》里的论证，一条伦理规则要应用的情景几乎是无穷多的，而生活情景不可能完全一样，因此任何一条规则总是不得不根据具体情景被灵活解释。这种规则与实践的差距就难免导致“标准失控”的难题。于是，要维持伦理系统的解释在大体上的稳定性（绝对严格的稳定性是不可能的），就必须有一些明显普遍有效的一般理念来对各种具体规范作出最后的解释和判断。也就是说，生活的可能情景无穷多，而且其变化情况无法预料，伦理规范本身又总是含糊的（例如“不许说谎”就是一个含糊表达，而如果说成“无论何时何地对何人都决不说谎”就会遇到严重困难），因此需要有某些能够应付“所有情况”的基本理念，也就是能够“以不变应万变”的原则来给出最后解释。这些基本理念就是幸福、公正、自由的理念（有的伦理体系还要求更多的基本理念）。对这些根本性的理念的表述可以是一些复杂的理论原则，同时往往也表述为清楚明白的实践原则，这些原则就成为伦理体系的元定理，也就是有能力对某个规则体系的总体性质进行反思并且作出判断的“最后”定理。

通常所谓的金规则正是表达着公正的理念，因为无论在理论上还是实践上，公正原则都是对“如何对待他人”这一问题的唯一理性回答。公正原则对任何涉及他人的行为规范做出理性的判断和解释，因此意味着能够普遍承认的人际关系原则。

在传统金规则的各种版本中，最有名的也可能是最典型的是基督教的金规则和孔子原则。基督教金规则的正面表述是：“你若愿意别人对你这样做，你就应当对别人也这样做”；其反面表述则是：“你若不愿意别人对你这样做，你就不应当对别人这样做”。孔子的正面说法是：“己欲立而立人，己欲达而达人”，其反面说法是：“己所不欲，勿施于人”。

学院派哲学家对这些民间风格的表述不太满意，于是又有了一些学术版的表述，最著名的是康德版，即他的道德普遍律令：“你只能按照你希望能够成为普遍规律的行为准则去行为”①。康德认为只有他给出的这个伦理原则才是真正严格的，因为它不需要利用实践经验，仅仅通过理性本身而获得的。基于民间经验的金规则被认为应该以基于理性本身的原则为准去重新理解。还有比康德版更细致一些的西季维克版（但未必比康德版高明）。西季维克指出，金规则的正面表述肯定是错误的，因为人们完全可能愿意互相帮助做坏事。金规则的反面表述虽然不是错的，但却仍然不准确，西季维克的修改版大概是这样的：“对于任意两个不同的个体，A 与 B，如果他们各自情形上的不同并不足以成为在道德上加以区别对待的根据，那么，如果 A 对 B 的行为不能反过来同时使 B 对 A 的同样行为同样是正确的话，这一行为就不能被称为在道德上正确的行为”②。如此等等。尽管哲学家们相信他们的学术版比民间版严格得多，但仍然存在着严重问题。真正根本的问题并不在于什么样的表述更为严格，而在于所有传统版本，无论是民间版还是学术版，都有着同样错误

① Kant：Groundwork of Metaphysics of Morals，Harper & Row，New York，1964，Section II.

② Henry Sidgwick：*The Methods of Ethics*，Macmillan，1890，p. 380.

的思想出发点。学术版尽管严格，却只不过严格地继承了民间版的错误。其中比较好的版本应该是孔子的正面表述，尽管正面表述的金规则比较冒险，容易出现明显的漏洞，但孔子的正面表述包含了“立”和“达”这样的模糊概念，就多少回避了困难，但基本的困难仍然存在。

不管那些学术版的金规则如何改进表述上的逻辑性和严格性，但各种金规则的基本结构仍然是一致的，即强调互相对待的对等性（reciprocity）。这个结构没有错误。对等性结构应该是表述“我与他人”的关系的最合理结构，因为必须有对等性结构才能够表达公正关系，而金规则就是为了表达公正关系的。在《论可能生活》（1994年版，2004年版）中，我也是以“对等性”为基本结构来分析和定义公正的。在定义公正时，一部分哲学家主要强调“对等性”，另一些哲学家则主要强调“公平性”，这是两个众望所归的基础，但在本质上说，“对等性”是更为重要的因素，只有当承认了对等性，公平性才有意义。对等性固然不错，但事情没有那么简单，我们还需要警惕另外某些可能被漏掉的因素。

公正在形式意义上直接就意味着一种对等性。人们早就意识到公正是一个“恰如其分”的概念，它意味着各得其所、各得所值。无论对于人际关系还是事际关系，公正的对等性首先表现为“等价交换原则”，即某人以某种方式对待他人，所以他人也以这种方式对他，或者某人以某种东西与他人交换与之等值的东西。这一原则虽然非常“清楚明白”，就像笛卡儿所推崇的真理那样，但它实际有效的情况却很有限，因为，只有当双方在某种情境中具有几乎同等的自由和能力时，这一原则才能够被有效地执行。于是，公正的对等性通常又表现为一些比较复杂的对等形式，比如“豫让原则”，即某人以对待什么人的方式对待我，那么我就以什么人的方式回报他（如豫让所说“以国士遇臣，臣故国士报之”）。还有“西季维克原则”：给同样的事情以同样的待遇，而给不同的事情以不同的待遇。

然而，公正仅仅表现为对等性是不够的。怎样才真正算是对等的？这仍然是不够清楚的事情。对等原则并不能解决需要公正处理的所有问题。具体地说，等价交换原则，即 A 以 X 方式对 B，因此 B 有理由以 X 方式对 A，只能证明“B 以 X 方式对 A”是公正的，却无法证明“A 以 X 方式对 B”是公正的；而豫让原则，即 A 以

B=X 的方式对 B，因此 B 有理由以 X 的方式对 A，也只能证明“B 以 X 的方式对 A”的公正性，却不能证明 B=X 这一方式的公正性；同样，西季维克原则，可以表述为“按照标准 X，A 和 B 是同样的，所以给予 A 和 B 同样待遇”，也只能说明对于给定标准 X，A 和 B 得到同等待遇是公正的，却无法证明设定标准 X 是不是公正的，我们也就无法真正知道 A 和 B 被看成是同样的是否是公正的。这些情况的共同问题表明，在对等性结构中，我们只能必然地证明“后发行为”的公正性，却没有理由证明“始发行为”的公正性。这是传统公正理论以及传统金规则所难以处理的问题。

为了使一个相互关系得到在场各方的共同绝对认可——排除了迫于条件、压力和强迫的相对认可——就必须使得在场各方都认可这样一个“地位互换”原则：如果 A 以 X 方式对待 B 是正当的，当且仅当，A 认可“当 A 处于 B 的地位而 B 处于 A 的地位，并且 B 以 X 方式对待 A 是正当的”。对于这种地位互换关系，如果无论把“我”代入为 A 或 B，“我”都将认可其中的行为方式，那么这一行为方式就是正当的。这个地位互换原则在利益分配上同样有效，它表现为：如果 A 按照 X 准则把 A 和 B 看成是同等的，并且 A 和 B 得到同等的利益分配是正当的，当且仅当，A 认可“当 A 处于 B 的位置而 B 处于 A 的位置并且 B 按照 X 准则把 A 和 B 看成是同等的，并且因此得到同等利益分配是正当的”。这个“地位互换”原则可以看作是传统的角色互换原则的改进版。传统的角色互换主要表达的是“将心比心”或者“同情”的直观，这个直观大体不错，但是不够严格，因为无论是“我”还是“他人”都似乎是抽象的同样的人，其中暗含着“既然都是人，那么就都应该什么什么”这样的认识，这其实仍然没有超出对等性原则。事实上任何一个社会都存在着不同地位的关系，所以很难简单对等。地位互换原则就是试图发现当把地位差异考虑在内时能够产生什么样的公正关系。

现在我们可以比较完整地理解公正的意义了。首先，公正表现为对等性。这意味着允许存在着某种假设 X，然后在 X 的基础上要求对等。这样可以保证在给定价值标准下的公正关系；其次，公正进一步表现为互换性。这意味着任何一个可能的假设 X，即使它能保证对等，也必须被证明为在互换方式中是有效的。这一地位互换原则可以消除在设立价值评价标准上的不公正。

4. 想像一个最佳版本

我曾经提出对金规则进行一个本质性的修改，当然没有藐视传统智慧的意思，而仅仅是在新的问题框架中发展了传统智慧。既然金规则的反面表述被普遍认为是比较稳妥的格式，那么，我选取孔子的反面表述“己所不欲勿施于人”作为底本（包括基督教金规则在内的各种反面表述版本的语义都可以完全表达在孔子版本中），把它修改为**“人所不欲勿施于人”**。仅仅一字之差，但其中的人际关系发生根本性的变化。我认为这是目前所能够想像的最佳版本，它至少具有两个在理论上或者说在技术上的优势：（1）假定“人所不欲勿施于人”成为替代“己所不欲勿施于人”的一种新的**人际共识**，它不需要以**价值共识**作为必要条件，而既然免除了价值共识这个苛刻要求，它因此就可以良好地适用于今天社会的价值多元情况，而且是克服由于价值多元而产生的文化冲突的一个有效原则；（2）尤其在纯粹理论上看，“人所不欲勿施于人”原则能够满足严格意义上的普遍有效性要求，相比之下，“己所不欲勿施于人”原则只是在特定条件下有效的，并非真正的普遍原则。实际上，传统金规则将成为新版金规则所蕴涵的一个**特例**，就是说，假如一个社会**碰巧**具有价值共识，**在这个特殊条件下**，“人所不欲勿施于人”与“己所不欲勿施于人”意义等值，但是在其他社会条件中，就只能是“人所不欲勿施于人”。就是说，“人所不欲勿施于人”的有效范围大于“己所不欲勿施于人”。

5. “无人被排挤”原则

现在进一步来说明把“己所不欲勿施于人”修改成“人所不欲勿施于人”的更深入的哲学理由。

从思想语法上看，人们在思考“我与他人”的关系时一直使用的是主体观点，即以“我”（或特定统一群体“我们”）作为中心，作为“眼睛”，作为决定者，试图以“我”为准，由“我”来定义知识和标准，按照“我”的知识、话语、规则把“与我异者”组织为、理解为、归化为“与我同者”。这种自我中心的态度可能是一种自然态度，恐怕与文化无关，即使是从来都非常强调他人的重要性的中国传统文化，显然也没有完全超越自我中心的理解方式。在列维纳斯看来，这种传统的主体观点是对他人的不公。一切以我的观点为准，实际上就是对他人的否定，是实施了一种无形的暴力，一种试图化他为我的暴力。把这种态度作为我与他人关系的道德基础显然是无效的。我们必须以把他人尊称为“您”的**他人观点**来代替传统的主体观点，只有以他人观点为准的理解才能尊重他人存在的“超越性”，即不会被“我”随便“化”掉的绝对性，才能避免把他人的超越性消灭在我的“万物一体化”的企图中。尊重他人的超越性就是尊重他人的那种不能被规划、不能被封闭起来的无限性。

列维纳斯的观点或许有些夸张，但确实指出了问题之所在。我们无须把他人夸张为至高至尊的存在，但至少可以发现这样一个逻辑关系：尊重他人的同时就等于让自己得到尊重，因为对于别的主体来说，自己也是个必须被尊重的超越者。只有从他人观点出发才能演绎出真正公正的互相关系，即列维纳斯所谓的由“面对面”所形成的“我与你”关系。“我与你”的关系是平等的，而“我与他人”的关系则是不平等的，按照康德的说法，它是把人当作了“手段”的关系。列维纳斯这一“他人为尊”观点在思想语法上非常重要。如果从主体观点入手，心中始终以我为准，我把你贬低为在我的知识和权力范围里去解释的他人，你当然也会把我当成他人，这种似乎对等的关系逻辑地导致了实际上的互相否定，这是一种互相拆台的对等。即使好像有了互相尊重的良好意愿，但只要思维方式是主体观点，那种意愿就无从实现（康德就希望仅仅以“善良意志”作为唯一条件，好像善良意志足够解决问题。可是良好意愿有时只不过是欺骗自己说自己是个好人，对他人并无实质好处，如果仅仅有意愿而没有行动，只能证明意愿的落空）。

根据列维纳斯的批判，我们可以有进一步的发现：所谓各种文化都认可的、据说可以作为第一普遍原则的金规则“己所不欲勿施于人”表面上似乎表达了对他人的善意，其实隐藏着非常典型的主体观点霸权，它的思维出发点仍然是“己”，它只考虑到我不想要的东西就不要强加于人，根本没有去想他人真正想要的是什么，这意味着，我才有权利判断什么东西是普遍可欲和什么事情才是应该做的，我的心灵才算是个有资格做决定的心灵，而他人的心灵和思想根本不需要在场，我可以单方面决定普遍的价值选择。这就是**主体性的霸权**。

取消他人的价值决定权是非常严重的错误，这里存在着深刻的权利之争，它是**知识权利**之争，它是关于知识的政治斗争，即谁才有权利决定什么算是合法的或正当的知识，或者说，谁才有权利决定什么算是有价值的东西以及什么算是正当的事情。知识权利不仅是政治权利，而且是最根本的政治权利。所以，即使像“己所不欲勿施于人”这样的金规则的确表达了善良意志，这种心理学的解决方式也没有能够真正解决我与他人的公正关系问题。可以说，伦理学问题的解决不能依靠心理学，无论是康德式的善良意志还是孟子式的良心，而只能指望一种政治学的解决，即必须能够使得我与他人同样拥有知识上的政治权利。

可以进一步分析，为什么主体观点在伦理学中是不合法的？我们知道，主体观点首先是一种知识论观点，是关于如何“看”世界的方法。在“看”事物时，不需要征求事物的同意，我想怎么看就怎么看。在纯粹知识论里，主体观点虽然不见得是最优的（它所欠缺的视角太多），但却是合法的。但是在其他地方，主体观点就失去了合法性。例如在交往问题中，我就不可以想怎么就怎么随便“看”别人，因为问题已经由“看”变成了“说”和“听”，其中关键还落在“听”上，我们不得不去听别人说什么，否则交往不成立，在这里，主体观点的合法性就已经很可疑了。当进入到“做”的问题，即共处或合作的问题（做任何事情都涉及他人），主体观点就完全不合法了，因为生活问题的基础是存在论而不是知识论，把知识论的原则推广到存在论中去是不合法的，显然，他人不可以被处理成像物那样的“对象”，因为他人意味着我所化不掉的外在精神，他也将按照他的精神去做事情，而且我要做任何事情都不得不与他人**一起做**（至少是间接地与他人一起做事情）。因此，在存在论所控制的领域里，他者性（otherness）就必定成为替换主体性（subjectivity）的最高原则。

当把他人观点计算在内，道德原则所考虑到的变量就有了巨大的变化，既然增加了必须计算在内的变量，我就有理由认为应该把金规则修改为**“人所不欲勿施于人”**。虽然只一字之差，但其中境界却天上地下。在“由己及人”的方法论中，可能眼界只有一个，即“我”的眼界，而“由人至人”的方法论则包含了所有的可能眼界(all possible horizons)，这样才有可能尊重**每个人**。这个把每个人的精神考虑在内的方法也可以称为“**无人被排挤**”的原则。这一改变非常必要，它可以根本改变我们思考价值问题的思路和角度。在这里它意味着一条关于选择任何共同伦理的元规则，这个元规则蕴涵着彻底的公正，可以表述为：**(1) 以你同意的方式对待你，当且仅当，你以我同意的方式对待我；(2) 任何一种文化都有建立自己的文化目标、生活目的和价值系统的权利，即建立自己的关于优越性(virtue) 概念的权利，并且，如果文化间存在分歧，则以 (1) 为准。**这是学术版的“人所不欲勿施于人”。

6. 进一步的论辩

对于我的金规则修改版（我曾经在先前的某些论文中简单地提及这个观点)，有一些不同意见。目前最具学术深度的挑战是王庆节先生提出的。王庆节指出：“赵汀阳以‘他人观点’建构起来的道德金律固然可能帮助我们克服‘主体观点’，但这种以‘他人观点’为准的道德金律是否能胜任作为‘普世伦理’的‘元规则’呢？我想我们恐怕不能得出这一结论。为什么呢？让我们来看下面的例子。假设你我都是腐败的官员，而且你我都不以贿赂为耻，反而以之为荣。当我贿赂你时，我知道你想让我以‘贿赂’的方式对待你，并且假设你也会同意以同样的方式回报我。但是，我们知道，按这种方式进行的行为，无论是出于‘主体观点’还是‘他人观点’，都不能改变‘贿赂’的不道德性。这也就是说，即便我对某一他人对我行为的所欲所求与此人想要得到的对待是相同的，遵循这一原则行事也不能保证永远是道德的”①。

这一批评的挑战是富有启发性的，而且在某个方面来看是正确的。它试图指出任何可能设想的形式化道德原则的弱点。类似的例子曾经被用来批评康德的形式化的“普遍律令”。这是一个值得深思的问题。这种挑战与分析哲学家们喜欢的“反例”完全不同，它不

---

① 王庆节：《道德金律与普世伦理的可能性》，见《解释学、海德格尔与儒道今释》，北京，中国人民大学出版社，2004。

是一个具体反例而是一种逻辑可能性，这样就具有力量。我们前面提到“反例知识论”问题，我相信个别反例对于社会科学知识没有挑战意义，因为社会科学所要求的知识标准不是像科学和数学那样的“无一例外”标准，它关心的是具有社会影响力的存在，个别反例无法改变任何主流的社会事实，所以个别反例对于社会科学几乎没有意义。但是，逻辑可能性则是现实的威胁，这不能不考虑。在深入分析王庆节的问题之前，可以首先考虑一个技术性问题以便削弱其挑战力度。王庆节的关于“贿赂”的假想可能性对于批评金规则的正面表述比较有效，而对于反面表述，情况则有些不同。我们所讨论的是人所“不欲”，某人 A 想要贿赂，这显然属于“欲”而非“不欲”，那么，是否可以把命题“A 想要贿赂”兑换成命题“A 不想清廉”？或许这两个命题在真值上是逻辑等值的，但却并非意义等值。显然，受贿是个经过决定而做出的行为，而“清廉”是个状态，是个还没有发生受贿事件的无为状态，一个人在没打算受贿的时候，他的**本来状态**就是清廉的，所以，只有“受贿”才是个欲望对象，我们似乎不能把初始状态看成欲望对象。这有点像希腊诡辩论者的例子，显然不能由我们“本来没有角”推论说我们“失去了角”。所以，“贿赂案例”只能构成对正面表述的金规则的挑战，却不太可能对反面表述的新版本金规则形成真正的威胁。

虽然以上分析削弱了“贿赂案例”的挑战性，但我们仍然必须承认，总会有办法找到某些具有挑战性的方案，不过恐怕不可能对改进了的金规则形成釜底抽薪式的威胁，但是会迫使人们承认金规则的局限性。比如说，有人喜欢战争、侵略和压迫，而和平、友好和尊重正是他所“不欲”的；又有人愿意吸毒、赌博加性变态，而改邪归正是他所“不欲”的，在这里，新版本金规则并不能提供足够理由去反对他。其实，无论什么样的金规则都有局限，就是说，任何金规则所能够治理的伦理空间是有限的，总有很大的“伦理荒地”留在外面。

康德非常可能意识到了这个弱点，这也许就是康德为什么除了形式化的“普遍律令”之外还要给出另一条基本原则的理由。另一条原则就是甚至更为知名的“人是目的”原则。可惜这条原则的要求太高，以至于是不切实际的空话，人们不可能不在某些场合把某些人当成“手段”，否则生活不可能进行，更不可能有什么社会了。

正如我在《论可能生活》里论证过的，除了单纯美好的人际关系之外，人际关系在许多必要的情况下表现为各为其利的“事际关系”，所谓“手段”的问题就必然出现，如果不把某些人当成手段，就根本做不成任何事情。不过重要的是，“人是目的”原则不再是纯形式的了，而是有价值内容的（主要是人道主义的价值观）。这样就指出了在金规则范围之外的伦理问题，也就是说，伦理学的基本问题不仅仅是公正问题，而且还有价值观的选择问题；不仅仅是为了解决我与他人的关系问题，而且还需要解决生活和社会的理想问题。尽管康德所选择的基本原则很有疑问，但他构造的道德原则框架确实不同凡响，难怪他可以声称他的道德原理比金规则要好得多，而且金规则必须按照他的原则进行校正。且不管人类道德体系所最需要的内容原则是什么，至少我们可以肯定，仅仅表现为形式原则的金规则是不充分的，显然还需要内容方面的约束条件。就是说，金规则不可能只是一条，而是至少需要**两条**，而且这两条原则是互相约束着的。

在某种意义上，康德方案既不现实又有自相矛盾之处。假定“人是目的”原则普遍成立，那么就会有一个完美到不可能出现和存在的社会。假如真有完美社会，现在我们观察到的绝大多数社会规律和规则，以及绝大多数的人文社会科学知识就失去意义，尤其是经济学、社会学和政治学的全部前提就不存在了。如果“人是目的”，人人自然就能够公正地互相对待，那条用来表达公正的形式原则就是多余的了。而既然需要公正原则，就是因为人们只能指望策略性公正，而不能指望无论何时何地都“人人成目的”的绝对公正。因此，我们有理由认为，康德的框架是伟大的，但其内在构造并不妥当，两条原则并不能很好匹配。要选择两条良好匹配的同时又足够普遍以至于能够覆盖各种伦理学问题的“道德基本原则”确实不容易。在《论可能生活》中，我采取的也是“两条原则”的模式，但与康德所选择的原则有所不同，解释也很不同，尤其是与康德的道德原则排序不同，康德首推形式原则，然后才是价值原则，我的排序正好相反。

目前我的方案是（希望以后能够改进）：（1）幸福原则：如果一个人的某个行动是**自成目的**的（autotelic），那么这是一个必然产生个人幸福的行动，而如果连同这个行动的目标也是一个**自成目的的**事情，那么就同时成为一个能够促进人类幸福的行动。幸福既是人们的最大欲望，又是唯一对己对人都有益的行动。“幸福的帕累托改进”是唯一具有全方位正面效果的帕累托改进，就是说，某人的幸福不仅对自己有益，而且在**任何意义上**都对他人无损。相比之下，福利的帕累托改进（即经济学意义上的帕累托改进）虽然无损于任何他人的物质利益，但却非常可能损害他人的社会地位、政治影响力、话语权力、心理情感和精神世界以及文化价值。① 经济学不计算这些事情，伦理学却不可不考虑。由于幸福就是生活的目的，排除了幸福问题就等于否定了所有关于生活的研究，特别是伦理学，因此我首推幸福原则。（2）公正原则。在《论可能生活》里，我有比较复杂的表述和论证，在此不论。但它大致可以表达为金规则改进版“**人所不欲勿施于人**”。

7. 遗留问题

由于我的金规则改进版仍然只是关于公正原理的一个表述，它当然就不能覆盖伦理学的所有问题。但是假如把另一条基本原则考虑在内，或许就能够解释**大多数**问题。所以，金规则至少需要两条，而不是传统格式的一条。但为什么说两条原则（幸福原则和公正原则）的体系只是解决大多数问题而不是全部问题？借助这样一个想像也许可以发现某种潜在的困难：我们可以增加“贿赂问题”的挑战力度，把王庆节设想的“腐败官员共同体”夸张为“所有人”（至少是“大多数人”）这样一个大规模集合，出现这种人类性的集体堕落并非不可能，至少在逻辑上是可能的，这样怎么办？显然，假如一种堕落变成人人同意的，那就不可能出现关于这种事情的任何反面评价了。这种“众心一致”的难题非常值得深思（无论是异口同声说假话还是万众一心做坏事），它有可能造成无法逆转的颠倒黑白。

人类全体堕落的例子也许没有，但人类大体堕落的例子已经不少，现代社会就最善于领导人民走向大体堕落。现代商业和工业所

---

① 一般情况是，看到别人经济上比较成功，有些人会嫉妒而痛苦，这样虽然不好，却不算变态。也许有的人看到别人幸福也感到痛苦，这就是变态了，因为背后是完全扭曲的、反对任何人的极端心理。这些变态的情况是心理学的课题，伦理学不考虑在内，所以不能构成反例。

领导的就是一个人类集体堕落的文化运动，它以大众“喜闻乐见”为理由把生活/文化的结构由“向高看齐”颠覆成“向低看齐”，从而消除了文化和精神的品级制度，以低俗的文化精神淘汰高贵的文化精神。在这个关于文化价值的伦理学问题上恐怕很难有普遍原则，这就形成了伦理道德的一个永远的溃口。

原载《中国社会科学》，2005（3）

附录九
预付人权：一种非西方的普遍人权理论*

1. 如何超越人权的知识政治学？

人权已经发展成为一个虽无宗教之名而有宗教之实的西方**新宗教**。人权成为西方新宗教，标志着西方现代性的完成以及随之而来的终结（完成往往意味着终结）。现代以来，以人的主体性为基本原则的现代性消解了神的权威，尽管基督教在今天仍然是个具有相当力量的传统精神象征，但已经退化为次要的意识形态；自由主义虽是现代社会的主流意识形态，但特殊的政治偏向使它仅仅是"自由世界"的政治话语而难以成为普遍意识形态。这意味着，现代长期缺乏一种能够一统江湖的最高意识形态。现代的物质世界早已成熟，但其精神无主的状态表明现代性没有完成。在此背景下，人权观念巧妙地消化了基督教和自由主义资源而成为新宗教，人权在今天的地位几乎相当于基督教在中世纪的地位。人权实现了由思想向信仰的转变，可是当人权变成拒绝怀疑的信仰，它在思想上就死了，只剩下思想的尸体——信念。以人权为依据去批评各种事情就好像是不证自明的正确政治行为，而对人权的质疑也都好像变成天生不正

---

* "预付人权"的初步构思最早见于我的《论可能生活》（1994），又有短文发表于《哲学研究》（1996（9））。开始称为"有偿人权"，也称"预付人权"，现在统一为"预付人权"，因为它与"天赋人权"的对比性更加清楚一些。"预付人权"这个概念的英文翻译似乎并不容易，在欧洲讲演时我曾经把它译成 conditional human rights，显然不够好，现在的 credit human rights 这个比较传神的翻译是黄平先生帮我确定的。关于"预付人权"观点，先后有邱本、王海明和石勇等多位先生提出批评和商榷，特别是石勇先生的两篇长论文，分析尤其细致。谨向诸君致谢。现在对这个理论有了更严格和更深入的想法，在此再次征求意见。事实上在写作本文时，黄平先生和张宇燕先生在策略分析、公共选择和博弈分析等问题上已经提出了许多宝贵意见，特此表示感谢。

确的政治行为。

单就理论潜力而言，人权确有条件被做成一个超越文化特殊性的普遍观念。但人权本来的学理性被宗教性和政治性所掩盖，变成西方用来攻击其他文化体系的一个政治理由。理论与政治的偷换弄脏了人权概念。在这里，我们试图纯化人权概念，消解人权的知识政治学，使之纯化为一个学理问题。

人权概念起源于西方，但对于一个被公共化的共享概念，历史背景不意味着解释的特权。假如一方面人权被认为是普遍的而非专属的；另一方面又把人权的解释权看作是西方专有的，这是无理的矛盾。既然人权被认为是普遍有效的概念，它就必须在理论上是开放的，在文化上不可以设限。假如人权只能按照西方偏好和标准去定义，人权就只是个西方的地方性概念，也就不能用来批评其他文化。因此，人权不是**既定的**而是一个允许对话和辩论并且可以重新解释和定义的公共概念。在"去历史化"和"去西方化"之后的人权才可能成为一个普遍概念。显然，人权在理论上有着多种可选择的可能含义，在所有可能的人权概念之中最好的那一个，才有资格成为普遍的人权概念，而那个"最好的"人权概念只能是学理上最优的概念。这是重新确定人权概念的唯一正确方法。

不过，在西方话语霸权的影响下，西方价值偏好所规定的人权概念成为目前流行的人权解释框架，世界各国由于没有发展出别的更好的人权理论，在人权问题上就只好默认西方的解释框架。于是，即使反对西方的人权批评，也只能在西方所规定的框架内去进行辩护，这样就事先受制于人，完全没有主动权，无论什么样的辩护都自陷于被动。默认对方给定的不公正解释框架是一个严重的政治失误，默认心灵受制于人就等于出卖心灵，等于签订了精神上的无条件投降条约。

非西方国家（包括中国在内）缺乏自己创造的人权解释框架，就不得不默认并且受制于西方的解释框架，因此所能想到的对西方批评的反驳策略主要是这样几个类型：（1）试图证明自己国家的人权状况已经逐步得到某些改善，并没有像西方所批评的那么糟糕；（2）反过来指出西方也同样存在着尚未解决的人权问题；（3）提出某些别的人权项目，试图通过增加人权项目来削弱批评。

这样一些辩护策略并不成功，不仅被动，而且弱势。策略

(1）是非常不成功的辩护，因为预先承认了西方标准并且承认自己有错误，尽管把错误解释为客观条件限制所致，那也仍然是错误，既不能把错的说成对的，甚至也不能把大错说成小错；策略（2）是最幼稚的辩护，而且不成立，因为别人的错误不能用来为自己的错误辩护，更不是自己也犯错误的合法理由；策略（3）相对来说有些积极意义，但微不足道，至多稍微冲淡西方色彩，因为所增加的新项目只是在承认了西方框架的前提下才是有意义的，而且，新增加的项目没有理由成为基本项目而只能是补充性项目，因此终究缺乏力量。以上几种常见的不成功辩护策略表明了非西方国家在知识论上的失败。

这些策略失败的一个知识论原因是错误地承认**某种游戏**是**唯一可能游戏**，因此把西方定义的人权看作是既定的游戏。这里涉及对游戏理论（在哲学中称游戏理论，在经济学和政治学中也称博弈论）的一个基本理解。维特根斯坦相信游戏的根本问题是规则问题，它是所有制度及其实践模式的哲学基础。但维特根斯坦忽视了另一个甚至更根本的游戏问题，可以称之为“游戏种类选择”问题（维特根斯坦对规则的技术性困难更感兴趣，而忽视了游戏的政治学意义)。游戏的选择是一个前规则问题，它是游戏的原始出发点。生活总要进入某种游戏，但在把某种游戏确定为共同承认的游戏之前，存在着一个创造性的原始游戏，它是“选择游戏的游戏”，在这个特殊游戏中，所有规则都是未定的，而且正是需要被选择和规定的，这意味着在理论上存在着多种可能游戏，它们都是同等资格的候选游戏。**选择了某种游戏就是选择了某种政治**。人权必须被看作是个未定的游戏，这样就能够把问题退回到原始游戏状态也即退回到理论起点进行重新反思。

2. 可疑的特殊价值论

以学理去解构政治是拒绝话语霸权的最好方法，但有必要注意一种并不成功的学理策略，一般称作文化多元论或者相对主义策略。为了反对西方的人权批评，非西方国家往往以多元论或相对主义为理由去坚持自己的文化权利，例如亚洲有些国家的政治家和学者主张“亚洲价值”（类似的还有“伊斯兰价值”）去反对普遍主义价值观，其论证策略主要是强调价值观从属于文化，而不同文化之间缺乏可通约性。

H. Rosemont 有个分析对于理解相对主义和多元论或有帮助：相对主义是同样的文化/知识体系中人们对问题的不同看法，至于不同文化/知识体系之间的不同看法则是多元论的，不同的文化/知识体系甚至有完全不同的问题。他举出的例子是，中国文化用来形成问题的词汇表就完全不同于西方，因此根本没在讨论与西方同样的问题。① 在同样知识体系中对同样问题的不同看法是相对主义，由于所利用的知识资源相同而只是偏好不同，所以相对主义的特性是“无争辩的”；而多元论则是不同文化/知识体系各有各的问题，其特征是“不可通约”。非西方国家在今天的思想处境实际上兼有多元论和相对主义双重倾向，非西方国家既求助于多元论又求助于相对主义来回应西方的思想挑战，因为文化不可通约理论不足以回应全球共同和普遍的问题，这样就发展出“亚洲价值”等特殊价值论。

亚洲价值的主张从一开始就受到许多质疑。首先“亚洲价值”是一个虚假概括，正如阿马蒂尔·森指出的，想要概括亚洲丰富多样的文化是不可能的而且是“极其粗鲁的”，把亚洲简单地看成一个同质单位，这本身就是欧洲中心论的看法。② 森甚至认为，诸如“民族”、“文化”之类根本就不是理解和分析思想和政治差异的合适单位，在“西方文明”、“亚洲价值”或者“非洲文化”之间人为想像各种差异往往掩盖各种文化自身真正的意义。③ 亚洲价值的概念固然混乱，但它多少是个有号召力的政治策略。可是“亚洲/西方”这一划分——确如森所指出的——正是西方的一个思想陷阱。以“亚洲”去反对西方，表面上似乎是对话语霸权的解构，但这一消极抵抗的态度决非最优方法，甚至只是一种耍赖策略。从全球化以及历史长时段去看，地方主义或特殊主义终究弱于普遍主义，因此不能抵抗普遍主义，因为地方主义不准备为世界着想，

---

① Cf. Henry Rosemont Jr.: Why Take Rights seriously? in Leroy S. Rouner, ed., *Human Rights and the World's Religions*. University of Notre Dame Press, 1988. p. 172.

② Cf. Amartya Sen: Human Rights and Asian Values: What Lee Kuan Yew and Le Peng don't understand about Asia. in *The New Republic*, July 14, 1997 v217 n2-3.

③ Cf. Amartya Sen: "Universal Truths: Human Rights and the Westernizing Illusion," in *Harvard International Review*, Vol. 20, no. 3 (Summer, 1998), pp. 40-43.

不准备为所有人负责，更不能回答人类必须共同面对的普遍问题，因此缺乏普遍意义。哈贝马斯就很清楚这一点，他指出人权要求的是超文化的普遍价值，而“亚洲价值”只不过是个特殊对策而不是普遍规范或原则，因此是文不对题的。① 当然，西方也有不少学者支持文化多元论或相对主义，但值得注意的是，文化多元论只说明文化是**不同的**，却不能逻辑地推出各种文化是**同样好的**，例如罗蒂虽然乐意承认文化多元论，但他仍然傲慢地认为，根本就不需要去证明人权的普适性，推行西方人权观念的理由仅仅在于西方的“人权文化”在道德水平上“本来就是更为优越的”②。罗蒂这一令人作呕的文化种族主义倒也说明了一个致命的问题：特殊价值论其实对强者有利而对弱者不利。因此，鼓吹文化特殊价值论决非优选策略。

如果一种价值观不承认普遍主义，就没有希望成为普遍规范，就没有资格对世界问题说话。普遍主义价值观未必总是对的，但它却有应对普遍问题的气度、设想和责任感，这就是普遍主义的“普遍性”资格。地方主义虽然可以是一种文化保护主义策略，但无法应对普遍问题，因此，地方主义并不能真正解构话语霸权，最多是对话语霸权的一种未必有效的设限，而霸权仍然还是霸权。要真正解构话语霸权，唯一有效的做法就是去发现更好的普遍主义理论。有一些似乎对中国思想有好感的西方学者如 Louis Henkin 认为，与西方价值一样，其实“亚洲价值也是普遍价值”③。这是很有见地的，不过仍然不能回答全球化所提出的普遍价值问题。各种文化之间存在着许多不可兼容的差异和冲突，如果把各种价值都说成是普遍价值，或许有助于互相尊重，却不能改变和解决任何问题，而全球化已经给定了普遍交往和合作的要求，于是必定需要一种能够获得普遍认可的并且能够解决共同问题的普遍价值体系。这样一种普遍价值体系目前尚未存在，它必须被构造出来。

---

① 参见哈贝马斯：《论人权的合法性》，见《后民族结构》，上海，上海人民出版社，2002。

② R. Rorty：“Human rights，Rationality and Sentimentality”，in *Truth and Progress*，Cambridge，UK：Cambridge University Press，p. 170.

③ Louis Henkin：“Epilogue：Confucianism，Human Rights，and ‘Cultural Relativism’”，in Theodore de Bary and Tu Weiming，eds.，*Confucianism and Human Rights*，New York：Columbia University Press，1998，p. 314.

3. 西方人权概念的地方局限性

人权是典型的现代观念，现代观念又被认为是经过理性批判而建立的超文化观念，而超文化就同时是超历史的，这是现代普遍主义的梦想。以康德为典型代表的现代哲学家最理解理性的力量：只有理性才具有“普遍形式”，因此才能把某个观念整成普遍观念。但西方人权承载着太多的西方文化特殊偏好，并不是理性所能够消化得了的。我们可以通过检查西方人权所必需的一些基本假设，把伪装成普遍知识的西方人权概念还原为一种地方信念。

自基督教取代希腊哲学成为西方的精神主导，西方在价值观方面就再也没有越出宗教格式，人权就是西方的现代宗教。启蒙对神权的否定虽然导致了传统宗教的衰落，却继承了基督教的许多假设，只不过把神的宗教变成了人的宗教。新教以来，基督教不仅肯定了在上帝面前人人平等，尤其还肯定了每个人与上帝直接交往，这样就把平等的信念落实为平等的权利。来自基督教的平等观念成为现代性的重要基础，它至少支持了这样几个现代信念：（1）每个人不依赖于他人的独立价值；（2）每个人的平等价值；（3）每个人的个体价值相对于他人的绝对地位。因此现代性可以追溯到基督教，至少到马丁·路德。正是基督教把“人”这个整体单位真正分化成为个体。在此之前，虽然有“个体”，但个体总是属于共同体的，还没有完全独立的意义，而基督教通过建立每个人与上帝的直接神圣关系而压倒了人与人的世俗关系，于是每个人都从他人那里独立出来成为了“他自己”。在所谓“上帝之死”之后，已经独立于他人的个人甚至与上帝的关系也不再真实，人虽然孤零零，却升格为绝对价值。“个人”这一存在论单位与“个人权利”这一伦理学价值的结合完成了现代性的基本结构。个人的绝对价值正是西方人权的必要假设和根本意义。

在价值上独立自足的个体概念是经过基督教和现代启蒙两道加工而形成的，这其中的宗教背景和现代性背景都是西方特殊的地方文化，只不过西方试图把它们推销成普遍观念。西方文化的成功传播更多地依靠了武力、殖民和霸权，而很少由于他者的主动仰慕而得到成功传播，这一点说明了西方文化并没有普遍魅力而只是一种地方偏好。在世界的其他文化里，甚至包括基督教之前的希腊文化，在关于人的理解上都没有如此突出个体的优先地位和绝对地位，而是更重视共同体的意义（家庭、城邦、部族或国家等）。

从理论上说，“个人”是神学的一个存在论虚构，它并不存在于真实生活中，而只存在于神学生活中。神学生活是一个只有“人与上帝”以及“上帝与魔鬼”这样单调关系的可能世界，因此人可以仅仅以“个人”这一单调身份与上帝交往。可是在世俗世界中，“个人”这一身份显然过于单调以至于无法表达丰富的生活内容和意义，而且人与人的关系比人与神的关系要重要得多，事实上每个人的各种生活意义都不得不在与他人的关系中被定义，或者说，人的意义不可能还原为个人概念去说明。西方人权文化的背景是神学文化，这一不协调的背景使它具有悖谬性的后遗症，它所设想的人的概念只在某个可能生活中有意义，而不是一个对各种可能生活普遍有效的人的概念。一个普遍理论必须能够把各种可能世界和可能生活计算在内，而一种文化传统却只能表达一个特殊的可能世界及其可能生活。

4. 人权论证的有效策略

既然目前的人权概念并非普遍有效，我们就需要重新构思人权概念。要论证一个有普遍意义的人权概念，其论证策略就必须把真实世界的所有可能生活考虑在内，以我目前的考虑，这样一组论证策略应该是合适的：

（1）要定义一个普遍有效的人权概念，就必须把所有可能生活考虑在内，即把各种可能出现的行为策略考虑在内，而不能仅仅代表某种地方生活。

（2）给定理论 T，那么必须考虑 T 所需的防护能力，或者说，T 是否能够承当得起 T 所带来的可能后果？T 是否有能力应付 T 所可能导致的各种问题？这是个“理论担当问题”。人们对某种观念如此偏爱以至于往往只看到好处而忽视其后果。这个问题也可以看作是一个博弈论问题：理论 T 相当于给出了一个制度策略，于是就不得不把人们的各种可能的反应策略考虑在内。

（3）理论T必须获得存在论的支持，即T所承诺的事情必须是真实世界所能够支付的。这是一个“理论兑现问题”。这个问题也很容易被忽视，人们往往只考虑到一个主张是不是“好的”，而没有考虑到所要求的或所承诺的事情是否是真实世界能够支付得起的。事实上，世界所能够支付的“好事情”远没有人们希望的那么多，而且，在很多情况下，人们的各种要求之间互相矛盾或者互相消解，从而减低了世界的支付能力。

人权理论是一个非常“入世”的理论，因此必须把生活条件以及各种或许出现的可能生活计算在内。这样的“现实理性”论证策略显然比传统的“概念理性”论证策略更为谨慎。试图仅仅在概念演绎中完成合法性论证的传统方法已经变得非常可疑。最典型同时也最有影响的是康德的伦理学论证，它往往被看作是人权的纯正理论基础。康德相信通过对理性自身的分析就可以必然得出普遍道德原理，其主要成果是“绝对命令”的一般公式和“人是目的”的最高价值观。康德的**理论分析模式**有着严重局限，至少有两个困难：

（1）理性人假设。这是现代思想的通用假设，假如不把理性原则看作是**唯一**最高原则，就不可能得出那些康德式结论。可是理性人假设并不符合人的事实，它仅仅表达了人的心智（mind），而没有表达人的心事（heart）。这样的分析模式不仅把人切掉了一半，而且很可能切掉了更重要的一半，因为心事才表达了人们真正想要的东西。正因为拒绝了“心事问题”，康德才能够推出一种单调而无矛盾的道德生活，而丰富多彩可能生活就被省略不计了。现代理性主义论证所以显得干脆利索，就是因为省略了许多本来必须计算在内的因素，也就省略了各种本来不得不考虑的困难。回避了心事问题的理性眼界太小，用来理解人和生活恐怕削足适履。而且，仅就理性人假设而言，康德的道德原则也并非唯一的逻辑结论。从理性人假设出发，至少可以同样合理地推出两个以上不同的甚至互相冲突的结论，就像一个方程有两个合法解。理性人不仅可以推论出康德意义上的一视同仁的“道德人”，也同样可以推论出亚当·斯密意义上的追求个人利益最大化的“经济人”。把理性看作是道德基础，既不可靠也不真实，因为理性出产的未必是道德的，理性可以有助于道德，也同样可以有助于不道德。

（2）平等原则和个人全权自主原则。康德理论所以对人权理论无比重要，就在于它能够为人权提供合法性论证（justification），特别是证明人权所必须依靠的两个核心假设：平等原则和个人全权自主原则（autonomy，通常译为“自律”，恐怕片面，因为autonomy的核心意义是“自主权”，当然“自主权”包含“自律”）。尽管康德的“绝对命令”逻辑地蕴涵了平等原则和个人全权自主原则[①]，但康德论证却建立在一些隐秘错误之上。康德论证的出发点是“人皆有理性”，但从这个前提推到绝对命令还需要许多步骤。由“人皆有理性”显然推不出“理性原则是唯一或者最高原则”或者“所有事情由理性说了算”。能够满足“人皆有之”这一标准的人性除了心智（mind），还有心事（heart）、潜意识和本能，每一样都有巨大能量去左右人的选择。理性使人具有自由意志，因此，由“人皆有理性”推出个人“自主权”倒是可行的，但仅仅有个人“自主权”还远不足以支持现代伦理或人权，还必须能够推出平等原则。康德由理性的普遍性品格推出平等，这固然是个有想像力的方法，可惜由理性的普遍性原理只能**或然地而不可能必然地**推出平等原则，而由理性的普遍性原理同样可以或然地推出许多反平等原则——康德的“绝对命令”的弱点就在于此。例如有人可以满足康德标准而同意让“弱肉强食”、“男尊女卑”或者吸毒、偷窃和贪污成为普遍规范，这说明理性不可能控制人的行为局面。由理性普遍性原理不能必然推出平等原则，这一后果非常严重，它甚至将导致个人自主权原则的崩溃，因为，如果没有平等原则去控制个人自主权的限度，个人自由将在失控中无限扩张，个人主义的利益最大化原则将被无限制滥用，而过分扩张的个人自由必定互相否定每个人的自由。

罗尔斯对康德理论进行了重要的补救。罗尔斯虽然没有挑明理性不能必然推出平等的难题，但从他的努力来看，他显然意识到这个可怕的困难，因此想像了“无知之幕”下的博弈，这个虚构条件虽然事实上不可能（许多人批评这一不切实际的设想），但却差一点就成功解决了康德问题。按照罗尔斯的计算，“无知之幕”使得没有一个理性人愿意冒险，于是就“必然地”都愿意接受一个相对平等原则，以保证即使自己碰巧是弱者也能获得相对平等的照顾。罗尔斯虽巧，但仍然没有能够拯救康德理论，因为仍然存在着类似错误。

---

① 康德的“绝对命令”是这样说的：Act only on that maxim through which you can at the same time will that it should become a universal law.

即使以“无知之幕”作为博弈的初始条件，也仍然存在着同样合理的多个理性解而决非唯一解，至少选择“公正”与选择“平等”是同等理性的解。更严重的挑战是，由于博弈总是反复多次的博弈，“无知之幕”下的选择只是第一回合，接下来的无数回合就很快回复到真实博弈。揭开幕帘之后真相大白，许多人就会不满意“无知之幕”下的制度安排，就总会利用制度不可避免的各种漏洞去解构这个制度，甚至利用各种政治手段去重新选择新的制度。这才是理性原则的必然后果：如果说在“无知之幕”下人们的理性选择倾向于选择平等，那么，当“真相大白”，人们的理性选择就必定有所变化，理性总要根据博弈条件的变化去选择最合适的策略。理性为**所有事情**服务，无论好事坏事，试图让理性只用于某事而不用于别的，尤其是一种幻想。

现代哲学家们不断试图为西方人权理论提供哲学论证，但在技术策略上都没有超越康德/罗尔斯水平。例如 A. Gewirth，他试图从个人作为“理性的行为者”推出人权的合法性，利用的还是理性的普遍性原则，即在要求自己的权利时就不得不同时把个人权利普遍化。[①] 这种论证策略无非重复了康德模式的错误。现代哲学家总是忽视这样的事实：（1）省略掉人性的丰富性，把太多的可能生活忽略不计，这样的理论无法应付各种可能的困难；（2）权利表达的是人们的要求，而人的要求实在太多，世界和生活根本无法支付那么多要求被普遍化的权利，世界和生活会被太多的权利压垮。

5. 天赋人权的危险逻辑

在温和意义上，权利（rights）是对某些自由或利益的正当要求（justified claims）；在强硬意义上，权利则意味着拥有某些自由或利益的正当资格（justified entitlements）。一种“要求”的目的无非是达到一种“资格”，因此权利的最终意义还是资格。无论哪种意义，权利都有着一个基本的反思性问题，即权利的正当性问题（the rightness of rights）。

---

① 参见 Alan Gewirth：*Human Rights：Essays on Justification and Applications*，University of Chicago Press，1982。

一种资格必须在某个“游戏”中被定义，否则其意义无法确定，因此资格总是有条件的。特定游戏规定了特定资格的限度，对资格的条件限制同时就是使资格成为资格的定义。因此，资格永远具有这样的逻辑结构：

p 具有做 x 的资格 e，当且仅当，p 做某事 y；

并且

p 具有做 x 的资格 e，当且仅当，p 不做某事 z。

比如说，如果不付钱就不能获得商品；作弊就会被取消比赛或考试资格；犯法就会按法律判刑。在没有成文规则的日常生活中，也存在着自然约定和默认的游戏规则，比如有人品质很差，人们就没有兴趣与他合作，也就实际上把他排除在游戏之外，如此等等。

天赋人权理论相信，每人生来就平等地拥有一系列权利，这些权利终身无条件拥有，在任何情况下都不可剥夺并且不可让渡。于是人权似乎是超越任何约定或法定游戏的权利，变成了至上的特权。“人权高于一切”这一逻辑意味着人权高于主权、高于法律、高于制度、高于文化，如此等等。无条件的至上性是非常危险的逻辑，因为无条件的权利是对任何价值标准的否定。

“权利为本”（rights-based）的现代性颠覆了“诸善为本”（virtues-based）的自然传统，把“善者优先”的秩序颠倒为“权利优先”，这不是价值观的变化，而是对任何价值釜底抽薪的消解。列奥·斯特劳斯早已发现这个“现代自然权利论的危机”。自然权利（natural rights，即天赋人权）据说源于“自然法”（natural law）的“自然正当性”（natural right），但由自然正当性变成自然权利是一次偷换性的颠覆，因为自然正当性是以“诸善为本”的，这与自然权利以“权利为本”恰好相反，因此，自然权利反而是“自然不正当”。斯特劳斯认为只要是“权利优先”，就必定导致价值虚无主义，因为只要否定了诸善的优先地位就等于取消了所有价值。① 价值由诸善所定义，如果权利优先于诸善，权利的正当性又能以什么为根据呢？它或者无根据或是任意的根据。这个列奥·斯特劳斯问题提醒我们：当不再以诸善作为依据，就不再有任何正当性的依据了，因此我们必须面对这样一个惊人的事实：一向冠冕堂皇的人权根本没有价值依据。

---

① 参见列奥·斯特劳斯：《自然权利与历史》，第一章、第六章，北京，三联书店，2003。

既然超越了善，权利优先原则就必定蕴涵着一个关于权利的悖论：假如对**某种**自由和利益的要求可以被搞成一种权利，那么**任何一种并且所有**对自由和利益的要求就都可以**按照同样理由**被搞成权利，因为，既然权利优先于任何一种善，就不存在任何价值理由去规定哪些要求能或不能被搞成权利。这个悖论将是**价值混乱**和**社会失控**的根源，而且已经开始表现在人权的实际发展状况中。通常认为到现在已经发展出三代人权：第一代是政治权利和公民权利；第二代是社会和经济发展权利；第三代是各种文化和不同价值观的权利。目前权利种类已经很多，而且越来越多，权利终将过满为患。权利背后是欲望，欲望无数而且互相冲突，因此权利也互相冲突，而没有一个世界能够支付奇多无比的权利。权利反噬权利是个无法避免的问题，例如第二代人权会削弱或损害第一代人权，而第一代人权则会损害第二代和第三代人权，甚至第二代人权也会损害第三代人权。甚至在西方认为比较保险的第一代人权之中也存在许多互相冲突，而且第一代人权的项目就已经发展得太多以至于社会难以承当。[①] 为什么会出现人权的膨胀和失控？究其原因，人权的**注册条件**太低，几乎就是无条件注册，因此随便什么自由和利益要求都可以被搞成人权，而且各种批评都被认为是“政治不正确”。

问题还远不止是世界支付不起太多的权利。人权不仅注册条件太低，而且还承诺太高，它承诺了永不剥夺的权利，承诺了成本惊人的权利，这又将导致社会游戏的崩溃。想像一个游戏，如果无论怎么耍赖都不用出局，这个不公正的游戏肯定是可疑的。考虑人权的游戏情况：给定任意一个人无论做什么事情都永远保有不可剥夺的人权，于是，无条件的人权蕴涵着“破坏他人人权的人拥有人权”。根据“破坏他人人权的人拥有人权”这一逻辑，如果某人为了私利去破坏他人的人权，他就等于获得额外奖励，即“为自己利益去破坏他人人权而无损于自己人权”这一奖励。这样不正当的奖励不仅破坏了公正，而且破坏了平等，破坏了人们对善恶是非的正常理解，特别是破坏了人类正常生活所需的博弈环境和博弈条件，因为它在逻辑上蕴涵着：（1）社会的博弈环境相对有利于坏人；（2）人权制度相对有利于破坏他人人权的人；（3）人权社会相对有

① 参见霍尔姆斯、桑斯坦：《权利的成本：为什么自由依赖于税》，北京，北京大学出版社，2004。

利于不公正的行为。诸如此类。显然，只要损害公正原则所要求的行为与结果的对称关系（善有善报，恶有恶报），做坏事被惩罚的风险减低，而且惩罚也相当轻微，总之，做坏事的成本变小而收益很大，通过坏事而获利就变成优选策略。天赋人权所以是危险的，就在于它是一条反公正原则。人权所追求的平等、尊重生命、个人自由等等都是可取的，但必须以公正为前提才是可能的，一旦公正原则崩溃，所有其他价值也将如覆巢之卵。

任何社会都必须以公正原则作为唯一最高原则，否则必定导致价值混乱和社会失控。按照中国哲学理论，乱世会破坏所有好事情，治世虽不能保证所有好事情，但至少有利于某些好事情。任何一种游戏，无论多么简单，都必以公正原则作为游戏的元定理，否则无法进行，即使如棋牌球等娱乐，如果允许作弊、耍赖或违规，游戏马上崩溃。法律更是如此，公正原则是任何法律的正当性和有效性的依据。德沃金指出法律必须以公正原则作为“立法意图”，而立法意图表现在法律的各种元定理中，例如“任何人都不得从其错误行为中获得利益”①。现在这个流行人权文化的社会所以还没有崩溃，是因为法律、政治和经济还没有完全为人权所统治，还有许多在现代得以幸存的传统观念，因此社会游戏得以维持。

可以考虑关于死刑的问题。人权理论认为，死刑是个法律错误，尽管目前法律仍然“有权”处死罪不可赦的罪犯，但从理论上说这是“错上加错”——无非都是杀人。其实死刑确实可以取消，死刑只是极端惩罚的一种形式而已，真正的问题是，我们仍然必须有某种可怕的极端惩罚能够使得犯罪成为得不偿失的错误行为，否则犯罪就会成为优选策略。而按照人权理论的想像，不仅死刑等极端惩罚应该取消，一般的法律惩罚也都应该大大削弱。假如全盘按照人权来制订法律的话，社会必定是坏的，因为如果取消“罪与罚”的对等性就破坏了社会公正，在社会中，坏人坏事就都获得博弈优势，结果必定是扶持坏人去破坏更多人的人权。如果极其残酷的犯罪只得到轻微惩罚，又如何告慰受害人以及受害人亲属？甚至有人认为不仅应该取消死刑，而且因为监狱生活不好而应该减刑，却没有考虑到被杀害的人连生活都没有了，而且受害人的亲人可能一生痛苦。要把貌似多情的无情说成是“进步”和避免“错上加错”恐怕是困

① 见德沃金对“埃尔默案件”的深入分析，德沃金：《法律帝国》，14～19 页。

难的。而且，现代人权理论连同现代法律都是物质主义的，只看重生命和财产，在很大程度上忽视了命运、心理、情感和精神，因此在衡量对人的伤害上有大量失误，比如残害妇女儿童、拐卖儿童、毁容、制造假药以及有毒食品等等，这些都可能毁掉受害人一生的命运和幸福，而由于没有“杀人”，罪犯往往只得到相对轻微的惩罚，就好像只有“生命”才是重要的，而“一生”的痛苦却不值得计较。关心罪犯的痛苦超过关心受害人的痛苦是一种令人震惊的罪行，在此背后很可能有一种虚伪的宽恕和仁慈的自我表现。可以设想一个“换位检验”：假如一个人自己或者他的至爱之人成为残酷罪行的受害人，他仍然同意人们重视罪犯的痛苦远远超过重视他作为受害人的痛苦，那么他才是真正的人权支持者。即使有人能够通得过这个“换位检验”，我们也有理由怀疑这种不正常情况的普遍性。

总之，破坏公正原则最后必定导致社会价值崩溃和人心失衡。虽然我们不怀疑天赋人权理论的良好动机，但有理由认为它考虑不周，缺乏理论上的谨慎。

6. 普遍人权的元理论问题

一种人权观念可以是一个因时因地的政治策略，但如果要成为普遍的价值观念就必须能够通过理论合法性的检查，就是说，任何一种人权理论都需要元理论的支持。为了能够重新思考人权理论的设计，特别需要反思以下几个基础性问题：

（1）人权的存在论基础

如果没有他人，就根本不存在人权问题。所以需要人权，就是因为需要处理“我与他人”的关系，因此，**“人际关系”**，而不是**“个人”**，才是人权的存在论前提，人权问题必须落实在人际关系上去分析。我们准备选择这样的存在论：关系是存在论基本单位，并且，**关系先于个体**，人的所有生活问题都必须在这一分析框架中去理解。这与西方以“个体”为存在论基本单位的分析框架完全不同。

“个体”（individual）意味着“不可再分的单位”，它如果用来指示事物，应该是一个合适的存在论标志，但如果用来指示人，则不能正确表达人的存在性质，而且是对人的非法删节。Individual 更适合表达人的身体性存在，却不能表达人的精神性存在。例如，日常语言中可以说到“我的身体”和“我的情感”，但其逻辑语义却完全不同，“我的情感”必须是“及物的”才有意义，在大多数情况下，它的及物性表现为“涉及他人”。这意味着，“我的情感”并不是一个限制在 individual 之内的事实，而是一个属于人际互动空间的关系性事实。孔子对人有更深入的理解，孔子用仁（二人）来解释人所以为人，其深意就是要在“关系”中去理解人。把人的概念转换为个人概念去分析是一种“存在论偷换”。

人的存在所以形成最深刻的存在论问题，就在于它突破了普通存在论的一般形式。普通存在论是以物理存在（the physical）作为基本存在形式的，所以存在论就成为“物理学之后”（meta-physical）的研究。西方存在论的这一传统定位是存在论的错误方向。人的存在方式是有意义地“生活”而不是生物学的“活着”，人的存在场域远远溢出在身体之外，人是在与他人的相互关系中被定义的，因此说，**关系先于个人，关系之外无个人，关系为实，个人为虚**。在关系中，他人始终是优先的，因为他人总是一个多数集合，远大于“我”，而且是“我”的存在环境和条件，相对于“我”，他人总是无限大。他人的存在论优先地位决定了“我”的所有权利都永远是他人的恩赐。“我”并没有因为自由意志就成为所谓的主体，自由意志仅仅表达了“我愿意如此这般”，却不能保证“我可以如此这般”，因为他人不见得允许我如此这般。西方存在论在把“人”偷换成“个人”之后，又进行了二次存在论偷换，把“个人”偷换成“主体”，因此制造了个人自由和个人权利至上地位的幻觉。主体/个人是人造的虚拟存在，它误导了生活。如果要正确使用主体这个概念，就必须理解到“主体总要从属于他人”（to be a subject is to be subject to the others），也就是首先承认“他人”的核心地位。这是以孔子为代表的中国哲学也是列维纳斯哲学的原理。①

以关系存在论为基础，可以看出，权利必须在相互关系中去理解。显然，如果没有他人，或者说不存在某种关系，就无所谓权利。如果与任何他人都没有任何关系，比如鲁宾逊，却要说“我

① 参见 Levinas：*Totality and Infinity*，Martinus Nijhoff，1979。

有不被干涉的权利”，这是荒谬而无聊的。因此，人权在本质上要表达的不是个人自由，而是人际关系对个人自由的正当限制，就是说，不可能先界定个人权利而后界定相互责任，而必须先界定相互责任而后才有可能界定个人权利。任何一种权利都存在于“关系”中，而不是事先存在于个人“身上”，这决定了“由责任决定权利”的存在论顺序。这个存在论顺序不可以颠倒，否则后果很严重。

西方权利理论错误地把存在论的基本单位选定为“个人/主体”，这样就把权利看作是个人存在的一个自然属性。可是显然没有任何证据能够证明个人身上具有这样一个自然属性，甚至从“个人”概念也不能分析地蕴涵权利，即权利无法由“个人”必然推出。假如一定要强行从“个人”推出权利，则要冒很大风险。“个人”身上自然就有的只是欲望、需要和自我中心意识，假如把个人所欲的**某些**东西说成是对权利的“合法要求”，那么就同样可以把个人所欲的**所有**东西都说成是对权利的合法要求——因为在“个人”这个分析单位中找不出拒绝把某些欲望变成权利的限制性理由。把“个人”当作权利的分析单位所以是个严重错误，就在于“个人”的存在本身并不包含任何限制性理由。人什么都想要，于是什么都可以被宣称为权利，欲望的膨胀导致权利的膨胀，最后，权利会把生活空间挤爆。人们宣称太多的权利，一种权利就变成了对别的权利的破坏。现代人过度迷恋权利，以至于忽视**权利无限扩张**所导致的社会困难。不断扩张的私人空间必定侵犯别人的私人空间，甚至侵犯公共空间，从而形成**权利反对权利**的局面。“我”的权利意味着他人的责任，权利太容易被“宣称”，而责任很难落实，实的跟不上虚的，有限责任能力无法支付无限扩张的权利。

因此，我们有理由修正人权的存在论基础，把“关系”看作是权利的存在形式，于是，权利的合法性不再落实在个人身上，而是落实在关系中。权利是他人所承认的责任的对应形式，如果没有他人的承认，权利就没有合法性。由于他人总是试图避免责任，于是，权利总是博弈的结果，而正当的权利就是公正博弈的结果。以上我们证明了，由于“个人”由其本身无法证明他所宣称的权利的正当性，因此只能在“关系”中去定位权利的正当性。

(2) 人的概念

人的概念支配着人权的意义，因此必须选择一个能够最充分表达人性的概念。

既然西方强调“天赋的”人权，所默认的人的概念就只能是生理学意义上的人，只要生理上是人，就拥有无条件的人权。把人的自然属性说成人权的理由，这意味着权利只与“是”（is）有关而与“行为”（do）无关。用自然身份兑换社会权利，这无论如何是相当奇怪的，因为自然界不存在权利这件事情，权利是社会游戏的一个因素。假如自然身份与社会权利之间可以有跨界兑换关系，权利的应用领域就会被扩大到失控的地步。许多主张动物权利的人，如 T. Regan 和 P. Singer 等，就看准了生理人概念界限不清的问题，因此宣称权利应该扩展到许多高级动物上①，因为它们也有相当的智力、感受和意识水平，而在动物和人的意识水平之间并没有清楚的界限（令人尴尬的是，许多高级动物与人的智力差距还不及人之间的智力差距那么大）。甚至在 Singer 看来，“人”这个概念没有太大意义，意识水平才是定义高级存在的标准。有趣的是，动物权利虽是个混乱的问题，但它却是从人权推出的结果，可见人权概念是个混乱之源。

人的概念只有能够表达出人的独特价值才是有意义的，只有道德才能表明人的行为的特殊意义，才能表达属于人的独特生活问题。显然，人的概念只能是“道德人”而不是“生理人”。建立在生理概念上的人权理论不仅缺乏道德意义甚至破坏道德，最终将破坏人的概念。生理人只能表明人的自然行为，却不可能表达社会行为，以自然行为而要求获得人权这样的社会报酬，显然不合逻辑。如果一定坚持这样的逻辑，混乱和困难还在后头，不仅是动物，将来还会有生物学创造的各种怪人，还有特别像人的机器人，诸如此类。显然，对于人权理论，有效的人的概念只能是道德人。

既然由自然属性推不出道德，那么，在人权问题上，“人”不构成理由，“做人”才是个有效变数。按照我的“可能生活”理论，对于人来说，一般存在论的“存在”（to be）是一个错误的分析形式，

---

① 参见 Regan and Singer eds：*Animal Rights and Human Obligations*，Englewood Cliffs，NJ：Prince-hall，1989。以及 Singer：*Animal Liberation*，New York Review/Random House，1990。

正确的形式应该是“因义而在”（to be meant to be）这一扩充形式。[①] 这一改革的基本理由是，对于人来说，一个人是人，这其中“是”（to be）的意义无法由“是”来表现，或者说，存在本身（to be）不是存在的一个值（value），而必须在“做”（to do）中去实现，“做”成为“是”的意义明证（evidence），因此，存在无非做事（to be is to do）。这一存在论的新公式表明了人的存在因其化成行为而获得意义，因此，德性是定义“人”的概念所必需的条件。对于德性（virtues），可以有这样的客观判断指标：如果无论你是否具有品质 v，你都愿意与具有 v 的人进行合作，或者，如果别人具有 v，那么你也愿意自己具有 v，那么 v 就是一种值得追求的德性。正因为人有德性，因此人这个概念才具有识别特征。

把人的概念标准降低到生物学指标，这不是博爱，而是对人的行为价值的彻底贬值，是在否定人的德行和高尚努力。假如人们不再需要追求高尚品质，就能永远无偿地享受所有权利，人类的优秀品德和道德行为就一钱不值了，其荒谬和危险性就像不管学习好坏人人都得优，或者无论是否劳动人人都得同样报酬。如果社会如此不公，人们迟早会发现最佳策略就是去做自私无耻的人。人本身不是目的，但人必须有人的目的。人是做成的，而不是本然的（a man does rather than is），在自然上“是”一个人不等于在道德上“做成”一个人。选择“道德人”作为人的概念，意义在于，只有把人的概念与美德联系起来，与人类社会所需要的优秀价值联系起来，才能够使人的概念具有分量。缺德的人在生理上与道德人是同类，但在伦理上却是异类。如果抹杀这一基本差别，把人的概念落实在人的自然存在上，通过这样抹平价值去达到的只能是劣平等，这种向低看齐的现代主义平等决不是一个好社会的理念。只有以道德人概念为基础才能形成向高看齐的优平等。

（3）公正原则的优先性

假如给定一个游戏的意图是非合作博弈，那么它的基本假设就将包括理性原则，个人利益最大化以及风险规避。但如果给定一个以合作为意图的游戏，它的基本配置就将是理性原则，公正原则，美德原则以及共同利益最大化（合作比不合作所需的条件组合要复杂得多）。游戏意图还决定了游戏的“形势”：假如意图是非合作，

---

① 参见赵汀阳：《论可能生活》，北京，三联书店，1994；《论可能生活》（修订版），北京，中国人民大学出版社，2004。

那么“个人”在该游戏中占有优先地位，人们将先考虑个人自由最大化，然后再考虑不得已的限制，也就是以“个人”为主导去规定“关系”；假如意图是合作，那么“关系”就占有优先地位，人们将先考虑最好的可能关系，然后再考虑个人能够保留的自由，即以“关系”为主导去规定“个人”。人们总是希望生活游戏能够同时兼备公正、自由和平等这些性质，但对公正、自由和平等的重要性排序存在不同偏好，因此我们需要从技术上去分析什么样的排序能够保证所有价值都得到满足。

现在来分析人权游戏。西方承认的人权体系主要强调个人生命、私有财产和个人自由（特别是政治自由）。以个人为本的权利体系的第一价值是自由，其次是平等。自由和平等不仅压倒了公正，而且修改了公正的本义，现代理论往往以自由和平等去解释公正，结果挤掉了公正的本来意义，把公正变成自由和平等的一种组合方式，这样就实际上取消了公正，从而造成许多自毁性隐患。权利意味着个人的自由主权空间。个人自由空间的边界在哪里？这是个问题。既然公正不被看作是最高判断原则，权利界定就没有普遍标准，这使得主体间永远是个是非之地，就像国际间永远是个是非之地。

从个人出发去解决个人边疆问题的现代方法是理性谈判，哈贝马斯就寄希望于商谈理性能够克服个人理性的缺点，他相信通过理性对话最后总能够达成互相理解从而形成一致意见。哈贝马斯虽然看到了理性互动能够最大限度地发挥理性的潜力，但他忽视了“互相接受”这个必要环节，于是，“对话，理解，接受，一致意见”这个必要流程被简化为“对话，理解，一致意见”，问题是，从理解推不出一致意见。① 如果不能解决“接受”问题，哈贝马斯方案所能达到的最大限度的理性成就至多相当于程序公正（形式公正），而不可能达到实质公正，也就无法解决任何实质性问题，比如说，根据什么标准来规定价值以及价值排序的问题，或者，根据什么标准来选择人权项目以及这些项目排序的问题。由于形式公正无法保证实质公正，因此公正一直是个没有完成的问题，也就不能解决权利的正当性问题。显然，如果坚持自由和平等的优先地位，就等于否定了公正，也就很难形成合作，而一个缺乏公正合作的游戏将反过来

① 参见赵汀阳：Understanding and Acceptance，in *Les Assises de la Connaissance Reciproque*，Le Robert，Paris，2003。

损害自由和平等。

如果要把自由、平等和公正这三种众望所归的价值结合起来，唯一可能的排序是公正、自由、平等。这几种价值的不同性质注定了它们不同的弹性：自由和平等都有比较大的弹性，可以多一些或少一些，而公正几乎没有弹性，只有“公正或者不公正”，不存在比较级。于是，只要稍微削弱自由和平等就能够与公正兼容，而如果反过来，则必定破坏公正。因此，从技术性上说，“公正优先”模式是唯一能够同时保证公正、自由和平等的兼容排序。

公正原则的完美程度与真理相似，而且在结构上也相似。真理就是把如此这般说成如此这般；同样，公正就是对如此这般的付出给予如此这般的回报，同样都是对称或等值关系。如果不以真理作为知识标准，知识就崩溃；如果不以公正作为游戏标准，游戏就崩溃。所以说，公正是任何权利获得普遍有效性的唯一条件，也是权利获得合法性的唯一根据。如果失去公正，就必定有些人宁愿不合作而导致游戏崩溃，或者不接受而退出游戏。显然只有公正原则才能定义一种不包含自毁因素的权利游戏。公正原则的完美性和力量在于它的对称性或等值性，它使得任何反对意见都没有立足之地。**所谓人权，就是公正关系所允许的个人自由空间**，而不是个人所要求的自由空间。也许有必要再次强调，我们所使用的公正指的是古典含义的公正，即行为与报应的对称或者付出与回报的对称，其结构相当于逻辑上的互蕴关系（p iff q）。

7. 作为新普遍主义的预付人权理论

根据以上的基础分析，我准备推荐的**预付人权**理论实际上已经水到渠成。为了更好说明问题，我们也可以设想一个原始博弈，不过这个博弈不需要霍布斯“丛林”，也不需要罗尔斯的“无知之幕”，也不需要经济学家们喜欢的“公共财产悲剧”。这些初始条件都太做作，与生活真实相去太远。尽管理论设想的初始条件总与真实世界有些出入（这是允许的），但如果初始条件过于单调，就恐怕与真实世界无法匹配。由一个与真实相差太远的游戏推导和总结出来的规律未必能够代表真实生活的规律，而把幻想出来的规律应用于真实生活恐怕是危险的。于是，我们有理由要求一组与真实世界虽然有些不同，但与真实世界比较匹配的初始条件，即一组尽量仿真的条件。大概如下：

（1）每个博弈方都优先考虑自己的利益，包括自己的专属利益和自己可及的共享利益，并且，在专属利益与共享利益之间不存在先验给定的偏好排序。比如不存在“专属利益优先于共享利益”的排序，而仅仅考虑某种利益，无论是专属的或是共享的，是否是自己可及的最大利益。

（2）每个博弈方的思维是理性的，但思维能力不等，因此各自的策略水平不同。

（3）每个博弈方将按照各自的价值偏好排序表去理性地计算得失，而不存在一个普遍通用的价值排序表。假定 p 偏好 x，即使其他人都认为 x 一钱不值，p 仍然为了 x 而牺牲别的利益，这一计算将被认为是充分理性的。

（4）足够多次的连续博弈，类似于历史的效果。

（5）每个博弈方拥有关于其他博弈方的部分知识。

（6）每个博弈方各自拥有的初始策略知识不等，但可能的策略是有限多个的，而且每个博弈方都能够学会其他博弈方的策略。

根据这一**仿真社会**的初始博弈条件，可以获得以下分析：

首先我们可以修正一个流行的错误。在通常的分析模式中，个人利益的最大化仅仅计算到自己的专属利益，而没有把对自己同样有利甚至更有利的共享利益计算在内，因此才会把理性人定义为互相麻木不仁的人。事实上，人的大多数“最大的”利益都只存在于共享关系中，可以表达为：对于某人，存在着某种最大利益 x，当且仅当，x 同时为他人所分享。就是说，x 仅仅存在于与人共有的关系中，而不可能为个人所独占。例如家庭、爱情、友谊以及任何合作所创造的巨大效益。人们真正关心的利益是“自己可及的利益”，而不是个人独占的利益。人们对利益的理性排序完全不像现代理论所妄想的那样，永远把政治自由和财富排在最前面，因为人们的最大利益往往属于由“关系”所创造的利益，比如安全、幸福、成就和权力。强调理性计算，本身并没有错，但现代理论把需要计算的项目搞错了，被漏掉的利益项目太多，尤其把最大利益漏掉了。当纠正了在利益项目上的计算错误，就能够发现人们的博弈真相：人们所以苦苦进行博弈，根本上不是为了获得一些宣称拥有个人自由空间的消极权利（据说是最基本的人权），而是为了形成最好的制度，这个制度保护了能够使人们获得最大利益的所有合作关系，而合作关系是安全、幸福以及各种最大利益的必要条件甚至是充分条件。这个至今尚未存在的最好制度的标志是：(1) 所有人都一致承认这个制度；(2) 所有人都失去采取不合作行为的积极性；(3) 所有人都有自由选择的机会去形成个人幸福的帕累托改进。

博弈的第一回合甚至许多个回合都不足以形成长期稳定的制度和规则，大家在别人出牌时互相了解对方情况并且互相学习到各种策略，这意味着后续博弈条件和博弈策略不断被改进，能力更强的人不断推出更高明的策略使自己利益占优，但领先总是暂时的，高明的策略很快变成公开的知识。一定要等到“集体黔驴技穷”，大家拥有足够饱和的共同知识或对称知识（对称的知己知彼）以及普遍知识，这时将出现**普遍的策略模仿**，大家都模仿某个被证明为最好的策略，于是达到均衡和一致，成功的制度才能够产生。

在足够多回合的博弈之后，最有可能被普遍模仿的策略将是对称性公正。可以这样证明：给定人人都是理性的，按照博弈论，理性计算的一个标准是：不吃亏并且至少不比别人更吃亏（风险规避），那么，假如任何一个“冲突”策略被普遍模仿，必定所有人都吃亏（霍布斯丛林定理）；假如任何一个只顾自己、漠视他人的“不合作”策略被普遍模仿，大家都只能得到比较失望的结果（纳什均衡）；假如一个罗尔斯式的“合作”策略被普遍模仿，表面上似乎能够有比较好的结果，但却是一个不可能达成稳定均衡的策略，因为只要允许以某种理由去形成某种偏离公正的福利特权，就会有无数种偏心的理由都来要求福利特权。所有价值观就会卷入争夺霸权的冲突，因此将回复到不合作状态，最后，唯一能够避免所有偏心理由的“合作”策略就是对称性公正。对称性公正的策略越被普遍模仿，制度就越稳定，冲突就越来越少，这一点与自由和平等的策略形成强烈对比，自由和平等策略越被普遍模仿，冲突就越多。博弈论有个未决的重要难题：不合作如何才能够形成合作？这个问题所以一直不能解决，恐怕就在于没有充分考虑公正策略。自由和平等的优先不能带来公正，相反，只有公正优先才能够定义所有人都可以接受的有限自由和有限平等，或者说，**无限公正**才能规定并保护**有限自由和有限平等**。

根据以上的博弈分析，一个具有普遍必然性的人权制度只能以公正原则作为唯一最高原则去定义的人权体系，人权就是每个人能够被公正对待的权利。又根据关于人的概念的存在论分析，一个人之“所是”（is）还没有完成人的概念，一个人必须在其“所为”（does）中完成人的定义，正当的做人方式是一个人拥有人权的资格认证。考虑到人的概念的双重性和过程性（由生理人到道德人），能够充分全面地表达公正原则的人权概念就只能是**预付人权**，而不能是天赋人权。天赋予人的仅仅是生命和能力。人类文明把人权预付给人，就是期待他做成一个合乎道德要求的人，一个人必须“做”成一个道德的人，才“是”一个完整意义上的人，才能保有人权。人不能只享受人权而无视做人的义务。因此，预付人权的基本原则是：

(1) 由于做人需要一个过程，人权这种资格就只能事先给予并且事后验证，所以人权是预付的。任意一个存在，只要是人，都无例外地得到预付的任何一项人权，或者说，每个人生来就获得人类借贷给他的与任何他人相同的权利。

(2) 人权虽然不劳而授，但决非不劳而享，否则损害公正。因此，预付人权是有偿的，是有条件保有的。所有人权，包括生命权和自由权等，都是有偿的。一个人获得预付人权就意味着承诺了做人的责任，并且将以完成做人的责任来偿还所借贷的权利。一个人可以自由选择是否履行做人的义务，如果选择履行做人的义务，则一直享有人类游戏的全部权利；如果拒绝履行做人的义务，则视同自愿退出人类游戏，准确地说，如果拒绝了预付人权所要求的部分或全部义务，就视同自动放弃了部分或全部人权。

(3) 根据“理性知识永远有限”的原理[①]，任何规划出来的人权体系都只能被认为是历史性的或暂时性的，永远都存在改进甚至改写的余地。因此，一个人权体系将给予每个人哪些权利以及什么限度的权利，这要取决于世界在特定时代条件下的支付能力，随便宣布太多有名无实的权利除了增加社会冲突和搞乱世界，并无积极意义。任何一个人权体系的根本问题不在于它许诺了哪些权利和多少权利，而在于它所许诺的权利是否具有正当性及其证明（legitimacy and justification）。任何一个人权体系都只能以公正原则作为唯一普

① 可以看作是休谟定理。休谟证明了：人类所拥有的知识永远是截至现在的关于世界的部分知识，因此，永远不可能由此推出关于世界的整体和未来的知识。

遍有效的解释原则（元定理），因为除了公正原则并不存在任何其他原理能够证明正当性。任何一个人权体系以及它所包含的每一种人权都必须具体地落实公正的对称性关系，都必须是公正理念的具体范例，这样才具有正当性，而任何偏离公正关系的权利都是不正当的。

（4）形式公正不能保证实质公正，这是公正的最根本难题。要确定具体内容上的对称关系确实存在着技术上的困难，因为几乎不存在能够证明两种不同的东西是“等值的”客观标准。最好的主观标准是所有人的一致同意，但这一点几乎做不到。一般的解决方式是以民主去替代一致同意，但以多数否定少数本身就是不公正，而且还可能导致更坏的事情。也许比较好的方法是想像一个最少当事人模型：如果双方一致同意 pRq 是一个公正关系，并且，双方一致同意角色互换的 qRp 同样是公正关系，因此（pRq）=（qRp）的换位等值关系成立。任何持有不同意见的其他人可以作为任意变元代入为这个模式中的模拟“当事人”去接受检验，这样可以排除作为旁观者的偏见。于是获得这样的理性解：如果任何人代入当事人而不发生不同意见，则这个最少当事人模型就象征性地反映“所有人一致同意”；如果有人代入当事人之后仍然有不同意见，则视同自愿退出由公正原则定义的权利游戏，也就视同自愿放弃受保护的权利。据此很容易发现天赋人权理论是不公正的：显然不可能所有当事人一致同意破坏他人人权的罪犯以无条件人权为名而逃避相应的惩罚。

（5）如果说权利是资格，那么义务就是代价或者成本。权利和义务关系的公正同样在于对称性，即权利和义务是互相蕴涵的：某人 p 拥有某种权利 R，当且仅当，R 承诺了与之对称的义务 O。如果某人拥有的权利大于义务，就等于把部分义务推卸到别人身上，或者等于多占了别人的利益，因此，在某人 p 所承诺的权利/义务关系与任一他人 q 所承诺的权利/义务关系之间同样存在着互相蕴涵的关系：p(R↔O)↔q(R↔O)。而天赋人权关于权利和义务关系的理解有逻辑错误，由于认定人权是无条件的，因此，以上的两种互相蕴涵关系就被简化为一种互相蕴涵关系：p 的权利蕴涵 q 尊重 p 的权利的义务，反之亦然，即（pR→qO）↔（qR→pO）。这是以平等冒充公正的典型模式，它隐瞒了权利和义务的合法性问题。假如给定一个游戏，人人无论怎么耍赖作弊，都不会被取消游戏资格，这样的游戏虽然兼备了自由、平等和公平（fair），可就是没有公正。可以想像，这个游戏是玩不下去的。所以必须强调对称性公正，就在于我们不能随便替他人做主，不能随便就把他人心灵给代表了，他人未必同意我们拥有如此这般的权利以及因此强加给他的义务，他人想像的权利可能有所不同，或者权利排序的偏好有所相同。只有先承诺我的义务以获得我的权利的正当性，然后才有正当理由去申请他人尊重我的权利的义务。义务和权利在逻辑上是"同时的"，但在价值上**义务先于权利**，因为只有义务才能够保证权利的正当性，而反之不然。于是又有这样的关系：p所承诺的义务pO在先，并且蕴涵着相应的权利pR，因此又蕴涵着他人q尊重这一权利的义务qO，即（pO→pR）→qO。这种解释的优点是能够避免在人权问题上各种不公正的实践难题，比如"破坏人权的人享有人权"这类难题。一个人如果破坏人权就是拒绝了义务pO，由于pO蕴涵pR，拒绝pO就失去pR，也就不再有理由要求他人的义务qO。在实际生活中如果他人愿意继续承当义务qO，那是因为宽容的美德，而不是必需。如果不意识到这一点，就是对美德不公。

德沃金有名言："个人权利是个人手上的政治护身符"（或译为"政治王牌"，trump）①。这多少点破了个人权利或天赋人权的政治实质，它是个人用来反对政府或集体的一个反抗理论，现在又进一步成为各怀目的的各种非政府组织的反抗理论，也成为西方用来鼓动非西方的民间力量的反抗理论。这一反抗理论在以弱抗强方面当然有其积极意义，但却不是一个适合于以公正和合作为标志的成熟社会的权利理论，而且它在理论上缺乏谨慎的技术性考虑，从而暗含着权利反对权利的自毁逻辑，因此更不是一个成熟的普遍有效的权利理论。我相信预付人权是一个比天赋人权更具思想合理性的权利理论，它保留了天赋人权理论的几乎所有优点，而消除了天赋人权理论反公正的危险因素，不仅具有理论的普遍有效性，而且具有允许因地制宜的实践弹性。

原载《中国社会科学》，2006（4）

---

① 德沃金：《认真对待权利》，导论，6页，北京，中国大百科全书出版社，1998。

附录十
民主的最小伤害原则和最大兼容原则

引言：假定民主是可取的

假如非要选择民主制度，那么必须思考：（1）在什么样条件下民主是正当的？什么样的民主能够通得过普遍理性的正当性证明？（2）是否能够通过改进民主制度而创造一种最优民主？在这里，我准备提出一种改进的民主理论，可以称为“兼容民主”（compatible democracy），即最有希望与各种普遍价值和普遍理性达到兼容的民主。

对于评价社会行为或者社会选择，存在着一个或许最好的检验原则：普遍模仿原则。如果一个行为或者制度策略是经得起普遍模仿的，那么它就是普遍有效的，这意味着：（1）当策略 s 被普遍模仿，s 必定形成任意人之间对称的相互关系（reciprocity），没有人会处于被歧视地位；（2）当 s 被普遍模仿，不存在导致自取其祸、玩火自焚（backfire）的可能性。显然，许多事情是经不起普遍模仿的考验的，而那些能够经得起普遍模仿考验的事情必定体现了每个人能够共享的普遍价值，那些普遍价值就将被视为任何一种制度必须加以参照的正当性标准。在分析民主问题时，我们将以那些经得起普遍模仿的普遍价值作为评价标准。一种比较好的民主就是与普遍价值具有更高兼容性的民主，相反就是坏的民主。

1. 民主的优势与道义无关

政治必须有利于那些能够惠及所有人的普遍价值。这一要求对于民主政治来说显然有些高，因为民主注定更有利于多数人而非所有人。人们想要并且需要的价值很多，但能够经得起考验的普遍价值并不太多。一种价值 v 如果是普遍有效的，它必须满足：（1）任意一个人如果要求享用 v，那么就没有任何理性有效的理由去拒绝其他人以同样理由要求享用 v，就是说，其他人享用 v 的理由将自动成立；（2）如果 v 是普遍价值，那么，相对于缺乏 v 的情况，v 的出现将使每个人的幸福获得帕累托改进，没有人能够排斥他人同时受益；（3）任何一种破坏 v 的行为都经不起普遍模仿，如果某人 p 破坏 v，他人的模仿最终必定对 p 不利，使 p 的破坏行为形成自取其祸的效果，并且，没有人能够幸免于破坏 v 所带来的灾难。根据如此苛刻的标准，可以发现公正、自由、和谐是合格的普遍价值，因此可以用来作为制度的评价标准。当然还有别的普遍价值，但以上三种价值是最典型的。社会的基本逻辑关系是人际关系，因此，普遍价值必定能够形成任意人与他人之间有益的相互性（reciprocity），而这三种价值正是人际有益相互性的最重要条件。

公正理所当然是最好的。这里的公正指古典公正，即逻辑结构上的对称性，主要包括两种对称：（1）行为与结果的对称。所谓善有善报，恶有恶报。（2）人际对称。大致相当于各种道德金律的精神原则，你如何对别人，别人就如何对你。就理论可能性而言，不存在能够有效反驳公正的理由。

自由也是无法拒绝的普遍诱惑。自由总是有限自由，即使所谓的消极自由（negative liberty），也只能是有限的。如果自由权利可以是无限多种的，人们就总能编造理由把自己所不喜欢的他人的各种行为都说成是对自己的干涉，于是，无限自由反而否定了自由，这是自由所隐含的一个悖论。不过这一自由悖论并不严重，因为人们为了获得部分真实可靠的自由就总会理性地限制自由的膨胀，总能够达成共识而承认部分自由（总有某些自由能够通得过普遍模仿检验）。一个制度越能够有效地保护自由就越好，否则是坏的。

和谐是同样重要的普遍价值。和谐可以有多种表述方式，这里我把它定义为一个比帕累托改进更强的作为严格共荣关系的“孔子改进”：（1）对于任意两个博弈方 X，Y，和谐是一个互惠均衡，它使得，X 能够获得属于 X 的利益 x，当且仅当，Y 能够获得属于 Y 的利益 y，同时，X 如果受损，当且仅当，Y 也受损；并且（2）X 获得利益改进 x+n，当且仅当，Y 获得利益改进 y+m，反之亦然。

于是，促成 x+n 出现是 Y 的优选策略，因为 Y 为了达到 y+m 就不得不承认并促成 x+n，反之亦然。[①] 和谐是能够保证冲突最小化并且合作最大化的最优策略，一个制度越有利于形成和谐关系就越好，否则是坏的。

无论霍布斯版本（人与人之间天然发生冲突）还是荀子版本（人们在群体中分利不公而发生冲突）的社会初始状态都是冲突，政治的首要问题就是如果形成社会合作。即使人们都有合作的诚意，也仍然难以克服意见分歧。政治试图以某种制度安排去解决利益冲突和意见冲突。制度似乎有许多种，但其根本形式只有专制和民主两种。专制是替民做主，民主是人民作主。专制固然不好，但要证明民主好过专制也不容易。对民主的真正挑战是，民主与专制一样也伤害某些人的利益，而且同样没有正当理由。如果说多数人伤害少数人好过少数人伤害多数人，恐怕于理不通。而且，关于专制只为少数人服务的故事其实也不太真实。在许多情况下，专制采取的也是维护多数人利益而迫害少数人的政治策略，因为这样能够获得更多人民的支持而使专制比较巩固，只有不可理喻的暴君才会昏到搞成众叛亲离。按照博弈规律，无论民主政府还是专制政府，明智的首选策略都是代表多数人的利益。问题不在于专制和民主何者伤害的人数更多，而在于伤害是否具有正当理由。令人吃惊的是，专制以权力去伤害某些人与民主以票数去伤害某些人同样都没有道德上过硬的理由，无论专制还是民主，都同样偏离公正、自由以及和谐等普遍价值。

首先，专制以强凌弱和民主以众暴寡同样是不公正的。民主的逻辑是多数人的偏好高于正义或天理，这是对少数人的歧视和对真理的蔑视。如果说专制没有理由被证明是正当的，民主也同样没有理由被证明是正当的。其次，专制和民主同样抑制了某些人的自由。关于民主优越性的论证往往认为，民主最大的好处就在于能够避免对自由伤害力度最大的暴政。但有两个疑问：（1）如前所述，根据理性博弈原则，暴政几乎是最失败的政治策略，除非失心疯了，没有人会采取如此差的策略，而失心疯的专制领导如果没有失心疯群众的支持，也是难以成功的。何况民主也并非不可能导致暴政。（2）至于民主国家往往比较自由的证据却是一种证据的误用，民主

① 参见赵汀阳：《冲突与合作的博弈哲学》，载《世界经济与政治》，2007（6）。

国家比较自由的真实原因是有效法治保证了自由，并非因为民主。对于一个成功的制度，法治比民主重要得多。自由是民主的一个必要条件，但民主却不是自由的必要条件，两者的逻辑关系不能颠倒；至于和谐，无论专制还是民主，都不能显著地减少社会冲突，都不能明显增大社会成员之间的利益相关性，因为专制和民主毕竟都是权力游戏，而权力游戏暗含的逻辑是零和博弈，它直接就把人们划分为赢家和输家，这必定有损共同幸福。如何使一个社会冲突最小化而合作最大化，这是一个比民主更深刻的问题。

总之，民主和专制都同样严重偏离公正、自由、和谐等普遍价值，这意味着，民主的优势并不在其道义优势上。既然民主优势与道义无关，民主绝不高尚，那么，民主的优势到底在哪里？这才是真问题。民主的真实优势在于它是一种具有技术优势的政治策略，尤其从博弈论角度看，民主是政治风险最低的策略。从目前已有的所有政治制度来看，任何制度都不得不面对一个巨大麻烦：既然总有某些人的利益会受损，那么如何对付利益受损人们的反抗？一般地说，利益受损人们的政治反抗策略主要有：革命、反叛、分裂和消极抵抗。对于专制制度来说，这四种危险都存在，这是专制的劣势。对于民主制度来说（如果是合格的民主制度而非伪装的民主制度），则革命和反叛的危险几乎不存在。这是因为，在民主制度下，各种利益集团通过选举而获得胜利的机会和策略永远存在，于是，通过政治技巧去竞争显然优于革命和反叛的暴力冒险。因此，民主制度能够提供更为安全稳定的政治，尽管政治不合作的危险仍然存在（分裂和消极抵抗），但毕竟不是最危险的挑战。在这种技术性意义上，民主明显优于专制。可以看出，民主虽然不是一种更为高尚的政治，却是一种更为成功的政治，它有效地回避了最危险的政治动乱（革命和叛乱），因此民主是一个政治风险最低的策略，这才是越来越多的国家采取民主制度的真实原因。

2. 民主的合理性与正当性

当公共选择成为需要制度去解决的问题，民主才成为必要，而公共选择所以成为问题，则是因为共同体成员的偏好不同。不过，共同体本身就是一个有些诡异的问题：如果一个共同体是由荣辱与

共、志同道合的人们组成，那么，这个共同体本来就是万众一心的，公共选择不会成为问题，显然，一个事事同心同德的完美共同体总会有完美民主，而完美民主反而使民主成为多余。因此，只有当共同体是不完美的，民主才有意义。可问题是，人们为什么非要组成不完美共同体？这是因为，完美共同体几乎不可能（没那么多同心同德的人），即使可能，其规模一定太小而做不成什么事情，尤其在与比较大的共同体竞争时会非常不利甚至无法自保，所以，能够立足的共同体都需要有一定的规模。

不完美共同体有两种情况：（1）共同体包含一些其实不愿意加入而不得已加入的人，这意味着共同体具有强迫性；（2）共同体成员在某些事情上有着共同利益，在另一些事情上却存在着冲突，但每个人通过共同利益之所得毕竟大于互相冲突之所失，因此那些利益相对受损的人们仍然理性地选择留在共同体中，以便享受相对更大的共同利益。（1）显然是坏的共同体，但最为常见。在（1）中的民主必定往往成为明显无理的压迫。民主所以需要改进，意义就在于此，一种改进了的民主或许能够使（1）转变为（2）。尽管（2）也不完美，但足够好。

在不完美共同体内，人们是否应该追求完美的公共选择？答案是否定的，其中道理是这样的：完美的公共选择所遵循的是全体一致规则（unanimity），看上去很美，其实是灾难性的。秘密在于，假如采用全体一致规则，那么每个成员都有否决权，这样势必拒绝任何改变现状的可能变化，表现为两种困难：（1）好事都做不成。导致社会整体变化的好事（比如技术、经济和物质的进步）会影响某些人的既定利益，而导致社会局部变化的好事又与某些人的利益不相干，这都非常可能有人行使否决权。（2）坏事都难以改变。总会有人为私利去否决纠正坏事的方案，比如奴隶主会否决取消奴隶制。[①] 由此看来，全体一致不仅难以做到，而且全体一致规则本身就是不可取的，于是，以多为胜的民主就成为最合理的公共选择，因为没有更好的办法。

特别值得注意的是，民主的合理性并不等于民主的正当性。前面谈到，民主或许是政治合法性的一种证明，但民主自身的正当性却还是个问题。人们有时候误以为民主的合理性就证明了民主的正

---

① 参见 D. C. 缪勒：《公共选择理论》，杨春学等译，134 页，北京，中国社会科学出版社，1999。

当性，这看上去似乎相去不远：既然没有比民主更好的办法，那么民主就是正当的。这种相似性其实似是而非，其错误类似于说，既然没有能够治疗感冒的药，因此水就算是合格的药。如前所证，既然民主必定损害部分人的利益，这就已经严重偏离公正、自由以及和谐等普遍价值，因此民主在正当性上并无可信优势，民主的优势仅仅在于它的合理性。但这一点绝不是以合理性代替正当性的理由，以蒙混过关的方式去论证民主正当性反而拒绝了对民主的发展和改进。如果满足于“民主毕竟是最不坏的……”之类的安慰性陈词滥调，就不可能深入民主的问题。由于民主本质所注定的局限性，也许民主不可能被改良成完全公正的，但仍然有机会去增大民主与公正、自由、和谐等普遍价值的兼容性，从而具有相对的正当性，这才是必须努力的。

民主以公共权力允许并鼓励了积极自由（positive freedom），这是民主的危险本质。和消极自由一样，积极自由本身不是坏的，但由于积极自由是“积极的”，因此容易被不良人性所利用。积极自由意味着人们可以追求他们认为是好的事情，而那些所谓好的事情只是对于某些人是好的，而对于另一些人则是有害的，真正普遍好的事情是很少的。因此，民主就有义务减少它所带来的伤害。民主的目的仅仅是使公共选择在操作上成为可能，即打破意见分歧的僵局而使公共决定与行动成为可能。民主正是在理性无法决断的地方才成为一种替代性的选择方式，这一民主语境可以表达为：

（1）给定某共同体需要做出公共选择；

（2）但是存在着两种以上的不同意见；

（3）而且根据理性，无法找到不可怀疑的理由证明其中任何一种意见是正确的或是更为正当的；

（4）于是，在缺乏知识判断和价值判断的情况下，以多为胜的选择比其他选择更为合理。

民主就是在这样的语境下才成为合理的。民主的目的不是要伤害少数人，也不是多数人利益最大化的专用工具，只不过是终结分歧而形成公共选择的一种操作。对少数人的伤害是民主在技术上无法避免的一个缺点，既然对少数人的伤害不具有正当性，只是不得已而为之，这就注定了民主承担着尽量减少对少数人的伤害这样一项先验义务，或者说，既然民主是积极主动地造成了负面影响，就必须对此负面影响负责任。

目前流行的民主就似乎暗含着忽视民主的义务这样一种错误倾向。流行的民主制度更多考虑到人们更喜欢什么，而相对忽视人们更不喜欢什么，更多地考虑让多数人得利，而相对忽视不让少数人受损，特别表现为投票制度一般只设计赞成票（这个似乎微小的问题其实极其重要，后面将进一步讨论）。对于人类生活而言，避害显然比趋利更根本也更重要，因为安全和自由的重要性高于利益，更多的安全和更有保障的自由对于每个人都永远是适宜的，而更多的利益往往是一种奢华，于是，对安全和自由的伤害最小化必定高于利益最大化。在这个意义上，民主的义务问题就变得至关重要，强调民主的义务正是为了减少民主的害处。由此我们获得关于民主的一个义务原理，可以称为“最小伤害原则”：既然民主所决定的公共选择必定有损部分人的利益，那么民主有义务使这一伤害降到最低程度，否则民主就变成赢家对输家的专制。

忽视民主的义务，尤其是忽视民主的最小伤害原则，在逻辑上蕴涵着严重的民主危险，这就是共同体的分裂与输家的不合作。如前所论，民主在政治合理性上优于专制，从而大致能够避免革命和叛乱这两种最大的危险，但仍然不能有效避免分裂与不合作这两种危险。在某种意义上说，在民主制度下，由于放弃了专制的强大暴力控制，共同体分裂（尤其表现为国家分裂）的可能性有所增加。我们不能忘记，最强的民主方式（也是最原始的民主方式）是以脚投票，那么，一旦部分人在共同体中的利益过于明显受损以至于无利可图，甚至其境况还不如不加入共同体，这一部分人就非常可能谋求分裂以便自己组成新的共同体。即使由于缺乏足够实力而无法达到分裂，利益受损的输家也会采取各种非暴力的不合作方式去解构和逃避强势赢家的剥削或支配，这样最后必定导致社会各群体之间的互相拆台而使利益普遍受损。很显然，社会合作程度越低，各方收益就越差。因此，要有效保证合作，民主就必须能够保证输家在与赢家合作中的收益仍然明显大过不合作的收益，或者其利益受损程度明显小于不合作状态的受损程度。这可以看作是最小伤害原则的另一种表述。只有保证利益伤害最小化才能够维持人们对共同体的兴趣，而只有当共同体得以维持，民主才有意义。假如民主的结果反而使得共同体分裂崩溃，大家利益都受损，这必定是一种坏的民主。

3. 最小伤害原则的投票规则

民主的基本原则是多数决胜，但如何产生多数？以何种方式产生多数？产生什么样的多数？这都是问题，因为存在着多种在程序上或者技术上同样好的表决规则，而这些不同的表决规则能够产生完全不同的结果，操纵了表决规则就在很大程度上操纵了表决结果，于是，民主难以避免阴谋、欺骗和腐败。

孔多塞早就发现，当竞标方案（或人选）在三个以上时，多数规则无法杜绝赢家循环，由人们的偏好循环导致的投票悖论称为“孔多塞悖论”。人们本来幻想能够创造一种“最好的”投票规则以消除孔多塞悖论，但阿罗定理毁灭了这一希望。要消除投票悖论，除非采取某种强加的规定，可是那样的话，民主就又几乎变成专制了。布莱克的单峰偏好模式以及森的价值限制条件都是比较有趣的方案，但可惜都不是真正的解决方案，因为都包含某种强加于人的限制条件。投票悖论所以解决不了，并非人类智力不够，而是因为人类偏好本来就包含各种循环或两难，就是说，人的偏好本来就不像机器人那样，总能满足 A>B>C……这种非循环的传递性。民主归根到底不是数学问题，我们有理由质疑追求无懈可击的投票规则是否有根本性的意义，或许将来人们能够天才地解决投票悖论，即使那样也并不能使民主变成公正的，因为真正的问题在于，民主以多胜少原则本身就已经不公正了。即便是只有两种候选方案（比如两党制的竞争）的理想投票状态，投票悖论就自动消失了，在这种情况下，绝对多数规则也不是公正的，它只不过反映了超过半数的民心。既然总是多数伤害少数，那么 51%比 49%还是 40%比 30%又有什么本质区别？我们必须改变关于民主的思考方向。

原来人们的思考重心是去考虑什么样的投票规则才能最好地反映出多数人的偏好，这一思考方向是错误的。人不是数字，数字优势不能转换为道义优势。“多数”并不必然蕴涵“更好”或者“更正确”，相反，多数为胜必然蕴涵对少数人的非正当伤害，所以说，如何使民主减少伤害，这才是更应该思考的投票问题。当把思考重心转到如何减少伤害的问题上，避免投票悖论就相对简单了，只要采取单轮多数决胜规则（不需要超过半数，以最多票为胜）就足够好了。

现在问题在于如何改进单轮多数决胜规则以减少多数人对少数人的伤害。考虑这样的情况：方案a有利于所有人，每个人收益为n；但方案b有利于51%的人，收益为n+1，而有损于41%的人，收益为n−1。多数人为了利益最大化就非常可能选择b。按照多数规则，b显然能够通过，而试图抑制b是不可能的。现在如果根据最小伤害原则去改进投票规则，为了给无视输家利益的赢家方案增加通过的难度，同时使弱势方拥有更强能力去抵抗伤害，我们就必须引入反对票，于是，每人都有两票——赞成票和反对票，这样，人们的肯定性偏好和否定性偏好就都得到同等的表达，只有双向偏好都得到表达才是全面的。按照前面所论，人们“不要什么”比“要什么”甚至更重要，因为“不要什么”涉及安全和自由的问题，而“要什么”涉及奢华利益增长的问题，因此可以说，人们的否定性偏好比肯定性偏好更需要加以考虑，而决不能以肯定性偏好的表达去替代否定性偏好表达，这两者并不能兑换。

我们将发现，双向票的结果可能非常不同于单向票。双向票规则如下：(1) 净支持率计算。如果A获得51%赞成票，但同时获得41%的反对票，则51%−41%=10%净支持票；如果B获得41%赞成票，但同时获得21%的反对票，则41%−21%=20%净支持票，于是B胜出。容易看出，这一结果完全不同于单向票表决。这一规则体现了考虑伤害率而不仅仅考虑得利率的最小伤害原则。(2) 支持率比较。如果A和B碰巧获得同等净支持率，则按照传统的多数胜出规则，比如A获得51%−41%=10%，而B获得41%−31%=10%，那么A胜出。

可以看出，双向票的一个好处是它能够相对地增强弱势群体的自保能力。假如采用双向票规则，任何一个政治集团为了增加胜出的可能性，就不得不对利益最大化的自私欲望有所控制，就会去改进其候选方案以避免获得太多的反对票。而弱势集团本来就没有能力去过分伤害其他人群，因此获得的反对票可能就相对比较少。由双向票规则所引导的博弈必定迫使博弈各方都尽量公正地去思考问题和分析形势，最后，无论是哪一个集团的方案胜出，可以想像，这个中选方案必定是比较有利于社会普遍利益的方案。

双向票的根本设计意图正是要尽量体现最小伤害原则，而最小伤害原则背后的理由则是全体每个人的自由和安全高于多数集团的利益。按照双向票的规则设计，应该能够保证：（1）输家在与赢家的合作中的收益仍然明显大过不合作的收益，因此能够有效地维护共同体的政治稳定，避免共同体的分裂；（2）使赢家对输家的损害降到最低，从而使公共选择的利益分配尽量接近和谐和公正（尽管永远不可能完全达到和谐和公正），这样就能够使民主获得某种程度的正当性，同时能够比较有效地促进社会合作。

4. 公共领域如何去劣存优

除了投票制度，民主还有另一方面，即它的公议制度。民主本来就源于古希腊的公议制度（agora，即广场制度），今天称为公共领域（public sphere），在其中，所有公民都有同等资格参与公共选择的公议，这是希腊民主的核心，而投票本来只是一个辅助性的技术性制度。就是说，公议制度是投票制度的前提条件，只有先通过公议去摆明问题，发表意见，进行辩论而使人们获得足够清楚认识之后，投票才有意义，不然的话，无知盲目的投票显然是非常冒险的，而且不负责任。由于现代社会的变化，现代民主特别推崇投票制度而弱化了原本作为民主核心的公共领域，因此全民投票才变成了现代民主的核心。现代民主这一转变与平等成为现代核心价值观有关，很显然，投票比公议更具平等色彩，但也更加偏离公正。在严格意义上说，不以公议制度为核心的民主是不合格的民主，公共领域的退化意味着民主的衰退。从阿伦特和哈贝马斯以来，许多人要求修复足够强大和健康的公共领域，道理即在此。

不过，公共领域的问题可能比投票问题更复杂，甚至更难解决。希腊的公议制度就已经暴露出公共领域的内在困难。广场（agora）是公共领域的表达场所，公民们在广场公议城邦事务。由于所有公民都有发表意见和进行辩论的自由和平等权利，于是 agora 就具有了双重功能：它既是意见的“广场”同时也是意见的“市场”（agora 本来就意味着议政场所或者商业场所）。广场与市场两种意义的合一暗含了公共领域的内在矛盾：一方面，广场是政治性的，人们的意见应该是严肃认真的，是为公益着想的，因此，意见辩论的决胜标准应该是真理与理性规则；但是另一方面，市场是商业性的，人们发表意见是为了推销意见，就像推销商品，于是，更为成功的意见推销就需要花言巧语和欺骗，意见辩论的决胜标准变成了话语感染力和炒作欺骗的魅力。这一意见和话语的民主困境在希腊表现为“辩证法与修辞术之争”。

话语和意见的民主所以形成困境，问题在于，真理、知识以及理性分析不如花言巧语、欺骗和诡辩那么有着蛊惑人心的魅力。主要原因是：（1）真理和知识表达事实，而真实世界或者真相显然没有人们希望的那么美好，真理和知识总是冷酷的，人们不爱听。花言巧语总是描述了不真实而美好的事物，向人们许诺各种不靠谱但美好迷人的事情，人们更愿意听，即使明知是虚假的，还是为之所惑。（2）真理和知识为了能够切实解决问题而使用理性分析和逻辑推论方法，因此显得单调枯燥。花言巧语则动员了一切能够打动人心的资源，尤其是情感感染力。（3）真理和知识总是有一定难度的，不如花言巧语通俗易懂，因此花言巧语更符合多数人的喜好。总之，真理和知识的市场竞争力不如花言巧语。意见和话语民主本来的意图是使得包括正确知识在内的各种意见都有自由表达的机会，以此克服专制的一言堂，但又正是在民主的条件下，错误的意见往往（尽管并非必然）胜过正确的知识。这一民主悖论的实质在于：必须有了思想的自由“广场”才能够有民主，但思想广场一旦是充分自由的，就难免蜕变为花言巧语的“市场”。

当“广场”所定义的民主蜕变为“市场”所定义的民主，就形成“民主丛林”。如果说霍布斯丛林是个人主义的弱肉强食丛林，那么，民主丛林就是多数主义的以众暴寡丛林；霍布斯丛林以强权为真理，民主丛林则以声高为有理。很显然，思想民主如果是有意义的，就必须有一种制度或者规则使得民主不能随便为任何事情辩护。绝不能说，一种意见无论多么错误荒谬，无论多么低俗堕落，只要是大多数人喜闻乐见的，就是应该胜出并且以此决定人类的命运。公共领域的运作本是为了使投票表决具有清楚理智的意向，假如辩论民主退化成为投票民主，那么，任何丑恶的事情就都有可能假民主之名而横行。因此，作为公议制度的民主必定需要有不同于投票制度的民主规则，简单地说，公议制度或者公共领域的民主规则肯定不能采用以多为胜规则。这是解决公议问题的一个基本条件，否则就不可能解决民主丛林的困境。

为什么公议制度不能采取以多为胜规则？因为无论多数人，只要支持的是同一种观点，这在思想上就等于一个人，所谓同心如一人，或者说，一种思想背后无论有多少人支持，它都只是一种思想，而不是许多种思想。人数对于一种思想来说并非这一思想是否正确的一个变量。意见公议并不是在比较人数，而是在比较各种思想的合理性和优越性，思想观念所要求民主公议本质上不是某些人与另一些人的竞赛，而是一种观念与另一种观念的竞赛。这正是希腊哲学家们反对哗众取宠的修辞术并且要求以辩证法作为意见检验标准的理由。

既然排除了以人数证明思想的可能性，那么，逻辑分析和推论是否能够解决问题？毫无疑问，逻辑是非常有用的，它能够清除混乱模糊的表述和荒谬矛盾的观念，也就消除了大部分理性上不合格的意见。宣传家和煽动家最喜欢的就是混乱含糊的美丽话语，因为随便许诺给人们美丽而模糊的东西最能博得人们的欢心。比如说，某种宗教可能声称能够使每个人幸福，声称它代表了真善美，能够拯救每个人，乃至包治百病，如此等等，但其中所有的美丽话语都是含义模糊的，没一样能够落实，甚至说不清到底指的是什么。美丽谎言不能说清楚，一旦说清楚，就不再有魅力了。逻辑虽然能够清除胡说，却不能够决定什么是好的或者什么是更可取的，就像除草剂只能清除杂草，却不能决定种苹果树还是种梨树更正确，因为逻辑只管形式而管不了内容。这正是希腊的辩证法无法胜过修辞术的原因。

观念的抉择问题至少有两个根本困难：（1）决定人们行动的观念都是在选择某种未来，而无论有多少知识积累都不可能形成关于世界的全部知识，也就不可能构成关于未来的必然推论，相当于不存在事先诸葛亮，因此，知识永远不能证明某个观念的选择是否正确。这是休谟定理。（2）对于任意一个人，他几乎不可能具有一个传递性的偏好排序，即使在某个特殊时刻是可能的，也是不稳定的。原因是，人类价值体系中并不存在一种绝对的最高价值，而是多种价值并列为最重要的价值，无法分出高下，因此必定造成许多无法两全的两难选择，或者难以比较的选择。既然存在这样两个基本困难，因此永远也不可能绝对地证明哪个观念是最可取的。这是思想不能克服的困难。

但这并不意味着不存在一种相对合理的解决。正如表决民主的意图是反对并且抑制对社会行为的专制，公议民主的意图则是反对和抑制思想的独断，但是从公共领域的形势分析可知，通过思想辩论不可能证明哪一种观念是最好的，这意味着，不存在一组充分必要条件可以保证某种观念在未来的实践中永远正确，于是我们只能追求次优条件。次优条件只是好观念的必要条件：如果一种观念与已经证明为普遍优越的事物不能兼容，则一定是坏的；如果一种观念与尽量多的已经证明为普遍优越的事物是兼容的，它虽然未必是最好的，但一定是诸种好观念其中的一种，这种观念必定对于所有人都至少不是一件坏事。这是民主的“最大兼容原则”。

这一民主的最大兼容原则可以进一步落实为公议民主的一组有效条件：

（1）与普遍价值的兼容。任何一种试图成为公共选择的观念必须与普遍价值是兼容的，即必须与普遍价值不矛盾并且在其前提中暗含对普遍价值的承认。一种价值如果是普遍有效的，它意味着，这一价值所定义的人际关系在任何可能生活情景中对任何人都不会形成歧视，因此不存在反对这一价值的理性理由。能够经得起如此严格的理性批判的普遍价值并不很多，如前所论，最明显的普遍价值有公正、和谐和自由，当然还应该有真理、人权和各种美德（但其中某些具体内容或许有争议）。既然普遍价值对于所有人都是有效的，那么，如果一种公共选择与各种普遍价值都不能兼容，就显然是坏的；如果与某种普遍价值不能兼容，也就意味着是相当可疑的。

（2）相关知识和信息的充分公开和共享。尽管从知识论上说，无论什么样的知识和信息都永远是不充分的，但无论如何，已有知识和信息的充分公开和共享对于人们形成相对正确的偏好、利益考虑和形势判断仍然是非常重要的。正如苏格拉底指出的：无人故意犯错。如果人们能够了解某一问题的相关知识和信息，显然就更有可能知道什么是比较好的，至少比盲目选择或者被蒙蔽情况下的选择要更可靠一些，因此，知情也是民主的一个重要的生效条件。

（3）公共领域的理性对话和辩论。如果公议是有意义的，就必须承认言论自由，同时，不同意见和观点必须有权利进行公开对话、讨论和辩论，而且，所有的对话和辩论必须遵循理性规则（可以参考哈贝马斯条件，尽管哈贝马斯条件有些天真而且也不够全面），以避免暴力、权力、利诱以及煽情炒作等修辞术所施加的无理影响。由于人类所面对的问题总是非常复杂，不确定因素很多，因此，即使充分理性的对话和辩论也不可能完全正确地解决问题，但肯定至少有助于澄清问题和达成共识。

以上条件只是形成正确的公共意识的必要条件但并非充分条件，仍然不可能保证一种公共意识是最优选择（人类永远都需要运气）。无论如何，最大兼容原则可望改善公共领域的运作。

5. 关于兼容民主一个初步结论

根据前面分析，我们获得这样一些初步结论：

（1）民主不可能生成一个完整的政治制度，民主必须与保证个人自由和平等的法治相配合，否则没有任何制度上的优势。中国传统的“好社会”标准即“治乱”标准是一种非常优越的社会评价标准，一个社会如果是好的，首先必须是治世，然后才谈得上各种价值取向，如果是乱世，无论什么样的价值都将土崩瓦解，没有什么原则能够幸免于乱。如果没有法治，民主和专制所产生的政治效果将同样差。所以说，能够保证个人自由和平等的法治是民主生效的前提条件，法治能够有效地预防失控的民主给个人带来的灾难性伤害，同时预防民主可能导致的社会动乱。

（2）民主至少由两方面制度构成：公议制度（公共领域）和投票制度。一般地说，投票制度用于形成利益分配方面的公共选择；公共领域用于形成观念意见方面的公共选择。对于公共领域，意见的决胜标准是符合普遍价值和遵守公正的表达和辩论程序，多数原则并不适用；对于投票制度，表决标准是多数原则。如果没有健康的公共领域，民主将是糊涂和误导性的，因此，公共领域比投票制度更为基本，只有当公共领域持续一贯存在，才能保证意向清楚的投票。

（3）目前世界上流行的民主制度设计虽然各有优点，但都仍然不能有效地减少民主所可能导致的对少数人的伤害以及对高尚观念的伤害，所以都并非最优民主。要改进民主制度就必须引入两条减灾性的基本原则：最小伤害原则和最大兼容原则，分别用于改进投票制度和公共领域的运作。在某种意义上，最小伤害原则

和最大兼容原则可以看作是中国传统的“仁爱”原则和“和谐”原则在民主问题上的一种具体实现。尽管中国传统思想中确实没有民主观念，但却对发展民主理论有所帮助。以最小伤害原则和最大兼容原则为基本精神的民主设想可以看作是关于民主的一种中国方案。

原载《哲学研究》，2008（6）；并且
《中国社会科学》（内刊），2008（3）

当代中国人文大系

文学

论二十世纪中国文学 谢　冕

新世纪的太阳

　——二十世纪中国诗潮 谢　冕

中国反封建思想革命的一面镜子

　——《呐喊》《彷徨》综论 王富仁

嬗变

　——辛亥革命时期至五四时期的中国文学（修订版） 刘　纳

性格组合论 刘再复

中华古代文论的现代阐释 童庆炳

维纳斯的腰带

　——创作美学 童庆炳

中西比较诗学（修订版） 曹顺庆

文学的维度 南　帆

修辞论美学

　——文化语境中的20世纪中国文艺 王一川

众神狂欢

　——世纪之交的中国文化现象（最新版） 孟繁华

历史学

古文献丛论 李学勤

楚史 张正明

夏商西周的社会变迁 晁福林

《周礼》主体思想与成书年代研究（增订版） 彭　林

简帛数术文献探论（修订版） 刘乐贤

秦史稿 林剑鸣

秦汉交通史稿（增订版） 王子今

汉代婚姻形态 彭　卫

察举制度变迁史稿 阎步克

唐、吐蕃、大食政治关系史 王小甫

唐代藩镇研究（增订版）　张国刚
唐五代敦煌寺户制度（增订版）　姜伯勤
宋朝阶级结构（增订版）　王曾瑜
宋代地方财政史研究　包伟民
宋夏关系史　李华瑞
元代大都上都研究　陈高华　史卫民
明清土地契约文书研究（修订版）　杨国桢
在国家与社会之间
——明清广东地区里甲赋役制度与乡村社会　刘志伟
市场机制与社会变迁
——18世纪广东米价分析　陈春声
明清福建家族组织与社会变迁　郑振满
近五百年来福建的家族社会与文化　陈支平
清代社会的贱民等级　经君健
江南的早期工业化（1550—1850）（修订版）　李伯重
中国的社与会（修订版）　陈宝良
近代中国社会的新陈代谢　陈旭麓
十九世纪后半期的中国财政与经济　彭泽益
太平天国的历史和思想　王庆成
离异与回归
——传统文化与近代化关系试析（增订版）　章开沅
二十世纪初中国政治改革风潮
——清末立宪运动史　侯宜杰
中国近代会党史研究（增订版）　蔡少卿
章太炎思想研究　姜义华
寻求历史的谜底
——近代中国的政治与人物　杨天石
胡适新论　耿云志
国学与汉学
——近代中外学界交往录　桑　兵
西学东渐与晚清社会（修订版）　熊月之
晚清政治革命新论（增订版）　郭世佑
美国的奠基时代（1585—1775）（修订版）　李剑鸣

哲学

哲学与主体自我意识　　高清海

走向历史的深处

——马克思历史观研究　　陈先达

理论思维的前提批判

——论辩证法的批判本性　　孙正聿

为马克思辩护

——对马克思哲学的一种新解读　　杨　耕

论黑格尔的逻辑学（第3版）　　张世英

海德格尔思想与中国天道　　张祥龙

走进分析哲学　　王　路

现象学的始基

——胡塞尔《逻辑研究》释要（内外编）　　倪梁康

论可能生活（第2版）　　赵汀阳

寻求普世伦理　　万俊人

激动人心的年代　　李醒民

现代科学与伦理世界（第2版）

——道德哲学的探索与反思　　张华夏

希腊空间概念　　吴国盛

中国佛教与传统文化　　方立天

中国伊斯兰探秘

——刘智研究　　金宜久

多元化的上帝观

——20世纪西方宗教哲学概览　　何光沪

宗教哲学研究

——当代观念、关键环节及其方法论批判（增订版）　　张志刚

心学之思

——王阳明哲学的阐释　　杨国荣

孟子性善论研究（修订版）　　杨泽波

情感与理性　　蒙培元

从物质实体到关系实在　　罗嘉昌

因果观念与休谟问题　　张志林

科学活动论　　刘大椿

图书在版编目（CIP）数据

论可能生活/赵汀阳著．2版．
北京：中国人民大学出版社，2009
（当代中国人文大系）
ISBN 978-7-300-11574-0

Ⅰ．①论…
Ⅱ．①赵…
Ⅲ．①伦理学-研究
Ⅳ．①B82

中国版本图书馆 CIP 数据核字（2009）第 228131 号

当代中国人文大系
论可能生活（第2版）
赵汀阳　著

出版发行	中国人民大学出版社		
社　　址	北京中关村大街 31 号	邮政编码	100080
电　　话	010－62511242（总编室）		010－62511770（质管部）
	010－82501766（邮购部）		010－62514148（门市部）
	010－62515195（发行公司）		010－62515275（盗版举报）
网　　址	http://www.crup.com.cn		
经　　销	新华书店		
印　　刷	运河（唐山）印务有限公司		
规　　格	155 mm×235 mm　16 开本	版　　次	2010 年 1 月第 1 版
印　　张	23.75 插页 2	印　　次	2024 年 8 月第 14 次印刷
字　　数	367 000	定　　价	69.80 元